工程商务与法律丛书

让天下没有难打的工程官司

工程纠纷100讲

建设工程施工合同司法解释二
及最高院民一庭指导性案例
应用全书

汪金敏　著

资料综述

张展展（第1、3、4、8章）　　宋　佳（第2、5章）

杨　阳（第6、7、9、12章）　　于欣悦（第10、11章）

审核校对

郝肖赟（上海瀛东所高伙，第1、7、9章等）

林仁聪（瀛和建房委主任，第2、4、10章等）

郑长虹（辽宁瀛秀所主任，第5、12章等）

关妙香（广西瀛聪所副主任，第3章等）

潘如东（江苏瀛山所主任，第11章等）

杨　志（湖北瀛楚所高伙，第6章等）

陈　萍（四川瀛领所主任，第8章等）

中国建筑工业出版社

图书在版编目（CIP）数据

工程纠纷100讲：建设工程施工合同司法解释二及最高院民
一庭指导性案例应用全书 / 汪金敏著. —北京：中国建筑工业
出版社，2019.4
（工程商务与法律丛书）
ISBN 978-7-112-23495-0

Ⅰ.① 工… Ⅱ.①汪… Ⅲ.①建筑工程-工程施工-合同纠
纷-处理-中国 Ⅳ.① D923.6

中国版本图书馆CIP数据核字（2019）第050686号

本书浓缩最高院民一庭20年来发布的75个有效指导性案例及解析案例精华，结合司法解释、法律及行政法规、各地法院百份审判指导文件及笔者20年工程商务律师经验，系统整理、完整概括并有效解释了实务中的工程法律争议焦点及裁判规则，包括争议主体、合同依据、合同无效、合同解除、价款确认、价款支付、工期顺延、损失赔偿、质量反索赔、优先受偿权、争议处理、工程鉴定等12大类数百个小点，力争使读者在读完本书后可以轻松理解并正确处理90%以上的工程法律问题。本书将助力施工单位及其他相关单位的主管领导、项目经理、商务经理、法务经理及代理律师顺利完成工程结算清欠工作、预控工程纠纷、打赢工程官司。

责任编辑：丁洪良　朱晓瑜
责任校对：王　瑞

工程商务与法律丛书

工程纠纷100讲
建设工程施工合同司法解释二
及最高院民一庭指导性案例应用全书
汪金敏　著

＊

中国建筑工业出版社出版、发行（北京海淀三里河路9号）
各地新华书店、建筑书店经销
北京建筑工业印刷厂制版
天津安泰印刷有限公司印刷

＊

开本：787×1092毫米　1/16　印张：28　字数：620千字
2019年5月第一版　　2020年1月第二次印刷
定价：98.00元
ISBN 978-7-112-23495-0
（33783）

前言　让天下没有难打的工程官司

　　山雨欲来风满楼。随着国家防控金融风险、清理地方隐形债务、调控房地产的推进，过去20年建设房地产黄金时代水面下的冰山开始浮出水面。许多发包人资金链接近断裂、无力付款，许多承包人的垫资款及拖延工程款甚至达到一年的产值，建设工程施工合同纠纷呈现爆发的趋势。如何控制工程纠纷，打赢工程官司、维护自身权益，成了摆在承包人面前的重大课题。

　　雨天一定要带伞。预控工程纠纷、打赢工程官司的首先条件是熟悉工程法律。然而，工程法律繁杂，由如下六部分组成并且顺序在前者优先：

　　（1）国家法律、行政法规、法律授权发布部门规章，围绕《合同法》《民法总则》《民事诉讼法》《建筑法》《招标投标法》展开，该类规定强制适用。

　　（2）最高院司法解释，以2019年2月1日起施行的《最高人民法院关于审理建设工程施工合同纠纷案件适用法律问题的解释（二）》及2005年1月1日起施行的《最高人民法院关于审理建设工程施工合同纠纷案件适用法律问题的解释》为代表，该类规定强制适用。

　　（3）最高院指导性案例。该类案例由最高人民法院审判委员会讨论决定，按照《最高人民法院关于案例指导工作的规定》第7条规定，"各级人民法院审判类似案例时应当参照"，具有强制参考效力。该类指导性案例目前发布量较少，几乎没有收录工程纠纷案例。

　　（4）最高院民一庭指导案例。该类案例为最高院民一庭在其编著的《民事审判指导与参考》单行本（已发行74辑）中的指导性案例及解析案例，前者以最高院民一庭名义撰写了详细指导意见，后者由最高院民一庭法官撰写详细解析意见。20年来，这些意见具有较强的前瞻性、准确性、稳定性，总体深度及广度大于现行最高院司法解释，成了各地法院制定审判业务文件和判决案件的重要依据。按照最高院《关于规范上下级人民法院审判业务关系的若干意见》第8条有关"最高人民法院通过审理案件……召开审判业务会议、组织法官培训等形式，对地方各级人民法院和专门人民法院的审判业务工作进行指导"规定，在全国具有提倡参考的效力。

　　（5）各地法院审判业务文件。各地高院、中院发布了大量指导审判的意见。笔者收录了近100份。这些意见，按照最高院《关于规范上下级人民法院审判业务关系的若干意见》第9条、第10条规定，属于审判业务文件，可以指导该院辖区内各级法院的审判业务，在辖区具有提倡参考的效力。

（6）相关部门规章及规范性文件。该部分不具有适用效力，法院有时将其作为交易习惯等加以参考。

众里寻他千百度，蓦然回首，尽在本书中。本书力求完整、准确、客观。本书包含了几乎所有工程纠纷问题，按逻辑概括到章节例中。以上工程法律（1）（2）（5）（6）部分，篇幅巨大，已收录到系列丛书《工程纠纷法律全书》中，本书章节重点引用，尽量与其观点保持一致。以上（3）（4）部分，大都很长，本书提炼其精华并几乎都收录到了本书例及节中，填补了这方面的空白。本书收录了75个最高院民一庭指导性案例及解析案例，包括2010年之后至今的全部以及2010年之前有参考价值部分。其中，最高院民一庭王毓莹法官解析或执笔了12个案例、程新文6个、司伟5个、贾劲松5个、冯小光4个、关丽4个、仲伟珩4个、张雅芬4个、辛正郁3个、肖峰2个、孙延平2个、吴晓芳2个、张进先2个、姚宝华2个、刘银春2个、姜强1个、李琪2个、韩延斌1个、俞文斌1个、王文芳1个、王冬颖1个、王友祥1个、王某某1个、汪冶平1个、张志弘1个、于蒙1个、沈丹丹1个。以上法官基本上构成了最高院民一庭主要领导及骨干，比如程新文法官为最高院民一庭庭长，冯小光法官为最高院施工合同解释一起草人，关丽法官是最高院施工合同解释二第一版征求意见稿起草人，肖峰法官等是最高院施工合同解释二定稿人。此外，本书引用了百本包括几乎所有最高院及各地法院法官编著书籍观点。

授人以鱼不如授人以渔。90%以上的工程法律问题已经不存在争议，但是由于缺乏系统整理和全面解释，专业律师之外的人员收集法律并理解这些问题仍存在很大困难。笔者作为执业近20年的工程律师，认为系统整理我国法律的时机已经到来。在学习、消化、研究、深化上述内容的基础上，笔者力求在本书中系统整理、完整概括并有效解释我国工程法律，以指导承包人等的主管领导、项目经理、商务经理、法务经理及代理律师预控工程纠纷、打赢工程官司。

限于水平和精力，本书难免疏漏，望读者批评指正，以便迭代修改完善。

让天下没有难打的工程官司。

意见反馈联系邮箱：wjm515@189.cn。

汪金敏

2019年2月1日

目 录

第1章　争议主体

【内容概要】

　　厘清建设工程施工合同争议主体及其法律关系，是解决施工合同纠纷的第一步。本章从发包人、承包人、分包人及实际施工人四个层面回答了以下三方面的问题：

　　（1）原告是谁？从法律关系上看，施工合同可能涉及发包、总承包、专业分包、劳务分包、内部承包、转包、违法分包、挂靠、委托代建、合作开发等。如法律关系是线，争议主体就是连接这些法律关系的点。本章内容围绕发包人、承包人、分包人、实际施工人四个点展开，基本囊括了施工合同纠纷中的各类主体和关系。

　　（2）被告是谁？建设工程实务中的各种发包承包行为，各类关系真真假假、相互交错。其行为性质不同，承担责任的主体就不同。本章概括了：在合同概括转让、企业合并分立、委托代建、债务加入、合作开发、内部承包、分支机构或项目经理对外签约、转包、违法分包、挂靠等情形下，应当起诉谁、追加谁为共同被告或第三人的问题，特别是实际施工人直接起诉发包人问题。

　　（3）原告凭什么告被告？本章还论述了如何区分和认定各类发包承包行为的合法性，并分析了各类发包承包特别是违法行为如转包、违法分包、挂靠中，各类纠纷主体应当依据哪些规定主张哪些权利，对方应承担哪些合同义务或法律责任，如何请求相关各方承担连带责任等问题。

【关键词】

合并分立	委托代建
债务加入	合作开发
承包人	内部承包
分支机构	项目经理
表见代理	分包人
专业工程分包	劳务作业分包
指定分包	转包
违法分包	挂靠
连带责任	实际施工人
起诉发包人	代位权诉讼

【最高院施工合同解释二】

第4条　缺乏资质的单位或者个人借用有资质的建筑施工企业名义签订建设工程施工合同，发包人请求出借方与借用方对建设工程质量不合格等因出借资质造成的损失承担连带赔偿责任的，人民法院应予支持。（详见本书1.3.5）

第24条　实际施工人以发包人为被告主张权利的，人民法院应当追加转包人或者违法分包人为本案第三人，在查明发包人欠付转包人或者违法分包人建设工程价款的数额后，判决发包人在欠付建设工程价款范围内对实际施工人承担责任。（详见本书1.4.4）

第25条　实际施工人根据合同法第73条规定，以转包人或者违法分包人怠于向发包人行使到期债权，对其造成损害为由，提起代位权诉讼的，人民法院应予支持。（详见本书1.4.6）

【最高院施工合同解释一】

第7条　具有劳务作业法定资质的承包人与总承包人、分包人签订的劳务分包合同，当事人以转包建设工程违反法律规定为由请求确认无效的，不予支持。（详见本书1.3.1）

第25条　因建设工程质量发生争议的，发包人可以以总承包人、分包人和实际施工人为共同被告提起诉讼。（详见本书1.3.6）

第26条　实际施工人以转包人、违法分包人为被告起诉的，人民法院应当依法受理。（详见本书1.4.2）

实际施工人以发包人为被告主张权利的，人民法院可以追加转包人或者违法分包人为本案当事人。发包人只在欠付工程价款范围内对实际施工人承担责任。（详见本书1.4.1、1.4.3）

【指导性案例规则】

第1例　在签约时明知发包人是受委托人委托代为建设，承包人可以向委托人主张工程价款，但是承包人承诺放弃向委托人主张的除外。

第7例　实际施工人借用承包人资质签订合同的，实际施工人和承包人签订的合作协议、借用承包人名义与发包人签订的施工合同均无效，实际施工人可以直接向发包人主张工程价款。

1.1 发包人

发包人

发包人是指具有建设工程发包主体资格并负有支付义务的一方当事人及取得该当事人资格的合法继承人。发包人一般是建设单位。《合同法》第269条规定，"建设工程合同是承包人进行工程建设，发包人：支付价款的合同"；《施工合同示范文本2017》1.1.2.2规定，"发包人：是指与承包人签订合同协议书的当事人及取得该当事人资格的合法继承人"。

发包人作为一般的民事法律关系主体，在主体资格上并无特殊要求。但在特定行业内，发包人须符合国家行政法律规范的资质要求。如《城市房地产开发经营管理条例》第9条规定："房地产开发主管部门应当根据房地产开发企业的资产、专业技术人员和开发经营业绩等，对备案的房地产开发企业核定资质等级。房地产开发企业应当按照核定的资质等级，承担相应的房地产开发项目"。

承包人可以向除了发包人之外的哪些主体主张工程价款呢？

1.1.1 经同意的施工合同转让由受让人支付工程价款

《合同法》第88条规定："当事人一方经对方同意，可以将自己在合同中的权利和义务一并转让给第三人。"

合同概括转让

随着合同权利义务的概括转移，除法律另有规定或合同另有约定外，承包人可对合同转移的受让人行使基于原合同的全部权利，但该合同转让需经承包人的同意才对承包人生效。

在最高院（2013）民申字第1550号案中，甲公司与承包人签订《建筑工程施工合同》后，经承包人同意，将其在该合同中的权利义务一并转让给乙公司。因乙公司与承包人的工程款支付纠纷，承包人将乙公司诉至法院，并要求甲公司承担连带责任。但甲公司认为其已将合同转让给了乙公司，不是本案的适格主体，不应承担该案民事责任。法院认为："甲公司已将其在该合同中的权利义务一并转让给了乙公司，乙公司则概括继受了该合同约定的原甲公司全部的债权和债务，实现了原合同权利义务的概括转让。即由乙公司取代了甲公司的地位，产生了新的合同关系。故对甲公司称其不是本案适格主体及不应承担该案相关民事责任的主张予以支持。"

需要强调的是，上述案例均属于"合同权利义务的概括转移"，而非"仅涉及土地使用权和地上物的财产权利转让"，即在建工程的权利人发生转让。对于后者，虽然"在建工程的权利人已经由发包人变更为第三人，而施工合同的主体却是发包人和承包人。第三人并不是合同的主体，自然不应受到合同的约束。承包人并不能以第三人对在建工程的受让，要求第三人继续履行其与发包人签订的建设工程施工合同"[1]。

---

[1] 王童：《建筑企业如何应对房地产项目转让》，无讼，https://victory.itslaw.com/victory/api/v1/articles/article/639ffa3f-1726-40df-a520-7accabb99180?platform=Android&downloadLink=2，2018年12月20日访问。

1.1.2　发包人分立后的各主体均应支付工程款

公司合并

公司分立

《合同法》第90条规定："当事人订立合同后合并的，由合并后的法人或者其他组织行使合同权利，履行合同义务。当事人订立合同后分立的，除债权人和债务人另有约定的以外，由分立的法人或者其他组织对合同的权利和义务享有连带债权，承担连带债务。"

司法实践中，一些企业通过合并、分立，实现资产转移，进行"脱壳经营"，使债权人难以实现债权。

解析案例

查案例扫微信

《民事审判指导09前卷》第122页

在吉林明城钢铁总厂3号高炉技术改造工程合同纠纷案（解析案例）中，发包人将案涉工程折价作为出资，成立一家新公司。二审法院认定：承包人仍可以新公司为被告主张其承担连带责任。

最高院韩延斌法官解析该案认为："发包人为了逃避债务，将其所有、承包人承建的案涉工程折价6469万元入股设立钢铁公司，并主动申请吉林市国有资产管理局批准，将其持有钢铁公司6469万元国家股变更为国有资产经营总公司持有。发包人与钢铁公司虽有各自的营业执照，系两个独立法人，但实际上公司管理职能和员工组成并未分开。钢铁公司总资产为7469万元，发包人投入新建150立方米高炉折价6469万元资产，占钢铁公司87%的股份，为维护债权人即承包人的合法权益，依照《民法通则》第44条，'企业法人分立、合并，它的权利和义务由变更后的法人享有和承担'的规定，发包人分立出的钢铁公司对发包人原有债务及违约金在6469万元资产范围内承担连带清偿责任是有法律依据的。"

1.1.3　委托代建中承包人可以向委托人主张工程款

间接代理

《合同法》第402条规定："受托人以自己的名义，在委托人的授权范围内与第三人订立的合同，第三人在订立合同时知道受托人与委托人之间的代理关系的，该合同直接约束委托人和第三人，但有确切证据证明该合同只约束受托人和第三人的除外。"

《合同法》第403条规定："受托人以自己的名义与第三人订立合同时，第三人不知道受托人与委托人之间的代理关系的……受托人因委托人的原因对第三人不履行义务，受托人应当向第三人披露委托人，第三人因此可以选择受托人或者委托人作为相对人主张其权利，但第三人不得变更选定的相对人。"

委托代建

委托代建项目通常包括三方主体：建设单位、代建单位（发包人）、承包人。《国务院关于投资体制改革的决定》（国发〔2004〕20号）中规定，"对非经营性政府投资项目加快实行代建制，即通过招标等方式，选择专业化的项目管理单位负责控制项目投资、质量和工期，建成后移交给使用单位"，并要求在全国范围内推行建设工程项目的代建制，从而肯定了代建制的合法性。《北京市代建制管理办法（试行）》（京发改〔2004〕298号）第2条规定："代建制，是指政府通过招标的方式，选择社会专业化的项目管理单位（以下简称代建单位），负责项目的投资管理和建设组织实施工作，项目建成后交付使用单位的制度。代建期间代建单位按照合同约定代行项目建设的投资主体职责。"

委托代建

建设单位是委托代建的委托人，也是建设工程的投资主体和所有权人；代建单位是委托代建的受托人，其基于与建设单位的委托代理关系，作为发包人与承包人签订建设工程合同。由于存在双重合同关系，如果严格基于合同相对性原则，则承包人无法向建设单位主张权利。但这种做法不符合我国建筑行业的实际，如果代建单位无力支付工程价款，又无法向建设单位这一实际权利和义务人主张，那么承包人应得的工程价款就无法得到清偿。

在委托代建项目中，即按上述规定代建单位以自己的名义与承包人签订建设工程合同时，承包人是否可以向建设单位主张权利，可分为三种情况：

（1）如承包人在签约时知道建设单位与代建单位的代理关系，且没有相反约定的，承包人可以直接向建设单位主张权利。

（2）如承包人在签约时不知道建设单位与代建单位的代理关系，代建单位因建设单位原因无法向承包人支付价款的，代建单位应当向承包人告知其与建设单位的代理关系，此时，承包人可以在建设单位和代建单位择一主张权利，但不能主张连带责任。

（3）在签约时不知道建设单位与代建单位的代理关系，代建单位因非建设单位原因无法向承包人支付价款的，承包人只能向代建单位主张权利。

指导性案例

在第1例（指导性案例）中，受托人、承包人与委托人签订三方协议，约定委托人认可受托人作为"科技园大楼"的施工总承包单位，认可该工程由承包人施工，并同意受托人以发包人名义与承包人签订施工合同。协议还约定，委托人不承担受托人与承包人之间的任何债权、债务关系，受托人和承包人之间的纠纷、争议、诉讼均与委托人无关。该协议被法院认定为有效，最高院民一庭结合该案给出的指导意见为：首先，该约定是三方意思自治的结果；其次，该约定并未违反法律法规强制性规定；最后，发包人与承包人作为建设工程施工合同的当事人，委托人不承担责任亦符合合同相对性原则。

笔者认为：在第1例中，委托人、受托人和承包人之间的关系类似于委托代建关系。《合同法》第402条规定："受托人以自己的名义，在委托人的授权范围内与第三人订立的合同，第三人在订立合同时知道受托人与委托人之间的代理关系的，该合同直接约束委托人和第三人，但有确切证据证明该合同只约束受托人和第三人的除外。"委托人、受托人和承包人可以约定建设工程施工合同仅约束受托人和承包人，委托人不承担责任。

解析案例

在第2例（解析案例）中，受托人以自己的名义与承包人签订建设工程施工合同，且无法证明承包人知道其与委托人之间的代理关系，因此，二审法院认为承包人应向受托人主张工程价款。

最高院民一庭解析认为：受托人不是以委托人名义而是以自己名义与承包人签订的合同，不适合《民法通则》第63条关于代理的规定。按照《合同法》第403条确立的间接代理制度，只有承包人知道委托人是谁的情况下，才产生相应法律效果。承包人在签订合同时不知道，所以一审判决确定受托人为支付工程款义务主体是正确的。

笔者认为：根据《合同法》第403条规定，既然委托人已经承认558万元资金未到位，该558万元部分就应由委托人支付给承包人，二审判决值得商榷。

1.1.4　单方面承诺支付的可以向该三人主张工程款

债务加入

债务加入又称并存的债务承担，即第三人加入债务关系，与原债务人共同负担同一债务的行为，属于债务加入情形的，第三人应与原债务人共同向债权人承担连带责任。

在（2005）民二终字第200号案（公报案例）中，最高院认为："如承担人承担债务的意思表示中有较为明显的保证含义，可以认定为保证；如果没有，则应当从保护债权人利益的立法目的出发，认定为并存的债务承担。"最高院（2014）民二终字第138号认为：第三人对债务承担有直接和实际利益的，更符合债务加入的特征。因此，法院在认定债务加入时，有两个参照标准：

保证

实际利益

①除非可明显认定为保证，否则应从保护债权人利益出发认定为债务加入；②如果第三人对履行该债务具有直接和实际利益，更符合债务加入的特征。

《江苏省高级人民法院关于印发〈关于设用《中华人民共和国合同法》若干问题的讨论纪要（一）〉的通知》第17条规定："债务加入是指第三人与债权人、债务人达成三方协议或第三人与债权人达成双方协议或第三人向债权人单方承诺由第三人履行债务人的债务，但同时不免除债务人履行义务的债务承担方式。"

按照上述规定，在债务加入概念下：

（1）第三人成为新的独立的主债务人，无论行使期限、条件、担保，都不必与原债务人相同。[1]区别于保证中，保证依附于主债务存在，保证责任仅在原债务履行期限届满才发生。

（2）第三人与债权人之间形成的债权债务关系，与原债权债务关系并存。区别于债务转移中，新的债权债务关系成立后，原债权债务关系消灭。

（3）第三人债务加入后，不履行债务构成违约。区别于第三人代为履行中，第三人不履行债务，债权人仅可向原债务人主张违约责任。

解析案例

在第3例（解析案例）中，发包人向分包人发函承诺"关于工程款支付事宜，凡我方未能及时到位，总包方又不能按合同支付工程进度款的由我方负责给付"，且陆续向分包人支付1000余万元工程款。

最高院民一庭解析该案认为："该函不是正式担保合同或担保文件，对担保责任和担保期限等事项，没有进行约定，不宜认定仅依此函，承担担保责任"。结合上述认定债务加入的参照标准，该案中发包人承诺付款的函无法认定为保证，如果不认定为债务加入，则分包人利益将受损，因此，宜认定为债务加入，由发包人对分包人承担连带责任。

---

① 史尚宽：《债法总论》，中国政法大学出版社2000年版，第751页。

1.1.5　不宜向合作开发房地产的第三人主张工程款

在合作开发房地产的过程中，可能涉及合作各方共同作为发包人与承包人签订建设工程合同，或者合作开发中的部分当事人与承包人签订建设工程合同的情形。《土地使用权解释2005》第14条规定："合作开发房地产合同，是指当事人订立的以提供出让土地使用权、资金等作为共同投资，共享利润、共担风险合作开发房地产为基本内容的协议"。而合作开发方即为合作开发房地产合同的当事人。

合作开发房地产

合作开发一方与承包人签订建设工程合同，合作开发其他方是否应对建设工程合同债权债务关系承担连带责任，《最高院民事审判纪要2011》第18条同时规定了两种截然相反的观点：

（1）"当事人以国有土地使用权或资金出资进行合作开发，并以一方名义进行开发建设的，因合作项目产生的债权债务，按照物权法第一百零二条的规定处理。"《物权法》第102条："因共有的不动产或者动产产生的债权债务，在对外关系上，共有人享有连带债权、承担连带债务，但法律另有规定或者第三人知道共有人不具有连带债权债务关系的除外；在共有人内部关系上，除共有人另有约定外，按份共有人按照份额享有债权、承担债务，共同共有人共同享有债权、承担债务。偿还债务超过自己应当承担份额的按份共有人，有权向其他共有人追偿。"即可以突破合同相对性，合作开发各方当事人应对外承担连带责任，对内可向其他共有人追偿。

（2）"另一种意见：当事人以国有土地使用权或资金出资进行合作开发，并以一方名义进行开发建设的，因合作项目产生的债权债务，应当严格遵循合同相对性原则处理。"即不能突破合同相对性，承包人仅可向与其签订建设工程合同的一方主张权利，不得向其他方主张权利。

合同相对性

从司法实践上看，第二种意见占了主流。严格遵循合同相对性，由于联合开发一方当事人作为发包人与承包人签订的建设工程合同，仅约束发包人和承包人，联合开发其他当事人不属于建设工程合同当事人，自然不应当为发包人的债务承担连带责任。

第4例（公报案例）中，联合开发房地产的其中一方作为发包人与承包人签订了《建设工程施工合同》，但欠付承包人工程款，承包人起诉请求合作开发另一方对工程款支付承担连带责任。但最高院认为：本案讼争的法律关系是施工合同纠纷，而不是合作开发房地产合同纠纷。……施工合同只对合同当事人产生约束力，即对发包人和承包人发生法律效力，对合同当事人以外的人不发生法律效力。合作开发方和发包人之间"存在合作开发房地产关系，不是施工合同当事人，不应对施工合同承担合同义务。其次，债权属于相对权，相对性是债权的基础。债是特定当事人之间的法律关系，债权人和债务人都是特定的。债权人只能向特定的债务人请求给付，债务人只能对特定的债权人负有给付义务"，因此，"承包人主张合作开发方对还款承担连带责任的上诉请求，于法无据"。

法人型联营

　　显然，第二种意见特别适合于：合作开发各方成立法人的，由该法人独立承担民事责任的情形。第一种意见适用于：合作开发各方为合伙关系的，应可突破施工合同相对性，由承包人向其他合作方（实质为合伙人）主张其对施工合同债务承担连带清偿责任。

合伙型联营

　　对于合作各方属于合伙关系的，如果成立合伙企业的，根据《合伙企业法》第38、39条的规定，合伙企业对其债务，应先以合伙企业财产承担；合伙企业不能清偿到期债务的，合伙人承担无限连带责任。当然，有限合伙人应当从有限合伙人相关规定；对于合作各方未设立合伙企业，亦未以其他登记方式宣示合作关系的情形，当事人之间如果协议约定各合作方共享收益共担风险的，无疑可以作为合作各方存在合伙关系的证据。[①]

解析案例

查案例扫微信

《民事审判指导第41辑》第267页

　　在河北欧陆园小区施工合同纠纷（解析案例）中，在土地使用权未转让完毕前，受让人以转让人名义与承包人签订了施工合同。二审法院认为：工程款应由实际发包人（受让人）支付，实际发包人（受让人）对工程欠款不能清偿部分，名义发包人（转让人）向承包人承担1/2的赔偿责任。

　　最高院民一庭关丽法官解析该案认为："受让人与转让人就受让人以转让人名义对外签订的合同形成一致意思表示。该意思表示依据意思表示理论及民法通则（指第54条及第55条）的规定，在转让人与受让人之间产生法律拘束力，即受让人以转让人名义对外签订的合同（指施工合同），应当由受让人承担合同约定的权利义务。按照意思表示理论，受让人与转让人不能以代为签约行为对抗善意的合同相对人（指承包人），只有在合同相对人对此明知情形下，方对合同相对人产生法律效力。"

[①] 曹文衔：《房地产合作开发关系中建设工程合同债务清偿的连带责任：兼评〈建设工程施工合同司法解释（二）〉（征求意见稿）》第十六条，https://victory.itslaw.com/victory/api/v1/articles/article/d06e9a50-bcc4-4d47-88ca-87εaeb5fa6e6?platform=Android&downloadLink=2，2018年12月27日访问。

第1例　可否向约定免责的委托人主张价款?

【争议焦点】

委托人（建设单位）委托受托人代为建设，事先约定不承担受托人与承包人间债权债务，承包人是否向委托人主张工程价款?

【指导性案例】

《民事审判指导12年卷》第69页（第49辑）

委托人某大学欲建设"科技园大楼"，即全权委托受托人某房地产开发公司进行建设。

2007年9月26日，受托人与某承包人签订《施工合同》，约定由该承包人承建科技园大楼项目，如受托人不能保证承包人获得本工程承包权，给承包人造成的损失由受托人承担。

2007年10月，受托人、承包人与委托人签订《三方协议》，约定委托人认可房地产开发公司作为"科技园大楼"的施工总承包单位，认可该工程由承包人施工，并同意受托人以发包人名义与承包人签订施工合同。协议还约定，该大学不承担受托人与承包人之间的任何债权、债务关系，受托人和承包人之间的纠纷、争议、诉讼均与该大学无关。

2008年2月5日，工程动工。12月31日，工程主体结构封顶。

因受托人因与承包人发生争议，受托人将承包人诉至法院，要求解除《施工合同》。承包人提起反诉，要求受托人支付工程价款和损失，并请求：判令委托人因作为建设单位，为工程价款和损失承担连带责任。

【各方观点】

（1）承包人认为：《三方协议》的约定与法律条款相冲突。该大学作为建设单位，也是项目的实际所有人和受益人，无论是从委托代理的理论，还是从实际所有人和受益人的理论，都应当对委托受托人发包的工程承担连带责任。

（2）委托人认为：各方当事人在《三方协议》中明确约定委托人不承担任何债权债务责任等事项，因此该大学不应当承担连带责任。

（3）一审法院认为：由于委托人系该项目的实际所有人和受益人，不能亦不应当通过约定的方式排除其应当承担的责任，故承包人要求委托人对工程款的给付承担连带责任并无不妥，亦予以支持。

【裁判观点】

二审法院认为：《三方协议》约定委托人不承担任何受托人与承包人之间的债权债务，而承包人并未提出该协议无效的理由。因此，该协议应认定为有效。一审判决委托人承担工程付款的连带责任没有合同和法律依据，应予纠正。

【最高院指导】

《民事审判指导12年卷》第69页（第49辑）

最高院民一庭结合该案给出的指导意见为："作为建筑所有人的委托人将建设项目全权委托给受托人施工建设，同时签订《三方协议》，该协议系当事人真实意思表示，不违反国家法律及法规的强制性规定，应认定为有效。委托人对受托人应付工程款项不应承担连带责任。"理由有三：

"1.《三方协议》明确约定，建设工程施工总承包单位为受托人，由受托人与承包人签订工程施工合同，而委托人不承担任何受托人因建设工程施工合同造成的债权债务，且约定受托人与建设施工合同造成的争议、纠纷、诉讼均与委托人无关。上述合同约定内容为当事人真实意思表示，是当事人的自愿行为，当事人依法自愿及意思自治行为，他人不得干涉。

意思自治

2. 当事人的约定不违反国家法律法规的强制性规定，应认定为有效。在本案审理中双方当事人及一审法院均未提出《三方协议》有违我国法律法规强制性规定的情形。

3. 认定委托人不承担连带责任，符合合同相对性原则。建设项目的施工合同是受托人与承包人签订的，委托人不是建设施工合同的签订人。因此，对受托人与承包人之间的债权债务纠纷，委托人不应承担责任。合同相对性原则包含了两层含义：一是除合同当事人以外的任何其他人不得请求享有合同上的权利；二是除合同当事人外，任何人不必承担合同上的责任。当然，合同相对性在特定情形下可能突破，如建筑工程发包方欠付施工方工程价款，而建筑物所有人欠付发包人款项，在此种情况下，如果当事人之间没有通过合同约定建筑物所有人不承担建设工程债权债务，施工方可请求建筑物所有人在未付款项内承担连带责任。"

合同相对性

（执笔法官：王友祥、仲伟珩）

【作者点评】

《合同法》第402条规定："受托人以自己的名义，在委托人的授权范围内与第三人订立的合同，第三人在订立合同时知道受托人与委托人之间的代理关系的，该合同直接约束委托人和第三人，但有确切证据证明该合同只约束受托人和第三人的除外。"

本案中，三方已事先约定委托人不承担受托人与承包人之间的债权债务纠纷，属于该条规定的除外情形，因此承包人请求委托人承担连带责任没有合同依据。

【裁判规则】

在签约时明知发包人是受委托人委托代为建设，承包人可以向委托人主张工程价款，但是承包人承诺放弃向委托人主张的除外。

第2例　与受托人签合同的向谁主张价款?

【争议焦点】

受托人接受委托人委托，以自己名义建设工程，并与承包人签订施工合同，承包人应向委托人还是受托人主张工程价款?

【解析案例】

1992年12月，太原市委、市政府成立了少年科技城筹委会（下称委托人）。1993年7月23日，委托人以委托书的形式将"少年科技城"工程委托山西安业建设发展公司（下称"受托人"）代建，1993年12月17日，双方就代建事宜正式签订了协议。

1993年8月24日，受托人与承包人中铁三局建安公司签订《施工合同》，由承包人承建该项目。1995年12月19日，工程通过竣工验收并投入使用。

1996年11月19日，当地审计局对工程建设情况进行了审计；同年，委托人委托当地建筑经济管理站对工程款结算数额进行审核。1998年5月8日，委托人向太原市计委写出《关于调整工程概算的报告》，该报告认可建筑经济管理站对工程结算款的审核，确认工程存在缺口资金558万元，要求太原市计委解决。

2001年11月10日，承包人向法院起诉，请求：受托人支付欠付工程款和逾期付款违约金，成立委托人的市政府将欠付受托人的558万元直接支付给承包人。受托人和委托人是否应作为支付义务主体，成为各方争议焦点。

【各方观点】

（1）承包人认为：受托人作为合同签订的相对方，应当承担责任。后委托人对欠付的工程款进行了确认，因此，市政府作为成立委托人的牵头人及出资人，应将欠付工程款直接支付承包人。

（2）受托人认为：受托人受委托人委托代建少年科技城工程，作为代理人不承担实体义务，不应成为结算主体，委托人应承担实体义务。委托人与受托人签订代建合同，委托人为被代理人，受托人为代理人，委托人对受托人代理其少年科技城项目的代建管理行为予以追认，委托人应承担该工程建设的民事责任。

（3）市政府认为：委托人不是建设单位，与承包人没有法律关系。

（4）山西高院一审认为："承包人与受托人签订的施工合同和受托人与委托人签订的代建合同，意思表示真实，符合法律规定，已大部分履行，均为有效合同。承包人依约完成了工程的施工，工程已投入使用，受托人应按照合同约定支付承包人全部工程款及未支付工程款部分的利息。""委托人与受托人签订的代建合同，证明双方形成了代理与被代理法律关系，委托人为被代理人、受托人是代理人，受托人虽不是以委托人的名义与承包人签

查案例扫微信

代建

订建设合同，但在建设施工中，承包人、受托人、委托人三方签署确认审核资料，并由委托人委托建筑经济管理站对该工程进行审核，另一方面委托人也承认本工程存在资金缺口558万元，该行为应视为对受托人代理其建设少年科技城行为的追认，委托人应承担该工程建设的民事责任。随着工程的交付使用，委托人已完成该工程的建设，工程已交付管理使用，该债务应由牵头成立委托人的市政府承担，且市政府既是该工程的建设单位，又是该工程建设的出资人。鉴于承包人仅诉请市政府承担558万元，应予支持。"

【裁判观点】

最高院二审认为："关于支付工程款义务主体问题，受托人不是以委托人名义而是以自己名义与承包人签订合同，不符合代理的法律特征。受托人没有举出证据表明：受托人受委托人委托，作为受托人于1993年8月24日与承包人签订《施工合同》时，承包人知道筹委会是委托人，因此受托人和承包人订立《施工合同》直接约束的主体不应是委托人和承包人。因此，受托人主张其不是付款义务主体，应由委托人支付工程款的上诉请求缺乏法律依据和事实依据，本院不予支持。"

【最高院解析】

《民事审判指导15辑》第252页

最高院程新文法官解析认为：受托人不是以委托人名义而是以自己名义与承包人签订的合同，不适合《民法通则》第63条关于代理的规定。按照《合同法》第403条确立的间接代理制度，只有承包人知道委托人是谁的情况下，才产生相应法律效果。承包人在签订合同时不知道，所以一审判决确定受托人为支付工程款义务主体是正确的。

【作者点评】

间接代理

订约时知道

委托人原因

《合同法》第402条规定："受托人以自己的名义，在委托人的授权范围内与第三人订立合同，第三人在订立合同时知道受托人与委托人之间的代理关系的，该合同直接约束委托人和第三人，但有确切证据证明该合同只约束受托人和第三人的除外。"二审法院仅以承包人不能证明在订立合同时知道代理关系就驳回委托人付款的请求有失偏颇。

根据《合同法》第403条有关"受托人以自己的名义与第三人订立合同时，第三人不知道受托人与委托人之间的代理关系的……受托人因委托人的原因对第三人不履行义务，受托人应当向第三人披露委托人，第三人因此可以选择受托人或者委托人作为相对人主张其权利，但第三人不得变更选定的相对人"的规定，既然委托人已经承认558万元资金未到位，该558万元部分就应由委托人支付给承包人。一审判决无误。

【裁判规则】

受托人以自己名义与承包人签订合同，承包人在签订合同时知道受托人与委托人的代理关系，或者委托人原因导致受托人不能付款，且没有相反约定的，承包人可以向委托人主张工程价款。

第3例　可否依承诺主张第三人支付工程款?

【争议焦点】

　　第三方向承包人承诺在发包人不能付款的范围内承担支付责任,承包人是否可以据此要求第三人承担连带责任?

【解析案例】

查案例扫微信

　　1997年8月8日,发包人(杭州利星凯悦大酒店有限公司)与承包人(上海中鼎世华建设开发有限公司)签订《施工总承包合同》,约定由承包人承建"杭州西湖国际饭店(地下室部分)工程",合同约定承包方式为施工总承包,建筑面积为4.5万平方米,合同总造价暂定9800万元。同日,发包人与承包人还签订了《施工总承包合同》约定由承包人承包土建、安装预留预埋等全部工程,建筑面积12.7万平方米,合同总造价暂估2.6亿元。

　　1997年12月20日,承包人与分包人签订《建筑安装工程承包合同》,约定由分包人承建杭州西湖国际饭店土建部分工程,工程造价暂定12650万元。

　　1998年4月19日,工程正式开工。

　　1998年10月3日,发包人致函分包人,载明"关于工程款支付事宜,凡我方发包人(业主)未能及时到位,总包方又不能按合同支付工程进度款的由我方发包人(业主)负责给付。"

　　1999年12月21日,发包人、承包人、设计单位监理单位及分包人进行了结构工程中间验收。

　　1998年3月2日~1999年12月30日,分包人共收到工程款13216万元,其中承包人支付11960万元,发包人支付1256万元。

　　2000年1月19日,分包人向法院提起诉讼,请求:判令承包人、发包人支付尚欠工程款。各方对于发包人是否应对工程款承担连带责任存在分歧。

【各方观点】

　　(1)发包人认为:1998年10月3日,发包人发出的书面承诺仅对不能按发包人与承包人的总包合同支付的工程进度款负责给付。根据总包合同,发包人已全部付清总包合同工程款。一审法院以总包合同以内的书面承诺函来判决发包人对总包合同以外的工程款承担连带责任不符合本案事实及承诺函的原意。

　　(2)分包人认为:发包人和承包人对1998年10月3日出具给分包人的函件的真实性均无异议。发包人在这份函件中作出的承诺,是发包人关于支付工程款的书面保证。发包人与承包人应共同作为连带债务人向分包人负责。

　　(3)浙江省高院一审认为:"发包人于1998年10月3日书面向分包人承诺,若承包人不能支付工程款,由其负责给付,表明发包人慎重地加入到承

包人与分包人的合同关系中，与承包人一起对分包人的债务承担连带清偿责任，故发包人系本案适格的被告，发包人认为其不是适格被告的抗辩理由不能成立。"

【裁判观点】

债务加入

最高人民法院二审认为："发包人虽然不是1997年12月20日合同的缔约人，但在合同履行中，多次参与会议纪要的签署，参加了土建工程的中间结构验收，并分4次直接向分包人支付工程款累计达1256万元，且于1998年10月3日给分包人出具书面函承诺，工程款支付事宜，凡发包人未能及时到位，承包人又不能按合同支付工程进度款的，由发包人负责给付。由此说明发包人已加入到分包人与承包人的合同关系之中。由于分包人与承包人在签订合同时是暂定合同价，最后要以结算价支付工程款，故应按鉴定结论确认的实际工程款数额，由承包人支付给分包人，发包人应按其对分包人承诺的内容，承担连带清偿责任。"

【最高院解析】

《民事审判指导09前卷》第284页

最高院贾劲松法官解析认为：发包人给分包人出具书面函承诺，并在履行合同中，多次参与会议纪要的签署，参加了土建工程的中间结构验收，并分4次直接向分包人支付工程款累计达1256万元。发包人的上述行为，涉及民法理论中所谓并存的债务承担的问题。本案中虽然发包人为分包人出具的函有担保为承包人支付工程款的意思表示，但不是正式的担保合同或担保文件，对担保责任及担保期限等事项，没有进行约定，故不宜认定为发包人仅依此函就应承担担保责任。且发包人是工程的业主，是合同履行的最终受益者。因此，可认定发包人向分包人出具的书面函中的意思表示属于并存的债务承担，由其承担承包人不能支付工程款的连带责任。

【作者点评】

债务加入

债务加入，又称并存的债务承担，即第三人加入债务关系，与原债务人共同负担同一债务的行为。《江苏省高级人民法院关于适用〈中华人民共和国合同法〉若干问题的讨论纪要（一）》（苏高法审委〔2005〕16号）第17条规定："债务加入是指第三人与债权人、债务人达成三方协议或第三人与债权人达成双方协议或第三人向债权人单方承诺由第三人履行债务人的债务，但同时不免除债务人履行义务的债务承担方式。"

依据民法理论，法院认为本案发包人的承诺函构成债务加入。因此，发包人与分包人、承包人与分包人之间的债务属于并存关系，发包人与承包人对于分包人的工程款请求承担连带责任。

【裁判规则】

第三方向承包人承诺在发包人不能付款的范围内承担支付责任的，构成债务加入，承包人可以据此要求第三人和发包人承担连带责任。

第4例 合作开发方应连带支付工程价款吗?

【争议焦点】

合作开发房地产一方与承包人签订工程施工合同,开发合作其他方是否应对欠付承包人的工程款承担连带支付责任?

【公报案例】

查案例扫微信

2000年10月8日,大连宝玉房地产开发有限公司和大连金世纪房屋开发公司(以下称"合作开发方")签订《联合建房协议书》,约定:双方联合开发建设新世纪家园,由金世纪公司办理项目用地相关手续,并承担全部费用,双方共同办理《施工许可证》及其他手续,由宝玉集团承担项目开工至竣工所需全部费用。

2001年3月5日,宝玉公司作为发包人与承包人大连渤海建筑工程总公司签订《建设工程施工合同》,约定由承包人承建大连新世纪住宅小区。但发包人未按合同约定支付工程款。

承包人向法院起诉,请求:判令发包人向其支付工程款,发包人的合作开发方承担连带责任。

【各方观点】

(1)承包人认为:① 从施工合同的约束力上看,合作开发方不仅受联建协议约束,还应受施工合同约束,即双重约束,两个合同相互依存,具有不可分性。合作开发商虽然未在承包人与发包人签订的施工合同上签字,但基于合作开发方在《请款报告》上的签认等行为,说明合作开发商具体的履约行为也已形成了实践性的法律事实。② 承包人在工程中的投入,已全部物化在整个工程之中,无法分别向联建一方单独主张份额。案涉土地使用权证、销售许可证、销售合同等均以合作开发方名义办理由其实际控制工程成果,为保障债权人合法债权实现的最大化,合作开发商应当对偿还工程欠款承担连带责任。③ 从维护房地产开发市场安全秩序上看,如仅仅强调施工合同的相对性原则,即发包人与承包人签订的施工合同中没有合作开发商给付工程款的相关约定,进而免除合作开发方连带责任的话,将会出现联建各方因此而规避法律,恶意约定权利分配较低的或根本无法控制工程成果的一方独立履行施工合同,最终造成损害施工人利益的后果发生。

(2)合作开发方认为:① 合作开发房地产合同与施工合同为两个独立的合同,属于不同法律关系,《联合建房协议书》及补充协议中已就联建利益进行分配,且明确约定由发包人承担项目开工到竣工所需的全部费用,因此合作开发方不应承担工程款支付责任。② 合作开发方在《请款报告》上签字盖章是基于与发包人存在联建关系,行使资金监管权利的行为,与履行施工合同不是一回事。

（3）辽宁高院一审认为："联合开发方与发包人的联建利益尚未分割，联合开发方虽未与承包人签订施工合同，却享有了承包人已施工工程的权利，并从该合同中获取利益，因此合作开发方理应承担该合同相应的义务。……承包人在施工期间向发包人请款时，合作开发方也曾在《请款报告》上签字盖章，说明合作开发方已实际参与了施工合同的履行，合作开发方主张上述均不能作为承担连带责任的理由，依据不足，亦不予支持。……联合开发方以不是建设工程施工合同的当事人为由，主张不应承担给付工程款的责任，不予支持。"

【裁判观点】

相对权

最高院二审认为："首先，本案讼争的法律关系是施工合同纠纷，而不是合作开发房地产合同纠纷。……施工合同只对合同当事人产生约束力，即对发包人和承包人发生法律效力，对合同当事人以外的人不发生法律效力。合作开发方和发包人之间存在合作开发房地产关系，不是施工合同当事人，不应对施工合同承担合同义务。其次，债权属于相对权，相对性是债权的基础。债是特定当事人之间的法律关系，债权人和债务人都是特定的。债权人只能向特定的债务人请求给付，债务人只能对特定的债权人负有给付义务。即使因第三人的行为致使债权不能实现，债权人也不能依据债权的效力向第三人请求排除妨害，债权在性质上属于对人权。再次，《民法通则》第84条第1款规定：债是按照合同的约定或者依照法律的规定，在当事人之间产生的特定的权利和义务关系。……'特定的'含义就是讲只有合同当事人才受合同权利义务内容的约束。债权人要求债务人履行义务的基础是合同约定或法律规定。本案承包人主张合作开发方就发包人偿还工程欠款承担连带责任，因当事人之间不存在'特定的'债的关系，突破合同相对性也没有法律依据，承包人主张合作开发方对还款承担连带责任的上诉请求，于法无据。"

【最高院解析】

无。

【作者点评】

合同相对性

《最高院民事审判纪要2011》第18条也同时规定了两种截然相反的观点："当事人以国有土地使用权或资金出资进行合作开发，并以一方名义进行开发建设的，因合作项目产生的债权债务，按照物权法第102条的规定处理。另一种意见：当事人以国有土地使用权或资金出资进行合作开发，并以一方名义进行开发建设的，因合作项目产生的债权债务，应当严格遵循合同相对性原则处理。"本案采纳了第二种观点，严格遵循合同相对性，合作方不对另一方的建设工程合同债务承担连带责任。

【裁判规则】

合作开发房地产中的一方与承包人签订施工合同的，承包人不能要求合作开发其他方就发包人拖欠工程款承担连带支付责任。

1.2 承包人

承包人是指在建设工程合同中，具备相应资质并承揽工程的一方当事人。在实务中，存在内部承包人、项目经理、分支机构、项目经理部等与承包人相关主体，该如何认定呢？

1.2.1 统一管理的内部承包属于合法的内部经营行为

《四川高院施工合同解答2015》规定："建筑施工企业将其承包的全部或部分工程交由其下属分支机构或在册的项目经理等本企业职工个人承包施工，建筑施工企业对工程施工过程及质量进行管理，并在资金、技术、设备、人力等方面给予支持的，属于内部承包。"

内部承包是一种合法的企业内部经营行为，当事人以内部承包合同的承包方无施工资质为由，主张该内部承包合同无效的，法院不予支持。我国法律未作出规定，从各省法院文件看，内部承包判断标准如下：

（1）承包主体应为本企业下属分支机构或本企业职工。因此，分公司作为业务、资金、人事等方面受本公司管辖而不具有法人资格的分支机构，可以进行内部承包；子公司作为独立法人，一般不得进行内部承包；而内部承包人为个人的，该个人应与建筑企业具有合法劳动关系。《四川高院施工合同解答2015》规定："审判实践中，可以结合下列情形综合认定是否属于内部承包：……（二）发包给个人的，发、承包人之间有合法的劳动关系以及社会保险关系的。"

（2）内部承包的承包人所使用的人财物、技术等，一般属于施工企业所有或者协调支持，而仅收取管理费，不提供人财物、技术的，一般作为借用资质的认定标准。如《安徽高院施工合同意见2013》第1条规定："建筑施工企业的内部人员对外以企业名义承包工程，对内与企业签订承包协议，企业只收取管理费，不在资金、技术、设备、人力等方面提供支持，不承担技术、质量监管和经济责任的，应当认定为借用资质。"

（3）承包人在建筑企业的统一管理和监督下独立核算、自负盈亏，承包人与建筑企业按照承包合同约定对经营利润进行分配。

此外，《衢州中院王勇观点》第96页认为，在内部承包的相关诉讼中，虽然企业下属分支机构或职工与施工企业属于隶属关系，但是该隶属关系并不影响内部承包平等、自愿、等价有偿的民事合同性质，所以，承包人与施工企业之间因内部承包协议发生的纠纷，仍应受《合同法》调整。而内部承包人与施工企业之间的劳动争议则受《劳动法》调整。

1.2.2 分支机构不能独立承担民事责任

建筑施工企业出于业务需要，往往在各地设立分公司或办事处等分支机构。虽然按照《企业法人管理条例》第35条规定，分支机构应当申请登记并

内部承包

领取《营业执照》。但分支机构不具有法人资格，无法独立作出意思表示，不能独立承担民事责任。

法人资格

从分支机构能否作为诉讼主体的角度看，按照《民事诉讼法》第48条，《民事诉讼法解释2015》第52条、53条的规定：依法设立并领取营业执照的法人的分支机构可以作为民事诉讼当事人；法人非依法设立的分支机构，或者虽依法设立，但没有领取营业执照的分支机构，以设立该分支机构的法人为当事人。

解析案例

在第5例（解析案例）中，承包人在福州市设立常设办事处，但未进行登记和领取营业执照，承包人授权其办事处在福州承揽工程业务，代表承包人与建设单位商谈、签订合同。后承包人以原告身份起诉发包人，二审法院认定：承包人诉讼主体具有合法资格。

最高院民一庭解析该案认为："承包人办事处是承包人申请福州市人民政府批准在福建省福州市设立的常驻机构，其主任由承包人任免。承包人授权其办事处在福州承揽工程业务，并代表本单位与建设单位商谈、签订合同等。因此办事处系承包人的分支机构，其与发包人所签订的合同、协议，承包人均予以认可"，其权利义务由承包人承担。

分支机构以自己名义对外签订合同的，一般由企业法人承担责任。分支机构有偿付能力的，也可以仅由企业法人承担补充责任。《民法总则》第74条规定："分支机构以自己的名义从事民事活动，产生的民事责任由法人承担；也可以先以该分支机构管理的财产承担，不足以承担的，由法人承担。"

缔约名义

分支机构以施工企业名义在代理权限内对外签订合同的，则由施工企业承担责任。分支机构没有代理权、超越代理权或者代理权终止后以被代理人名义订立合同，可参见本书1.2.4节。

此外，也存在法律直接规定分支机构行为效力的情形，如分支机构未经书面授权对外签订保证合同的，合同无效。《担保法》第29条规定："企业法人的分支机构未经法人书面授权或者超出授权范围与债权人订立保证合同的，该合同无效或者超出授权范围的部分无效，债权人和企业法人有过错的，应当根据其过错各自承担相应的民事责任；债权人无过错的，由企业法人承担民事责任。"

1.2.3 项目经理职务行为后果由承包人承担

职务行为

《民法总则》第170条规定："执行法人或者非法人组织工作任务的人员，就其职权范围内的事项，以法人或者非法人组织的名义实施民事法律行为，对法人或者非法人组织发生效力。法人或者非法人组织对执行其工作任务的人员职权范围的限制，不得对抗善意相对人。"

善意相对人

项目经理，按照《施工合同示范文本2017》通用条款第1.1.2.8款规定，是指由承包人任命并派驻施工现场，在承包人授权范围内负责合同履行，且按照法律规定具有相应资格的项目负责人。《北京高院施工合同解答2012》第8条规定："承包人的项目经理以承包人名义在结算报告、签证文件上签字确认、加盖项目部章或者收取工程款、接受发包人供材等行为，原则上应当认定为职务行为或表见代理行为，对承包人具有约束力，但施工合同另有约定或承包人有证据证明相对方知道或应当知道项目经理没有代理权的除外。"

因此，项目经理以施工企业的名义对外签订合同，可认定为职务行为，行为效果归属于施工企业。由于项目经理是施工企业在工程项目上执行工作任务的人员，项目经理超越职权范围以施工企业名义对外签订合同的，善意相对人仍可向施工企业主张权利。

超越职权　项目经理超越职权范围、以自己的名义对外订立买卖合同、租赁合同、借贷合同等情形，此类行为一般不属于职务行为。但如果该类行为是为施工企业利益所为，仍应被认定为职务行为。如债权人向工地运送建筑材料、供应生活用品，项目经理为其出具欠条但未加盖公章，如能证明该材料、用品用于工地，则应认定为职务行为。

项目部一般无营业执照，无固定住所地，仅作为施工企业的一个临时机构存在，随工程接手而成立，随工程完工被解散。[①]项目部行为的效力可参照项目经理。

1.2.4　项目经理行为构成表见代理的后果由承包人承担

表见代理　《最高人民法院关于当前形势下审理民商事合同纠纷案件若干问题的指导意见》第12条规定："由于合同当事人采用转包、分包、转租方式，出现了大量以单位部门、项目经理乃至个人名义签订或实际履行合同的情形，并因合同主体和效力认定问题引发表见代理纠纷案件。对此，人民法院应当正确适用《合同法》第49条关于表见代理制度的规定，严格认定表见代理行为。"

《合同法》第49条规定的："行为人没有代理权、超越代理权或者代理权终止后以被代理人名义订立合同，相对人有理由相信行为人有代理权的，该代理行为有效。"

表见代理是指无权代理人，具有代理权存在的外观，足令使人信其有代理权时，法律规定本人应负授权责任之制度。参考《江苏高院表见代理纪要2013》规定，行为人构成表见代理的四个要件如下：

（1）行为人没有代理权。

（2）签订合同时相对人有事实或理由相信行为人具有代理权。

权利外观　一般认为，使相对人相信项目经理具有代理权的，是项目经理所具备的权利外观，该权利外观来源于施工企业的某些行为。《连云港中院职务行为认定意见》列举了三类情形：项目经理用单位为其刻制的项目部印章对外签订合同的；单位为其支付部分债务，参与了合同的履行；单位成立或认可的项目经理部（如单位通过广告牌等媒体向社会公示项目经理，在相关合同中认可项目经理等）对外以项目经理部或建筑单位名义签订合同，且出卖的标的物、租赁物确实用于工程等。

---

① 章建荣：《建筑施工企业内部承包合同：制度规范与风险防范》，法律出版社2017年版，第61页。

　　项目经理以个人名义对外签约是否影响表见代理的认定？该问题实践中做法不一，应当结合相对人是否有理由相信项目经理具有代理权、相对人主观上是否善意无过失等情形综合认定。《江苏高院商事问题研究2009》就认为："在证明'项目经理'或者'工程项目部'的行为构成表见代理的诸多证据中，'项目经理'或者'工程项目部'对外缔约的名义是重要证据，但并不是具有决定性意义的证据。根据合同法第49条的规定，合同相对人还应当举证证明其有理由相信分包商有代理总承包商对外缔约的权利，即证明自己善意无过失地相信对方的代理权。"

　　（3）相对人主观上须为善意且无过失。

善意无过失　　《山东高院王永起等观点》第258～259页认为，确定相对人是否善意，一方面是指善意相对人根本不可能怀疑其未获得授权；另一方面，如具相对人虽然主观上不知道代理人无代理权，但本人已经采取了法律认可的方式通知相对人，则可以推定相对人知道代理人无权代理。无过失是指相对人不知道代理权并非因疏忽大意或懈怠造成的。所以，若项目经理与第三方签订合同，根据当时的情形，第三方无理由怀疑项目经理无代理权且已经尽到了应尽的谨慎义务，则属于善意且无过失。

　　（4）行为人与相对人签订的合同应具备合同有效的一般条件，即不具有无效和可撤销的内容。

　　在最高院（2012）民再申字第93号案中，最高院在认定项目经理的借款行为是否属于表见代理时，结合表见代理的构成要件分析如下：

　　要件一：行为人应以被代理人的名义实施代理行为。本案项目经理以其个人名义与第三人之间产生借款关系，借条上仅有项目经理个人署名而未加盖施工企业单位印章，要件一不符合。

　　要件二：行为人没有代理权。本案项目经理不具有代表施工企业对外擅自借款的职能，施工企业未授予其对外借款的代理权，事后亦未对其借款行为予以追认，要件二符合。

　　要件三：客观上须具有使相对人相信行为人具有代理权的情形。本案项目经理也是施工企业下属分公司的负责人，容易造成项目经理被公司授予借款代理权的假象，本案符合要件三。

　　要件四：相对人系基于善意且无过失而信赖该行为人有代理权。本案中，第三人对项目经理的借款行为究竟代表个人还是施工企业并未尽到一个善良注意人的合理审慎义务，其主观上存在较大的过失。具体表现在：其一，本案第三人作为一名商人，对系争借款合同订立主体的认知能力理应有一定的商场经验，通常应当知道项目经理无擅自借款的职能；其二，如果项目经理以施工企业名义向第三人借款，应在借条上加盖施工企业工程而非项目经理个人署名；其三，若确属项目公司借款，按常规应将款项汇入项目公司账户，而不是汇入项目经理个人账户。

　　因此，项目经理的借款行为不符合表见代理法律构成要件一和四，不属于表见代理，属个人行为，应由其个人承担相应还款责任。

第5例　分支机构签约的承包人可否主张权利？

【争议焦点】

施工企业成立的分支机构与发包人签订施工合同并产生争议的，施工企业能否作为诉讼主体起诉、应诉？

【解析案例】

查案例扫微信

铁道部第十七工程局福州办事处（以下简称"福州办事处"）系承包人（铁道部第十七工程局）依法在福州市设立的常驻机构，其主任由铁道部第十七工程局任免。铁道部第十七工程局授权福州办事处在福州承揽工程业务，并代表本单位与建设单位商谈、签订合同。

1992年以来，承包人办事处（福州办事处）与发包人[太平洋（福建）房地产开发有限公司]就福建登云高尔夫球场总体工程55个子项目陆续签订了施工合同。

工程施工完毕已交付发包人使用。

1995年11月5日，发包人与承包人办事处又签订《协议书》，对结算事宜达成一致。但签订后，发包人未按约定履行还款义务。

1997年2月25日，承包人向法院起诉，请求：判令发包人归还工程尾款及利息。双方对于由承包人办事处签订的合同是否有效，承包人能否提起诉讼，存在分歧。

【各方观点】

（1）发包人认为：承包人办事处并非承包人的分支机构，以承包人名义起诉，主体不合格；承包人办事处不具有法人资格，亦未办理营业执照，以其名义签订合同、协议，违反法律规定，合同无效。

（2）承包人同意一审意见：合同有效，发包人应支付承包人工程款。

【裁判观点】

（1）福建高院一审认为："承包人办事处系承包人的分支机构，发包人主张承包人办事处为独立法人、承包人无诉权证据不足。承包人对其办事处与发包人所签订的合同、协议均予确认，承包人办事处亦已依照其与发包人间的施工合同，将福建登云高尔夫球场总体工程全部施工完毕并交付发包人使用，发包人应支付承包人工程款。"

（2）最高院二审认为："承包人办事处系承包人的分支机构，其与发包人所签合同、协议承包人均予认可，且协议双方意思表示真实，内容合法，因此，协议有效。发包人主张其与承包人办事处签订的协议无效缺乏证据，本院不予支持。"

【最高院解析】

《民事审判指导09前卷》第139页

最高院王文芳法官认为："承包人办事处是承包人申请福州市人民政府批准在福建省福州市设立的常驻机构，其主任由承包人任免。承包人授权其办事处在福州承揽工程业务，并代表本单位与建设单位商谈、签订合同等。因此办事处系承包人的分支机构，其与发包人所签订的合同、协议，承包人均予以认可，故承包人诉讼主体具有合法资格。且双方意思表示真实，内容不违反法律规定，协议合法有效。"

【作者点评】

诉讼当事人

在诉讼主体的认定上，根据《民事诉讼法》第48条，《民事诉讼法解释2015》第52条、53条的规定：依法设立并领取营业执照的法人的分支机构可以作为民事诉讼当事人；法人非依法设立的分支机构，或者虽依法设立，但没有领取营业执照的分支机构，以设立该分支机构的法人为当事人。本案中，发包人提到该承包人办事处未办理营业执照，因此，成立该办事处的企业法人作为原告符合法律的规定。

企业法人分支机构对外签订合同，如本案承包人的办事处与发包人签订的合同内容合法，系当事人真实意思表示，即为有效，并不受分支机构是否为独立法人的影响。只是在民事责任承担的问题上，按照《民法总则》第74条规定："分支机构以自己的名义从事民事活动，产生的民事责任由法人承担；也可以先以该分支机构管理的财产承担，不足以承担的，由法人承担。"有的建筑施工企业在各地设立分公司，如其分公司的财务上相对独立其由自己的财产，可以由分公司承担责任，不足的部分由总公司承担补充责任，或者直接要求总公司承担责任。

表见代理

对于分支机构以企业法人名义签订合同的，可以适用民事代理的相关规则，属于无权代理的，如过存在客观情况使合同相对方相信分支机构具有代理权，相对方善意无过失的基于对分支机构有代理权的信赖签订合同的，则构成表见代理，该合同有效，相应的民事责任由设立分支机构的企业法人承担。

【裁判规则】

企业法人没有取得营业执照的分支机构与第三方签订合同的，企业法人有权以自己名义提起起诉。

1.3 分包人

承包人将其承包的工程建设任务中的部分工作再发包给第三方时，该第三方即为分包关系中的分包人。《合同法》第272条第2款规定："总承包人或者勘察、设计、施工承包人经发包人同意，可以将自己承包的部分工作交由第三人完成。"

1.3.1 承包人可以依法分包专业工程和劳务作业

《建筑法》第29条第1款规定："建筑工程总承包单位可以将承包工程中的部分工程发包给具有相应资质条件的分包单位。"

《最高院施工合同解释一》第7条："具有劳务作业法定资质的承包人与总承包人、分包人签订的劳务分包合同，当事人以转包建设工程违反法律规定为由请求确认无效的，不予支持。"

专业工程分包是指施工总承包人将其承包范围内的专业工程发包给专业企业完成。从《建筑企业资质标准》对专业承包资质的分类看，专业工程应能和主体工程相对区分，其施工工艺较为专业需要由专业企业来完成，但是否属于专业工程还需要在个案中具体判断。

劳务作业分包是指施工总承包人或者专业工程承包人将其承包工程的劳务作业发包给劳务作业企业完成。劳务分包为法律所认可。

专业分包

结合《最高院杨心忠等观点》第13页、《重庆高院邬砚观点》第34页的论述，可从如下方面对专业分包和劳务分包进行区分：

劳务分包

（1）分包主体不同。专业工程分包主体为施工总承包人，劳务分包主体既可以是施工总承包人，也可以是专业工程分包人。

（2）资质要求不同。专业工程分包须具备相应类别和等级的资质，劳务作业分包资质要求正逐步取消。如江苏住房和城乡建设厅《关于取消施工劳务企业资质要求的公告》明确："从事建筑劳务作业的企业不需要提供施工劳务资质。"

（3）分包范围不同。专业工程分包表现为"包工包料"，分包对象是工程，分包人应自行组织人员、材料、机械，独立完成建设任务；劳务作业分包表现为"包工不包料"，分包对象仅为劳务作业。

（4）限制条件不同。工程专业分包须经发包人的同意才合法有效，专业分包后不得再次转包或分包，但可以将其中的劳务作业另行分包；劳务分包无须发包人同意即可进行，但分包后不得再次转包或分包。

1.3.2 承包人不得对其承包的工程进行转包

《建筑法》第28条规定："禁止承包单位将其承包的全部建筑工程转包给他人，禁止承包单位将其承包的全部建筑工程肢解以后以分包的名义分别转包给他人"。《合同法》第272条也有相关规定。

《发承包违法认定办法2019》第7条规定："本办法所称转包，是指承包单位承包工程后，不履行合同约定的责任和义务，将其承包的全部工程或者将其承包的全部工程肢解后以分包的名义分别转给其他单位或个人施工的行为。"

转包情形　《发承包违法认定办法2019》第8条规定："存在下列情形之一的，应当认定为转包，但有证据证明属于挂靠或者其他违法行为的除外：

（一）承包单位将其承包的全部工程转给其他单位（包括母公司承接建筑工程后将所承接工程交由具有独立法人资格的子公司施工的情形）或个人施工的；

（二）承包单位将其承包的全部工程肢解以后，以分包的名义分别转给其他单位或个人施工的；

派驻　（三）施工总承包单位或专业承包单位未派驻项目负责人、技术负责人、质量管理负责人、安全管理负责人等主要管理人员，或派驻的项目负责人、技术负责人、质量管理负责人、安全管理负责人中一人及以上与施工单**劳动关系**位没有订立劳动合同且没有建立劳动工资和社会养老保险关系，或派驻的项目负责人未对该工程的施工活动进行组织管理，又不能进行合理解释并提供相应证明的；

采购　（四）合同约定由承包单位负责采购的主要建筑材料、构配件及工程设备或租赁的施工机械设备，由其他单位或个人采购、租赁，或施工单位不能提供有关采购、租赁合同及发票等证明，又不能进行合理解释并提供相应证**租赁**明的；

管理费　（五）专业作业①承包人承包的范围是承包单位承包的全部工程，专业作业承包人计取的是除上缴给承包单位"管理费"之外的全部工程价款的；

（六）承包单位通过采取合作、联营、个人承包等形式或名义，直接或变相将其承包的全部工程转给其他单位或个人施工的；

（七）专业工程的发包单位不是该工程的施工总承包或专业承包单位的，但建设单位依约作为发包单位的除外；

（八）专业作业的发包单位不是该工程承包单位的；

（九）施工合同主体之间没有工程款收付关系，或者承包单位收到款项后又将款项转拨给其他单位和个人，又不能进行合理解释并提供材料证明的。

联合体承包　两个以上的单位组成联合体承包工程，在联合体分工协议中约定或者在项目实际实施过程中，联合体一方不进行施工也未对施工活动进行组织管理的，并且向联合体其他方收取管理费或者其他类似费用的，视为联合体一方将承包的工程转包给联合体其他方。"

从上述规定看，首先，转包表现为承包人不实际履行施工合同责任和义务，将全部工程交由他人完成。如果将工程肢解以后仅部分发包给其他单位或个人，则应判断是否构成违法分包；其次，除《发承包违法认定办法2019》

---

① 为与住建部《培育建筑工人队伍意见（征求意见稿）》提出的"取消建筑施工劳务资质审批、设立专业作业企业资质，实行告知备案制"相适应，此处"专业作业"即指原"劳务作业"。

第8条第1款第3至9项以及第2款关于联合体承包的规定，属于承包人未实际施工、管理，或假借其他合法形式变相转包的情形，应注意与其他合法形式进行区分；最后，明确了母子公司各为独立法人，母公司承接工程子公司施工属于转包。

1.3.3　承包人不得对其承包的工程进行违法分包

《建筑法》第29条规定："建筑工程总承包单位可以将承包工程中的部分工程发包给具有相应资质条件的分包单位；但是，除总承包合同中约定的分包外，必须经建设单位认可。施工总承包的，建筑工程主体结构的施工必须由总承包单位自行完成。

……

禁止总承包单位将工程分包给不具备相应资质条件的单位。禁止分包单位将其承包的工程再分包。"《合同法》第272条也有相关规定。

《发承包违法认定办法2019》第11条规定："本办法所称违法分包，是指承包单位承包工程后违反法律法规规定，把单位工程或分部分项工程分包给其他单位或个人施工的行为。"

违法分包情形

《发承包违法认定办法2019》第12条："存在下列情形之一的，属于违法分包：

（一）承包单位将其承包的工程分包给个人的；

（二）施工总承包单位或专业承包单位将工程分包给不具备相应资质单位的；

（三）施工总承包单位将施工总承包合同范围内工程主体结构的施工分包给其他单位的，钢结构工程除外；

（四）专业分包单位将其承包的专业工程中非劳务作业部分再分包的；

（五）专业作业承包人将其承包的劳务再分包的；

（六）专业作业承包人除计取劳务作业费用外，还计取主要建筑材料款和大中型施工机械设备、主要周转材料费用的。"

按照《质量管理条例》第78条第2款规定，违法分包还包括"建设工程总承包合同中未有约定，又未经建设单位认可，承包单位将其承包的部分建设工程交由其他单位完成的"这一情形。考虑到《发承包违法认定办法2019》为部门规章，《质量管理条例》为行政法规，前者效力位阶较低，且二者皆为行政法律规范，所以，未约定又未经建设单位认可进行分包的，仍应可以根据双方合同关系追究违约责任。

1.3.4　承包人不得允许实际施工人挂靠承接工程

《建筑法》第26条规定："承包建筑工程的单位应当持有依法取得的资质证书，并在其资质等级许可的业务范围内承揽工程。

禁止建筑施工企业超越本企业资质等级许可的业务范围或者以任何形式用其他建筑施工企业的名义承揽工程。禁止建筑施工企业以任何形式允许其他单位或者个人使用本企业的资质证书、营业执照，以本企业的名义承揽工程。"《合同法》第272条也有相关规定。

《发承包违法认定办法2019》第9条规定："本办法所称挂靠，是指单位或个人以其他有资质的施工单位的名义承揽工程的行为。"

《发承包违法认定办法2019》第10条规定："存在下列情形之一的，属于挂靠：（一）没有资质的单位或个人借用其他施工单位的资质承揽工程的；（二）有资质的施工单位相互借用资质承揽工程的，包括资质等级低的借用资质等级高的，资质等级高的借用资质等级低的，相同资质等级相互借用的；（三）本办法第八条第一款第（三）至（九）项规定的情形，有证据证明属于挂靠的。"

挂靠行为表现形式多样，有的具有一定隐蔽性。如：低资质企业通过"联营"或"分包"方式，利用高资质企业投标并签订合同，实际由自己施工管理、自负盈亏。又如：无资质的个人以有资质企业的名义与发包人签订合同，其个人再以被挂靠企业的员工或被任命为项目经理等方式承建工程等。《最高院施工合同解释二适用》第101页认为，认定挂靠行为有两个核心要素："一是挂靠人没有资质或者超越资质，且与被挂靠单位没有劳动或隶属关系；二是挂靠人为了规避资质许可限制而以具有相应资质的被挂靠人的名义承揽工程。至于被挂靠单位是否收取管理费、挂靠费等费用，不是认定挂靠的行为要素之一。"

但按照上述规定和认定标准，有时仍难以区分挂靠和转包。《发承包违法认定办法2019》第8条第1款第3至9项的情形，既属于挂靠又属于转包，二者表现形式几近相同，但二者对合同效力的影响和法律责任的承担上存在较大区别（详见本书3.1节"合同无效情形"）。笔者认为，可从如下方面尝试区分挂靠和转包：

（1）挂靠关系必然发生在施工合同签订之前，否则无法利用被挂靠人的资质承包工程。但转包一般表现为先有总承包合同，后有转包合同（不排除转包人与转承包人事先达成合意的情形）。

（2）挂靠必然存在资质借用的事实，但转包并非必然借用资质。

（3）挂靠人一般主导从项目招标投标、合同签订、履行直至结算过程，而转包人通常在付出获取项目的成本后，再转包给第三方，转承包人在项目工程中的地位和作用弱于挂靠人。[1]

1.3.5　挂靠各方应该就挂靠造成的损失向发包人承担连带责任

《最高院施工合同解释二》第4条规定："缺乏资质的单位或者个人借用有资质的建筑施工企业名义签订建设工程施工合同，发包人请求出借方与借用方对建设工程质量不合格等因出借资质造成的损失承担连带赔偿责任的，人民法院应予支持。"

《建筑法》第66条规定："建筑施工企业转让、出借资质证书或者以其他方式允许他人以本企业的名义承揽工程的，责令改正，没收违法所得，并

---

[1] 李春艳：《挂靠与转包对实际施工人工程款请求权的影响》，载《人民司法》2016年第35期，第55-59页。

处罚款，可以责令停业整顿，降低资质等级；情节严重的，吊销资质证书。对因该项承揽工程不符合规定的质量标准造成的损失，建筑施工企业与使用本企业名义的单位或者个人承担连带赔偿责任。"

《民事诉讼法解释2015》第54条规定："以挂靠形式从事民事活动，当事人请求由挂靠人和被挂靠人依法承担民事责任的，该挂靠人和被挂靠人为共同诉讼人。"

共同侵权责任　　按照《最高院施工合同解释二适用》第110～116页的解释，挂靠人和被挂靠人对挂靠造成损失承担的责任属于共同侵权责任，在承担连带责任问题上，应注意：

（1）从诉讼主体上看，发包人因工程质量问题起诉挂靠人或被挂靠人一方时，法院应当追加另一方为当事人参加诉讼；挂靠人因工程款问题起诉发包人时，法院应当追加被挂靠人为当事人参加诉讼；第三人因拖欠租金或材料款起诉时，应当起诉与其签约的合同相对方；如果第三人因建筑物倒塌提起侵权赔偿之诉发包人和被挂靠人的，应当追加挂靠人为当事人参加诉讼；如果挂靠人和被挂靠人因管理费问题提起诉讼，则与发包人无关。

（2）挂靠人和被挂靠人承担连带责任后，被挂靠人在其收取管理费的范围内承担责任。如果发包人明知该挂靠关系，说明发包人存在过错，也应当承担一定的过错责任。

（3）借用资质造成的损失应当和借用资质行为具有因果关系。在司法实践中，发包人只需要证明损失的存在以及挂靠人借用资质的事实即完成初步的证明责任，如果挂靠人否认损失的产生与借用资质有关，则应由挂靠人证明损失并非因借用资质产生。

（4）对于发包人明知挂靠行为的，如果发包人在订立合同时即知道，甚至还故意参与的，那么发包人应对合同无效产生的损失（不包括挂靠人和被挂靠人履约不当产生的损失）承担相应责任。如果发包人在合同订立后才知道挂靠的，发包人应当采取适当措施避免损失扩大，否则应就扩大损失承担责任。

1.3.6　承包人和实际施工人就质量问题向发包人承担连带责任

《最高院施工合同解释一》第25条规定："因建设工程质量发生争议的，发包人可以以总承包人、分包人和实际施工人为共同被告提起诉讼。"

《建筑法》第29条第2款规定："总承包单位和分包单位就分包工程对建设单位承担连带责任。"

《最高院施工合同解释一》从程序角度规定了发包人可以谁为被告，其实质是由共同被告承担连带责任。因此，因建设工程质量发生争议的，发包人可以向总承包人、分包人、实际施工人中的任何一方主张全部赔偿，各方进行赔偿以后，可对不属于自己的责任向责任方追偿。而事实上，上述规定包含了两种不同的"连带责任"：

连带质量责任　　其一，总承包人和分包人就工程质量向发包人承担连带责任。对此，除《建筑法》第29条第2款外，《合同法》第272条也有相关规定。

其二，实际施工人就建设工程质量向发包人承担连带赔偿责任，该责任实为一种损失赔偿责任。由于在转包或违法分包中，转包人或违法分包人与实际施工人签订合同为无效合同，基于《合同法》第58条规定："合同无效或者被撤销后，因该合同取得的财产，应当予以返还；不能返还或者没有必要返还的，应当折价补偿。有过错的一方应当赔偿对方因此所受到的损失，双方都有过错的，应当各自承担相应的责任。"对于无效合同因质量问题导致的损失，应当按照过错承担相应责任，因此，实际施工人应当按照过错原则承担赔偿责任。一般情况下，总承包人对签订转包和违法分包合同在主观上存在过错，而转承包人和违法分包中的承包人也明知违法而与总承包人签订合同，因此，规定实际施工人与总承包人、分包人就工程质量问题向发包人承担连带责任是符合法理的。

此外，该条规定的实际施工人是指转包、违法分包中的实际施工人，而不包括挂靠行为中的实际施工人。《最高院施工合同解释一适用》第179页认为："本条所称实际施工人为违法分包和转包的承包人"。

在第6例（参考案例）中，二审法院认为：实际施工人以施工合同纠纷为由提起诉讼，发包人作为本诉被告，有权以实际施工人为反诉被告提出与本诉有牵连的独立的反请求。

1.3.7 挂靠的实际施工人可以直接向发包人主张全部工程价款

挂靠中的实际施工人一方面可以依据其与出借资质的施工企业的基础关系，督促其向发包人主张权利，另一方面是否可以直接向发包人主张权利呢？实务中存在分歧，但主流意见认为可以。

挂靠行为包括两个法律行为。一个是虚假的意思表示实施的法律行为，**虚假意思表示** 即出借资质方与发包人签订的施工合同，按照《民法总则》第146条规定，该行为无效。另一个是虚假意思表示隐藏的法律行为，即实际施工人利用挂靠与发包人签订的施工合同，依据《最高院施工合同解释一》第4条规定，该行为无效。《最高院施工合同解释二适用》第501页认为："虽然实际施工人借用有资质的建筑施工企业名义与发包人与发包人签订建设工程施工合同无效，但是双方当事人围绕合同订立、履行建设工程施工合同而形成一系列法律关系，双方当事人之间会基于这些法律关系产生债法上的请求权""故在建设工程质量合格的情况下，实际施工人直接向发包人请求参照合同约定支付工程价款，有法律和法理依据"。

在第7例（指导性案例）例中，发包人、承包人、实际施工人事先达成一致，由实际施工人挂靠承包人资质承建涉案工程。其后，承包人中标并与发包人签订《建设工程施工合同》，再之后，承包人和实际施工人签订《承包合作协议》将工程转包。终审法院认为：发包方在欠付工程价款范围内承担责任。

不当得利 最高院民一庭结合该案给出的指导意见为：《施工合同》和《承包合作协议》皆为无效合同，但实际施工人可基于不当得利返还请求权向发包人主张全部工程款。

第6例 出现缺陷后发包人可诉实际施工人吗?

【争议焦点】

建设工程出现质量问题,发包人可否因此起诉承包人和实际施工人,要求其连带承担损失赔偿等责任?

【参考案例】

查案例扫微信

2000年10月26日,发包人(福州华电房地产公司)与承包人(北京中关村科技发展(控股)股份有限公司)约定,由承包人承建"友谊大厦"工程。

2000年11月24日,承包人与实际施工人(建汇海建工集团公司)签订《建筑工程施工合同》,约定由实际施工人承建该工程。

实际施工人因发包人未按约定支付工程款,被迫停工为由向北京一中院提起诉讼,请求:判令承包人向其支付工程款及损失,由发包人对其诉讼请求与承包人承担连带责任。

发包人提起反诉,请求判令实际施工人搬离工地内的模板、脚手架等所有建筑废料。其后,发包人又申请追加承包人为反诉被告,要求其对工程质量责任与实际施工人承担连带责任并清理建筑废料。

各方对承包人是否应当作为被告存在分歧。

【各方观点】

(1)承包人认为:发包人不应将承包人列为被告。

(2)发包人认为:承包人应当就工程质量问题与实际施工人承担连带责任。① 承包人对施工现场有管理职责,对施工现场因被堆放建筑废料导致无法进行修复、加固及后续施工的工作,具有不可推卸的责任;② 承包人在承包本案工程后随即将其非法转包给实际施工人,发包人从始至终都未参与本案工程的实际施工,承包人在本案中提交的证据悉数来自实际施工人。故发包人在本案诉讼中追加承包人为共同被告并向其主张连带责任;

(3)北京市一中院认为:"因诉争工地的所有建筑废料系实际施工人在履行施工合同时所留,不属于承包人所有也不是承包人堆放,因而发包人以承包人为被告,属于诉讼主体不适格,应予驳回。"

【裁判观点】

北京高院二审认为:"实际施工人以建设工程施工合同纠纷为由提起诉讼,发包人作为本诉被告,有权以实际施工人(本诉原告)为反诉被告提出与本诉有牵连的独立的反请求。

人民法院审理案件范围应当依据当事人起诉范围确定。本案中，发包人主张工程违法分包及工程质量瑕疵并以承包人、实际施工人为共同被告，请求二被告共同承担连带责任。根据发包人之反诉请求，承包人应当参加诉讼，而且依据《最高院施工合同解释一》第25条规定：'因建设工程质量发生争议的，发包人可以以总承包人、分包人和实际施工人为共同被告提起诉讼。'发包人向承包人、实际施工人主张权利，有法律依据，本院应予支持。发包人主张承包人与实际施工人违法转包，要求二者承担连带责任，一审裁定认定'因诉争工地的所有建筑废料系实际施工人在履行施工合同时所留，不属于承包人所有且不是承包人堆放，因而发包人持上述诉讼请求以承包人为被告，属于诉讼主体不适格，亦应予驳回'，显属不当，应予纠正。……承包人应当作为本案当事人参加诉讼。一审法院适用法律不当，裁定应当予以撤销。"

【最高院解析】

无。

【作者点评】

《最高院施工合同解释一》第25规定："因建设工程质量发生争议的，发包人可以以总承包人、分包人和实际施工人为共同被告提起诉讼。"

《建筑法》第58条规定："建筑施工企业对工程的施工质量负责。"第29条第2款规定："总承包单位和分包单位就分包工程对建设单位承担连带责任。"

共同被告

法律规定总承包人、分包人、实际施工人就建设工程质量对发包人承担连带责任，在程序上即表现为共同被告。无论总承包人、分包人、实际施工人，相对于发包人而言，均是施工方，因此应当按照《建筑法》第58条的规定对施工质量负责。

连带赔偿责任

本案反诉中，发包人以承包人和实际施工人为被告，主张其就工程质量承担连带责任。由于发包人与承包人之间签订《施工合同》为有效合同，而承包人将工程转包给实际施工人所签订的合同为无效合同。准确地说，实际施工人向发包人承担的是连带"赔偿"责任，应当按照过错原则确定其赔偿责任。事实上，对于因转包或违法分包导致工程质量不合格造成的损失，总承包人或者转包、违法分包中的承包人都明知违法而签订合同，其主观上都存在一定的过错，规定总承包人、分包人和实际施工人对发包人承担连带责任，是符合法理的。

【裁判规则】

在施工期及保修期内，建设工程出现质量问题，发包人可以承包人、实际施工人为共同被告提起诉讼，并要求承担连带赔偿责任。

第7例　挂靠的实际施工人可否向发包人主张？

【争议焦点】

发包人与承包人签订施工合同，承包人与实际施工人签订转包合同，发包人明知或故意追求实际施工人挂靠承包人资质实际施工的，实际施工人是否可以向发包人主张权利？

【指导性案例】

《民事审判指导48辑》第99页

2004年4月，甲公司对其开发建设的工程进行招标，乙公司成为中标人。甲公司、乙公司和张某达成一致，由张某通过挂靠承包人资质的方式承担涉案工程的建设。

2004年9月14日，甲公司为发包人、乙公司作为承包人签订了《建设工程施工合同》。

2004年9月20日，承包人与实际施工人张某签订《承包合作协议》。协议约定实际施工人全面独立承包独立经营，承包人不承担因实际施工人原因造成的任何经济责任和债权债务，经营利润由实际施工人自行支配，因实际施工人无法人资质，如遇与本工程相关的法律纠纷，由实际施工人自行承担。实际施工人以承包人项目部的名义全面负责工程经营与管理。

2004年11月8日，实际施工人以承包人项目部的名义向发包人出具承诺书，承诺按约承建工程，并对建筑面积和工程价款进行了确认。

实际施工人起诉发包人，请求：判令发包人向其支付工程款及利息。

【各方观点】

一审法院认为："发包人与承包人就本案工程经过招投标，双方签订了《建设工程施工合同》，双方的施工合同体现双方真实意思且经过备案，是合法有效的，依法应作为施工和工程款结算的依据。关于实际施工人及项目部与承包人签订的《承包合作协议》，是承包人将承建工程交给没有施工资质的实际施工人，由实际施工人对工程全面承包独立经营并以承包人名义使用该公司资质对外施工，承包人背离与建设方的合同，不履行施工义务，只收取管理费并代收税费，其行为违反了国家建筑法关于禁止建筑施工企业以任何形式允许其他单位或个人使用本企业的资质证书、营业执照、以本企业的名义承揽工程的强制性法律规定。上述《承包合作协议》、承诺书虽属实际施工人当时的真实意思，但应依法认定无效，不能作为工程款结算的依据。实际施工人与发包人之间虽未建立合法的合同关系，但实际施工人负责的项目部实际为发包人履行了承包人的施工义务并进行了部分垫资，为发包人完成了基础工程和部分结构工程，发包人从中直接受益，双方间事实上形成了权利义务关系，同时亦形成了特殊的结算关系。故根据权利义务相一致的原则，实际施工人有权向发包人主张权利。根据最高院有关司法解释，实际施工人向发包人主张权利的，发包方在欠付工程价款范围内承担责任，故发包人应当根据工程造价的鉴定结论扣除已经支付的工程款，对剩余应付的工程款承担给付责任。承包人应对此承担给付的连带责任。"

欠付工程款

【裁判观点】

无。

【最高院指导】

《民事审判指导48辑》第99页

最高院民一庭结合该案给出的指导意见为："发包人明知或故意追求借用资质的效果，发包人与承包人、承包人与实际施工人签订的合同都应归于无效"。理由是：发包人为了让无资质的实际施工人实际履行合同，与承包人、实际施工人达成一致，"主观上构成恶意串通，客观上规避国家关于资质的强制性规定，且形成了侵害国家利益的效果"。

不当得利

"实际施工人以其施工行为基于自己的意思增加了给发包人的财产，具体体现为实际施工人投入的在建工程的材料、人力等""发包人因实际施工人的给付而受益""从给付关系上看，给付人为实际施工人、受领给付人为发包人，而被借用资质企业则仅仅是此种给付关系名义上的中介。"因此，发包人与实际施工人之间形成不当得利关系。发包人应当返还实际施工人工程款及利息。 　　　　　　　　　　（执笔法官：姜强）

【作者点评】

本案一审法院判决发包人向实际施工人在欠付工程款范围内承担支付责任，依据是《最高院施工合同解释一》第26条第2款的规定："实际施工人以发包人为被告主张权利的，人民法院可以追加转包人或者违法分包人为本案当事人。发包人只在欠付工程价款范围内对实际施工人承担责任。"但该依据是不妥当的。

在发包人明知的挂靠情形下，《建设工程施工合同》和《承包合作协议》皆为无效合同，实际施工人与发包人构成了不当得利关系，甚至进一步说，实际施工人利用挂靠形式与发包人建立了事实上的承包关系，因此实际施工人可以直接向发包人主张工程款。笔者认为：在发包人明知挂靠的情形下，实际施工人上述主张不受发包人欠付工程款的限制；如果承包人将收到的工程款付给实际施工人，相应部分可以抵充；如果承包人没有收到的工程款付给实际施工人，则应由发包人自行追回。

给付关系

【裁判规则】

实际施工人借用承包人资质签订施工合同的，实际施工人和承包人签订的合作协议、借用承包人名义与发包人签订的施工合同均无效，实际施工人可以直接向发包人主张工程价款。

1.4　实际施工人

　　实际施工人如何追讨工程价款，司法解释规定了三种方式：一是根据《最高院施工合同解释一》第26条第1款规定，向合同相对方主张；二是根据该解释一第26条第2款及《最高院施工合同解释二》第24条规定，直接向发包人主张；三是根据《最高院施工合同解释二》第25条规定，向发包人提取代位权诉讼。至于挂靠的实际施工人主张权利，不适用以上三种方式，具体见本书1.3.7。

1.4.1　实际施工人是发包人未参与关系中独立负责实施工程的一方

　　《最高院施工合同解释一》第26条规定："实际施工人以转包人、违法分包人为被告起诉的，人民法院应当依法受理。

　　实际施工人以发包人为被告主张权利的，人民法院可以追加转包人或者违法分包人为本案当事人。发包人只在欠付工程价款范围内对实际施工人承担责任。"该第二款即实际施工人直接起诉发包人条款。

保护农民工权益

　　狭义的实际施工人指因非法转包、违法分包、劳务分包而实际负责实施工程的一方，可以直接起诉发包人。广义的实际施工人还包括因挂靠而实际负责实施工程的一方；但挂靠的实际施工人不能依据实际施工人权利保护条款直接起诉发包人。

　　狭义的实际承包人不能做扩大化解释。实际施工人直接起诉发包人条款的政策价值取向是优先保护农民工权益，因此应当尽量限制其适用范围。[①]狭义实际施工人应该具备如下特征：

　　（1）实际施工人应该负责实施工程并支付农民工工资。

包工头

　　实际施工人可以是独立法人如不具备资质的企业，也可以是自然人如包工头。《最高院施工合同解释二适用》第497页认为："有的施工队伍由包工头负责，包工头一方面对外揽工，向转包人、违法分包人和发包人承担保质保量完成施工任务的义务，另一方面负责招工，向找来的农民工支付工资。这种情况下，实际施工人应为包工头。有的施工队伍包工头只负责招工和管理，包工头和施工队伍中的农民工都直接从施工企业领取工资。这种情况下，施工队伍就不属于实际施工人，而属于施工企业的内部施工单位，施工队伍的组成人员与施工企业之间构成劳务关系。"

解析案例

　　在第8例（解析案例）中，二审认定刘某并非实际施工人，不享有实际施工人相关权利。

劳动关系

　　最高院民一庭解析认为：刘某以承包人工作与发包人签订合同，以承包人财务章接受工程款，以承包人分公司名义缴纳税费，以承包人或分公司名义设立或持有工程账目，以承包人分公司名义完成后期工程，且相关手续皆

[①] 王伟：《实际施工人的界定与认定路径》，载《建筑》2017年第3期，第53页。

劳务关系

以刘某为负责人，即：刘某以承包人所为施工管理行为，源于承包人的意思表示，刘某行为的法律效果应归于承包人。

（2）实际施工人应该独立实施工程而不能被雇从事劳动。

《河北高院施工合同指南2018》第29条也规定："具有下列情形的，不能认定为实际施工人：（二）与非法转包人、违法分包人无施工合同关系的农民工、建筑工人或者施工队、班组成员。上述人员不能直接向发包人主张权利，只能依据劳动关系或劳务关系向实际施工人（承包人）主张权利。"《山东高院民事审判纪要2011》也有类似规定。

转包

（3）实际施工人主张权利的依据除了合法分包外均为无效合同。

违法分包

合法分包

劳务分包

专业分包

《最高院施工合同解释二适用》第509页认为，合法的劳务分包人也是实际施工人，"赋予实际施工人以直接向发包人主张权利的权利，目的是保护农民工的合法权益，分包合同有效无效，违法合法不是决定是否保护农民工权益的标准。此外，举重以明轻，既然在分包合同违法的情况下，对分包合同的承包人的权利要特别保护，在分包合同合法的情况下，对分包合同的承包人的权利当然应当予以同等保护"。

按照上述精神，所有的合法分包人，不仅仅包括劳务分包人，还包括专业分包人，都可以依据实际施工人权利保护条款直接起诉发包人。

（4）实际施工人出现在单层及多层转包和分包中。

除了直接从和发包人签订施工合同的承包人处以转包、分包等方式承包工程外，实际施工人还可以间接从其他施工人处承包工程。其他施工人包括挂靠、转包、分包的实际施工人，也包括其他没有资质及超越资质的施工人。《最高院施工合同解释二适用》第503页认为，"多层转包或违法分包中的实际施工人的权利保护也涉及农民工权利保护问题"，因此也可以依据实际施工人权利保护条款直接起诉发包人。

值得注意的是，多层转包和分包下的实际施工人并非实际施工人起诉发包人条款的明确规定，在实务中，需要法院根据具体情况分析确定。

1.4.2　实际施工人追讨工程款应该尽量首先起诉合同相对方

合同相对性

《最高院施工合同解释一》第26条第1款规定了实际施工人追讨工程款时起诉合同相对方即转包人、违法分包人。第2款规定了实际施工人直接起诉发包人。该条应该符合合同相对性基本原理。合同相对性指合同债务能够且只能够对合同各方产生拘束力，不能对不特定的第三方产生拘束力。

解析案例

在第9例（解析案例）中，再审法院认定："比较第2款规定的文意内容，可以看出，实际施工人提起索要工程款的诉讼，原则上应当适用第1款规定，以不突破合同相对性为法律适用的基本原则；第2款是突破合同相对性的特别规定，旨在保护农民工的合法权益。"

最高院民一庭解析该案认为："对于实际施工人起诉索要工程款的，首先应当坚持依据合同相对性原则，实际施工人应首先与其由合同关系的向对方主张权利，而不是径行向发包人主张权利。"

因此，在实践中，实际施工人应尽量首先选择起诉相当方。

1.4.3 实际施工人起诉发包人以保护农民工工资为必要条件

《最高院民事审判纪要2015》提到："对于建设工程司法解释第26条规定……要根据该条第一款规定严守合同相对性原则，不能随意扩大该条第二款规定的适用范围，只有在欠付劳务分包工程款导致无法支付劳务分包关系中农民工工资时，才可以要求发包人在欠付工程价款范围内对实际施工人承担责任，不能随意扩大发包人责任范围。"据此，实际施工人起诉发包人应该具备如下隐含条件：

农民工工资

（1）实际施工人追讨的工程款必须包含农民工工资。

在上述第9例中，实际施工人以发包人、承包人、转承包人为被告，请求其付工程款。该案系实际施工人按合同约定需提供钢梁的制作、运输、安装等作业，包工包料。最高院再审认为："其提供的是专业技术安装工程并非是普通劳务作业，被拖欠的工程款并非劳务分包费用。"最高院仅判决由与实际施工人有合同关系的转承包人向其支付工程款，未判决发包人向其支付工程款。

质量合格

（2）实际施工人实施工程质量已验收合格。

质量合格是发包人支付结算款的前提条件。《最高院施工合同解释二适用》第508页认为：在施工合同多重价值取向中，"保护建设工程质量安全始终是首要价值选择""如果实际施工人完成的建设工程验收不合格且拒绝修复，或修复后仍不合格"，实际施工人的工程价款请求权将失去合法性和合理性基础。

（3）发包人拖欠承包人工程款。

（4）发包人存在导致农民工工资拖欠的过错。

发包人过错

发包人过错常见情形有三种：一是《最高院施工合同解释一适用》第187页认为的"发包人对承包人转包或违法分包的情况是清楚的，对施工人施工予以默认……主观上存在过错"。二是"转包人、违法分包人取得转包、违法分包利益后并不关心发包人是否按约定的数额和期限支付工程价款，在发包人欠付工程价款时并不积极主张权利，而实际施工人投诉无门"。三是选择的转包人或违法分包人下落不明、破产、资信状况恶化等原因导致缺乏支付能力。

尽管如此，最高院民一庭王毓莹法官在《民事审判指导16年卷》第165页中解析案件时认为：如果实际施工人直接与发包人签订了结算协议，实际施工人可以直接向发包人主张权利，不受《最高院施工合同解释一》第26条第2款的限制。因为签订结算协议后，实际施工人与发包人形成了新的合同关系，实际施工人可以据此主张权利。

1.4.4 实际施工人可起诉发包人在欠付工程款内承担责任但应举证

《最高院施工合同解释二》第24条规定："实际施工人以发包人为被告主张权利的，人民法院应当追加转包人或者违法分包人为本案第三人，在查明发包人欠付转包人或者违法分包人建设工程价款的数额后，判决发包人在欠付建设工程价款范围内对实际施工人承担责任。"

《最高院施工合同解释二》第24条延续了《最高院施工合同解释一》第26条规定，即实际施工人可以直接起诉发包人，发包人在欠付建设工程款范围内对实际施工人承担责任，判决后实际施工人不能再向承包人、承包人不能再向发包人主张相应价款。但前者对后者作了三方面的完善：

应当追加　　　　（1）将"可以追加"改为"应当追加"。

查明实际施工人对承包人享有的工程价款债权、承包人对发包人享有的工程价款债权，是适用该条的基础。要查明这两点，就必须把承包人追加为当事人。

第三人　　　　（2）将"当事人"改为"第三人"。

当事人既包括第三人，也包括共同被告。如果实际施工人仅起诉发包人，又将转包人、违法分包人追加为被告，实际超出了实际施工人的诉讼请求，因此改为追加为"第三人"。当然，实际施工人可以直接以发包人和承包人为共同被告。承包人作为第三人的，可以提出由发包人支付工程价款，法院一般可以合并审理。

查明欠付数额　　　　（3）新增"查明发包人欠付建设工程价款的数额"。

过去判决主文往往为：发包人在欠付工程价款范围内对实际施工人承担支付责任，但无法执行。"查明发包人欠付建设工程价款的数额"是解决这一难题的关键。但是该如何查明，各方如何承担举证责任呢？

发包人对其已付款承担举证责任。《安徽高院施工合同意见2013》规定："实际施工人根据《最高院施工合同解释一》第26条第2款的规定要求发包人承担责任，发包人对其已支付的工程价款数额负有举证责任。"

实际施工人发包人应付款承担举证责任。如果根据现有证据确实无法查清发包人欠付工程款的具体数额时，则由实际施工人承担举证不能的不利后果。[①]

1.4.5　实际施工人直接起诉发包人受其与承包人间仲裁条款的约束

仲裁条款　　　　实际施工人与承包人之间约定仲裁条款的，或者承包人与发包人约定仲裁条款的，实际施工人是否可以直接起诉发包人呢？其中，仲裁条款的一般格式为：合同引起的履行相关争议，可以任何一方向某家仲裁委员会申请仲裁。

解析案例　　　　在兰渝铁路施工合同纠纷案（解析案例）中，发包人和承包人签订施工合同；承包人将工程转包给实际施工人，转包合同约定双方争议向西安仲裁委仲裁；甘肃高院二审认为：发包人在承包人欠付实际施工人的范围内承担责任，转包合同仲裁条款同样约束实际施工人直接起诉发包人，法院对该案没有管辖权。实际施工人申请再审，为最高院驳回。

查案例扫微信

[①] 王毓莹、陈亚：《建设工程司法解释（二）逐条解读》，https://mp.weixin.qq.com/s/2L_PAjYr9ZCm_As8ZzNSzA，2019年1月11日访问。

《民事审判指导14年卷》第694页（第60辑）

最高院民一庭汪治平法官解析该案件认为：实际施工人与承包人之间约定仲裁条款的，实际施工人不宜依据《最高院施工合同解释一》第26条直接起诉发包人。该第26条应该整体解释，第1款确立了实际施工人主张工程价款的基础规则，第2款确立了例外救济规则，在基础法律关系约定仲裁条款的情况下，如果例外规则起诉发包人，则违反了《仲裁法》第5条"当事人达成仲裁协议，一方向人民法院起诉的，人民法院不予受理"。

此外，承包人与发包人约定仲裁条款的，实际施工人直接起诉发包人，是否受发包人与承包人之间的仲裁条款约束，存在两种不同观点。

第一种观点认为：仲裁条款系由发包人与总承包人签订，只能约束发包人和总承包人，不能约束实际施工人，实际施工人有权至法院起诉向发包人主张权利。在（2014）民申字第1575号案件中，最高院在判决书中认定："发包人只在欠付工程价款范围内对实际施工人承担责任，目的是防止无端加重发包人的责任，明确工程价款数额方面，发包人仅在欠付承包人的工程价款数额内承担责任，这不是对实际施工人权利范围的界定，更不是对实际施工人程序性诉讼权利的限制。实际施工人向发包人主张权利，不能简单地理解为是对承包人权利的承继，也不应受承包人与发包人之间仲裁条款的约束。"

第二种观点认为：既然实际施工人可以突破合同相对性要求非合同相对方承担责任，那么就应当受非合同相对方的相关仲裁条款的约束。

《最高院杨心忠等观点》第30页倾向于第一种观点："根据合同相对性原则，此仲裁条款只能约束合同当事人，即只能约束本合同中的发包人和承包人，不能约束作为非合同当事人的实际施工人。"

笔者认同第一种观点，即实际施工人起诉发包人，不受发包人与承包人仲裁条款的约束。实际施工人起诉发包人是为保障农民工工资支付所做的特别规定，为实现该立法价值目的，甚至突破合同相对性原则。如果仅因发包人与承包人之间的仲裁条款而限制实际施工人的诉权，发包人与承包人仅须在施工合同中作出仲裁条款约定即可规避《最高院施工合同解释一》《最高院施工合同解释二》关于实际施工人起诉发包人相关规定的适用，有悖于该司法解释的价值取向。

1.4.6 实际施工人可以发包人为被告提起代位权诉讼

《最高院施工合同解释二》第25条规定："实际施工人根据合同法第73条规定，以转包人或者违法分包人怠于向发包人行使到期债权，对其造成损害为由，提起代位权诉讼的，人民法院应予支持。"

《合同法》第73条规定："因债务人怠于行使其到期债权，对债权人造成损害的，债权人可以向人民法院请求以自己的名义代位行使债务人的债权，但该债权专属于债务人自身的除外。代位权的行使范围以债权人的债权为限。"

结合《合同法司法解释一》第11条及第13条有关规定，实际施工人行使代位权起诉发包人的，应符合以下条件：

（1）实际施工人应为狭义的实际施工人。

（2）实际施工人对承包人享有合法债权。

此处转包、违法分包合同虽然无效，但如果实际施工人的建设工程质量合格，仍可参照《最高院施工合同解释一》第2条参照合同主张工程款，并不影响其债权的合法性。

到期债权　　　　（3）承包人对发包人享有到期债权。

此处规定转包人或违法分包人对发包人享有的"到期债权"并未限定为工程款。《最高院施工合同解释二适用》第511页认为：按照《最高院施工合同解释二》第25条规定，"实际施工人可代为行使的转包人或者违法分包人对发包人的债权并不限于建设工程价款债权"。

在第10例（参考案例）中，承包人与发包人签订《施工合同》后，将部分工程分包给了实际施工人，实际施工人以发包人为被告提起代位权诉讼。一审法院认为："林某索要工程款时，承包人与发包人以种种理由推托，林某遂以发包人为被告，承包人作为本案的第三人向法院提起代位权诉讼，其作为诉讼主体行使代位权是能够成立的。"河南高院二审维持一审判决。

怠于行使债权　　　（4）承包人怠于行使债权对实际施工人造成损害。

被告所在地　　　转包人或违法分包人怠于向发包人行使债权的情形按照《合同法司法解释一》第13条的规定，是指"不以诉讼方式或者仲裁方式向其债务人主张"，按照该规定虽然识别简便，但其实只要债务人已经行使自己的权利，纵使其方法不当或后果不利，债权人也不得再行使代位权，更不得依债权人的主观意愿来认定债务人行使对于第三人权利的方法适当与否，以及后果的好坏。[1]《最高院施工合同解释二适用》第514页进一步认为"如果由于客观原因导致转包人或者违法分包人无法向发包人行使到期债权，也不能认定转包人或者违法分包人怠于行使其对发包人的到期债权。"

（5）承包人对发包人享有的债权不是专属于其自身的债权。

工程领域，专属于其自身的债权基本不会涉及。

实际施工人对发包人提起代位权诉讼与实际施工人直接起诉发包人总体效果相当，都会造成实际施工人与承包人间债务以及承包人与发包人间债务抵销的后果，但前者可能有建设工程价款优先受偿权，后者则没有。

此外，依据《合同法司法解释一》第14条规定，实际施工人对发包人提起代位权诉讼由被告所在地管辖。

---

[1] 崔建远：《债权人代位权的新解说》，载《法学》2011年第7期，第134页。

第8例　负责承包人工程管理的是实际施工人吗？

【争议焦点】

第三人以承包人名义签订合同，并负责管理工程，是否可以作为实际施工人，进而向发包人主张工程款？

【解析案例】

《民事审判指导43辑》第167页

2005年8月，刘某和承包人黑龙江省环亚建筑工程有限公司投入部分资金共同对讼争医技楼工程进行前期管网改造。

2005年10月17日，刘某以承包人名义，并以承包人为其提供的公章与发包人（哈尔滨医科大学附属第四医院）签订《建设工程施工合同》，约定由承包人对医技楼进行施工。

《施工合同》签订后，刘某以承包人名义签订分包合同，用承包人提供的财务章接收发包人拨付的工程款，收据加盖承包人财务章，并将收取的款项付各分包单位。在工程前期管网改造及基础工程施工中，承包人与分包单位签订分包施工合同，投入部分设备并垫资。

因承包人涉及税务问题，为保证工程正常进行，施工期间承包人成立了分公司。2006年9月12日，承包人、分公司与刘某签订《协议书》约定：承包人不参与管理项目工程，以分公司为总承包，分公司单独设立账目，独立核算，自负盈亏，缴纳税费，协助发包人办理工程相关手续，但由刘某独立处理分公司所有事务，独立实施工程管理。

因此，该工程账目前期以承包人名义设立和持有，后期由刘某以承包人分公司名义设立，后期工程承包人也未参与。

因工程款支付问题，承包人将发包人诉至法院，刘某以第三人加入诉讼，也请求发包人对其支付工程款。各方对发包人对于刘某是否属于实际施工人，并以此对其支付工程款产生争议。

【各方观点】

（1）刘某认为：刘某为实际施工人，承包人未实际施工，发包人也认可自己是实际施工人，因此，发包人应按照《最高院施工合同解释一》26条规定支付工程款，承包人无权向发包人索要工程款。

（2）承包人认为：涉案项目由自己分公司承包，刘某是负责人，刘某的行为代表承包人，不是实际施工人。

（3）发包人认为，刘某代表承包人签订《施工合同》，负责施工、管理，发包人拨付工程款及结算均是与刘某进行。

（4）黑龙江高院一审认为：发包人与承包人签订《施工合同》前，承包人与刘某已对工程前期管网改造。虽《施工合同》主体为发包人与承包人，但根据承包人与刘某约定，实际施工方为承包人与刘某，即承包人及刘某共同履行了《施工合同》。此承包方式非法律法规所禁止，《施工合同》合法有效。承包人仅对工程前期和地下基础施工，其他为刘某组织施工，现承包人主张发包人支付全部工程款，超出了实际施工应得价款。刘某作为共同施工人之一，以独立请求权第三人主张权利，应由发包人向承包人和刘某分别支付各自投入施工的部分。

【裁判观点】

最高院二审认为："本案作为承包人在完成医技楼项目前期管网改造工程后，与发包人签订的《施工合同》，为双方当事人的真实意思表示，内容不违反法律法规的强制性规定，应认定合法有效。《施工合同》签订后，承包人陆续将安装、消防、水暖等后续工程分别分包，并签订相关分包施工合同。虽刘某与承包人于2006年9月12日签订《协议书》约定，承包人不参与管理，出现问题由环亚分公司与刘某负责，刘某负责办理的工程相关的事项载明的刘某，均为施工负责人或者管理人，施工单位为承包人。

事实证明，承包人为涉案《施工合同》及分包施工合同的签约主体与义务承担主体。刘某作为医技楼项目施工负责人，是依据承包人的意思表示从事负责施工管理，不符合最高人民法院《最高院施工合同解释一》第26条'实际施工人为转包人'和'违法分包人的承包人'的条件。一审判决认定刘某为医技楼项目工程的实际施工人，对工程款享有独立请求权，适用法律错误，本院予以纠正。"

【最高院解析】

最高院张雅芬法官解析认为：承包人和刘某都是以《最高院施工合同解释一》第26条作为抗辩对方的依据，如刘某是"实际施工人"，则一审判决是正确的，如刘某不是实际施工人，则二审判决是正确的。刘某以承包人工作与发包人签订合同，以承包人财务章接受工程款，以承包人分公司名义缴纳税费，以承包人或分公司名义设立或持有工程账目，以环亚分公司名义完成后期工程，且相关手续皆以刘某为负责人，即：刘某以承包人所为施工管理行为，源于承包人的意思表示，刘某行为的法律效果应归于承包人。

【作者点评】

刘某未能证明其独立实施了工程，而以承包人名义，基于合同相对性，发包人应当与承包人进行结算，至于承包人与刘某之间的利益关系，由其另行解决。《最高院施工合同解释一》第26条第2款，系为保护建筑市场农民工利益而特别规定，本案未将刘某认定为实际施工人，表明了法院坚持"不滥用第26条第2款"的裁判倾向。

【裁判规则】

没有独立负责工程实施的第三方，不是可以直接起诉发包人的实际施工人。

管理人

独立实施

《民事审判指导43辑》第167页

第9例　实际施工人可否直接起诉发包人？

【争议焦点】

实际施工人主张工程款，是先起诉转包人或违法分包人，还是先起诉发包人？

【解析案例】

查案例扫微信

发包人（宏祥房地产开发有限公司）与承包人（大连博源建设集团有限公司）签订《建设工程施工合同》，将宏祥盛世住宅工程项目进行发包。其后，承包人又将该工程转包给转承包人（大连成大建筑劳务有限公司）。

2010年9月28日，转承包人与实际施工人（大连恒达机械厂）签订《钢梁制作安装协议》，约定转承包人将其承揽的宏祥盛世住宅工程中的钢梁分项工程承包给恒达机械厂，承包方式为包工包料。

2011年1月27日，发包人对该钢梁制作与安装工程检测为合格。

2012年10月23日，转承包人与实际施工人约定，转承包人欠付实际施工人的账款转至发包人名下，实际施工人无论能否收回欠款，均不再向转承包人主张工程款。

因上述欠付工程款问题，实际施工人起诉发包人、承包人、转承包人，请求判令其支付工程款及违约金。各方对发包人是否应在欠付工程款范围内承担责任产生分歧。

【各方观点】

（1）实际施工人认为：发包人应当按照《最高院施工合同解释一》第26条的规定，在欠付工程款范围内承担责任。

（2）辽宁大连中院一审认为：因实际施工人并非发包人、承包人合同相对方，对该项请求不予支持。

（3）辽宁高院二审认为：《最高院施工合同解释一》第26条"是为了保护农民工利益所作的规定，保护的是提供劳务作业的实际施工人，该实际施工人与发包人已经全面履行了发包人与承包人之间的合同并形成事实上的权利义务关系。实际施工人系经转包、违法分包取得案涉工程部分内容，提供的作业不是普通的劳务，而且实际施工人也没有提供证据证明发包人对此知情并认可。因此实际施工人主张发包人对案涉工程款及利息承担连带责任没有依据，不予支持。"

发包人知情

【裁判观点】

最高院再审认为：实际施工人突破合同相对性向发包人主张权利，其依据的是《最高院施工合同解释一》第26条第2款的规定。该款规定："实际施工人以发包人为被告主张权利的，人民法院可以追加转包人或者违法分包人为本案当事人。发包人只在欠付工程价款范围内对实际施工人承担责任。"第1款规定"实际施工人以转包人、违法分包人为被告起诉的，人民法院应当依法受理，"比较第2款规定的文意内容，可以看出，实际施工人提起索要工程款的诉讼，原则上应当适用第1款规定，以不突破合同相对性为法律适用的基本原则；第2款是突破合同相对性的特别规定，旨在保护农民工的合法权益。

普通劳务作业

本案系实际施工人与转承包人之间签订的《钢梁制作安装协议》而取得案涉钢梁制作安装工程，并按合同约定需提供钢梁的制作、运输、安装等作业，且包工包料，可见其提供的是专业技术安装工程并非是普通劳务作业，被拖欠的工程款并非劳务分包费用，并不具备《最高院施工合同解释一》第26条第2款规定的适用条件。且实际施工人已按合同约定完成的钢梁工程承包作业，也仅仅是发包人与承包人之间建设工程施工合同内容中的部分施工内容，属违法分包工程，并非全面履行发包人与承包人之间的合同。因此，并不符合《最高院施工合同解释一》第26条规定的情形，一、二审判决未判定发包人承担连带责任并无不当。

【最高院解析】

《民事审判指导15年卷》第405页（第62辑）

最高院张志弘等法官解析认为：纵观第26条所采取的逻辑结构，可以明显看出，对于实际施工人起诉索要工程款的，首先应当坚持依据合同相对性原则，实际施工人应首先与其由合同关系的向对方主张权利，而不是径行向发包人主张权利。只有满足一定条件下，以允许实际施工人突破合同相对性直接向发包人主张权利为补充。应当严格限缩第26条第2款的适用，对于不符合实际施工人概念特别是不涉及农民工利益的，不应纳入第26条第2款的适用范围。

限缩适用

【作者点评】

《最高院施工合同解释一》第26规定允许实际施工人突破合同相对性，以发包人为被告主张工程款，其初衷是保护农民工工资，具有很强的时代性和政策性。在实际运用中，仍应坚持以合同相对性为原则、突破为例外。

查明工程款数额

《最高院施工合同解释二》第24条规定注重寻求发包人与实际施工人之间的平衡，主要表现为：增加了发包人在欠付工程款范围内承担责任，须"在查明发包人欠付转包人或者违法分包人建设工程价款的数额后"，如果根据现有证据确实无法查清发包人欠付工程款的具体数额时，则可能由实际施工人承担举证不能的不利后果。

【裁判规则】

实际施工人主张工程款的，应该先起诉合同相对方，只要不涉及拖欠农民工工资，不得直接先起诉发包人。

第 10 例　实际施工人如何提起代位权诉讼?

【争议焦点】

实际施工人为主张工程款以发包人为被告提起代位权诉讼,应符合哪些条件?

【参考案例】

查案例扫微信

2005年11至12月,承包人(福建省利恒建设工程有限公司)与发包人(商丘帝和置业有限公司)签订了《建设工程施工合同》及《补充协议》各一份,约定由承包人承建"商丘帝和水上公司B区建筑工程"。

合同签订后,承包人将部分工程分包给了实际施工人林某,并与实际施工人签订了《企业内部经济责任书》,由林某向承包人支付1%的管理费,该工程由林某包工包料,负责全面履行承包人与发包人《建设工程施工合同》所有条款及法律和经济责任。而后,发包人分五次向林某收取履约保证金114万元。

经法院查明,发包人和承包人法定代表人系同一人,林某向其追索工程款时,承包人与发包人以种种理由推托。因此,林某以发包人为被告,诉请:判决发包人向其支付工程款及违约金。

【各方观点】

(1)实际施工人认为:发包人与承包人系同一法定代表人,发包人将工程交由承包人承建,并签订了《建筑工程施工合同》,后承包人将其中的部分施工项目交付林某,并签订了《企业内部经济责任书》,由实际施工人履行承包人与发包人签订的建设工程施工合同。之后发包人也收取了实际施工人的履约保证金114万元。实际施工人在索要工程款时,承包人与发包人一直推脱,承包人怠于向发包人主张权利的情况下,实际施工人可依法行使代位权。

(2)发包人认为:发包人应与承包人结算,对林某没有付款义务,实际施工人主张的代位权不成立。

【裁判观点】

(1)商丘市中院一审认为:"承包人与发包人签订的《建设工程施工合同》及《补充协议》均为有效合同。合同签订后,承包人将承建发包人部分项目交付林某进行实际施工,……林某系实际施工人,因发包人与承包人的法定代表人系同一人担任,林某追索工程款时,承包人与发包人以种种理由推托,林某遂以发包人为被告,承包人作为本案的第三人向法院提起代位权诉讼,要求发包人支付工程款及违约金,林某作为诉讼主体行使代位权是能够成立的。施工中,林某按照承包人与发包人签订的施工合同,全面履行

了自己的义务，而承包人未按合同约定向林某支付工程款，已构成违约。关于承包人是否对发包人享有到期债权的问题。林某对承包人享有到期债权是基于双方的内部承包关系，事实上林某已收取的工程款也是承包人支付的。因此，无论从法律关系还是事实上，均应认定承包人对发包人享有到期债权。由于承包人和发包人的法定代表人系同一人，在承包人怠于行使该笔到期债权的情况下，林某请求发包人直接向其支付所欠工程款及逾期付款的违约金理由正当，应予支持。"

主张权利

（2）河南高院二审认为："实际施工人在一审的诉请是因承包人怠于向发包人主张权利，要求代位承包人向发包人主张支付工程款及违约金。承包人与发包人于2005年11月至12月期间签订了《建设工程施工合同》及《补充协议》，承包人与林某签订了《企业内部经济责任书》，三方当事人也履行了协议约定的部分内容。在承包人未及时依据合同约定向发包人主张权利的情况下，实际施工人行使代位权直接向发包人主张权利符合我国民事法律中关于代位权的相关规定。考虑到承包人与发包人系同一法定代表人的客观事实，原审支持实际施工人代位向发包人主张权利的请求并无不当，本院予以支持。"

【最高院解析】

无。

【作者点评】

代位权诉讼

《最高院施工合同解释二》第25条规定："实际施工人根据合同法第七十三条规定，以转包人或者违法分包人怠于向发包人行使到期债权，对其造成损害为由，提起代位权诉讼的，人民法院应予支持。"

《合同法》第73条规定："因债务人怠于行使其到期债权，对债权人造成损害的，债权人可以向人民法院请求以自己的名义代位行使债务人的债权，但该债权专属于债务人自身的除外。代位权的行使范围以债权人的债权为限。"《合同法司法解释一》第11条规定："债权人依照合同法第七十三条的规定提起代位权诉讼，应当符合下列条件：（一）债权人对债务人的债权合法；（二）债务人怠于行使其到期债权，对债权人造成损害；（三）债务人的债权已到期；（四）债务人的债权不是专属于债务人自身的债权。"

实际施工人有两种途径向发包人主张工程款，一是按照《最高院施工合同解释二》第24条的规定突破合同相对性向发包人主张工程款，二是按照《最高院施工合同解释二》第25条的规定向发包人提起代位权诉讼。前者作为保护农民工利益的特殊规定，在适用上应以起诉转包人或违法分包人为原则，以起诉发包人为补充；后者的适用需符合代位权诉讼的适用条件。实际施工人可以择一而用，但不能同时适用。

【裁判规则】

转包人或违法分包人怠于向发包人行使到期债权，导致实际施工人无法收回工程款的，可以向发包人提起代位权诉讼。

第2章 合同依据

【内容概要】

一个工程有多份合同的，究竟依据哪一份合同结算，是常见的问题。这些合同基本都是因为违反《招标投标法》效力性强制性规定引发的，包括：

（1）黑白合同，是最基础性的问题。无论是否属于必须招标项目，在依法招标签订的中标合同之外，另行签订背离中标合同实质性内容的其他合同的，应该按照中标合同结算。

（2）补充协议，是黑白合同规则的例外。就非必须招标项目而言，在签约后，因客观情况发生了难以预见的变化而签订背离中标合同实质性内容补充协议的，补充协议可以作为结算依据。

（3）招标投标文件，中标合同背离其实质性内容，按照招标投标文件结算。

（4）多份无效合同，按照实际履行的结算；没有实际履行的，按时间在后的结算；按照其中一份结算明显不公平的，可以将合同差价作为损失，按照过错分担。

在确定争议合同依据时，在没有书面合同情况下，承包人实施工程且发包人以付款等方式接受的默示合同成立；一方提出变更且另一明确接受的变更合同成立。

此外，合同歧义问题是无法回避的问题。施工合同歧义分成两类：一类是合同文件之间的歧义，应尊重双方意思表示；一般尽量相互解释；不能相互解释的，依次按照约定优先顺序、时间先后顺序解释。另一类是合同文件内的歧义，主要根据合同目的、词语、交易习惯等解释。

【关键词】

黑白合同	一次报价原则
必须招标工程	背离实质性内容
权利义务变化较大	变相降价
客观情况	情势变更
实际履行	默示合同
主要义务	合同歧义
优先顺序	交易习惯
合同目的	约定不明

【最高院施工合同司法解释二】

第1条　招标人和中标人另行签订的建设工程施工合同约定的工程范围、建设工期、工程质量、工程价款等实质性内容，与中标合同不一致、一方当事人请求按照中标合同确定权利义务的，人民法院应予支持。（详见本书2.1.2、2.1.4）

招标人和中标人在中标合同之外就明显高于市场价格购买承建房产、无偿建设住房配套设施、让利、向建设单位捐赠财物等另行签订合同，变相降低工程价款，一方当事人以该合同背离中标合同实质性内容为由请求确认无效的，人民法院应予支持。（详见本书2.1.6）

第9条　发包人将依法不属于必须招标的建设工程进行招标后，与承包人另行订立的建设工程施工合同背离中标合同的实质性内容，当事人请求以中标合同作为结算建设工程价款依据的，人民法院应予支持，但发包人与承包人因客观情况发生了在招标投标时难以预见的变化而另行订立建设工程施工合同的除外。（详见本书2.1.3、2.2.1）

第10条　当事人签订的建设工程施工合同与招标文件、投标文件、中标通知书载明的工程范围、建设工期、工程质量、工程价款不一致，一方当事人请求将招标文件、投标文件、中标通知书作为结算工程价款的依据的，人民法院应予支持。（详见本书2.3.1）

第11条　当事人就同一建设工程订立的数份建设工程施工合同均无效，但建设工程质量合格，一方当事人请求参照实际履行的合同结算建设工程价款的，人民法院应予支持。

实际履行的合同难以确定，当事人请求参照最后签订的合同结算建设工程价款的，人民法院应予支持。（详见本书2.4节）

【最高院施工合同司法解释一】

第21条　当事人就同一建设工程另行订立的建设工程施工合同与经过备案的中标合同实质性内容不一致的，应当以备案的中标合同作为结算工程价款的根据。（详见本书2.1节）

【指导性案例规则】

第11例　只有对当事人的主要合同权利义务产生重大影响的计价方式变化，才构成实质性内容不一致。

第12例　中标合同之外，承包人向发包人出具承诺书变相较大幅度降低工程价款的，该承诺书无效，不能作为结算依据。

2.1 黑白合同

2.1.1 招标投标法一次报价原则是处理黑白合同争议的最终依据

一次报价原则

　　"白合同",也称"阳合同",指经招标投标程序,发包人和承包人依法签订的中标合同。"黑合同",也称"阴合同",指发包人和承包人就同一工程签订的与"白合同"实质性内容不一致的其他合同。

　　"黑白合同"问题源于《招标投标法》确立的一次报价原则,由如下四个效力性强制性条款组成:

　　(1)第27条规定:"投标人应当按照招标文件的要求编制投标文件。投标文件应当对招标文件提出的实质性要求和条件作出响应。"

　　(2)第39条规定:"投标人对投标文件……澄清或者说明不得超出投标文件的范围或者改变投标文件的实质性内容。"

　　(3)第43条规定:"在确定中标人前,招标人不得与投标人就投标价格、投标方案等实质性内容进行谈判。"

　　(4)第46条规定:"招标人和中标人应当……按照招标文件和中标人的投标文件订立书面合同。招标人和中标人不得再行订立背离合同实质性内容的其他协议。"

　　"黑白合同"相关争议问题,包括"黑白合同"、多份无效合同、招投文件与中标合同不一致等,都应该从以上一次报价原则出发理解,抛开了上述四个效力性强制性规定,争议处理就成了无本之木、无源之水。《最高院林文学观点》(第86页)认为:"黑白合同严重违反了民法、合同法上的诚实信用原则,使公开招投标失去意义,进而损害社会公众利益。同时极易造成工程质量隐患,损害承包方的利益,最终也损害发包方的利益,理应禁止。"

2.1.2 签背离实质性内容协议的必须招标工程按中标合同确定权利义务

黑白合同规则

　　《最高院施工合同解释二》第1条第1款规定:"招标人和中标人另行签订的建设工程施工合同约定的工程范围、建设工期、工程质量、工程价款等实质性内容,与中标合同不一致,一方当事人请求按照中标合同确定权利义务的,人民法院应予支持。"

　　该款是对《最高院施工合同解释一》第21条的完善。该原21条规定:"当事人就同一建设工程另行订立的建设工程施工合同与经过备案的中标合同实质性内容不一致的,应当以备案的中标合同作为结算工程价款的根据。"该款对原21条有如下七个方面的完善:

合同备案

　　(1)依据政策变化取消了认定白合同备案的要求。2018年5月,国务院办公厅下发《工程审批改革通知》,试点取消建设工程施工合同备案制度,对民间投资的房屋建筑工程试行由建设单位自主决定发包方式。2018年9月,住房和城乡建设部作出《关于修改〈房屋建筑和市政基础设施工程施工招标投标管理办法〉的决定》，决定删除该办法第47条第1款中的"订立书面合同后7日内，中标人应当将合同送工程所在地的县级以上地方人民政府建设行政主管部门备案"的规定。

无效合同

（2）明确了黑合同为无效合同，参考该解释第1条第2款有关变相降价合同的规定"背离中标合同实质性内容为由请求确认无效的，人民法院应予支持"，详见本书2.1.3。

（3）明确了"白合同"应是有效合同。对比该解释第11条"多份合同均无效参照实际履行合同结算规定"可知，如果"白合同"无效，则显然不应将"白合同"作为结算的依据，而应按照双方签订的其他有效合同结算。

有效合同

（4）明确了实质性内容，详见本书2.1.4。

（5）扩大了"白合同"的适用范围，从"结算"到"确定权利义务"，包括违约金、赔偿金等都应按"白合同"处理。

确认权利义务

（6）明确了该款适用于必须招标工程，对比本书2.1.3可知。

（7）明确了该款适用于合同签订及履行所有阶段，另有规定的除外。结合该解释第9条、第11条等规定可知。根据《最高院施工合同解释一适用》第149页，"黑白合同可以签订在招标前、招标后，或者与中标合同同时签署，或者无法区分何时签署，但该时间点不影响合同性质的认定"。

必须招标工程

2.1.3　签背离实质性内容协议的非必须招标工程按中标合同结算价款

《最高院施工合同解释二》第9条规定："发包人将依法不属于必须招标的建设工程进行招标后，与承包人另行订立的建设工程施工合同背离中标合同的实质性内容，当事人请求以中标合同作为结算建设工程价款依据的，人民法院应予支持。"

该款规定避免了此前的分歧，比如《安徽高院施工合同意见2013》第7条规定："不属于依法必须招标的建设工程，发包人与承包人又另行签订并实际履行了与备案中标合同不一致的合同，当事人请求按照实际履行的合同确定双方权利义务的，应予支持。"《北京高院施工合同解答2012》第15条也有类似规定。

非必须招标工程

非必须招标工程既然采用招标方式，就应该受《招标投标法》包括"黑白合同"规则的约束。该款严格遵循了招标投标法一次报价原则，有利于维护招标投标市场秩序和保护其他投标人的利益。2018年3月，国家发改委颁布《必须招标工程规定》，大幅度提高必须招标工程的金额、缩小了范围。因此，该款适用范围将更加广泛。

非必须招标工程"黑白合同"规则与必须招标工程相同，除了本书2.1.2中第（5）及第（6）项之外。值得注意的是，非必须招标工程"黑合同"无效，是对《最高院施工合同解释一》第1条有关"建设工程必须进行招标而未招标"合同无效规定的扩大解释。

2.1.4 实质性内容包括工程范围、工期、价款、质量等

实质性内容 　　《最高院施工合同解释二》第1条第1款规定，实质性内容为"工程范围、建设工期、工程质量、工程价款等"。

　　该款的法律依据包括《招标投标法实施条例》第57条。该57条规定："招标人和中标人应当依照招标投标法和本条例的规定签订书面合同，合同的标的、价款、质量、履行期限等主要条款应当与招标文件和中标人的投标文件的内容一致。招标人和中标人不得再行订立背离合同实质性内容的其他协议。"

　　该款统一了过去各地对"实质性内容"的不同理解。比如：

　　（1）《最高院民事审判工作纪要2011》第23条中指"工期、工程价款、工程项目性质等中标结果"。

　　（2）《北京高院施工合同解答2012》第16条中指"工程价款、计价方式、施工工期、质量标准等中标结果"。

　　（3）《浙江高院施工合同解答2012》第15条中指"工程价款、工程质量、工程期限"。

工程范围 　　该款规定增加了"工程范围"。《最高院施工合同解释二适用》第48页认为："该范围决定了承包人施工的边界。工程范围并不仅仅指建筑物或者构筑物的结构与面积等，更主要是指是否包括土建、设备安装、装饰装

工程变更 修……工程范围直接决定施工人获得利润的多寡，譬如，通常而言，总包利润高于单项工程利润。增加或者减少工程范围直接影响施工人的利益……应当注意的是，施工过程中，因发包人的设计变更、建设工程规划指标调整等客观原因，发包人与承包人以补充协议、会谈纪要甚至签证等变更工程范围的，不应当认定为背离中标合同的实质性内容的协议。"工程范围属于招标文件已经设定的各投标人必须实质性响应的内容，不属于投标人的竞争内容，因而应当属于"实质性内容"[①]。施工合同中的工程变更应该受该规则的制约，即不得变更工程范围。

支付方式 　　作为实质性内容的工程价款既包括工程计价标准、金额，也包括支付方式。《最高院施工合同解释二适用》第51页认为："如果发包人未按照约定的方式履行支付工程价款的义务，而是通过转移债权（包括以将来收益相抵）、以房屋或者项目抵债、债权转股权等形式支付工程价款或者大幅度延长工程价款支付期限，则会对承包人的权利义务产生实质性影响。"无论采取何种形式，最终的结果是使工程价款有一定程度的下降，该下降占全部工程价款的比例不一定有多高，但肯定让其他的竞标人难以接受，违背了招投标法公平原则。

---

① 曹文衔，《中标合同实质性内容的多视角认定》，2017-09-06，无讼，https://victory.itslaw.com/victory/api/v1/articles/article/7e102b16-1c16-4a90-ab6c-92e9b7827263?platform=Android&downloadLink=2。

2.1.5　只有导致权利义务较大变化的才构成背离实质性内容

《最高院八民会议纪要2016》第31条规定："招标人和中标人另行签订改变工期、工程价款、工程项目性质等影响中标结果实质性内容的协议，导致合同双方当事人就实质性内容享有的权利义务发生较大变化的，应认定为变更中标合同实质性内容。"

因此，《最高院施工合同解释二》第1条第1款中的实质性内容"不一致"，只有达到了"背离"的程度，才能适用黑白合同规则。《招标投标法》第46条规定："不得再行订立背离合同实质性内容的其他协议。"所谓"背离"，指"导致合同双方当事人就实质性内容享有的权利义务发生较大变化"。

背离实质性内容即实质合同变更，实质合同变更不同于一般合同变更。一方面，要区分变更内容是否属于实质性内容。另一方面要衡量合同中的不一致内容的差异程度，并非所有实质性内容的修改、变更都属于与背离实质性内容，如果不一致的程度不导致双方当事人利益严重失衡，则属于受到法律保护的正常的合同变更。实质合同变更和一般合同变更的界限，《最高院施工合同解释一适用》第149页认为，"在一定程度上存在着法官自由裁判的问题，需要法官正确掌握裁量的标准"。

在天津老板娘工程施工合同纠纷案件（解析案例）中，工程《施工合同书》并未经过备案，且在工程价款上进行了重大变更。

最高院民一庭王毓莹法官解析该案认为："正常的合同变更受到法律保护。对一些以变更之名，行签订'黑白合同'之实的行为，要准确区分。在合同实质性内容之外变更中标合同的，不属于签订'黑白合同'。对于与备案合同不一致的约定，要结合合同履行的具体情况进行认定。比如只是在工程款稍有调整、工期略微变化的情况下，不宜认定为'黑白合同'，否则会导致双方当事人利益失衡的情况。本案中，……在工程价款上进行了重大变更，而工程价款属于合同的实质性内容，该《施工合同书》违反了招标投标法第46条的强制性规定，依法应该认为无效。……如何确定背离中标合同实质性内容，是一个比较重要的标准。……在确定区分界限时，还有一个幅度问题，达到背离合同实质性内容的程度，也需要正确确定。这里存在一个法官自由裁量权的行使问题。总之，在这个问题上，既要使当事人的合理合同变更权不受限制和排除，又要防止当事人通过签订'黑白合同'，作为不正当竞争的手段。"

在第11例（指导性案例）中，承包人与发包人按照招投标结果签订《建设工程施工合同》，约定采用固定总价，价款为5600万元；其后，双方又签订《补充协议》，约定该工程实行平方米一次性包干，建筑面积固定单价，结算方式为按实际建筑面积结算；按照该结算方式，工程价款为5518万元。二审判决认为虽然《补充协议》变更了合同计算依据，但两者价款差额仅约为1.46%，这一差异属合理范围，不构成对当事人利益的重大影响，不属于合同实质性内容变更。

最高院民一庭结合该案给出的指导意见为：“另行订立的施工合同对中标合同在工程价款、工程质量和工程期限方面进行了变更的，一般应认定为实质性内容不一致，但还应结合该内容的变更是否足以对当事人的主要合同权利义务产生重大影响加以综合考虑，如果并不会对当事人的主要合同权利义务产生重大影响的，则并不构成《最高院施工合同解释一》第21条所称的实质性内容变更。”

最高人民法院民一庭认定该案件为指导性案例时还认为：所谓实质性内容不一致，应当分以下两个层次加以判定：

第一个层次是合同中的哪些内容属于实质性内容。由于工程价款、工程质量和工程期限三个方面内容涉及固定招标人和中标人的基本权利义务，对当事人之间的利益影响甚大，应属于实质性内容。当事人协商在上述三个方面以外对合同内容进行修改、变更的行为，都不会涉及利益的重大调整，不对合同的性质产生影响，不构成实质性内容不一致。

背离程度

第二个层次是区分“实质性不一致”与依法进行的正常合同变更的界限。“一方面要衡量合同中的不一致内容的差异程度，并非所有就工程价款、工程质量和工程期限等内容进行的修改、变更都属于与中标合同内容‘实质性不一致’”，如果不一致的程度不导致双方当事人利益严重失衡，则属于受到法律保护的正常的合同变更。以工程价款为例，如出现大幅度延迟付款时间、增加付款批次等，或计算依据、数额变化导致价款相差过大等，毫无疑问将影响承包人基本权利。另一方面，要区分导致合同重大变更的原因。在以中标合同的约定作为结算工程价款的依据的原则下，如果因设计变更导致工程量明显增加或减少，双方协商对中标合同内容进行了相应的变更，应认定属于正常的合同变更情形。

变更原因

2.1.6 变相降低工程价款属于背离中标合同实质性内容

《最高院施工合同解释二》第1条第2款规定：“招标人和中标人在中标合同之外就明显高于市场价格购买承建房产、无偿建设住房配套设施、让利、向建设单位捐赠财物等另行签订合同，变相降低工程价款，一方当事人以该合同背离中标合同实质性内容为由请求确认无效的，人民法院应予支持。”

许多法院都有类似规定，属于变更中标合同的实质性内容，比如：

（1）《山东高院民事审判纪要2011》第3条规定：“招标人和中标人按照中标文件签订施工合同后，中标人单方出具的让利承诺书。”

（2）《最高院民事审判工作纪要2011》第23条规定：“中标人作出的以明显高于市场价格购买承建房产、无偿建设住房配套设施、让利、向建设方捐款等承诺。”北京、广东、四川高院随后有类似规定。

实质重于形式　　　　不管形式如何，只要造成了较大降低工程价款的结果，都可以认为背离了中标合同实质性内容。高价购买、无偿增加施工内容、让利、捐赠财物等方式具有一定的隐蔽性，但从目的和结果上变相降低了工程价款，属于对中标合同的实质性内容变更。笔者认为：如果承包人单方出具让利承诺书，发包人表示接受认可，其效果与"另行签订合同"一致，该让利应属无效。

指导性案例　　　　在第12例（指导性案例）中，承包人与发包人按照招投标结果签订施工合同后，承包人向发包人出具让利承诺书，让利20%，发包人主张该让利有效，应作为结算依据。

　　　　最高院民一庭结合该案给出的指导意见为："发包人与承包人按照招标文件和承包人的投标文件订立《建设工程施工合同》后，中标人出具让利承诺书，承诺对承建工程予以让利，该让利承诺书构成对工程价款的实质性变更，该承诺书无效，不产生变更《建设工程施工合同》的效力。"

实质性变更　　　　最高院民一庭还认为：让利承诺书本质上是"黑合同"。不管"黑合同"的形式如何，只要双方形成合意，对"白合同"的工程价款、工程质量、工程期限或违约责任等任一方面进行了实质性变更，就构成与备案的中标合同"实质性内容不一致"，法院不认可其效力，应以中标合同为结算工程价款的依据。

　　　　最高院民一庭进一步认为：招投标活动基本原则决定了该让利承诺书应认定为无效。建设工程招投标的基本原则是公开、公平与公正，如果允许中标人在中标合同之外，对中标工程予以大幅让利，实际上侵害了其他投标主体平等参与竞争的权利，构成对招投标活动的基本原则的违反，法院不应认可其效力。

第 11 例　计价方式变化是实质性内容不一致吗?

【争议焦点】

中标合同和补充协议约定了不同的计价方式,该认定计价方式变化构成了背离中标合同实质性内容?

【指导性案例】

《民事审判指导14年卷》第276页(第58辑)

2009年6月6日,发包人(星华公司)与承包人(荣盛公司)根据招投标结果签订《建设工程施工合同》,将"兴华苑小区1号楼工程"发包给承包人,合同约定采用固定总价合同,价款为5600万元。

2009年6月18日,双方签订《补充协议》,约定该工程实行平方米一次性包干,建筑面积固定单价,结算方式为按实际建筑面积结算,增加或减少项目的工程量均不另行计算。

2009年6月21日,承包人开始施工。

2010年8月30日,该工程通过验收。

2010年12月15日,双方确定工程总价为5518万元。

因发包人欠付工程款,承包人提起诉讼,请求:判令发包人给付工程欠款和利息。审理期间,法院需要认定《补充协议》是否构成对中标合同的实质性变更。

【各方观点】

(1)承包人观点:不明。

(2)发包人观点:不明。

(3)一审法院认为:"由于当事人在经备案的中标合同之外又签订了补充协议,并且补充协议将结算工程价款的计价方法由固定总价变更为固定单价,明确约定无论增加或者减少项目的工程量,均不另行结算工程款,明显是对结算工程款的标准进行了重大变更,故……以施工合同约定的5600万元作为案涉工程的应付价款。"

【裁判观点】

最高院二审认为:"补充协议虽然对施工合同在计价方式及是否根据工程项目的增减调整工程价款上作了变更,但并不构成实质性变更,而且,从实际履行情况看,双方在施工过程中就是按照补充协议的约定履行的,双方在工程竣工验收后签订的结算单也是根据补充协议约定的方式计算出的工程价款,因此,应当按照补充协议的约定结算工程款。根据双方确认的工程价款5518万元……判令撤销一审判决。"

【最高院指导】

《民事审判指导14年卷》第276页（第58辑）

最高人民法院民一庭结合该案给出的指导意见为："另行订立的施工合同对中标合同在工程价款、工程质量和工程期限方面进行了变更的，一般应认定为实质性内容不一致，但还应结合该内容的变更是否足以对当事人的主要合同权利义务产生重大影响加以综合考虑，如果并不会对当事人的主要合同权利义务产生重大影响的，则并不构成《最高院施工合同解释一》第21条所称的实质性内容变更。"

实质性内容

所谓实质性内容不一致，应当分以下两个层次加以判定：

第一个层次是合同中的哪些内容属于实质性内容。由于工程价款、工程质量和工程期限三个方面内容涉及固定招标人和中标人的基本权利义务，对当事人之间的利益影响甚大，应属于实质性内容。当事人协商在上述三个方面以外对合同内容进行修改、变更的行为，都不会涉及利益的重大调整，不对合同的性质产生影响，不构成实质性内容不一致。

差异程度

第二个层次是区分"实质性不一致"与依法进行的正常合同变更的界限。"一方面要衡量合同中的不一致内容的差异程度，并非所有就工程价款、工程质量和工程期限等内容进行的修改、变更都属于与中标合同内容

利益严重失衡

'实质性不一致'"，如果不一致的程度不导致双方当事人利益严重失衡，则属于受到法律保护的正常的合同变更。以工程价款为例，如出现大幅度延迟付款时间、增加付款批次等，或计算依据、数额变化导致价款相差过大等，毫无疑问将影响承包人基本权利。另一方面，要区分导致合同重大变更的原因。在以中标合同的约定作为结算工程价款的依据的原则下，如果因设计变更导致工程量明显增加或减少，双方协商对中标合同内容进行了相应的

导致变更原因

变更，应认定属于正常的合同变更情形。　　　　（执笔法官：司伟）

【作者点评】

《最高院施工合同解释二》第1条第1款规定："招标人和中标人另行签订的建设工程施工合同约定的工程范围、建设工期、工程质量、工程价款等实质性内容，与中标合同不一致，一方当事人请求按照中标合同确定权利义务的，人民法院应予支持。"

计价方式

对于计价方式变化是否属于实质性内容变更，仅从形式上看，部分省份高院直接将计价方式与工程价款并列为合同实质性内容之一。

计价方式变化是否属于实质性变更，更应从是其否导致工程价款大幅变化为准进行判断。如果计价方式变化导致工程价款明显增加或减少，则可被认定为实质性变更。反之，如本案中标合同价款为5600万元，补充协议合同价款为5518万元，变化幅度较小，最高院最终认定以补充合同为依据计算双方结算价款。

【裁判规则】

只有对当事人的主要合同权利义务产生重大影响的计价方式变化，才构成实质性内容不一致。

第 12 例　中标合同之外的让利承诺书是否有效？

【争议焦点】

在双方签订的中标合同之外，承包人单方向发包人出具了大幅度让利的承诺书，该承诺书是否有效？

【指导性案例】

《民事审判指导
38辑》第171页

2006年3月1日，甲公司通过公开招投标中标奥林花园一期工程，其后，甲公司作为承包人依据招投标文件与甲公司（发包人）订立《建设工程施工合同》。

2006年4月1日，承包人向发包人出具一份《承诺书》，承诺对奥林花园工程予以让利，具体内容为：奥林花园一期5号楼、6号楼按工程决算总额让利20%，4号楼7号楼、8号楼及地下车库附属工程让利20%。

2007年8月15日，奥林花园一期工程经竣工验收合格，因工程款结算问题，承包人将发包人诉至法院，请求：判令发包人向其支付工程款。双方对于让利承诺书能否作为结算依据产生分歧。

【各方观点】

（1）发包人认为：在建设工程施工合同签订后作出的让利承诺应为有效。承包人中标后的单方承诺让利不可能影响到招投标活动的公正性。现行的《招标投标法》及相关法律、法规也没有任何一个法律条款禁止承包人在工程中标后作出单方让利的行为。承包人让利承诺依法应当作为双方结算工程价款的依据。

强制性规定

（2）承包人认为：其让利承诺书违反了《招标投标法》及相关法律、法规的强制性规定，让利承诺书应为无效。

（3）一审法院认为："承包人于2006年4月1日向发包人出具的《承诺书》违反了招投标法律强制性规定，承诺让利的部分也超出了承建工程所得利润，应为无效。"

【裁判观点】

最高院二审认为："中标人单方出具让利承诺书，承诺对承建工程予以大幅让利，该让利承诺书构成对工程价款的实质性变更，该承诺无效，不产生变更《建设工程施工合同》的效力。"

【最高院指导】

《民事审判指导
38辑》第171页

最高人民法院民一庭结合该案给出的指导意见为："发包人与承包人按照招标文件和承包人的投标文件订立《建设工程施工合同》后，中标人出具让利承诺书，承诺对承建工程予以让利，该让利承诺书构成对工程价款的实质性变更，该承诺书无效，不产生变更《建设工程施工合同》的效力。"理由如下：

（1）让利承诺书本质上是"黑合同"。不管"黑合同"的形式如何，只要双方形成合意，对"白合同"的工程价款、工程质量、工程期限或违约责任等任一方面进行了实质性变更，就构成与备案的中标合同"实质性内容不一致"，法院不认可其效力，应以备案的中标合同为结算工程价款的依据。

（2）招投标活动基本原则决定了该让利承诺书应认定为无效。建设工程招投标的基本原则是公开、公平与公正，如果允许中标人在中标合同之外，对中标工程予以大幅让利，实际上侵害了其他投标主体平等参与竞争的权利，构成对招投标活动的基本原则的违反，法院不应认可其效力。

（3）承诺让利的原因很复杂，有可能侵害公共利益，并给工程质量带来隐患。工程质量涉及广大群众的生命财产安全，关乎公共利益。如果允许中标人在中标合同外大幅让利，可能危及工程质量。

（4）坚守中标合同必须信守原则也是规范建筑市场，提高社会诚信的需要。签订"黑白合同"造成了市场的诚信危机，形成了大量拖欠工程款包括农民工工资的严重后果，是"三角债"的源头之一。（执笔法官：姚宝华）

【作者点评】

《招标投标法》第46条规定："招标人和中标人应当自中标通知书发出之日起三十日内，按照招标文件和中标人的投标文件订立书面合同。招标人和中标人不得再行订立背离合同实质性内容的其他协议。"

《最高院施工合同解释二》第1条第2款："招标人和中标人在中标合同之外就明显高于市场价格购买承建房产、无偿建设住房配套设施、让利、向建设单位捐赠财物等另行签订合同，变相降低工程价款，一方当事人以该合同背离中标合同实质性内容为由请求确认无效的，人民法院应予支持。"

在上述规定中，最高院认为让利如果以"另行签订合同"的方式，属于背离中标合同实质性内容。实践中，让利承诺的表现方式较为多样，如果承包人单方出具让利承诺书，但发包人对此予以接受认可，便形成了合意，双方意思表示一致，从而符合了合同成立的要件。本案中，发包人认为案涉让利承诺书是承包人所做的单方行为，法院也认为该让利承诺是单方出具。"单方出具"和"另行签订合同"虽然看似有所区别，但20%的让利实质上却构成了对工程价款等实质性内容背离，法院并未因承诺书作出的形式否认双方接受认可并变更工程价款这一后果。

【裁判规则】

中标合同之外，承包人向发包人出具承诺书变相较大幅度降低工程价款的，该承诺书无效，不能作为结算依据。

71

2.2 补充协议

补充协议指承包人和发包人在中标合同履行中签订的协议。补充协议与中标合同的关系，可以分成三种情况：一是背离中标合同实质性内容；二是与中标合同不一致但未背离中标合同实质性内容；三是按照中标合同约定标准进行补充和调整。这三种情况下，补充协议是否可以作为结算或确定双方权利义务的依据呢？具体分析如下：

2.2.1 非必须招标项目因客观情况变化签订的补充协议可作结算依据

《最高院施工合同解释二》第9条规定："发包人将依法不属于必须招标的建设工程进行招标后，与承包人另行订立的建设工程施工合同背离中标合同的实质性内容，当事人请求以中标合同作为结算建设工程价款依据的，人民法院应予支持，发包人与承包人因客观情况发生了在招标投标时难以预见的变化而另行订立建设工程施工合同的除外。"

黑白合同
例外规则该条后半段规定了"黑白合同"例外规则：当事人因客观情况发生了在招标投标完成时难以预见的变化而签订了补充协议，即使该补充协议背离中标合同实质性内容，也是可以作为结算依据的。

该"黑白合同"例外规则是各法院审判实践的总结。《最高院民事审判工作纪要2011》第32条规定："建设工程开工后，发包方与承包方因设计变更、建设工程规划指标调整等原因，通过补充协议、会谈纪要、往来函件、签证等形式变更工期、工程价款、工程项目性质的，不应认定为变更中标合同的实质性内容。"北京、浙江等高院都有类似规定。有意见认为，上述客观原因需"导致工程量增减、质量标准或施工工期发生变化"。

按照该"黑白合同"例外规则，背离中标合同实质性内容的补充协议作为结算依据有如下五个适用条件：

客观情况（1）变化的是客观情况。笔者认为，材料价格异常波动也是客观情况。材料价格正常波动属于市场风险，不属于难以预见的情形。但是材料价格异常波动超出了正常的风险范围，则属于难以预见的情形。

招标投标后（2）客观情况是在招标投标后变化的。招标投标是一个过程，可以理解为从发放招标文件到签订中标合同之间的期间。如果客观情况变化发生在招标投标之前，承包人和发包人是可以预见的，其风险通常已经包括在合同价格之中，不应该因此变更中标合同实质性内容。

（3）客观情况变化在招标投标时难以预见。难以预见不同于不可预见，可以从通常标准来看。

（4）客观情况变化和实质性内容变更有因果关系。如果补充协议背离中标合同实质性范围超出客观情况变化所引起的合理范围，就没有理由不适用"黑白合同"规则了。

（5）变更实质性内容是为了推进和保障中标合同的履行，而不是为了规避中标合同和行政部门监督、实现利益交换等非法目的。该条源于《招标投标法》一次报价原则的要求，是最高院制定黑白合同规则的根本原因。

解析案例　　　　在第13例（解析案例）中，发包人和承包人在履行中标合同过程中，因拆迁户堵门、材料供应、农民工劳务费等问题，发生了多次停工。为解决上述停工损失赔偿问题，双方签订补充协议，约定了损失赔偿金额，并将原中标合同的结算方式由可调价格变更为固定单价。终审法院认为：《最高院施工合同解释一》第21条关于变更实质性内容的规定"针对的是当事人在中标合同之外另行签订建设工程施工合同，以架空中标合同、规避中标行为和行政部门监管的情形，而《补充协议书》是在双方履行中标合同过程中，为了解决因工程多次停工给承包人造成的损失而签订，……不属于该第21条规定的情形"。

最高院民一庭解析该案认为："补充协议书是在中标合同履行近3年后，为了解决工程多次停工而给一方造成的损失而签订，不是为了取代、规避中标合同和行政部门监督，恰恰是为了推进和保障中标合同的履行"，因此，该《补充协议书》"可以作为双方结算的依据"。

非必须招标工程　　　该"黑白合同"例外规则可适用于非必须招标的招标工程。按照《最高院施工合同解释二》第9条的文意理解，不适用于必须招标的招标工程。笔者认为：在实务中，法院可以通过工程签证等正常合同变更回避该条的适用，但达到同样的效果。

"黑白合同"例外规则和情势变更原则既相互联系又相互区别：

情势变更原则　　　（1）二者对象都是材料价格异常波动等客观情形，都造成了背离中标合同实质性内容的结果。

（2）二者认定标准不同，后者要求不可预见、重大变更，比前者严格得多。

（3）二者适用范围不同，前者只适用于招标工程，后者适用于所有的工程。

（4）二者适用条件也完全不同，前者适用于双方已经就客观情况变化签订了变更中标合同实质性内容的协议，后者则尚未达成变更中标合同实质性内容的协议需要请求法院裁判。《山东高院民事审判纪要2011》规定："建设工程施工合同约定工程价款实行固定价格结算，在合同履行中，……如果建筑材料价格或者人工费用的上涨超出了固定价格合同约定的风险范围，发生异常变动的情形，如继续履行固定价格合同将导致当事人双方权利义务严重失衡或者显失公平的，则属于发生了当事人双方签约时无法预见的客观情况，当事人请求适用情势变更原则调整合同价款或者解除合同的，可以依照最高人民法院《合同法司法解释二》第26条和最高人民法院《关于当前形势下审理民商事合同纠纷案件若干问题的指导意见》的相关规定，予以支持。"

2.2.2　变更中标合同但未背离实质性内容的补充协议可作结算依据

发包人和承包人经协商一致签订的变更中标合同但未背离实质性内容的补充协议有效。《合同法》第77条规定："当事人协商一致，可以变更合同。"《最高院施工合同解释二》第1条及第9条规定，背离中标合同实质性内容且不属于因客观情况发生了在招标投标时难以预见的变化而签订的合同无效。

一般合同变更指发包人和承包人在未背离实质性内容前提下对中标合同内容所进行的变更，是有效的。反之，背离实质性内容的变更就是实质合同变更。一般合同变更有两种类型：

（1）按照本书2.1.4的论述，变更中标合同工程范围、工期、价款、质量等实质性内容之外的变更是一般合同变更。所谓合同实质性内容，是指影响或者决定当事人基本权利义务的条款。当事人在实质性内容之外对合同内容进行修改、变更，都不会涉及利益的重大调整，不会对合同的性质产生影响。比如，变更中标合同纠纷解决方式。最高院民一庭认为："中标合同中已经约定了特定的纠纷解决方式，但当事人在补充合同中变更纠纷解决方式的，不应视为变更中标合同实质性内容，而应视为当事人所享有的变更合同的权利，人民法院应承认这种变更纠纷解决方式约定的效力。"①

就武汉汉正街批发广场一期施工合同纠纷（解析案例），后签订的补充协议与中标合同除了签署时间和代理人有别外，其余内容一致。

最高院民一庭张雅芬法官解析该案时认为："当事人不按照招标文件和投标文件签订建设工程中标合同及订立背离建设工程中标合同实质性内容的协议，应当承担法律责任……所谓合同实质性内容，是指影响或者决定当事人基本权利义务的条款，如建设工程中标合同约定的工程价款、工程质量和工程期限……当事人在工程价款、工程质量、工程期限之外对合同内容进行修改、变更，都不会涉及利益的重大调整，不会对合同的性质产生影响，也就是说，不会涉及'黑白合同'或'阴阳合同'认定的问题。对于正常的合同变更，应当受法律保护。"

（2）按照本书2.1.4的论述，变更中标合同工程范围、工期、价款、质量等但未导致双方权利义务较大变化的变更也是一般合同变更。《最高院施工合同解释一适用》第149页认为："工程价款稍有调整、建设工期略有变化、工程质量有点不同的，不属于实质性变更。"

2.2.3　按中标合同调整价格及顺延工期等的工程签证可作结算依据

在中标合同履行过程中，除了实质合同变更及一般合同变更之外，还存在一种不变更中标合同内容但仍会导致合同价格、合同工期等变化的情形，可称之为工程签证。

---

① 最高院民一庭：《民事审判指导与参考2012年卷》，人民法院出版社2018年版，第565页。

工程签证　　　　　工程签证是发包人和承包人在中标合同履行过程中按照中标合同约定对变更工程内容、调整合同价格、顺延合同工期、结算合同价格等的确认，包括工程变更指令、（确认型）现场签证、价格调整确认函、经济损失确认函、工程顺延确认函等。《施工合同示范文本2017》相关规定如下：

示范文本　　　　（1）清单偏差调价。第1.13款："专用合同条款另有约定外，发包人提供的工程量清单，应被认为是准确的和完整的。出现下列情形之一时，发包人应予以修正，并相应调整合同价格。"

清单偏差　　　　（2）工程变更。第10.1至10.3款：合同履行过程中增减、改变、取消、追加合作工作的，应按照本条约定进行变更；"变更指示均通过监理人发出，……承包人收到经发包人签认的变更指示后，方可实施变更""承包人收到监理人下达的变更指示后，认为不能执行，应立即提出不能执行该变更指示的理由""合同当事人应当按照第10.4款〔变更估价〕约定确定变更估价"。

工程变更

　　　　（3）市场波动调价。第11.1款："除专用合同条款另有约定外，市场价格波动超过合同当事人约定的范围，合同价格应当调整。"

市场价格波动　　　（4）法律变化调价。第11.2款："基准日期后，法律变化导致承包人在合同履行过程中所需要的……费用增加时，由发包人承担由此增加的费用"。

法律变化　　　　（5）承包人索赔。第19.1款："根据合同约定，承包人认为有权得到追加付款和（或）延长工期的，应按以下程序向发包人提出索赔。"

承包人索赔　　　实务中往往将工程签证和合同变更混同。《福建高院施工合同解答2007》第19条规定："建设工程施工合同履行过程中，因设计变更或者遇特殊地质情况等客观原因导致工程量增减，当事人协商一致对中标合同的内容进行修改，属于正常行使合同变更权，修改后的合同可以作为结算工程价款的依据"。

　　　工程签证和合同变更虽有相同点但区别更大：

　　　（1）工程签证及合同变更都从形式上导致合同内容的变化。

　　　（2）工程签证是履行合同的行为，合同变更是变更合同的行为。

　　　（3）工程签证发起于合同授予一方的单方面行为，对方不确认依据合同约定仍能成立；合同变更是双方行为，没有对方确认不能成立。

　　　可见，工程签证完全与"黑合同"不相干，一般合同变更更不是"黑合同"。在招标工程中，实质合同变更在因客观情况发生了在招标投标时难以预见的变化而签订时不是"黑合同"，其他情况下是"黑合同"。

第 13 例　为补偿损失变更价款的协议是否有效？

【争议焦点】

在中标合同履行过程中，为赔偿一方损失而签订的变更工程价款的补充协议，是否可以作为结算依据？

【解析案例】

2007年12月18日，发包人（唐山凤辉房地产开发有限公司）和承包人（赤峰建设建筑集团有限责任公司）签订《施工合同》，由承包人承建遵化西二里城中村改造工程，合同约定以定额为基础，采用可调价格。该合同向有关建设主管部门进行了备案。

2007年12月下旬，承包人进场施工。施工过程中，因拆迁户堵门、材料供应、农民工劳务费等问题，发生了多次停工。

2010年7月10日，发包人与承包人为解决上述停工损失等问题，签订《补充协议书》，协议载明工程采用固定单价的方式结算，协议还对承包人提起的索赔问题作出了约定。

承包人起诉发包人，请求：判令发包人向其支付工程款及利息。双方对于依据哪份合同作为结算依据存在分歧。

【各方观点】

（1）承包人认为：《补充协议书》合法有效，应当以其作为结算依据。

（2）发包人认为：《施工合同》属于经有关部门备案的白合同，有明确的计价标准和计价方法；而《补充协议书》属于未经有关部门备案的黑合同，应当以备案的合同作为确定工程价款结算的依据。

（3）河北高院一审认为：《施工合同》是可调价合同，即工程施工完成后基本按定额来结算工程价款。在施工开始两年多后又签订的《补充协议书》则对结算方式做了变更，变为固定单价的结算合同，即按固定的每平方米单价来结算工程价款。……有关备案合同与非备案合同的规定，是针对招标过程前后当事人为规避法律既签订一份备案合同，又签订一份非备案合同。其特点是在签订备案合同与非备案合同时有关工程的情况是相同的。而本案《补充协议书》的出现是在施工两年后，出现了工程多次停工及其他情况，为解决相应的问题，双方签订《补充协议书》对工程价款结算方式进行了调整，是当事人正当行使合同变更权，因此，不属于《最高院施工合同解释一》关于备案合同与非备案合同规定的情形。《补充协议书》是双方关于变更结算方式的真实意思表示，应当按《补充协议书》的固定单价来结算工程价款。

【裁判观点】

最高人民法院二审认为：《施工合同》和《补充协议书》均为双方当事

人真实意思表示，内容不违反法律、法规的强制性规定，应为合法有效，双方应依约履行。因《补充协议书》签订在后，且对《施工合同》的约定进行了变更，双方应按照《补充协议书》约定的固定单价方式进行结算。……《最高院施工合同解释一》第21条关于"当事人就同一建设工程另行订立的建设工程施工合同与经过备案的中标合同实质性内容不一致的，应当以备案的中标合同作为结算工程价款的依据"之规定针对的是当事人在中标合同之外另行签订建设工程施工合同，以架空中标合同、规避中标行为和行政部门监管的情形，而《补充协议书》是在双方履行《建设工程施工合同》过程中，为了解决因工程多次停工给承包人造成的损失而签订，只是变更了结算方式，《建设工程施工合同》其他条款仍然有效，……《补充协议书》属于双方当事人在合同履行过程中经协商一致的合同变更，不属于《最高院施工合同解释一》第二十一条规定的情形。

架空中标合同（左侧边栏）

【最高院解析】

《民事审判指导16年卷》第125页（第65辑）（左侧边栏）

最高院民一庭于蒙法官解析该案认为：在"黑白合同"下，当事人往往各自持一份对自己有利的合同，要求结算工程款。在辨别"黑白合同"时，应注意合同变更权存在于所有的合同履行过程中，如果变更的目的是为了更好地履行和推进中标合同，不宜简单地认定为"黑白合同"，本案《补充协议书》对中标合同结算方式进行了变更，直接影响到工程价款的认定，但根据已查明事实，《补充协议书》是在中标合同履行近3年后，为了解决工程多次停工给一方造成的损失而签订，不是为了取代、规避中标合同和行政部门监督，恰恰是为了推进和保障中标合同的履行。而且中标合同只改变了结算方式，对于工程质量、工期、项目性质等内容没有变更，其实质上是对停工损失补偿的约定，因此，《补充协议书》可以作为双方结算的依据。

规避招标监管（左侧边栏）

保障合同履行（左侧边栏）

【作者点评】

从形式上看，该案《补充协议书》变更了中标合同工程价款，如因此较大影响了双方权利义务，按照《最高院施工合同解释二》第1条第1款，属于背离中标合同实质性内容的"黑合同"，不能作为结算依据。

黑白合同（左侧边栏）

但从《补充协议书》签订的目的和结果看，其并非为了排除或限制招投标竞争、规避中标合同、实现利益交换等非法目的，而是为了中标合同更好地履行而签订，属于《最高院施工合同解释二》第9条规定的"发包人与承包人因客观情况发生了在招标投标时难以预见的变化而另行订立建设工程施工合同的除外"，可以作为结算依据。因此，判断补偿协议效力，不能仅从形式上判断是否背离中标合同实质性内容，还应从实质性上结合中标后合同客观情况是否发生变化来综合判断。

【裁判规则】

中标合同履行过程中，出现赔偿损失等因客观情况变化而签订的变更价款的补充协议，可以作为结算依据。

2.3　招投标文件

从行政法角度讲，招标投标程序必须遵守。从合同法角度讲，招标文件是要约邀请，投标文件是要约，中标通知书是承诺，中标合同是确认书。这四者是什么关系呢？

2.3.1　中标合同背离实质性内容的按照招投标文件结算

《最高院施工合同解释二》第10条规定："当事人签订的建设工程施工合同与招标文件、投标文件、中标通知书载明的工程范围、建设工期、工程质量、工程价款不一致，一方当事人请求将招标文件、投标文件、中标通知书作为结算工程价款的依据的，人民法院应予支持。"

强制性规定

该条源于《招标投标法》的效力性强制性规定。《招标投标法》第46条规定："招标人和中标人应当自中标通知书发出之日起三十日内，按照招标文件和中标人的投标文件订立书面合同。"《招投标法实施条例》第57条规定："招标人和中标人应当依照招标投标法和本条例的规定签订书面合同，合同的标的、价款、质量、履行期限等主要条款应当与招标文件和中标人的投标文件的内容一致。"

该条确定了一项基本制度，即"当事人签订的建设工程施工合同的实质性内容只要与招标文件、投标文件、中标通知书的记载不一致，就应当以招标文件、投标文件、中标通知书作为结算建设工程价款的依据，以杜绝黑白合同、明招暗定现象"，最高人民法院民一庭负责人就《最高院施工合同解释二》答记者问时说。该制度有如下构成要件：

（1）中标有效，不存在《招标投标法》规定的"中标无效"情形；

（2）不一致的是实质性内容，即中标合同与招投标文件工程范围、建设工期、工程质量、工程价款等不一致。

不一致

（3）不一致达到背离程度，导致权利义务较大变化，"不一致"和"背离"是同一意思。《最高院施工合同解释二》第1条必须招标工程"黑白合同"规则中使用了实质性内容"不一致"，第9条非必须招标工程"黑白合同"规则中使用了实质性内容"背离"，二者的依据均是《招标投标法》第46条。可见，在最高院解释中，"不一致"和"背离"是混用的，"不一致"是"背离"的通俗表达。参见本书2.1.5。

招投标文件与中标合同不一致是实践中的突出矛盾。招投标文件包括招标文件、投标文件、中标通知书及相应答疑纪要和澄清文件。由于严格的招投标程序，这几份文件一般不会出现实质性内容不一致。招标文件明示投标人不得修改，否则被认为未对招标文件作出实质响应而被废标。中标通知书主要内容都摘录自投标文件。由于中标合同政府监管比较松，甚至目前已取消备案，发包人往往凭借优势地位要求在中标合同中修改这些实质性内容。

在第14例（公报案例）中，发包人和承包人在中标合同中约定采用定额计价，但投标文件规定投标人所报费率计价。根据二者分别计算工程价款，二者相差将近200万元。最高院认为合同与中标费率约定不一致，应当以投标文件所报费率确定工程造价。

2.3.2　中标后未订立合同的但已实施的可参照招投标文件结算

没有签订中标合同的，合同不成立。按主流观点，建设工程项目招投标中，发布招标公告或邀请招标的邀请投标函的法律性质为要约邀请；投标人作出有效投标文件，通常包含将来施工合同中的主要内容，表达了希望与招标人订立合同的意思表示，属于要约；而招标人发出中标通知书意味着同意投标人投标文件的内容，其法律性质属于承诺。[①]因此，招投标的过程即合同成立的过程，按《招标投标法》规定，招标人和投标人应于中标后签订书面合同，正式订立合同前，合同尚未成立。

缔约过失责任　中标后未签订合同的，应承担缔约过失责任。《合同法》第42条规定：当事人在订立合同过程中，"有其他违背诚实信用原则的行为"等情形，"给对方造成损失的，应当承担损害赔偿责任"。《工程建设项目施工招投标办法》第81条规定："中标通知书发出后，中标人放弃中标项目的，无正当理由不与招标人签订合同的，在签订合同时向招标人提出附加条件或者更改合同实质性内容的，或者拒不提交所要求的履约保证金的，取消其中标资格，投标保证金不予退还；给招标人的损失超过投标保证金数额的，中标人应当对超过部分予以赔偿；没有提交投标保证金的，应当对招标人的损失承担赔偿责任。"该缔约过失赔偿应当包括给对方带来的直接损失，如为缔约、准备履约支出的鉴定费、咨询费等；还应包括间接损失，如因丧失与第三方订立同类合同机会而产生的损失。

中标后未签订合同而直接施工的，可以按照招投标文件作为结算依据。对此，尚无统一认识，但是按照招投标文件结算符合基本的法律原则和招投标的立法精神。《北京一中院民事审判执法意见》第4条表明："招投标程序完成后，招标人拒绝与投标人签订合同或者投标人拒绝与招标人签订合同，项目也未实际进行施工，此时可以考虑按照《合同法》第42条的缔约过失责任处理。双方不签订合同而直接施工，在施工过程中或工程结束后双方发生争议，此时招投标文件应当作为解决双方争议的依据。"笔者同意该观点。尽管如此，中标后未签订合同，但是签订其他有效合同的，应该按照该合同结算。

解析案例　在第15例（解析案例）中，涉案工程签订了标前协议，后完成了招标程序，但没有签订中标合同。

最高院民一庭解析该案认为：签约在先的施工合同单独发生效力，由于属非必须招标项目且符合规定，合同有效；由于未签订中标合同，未发生变更标前协议的法律效果。因此应该依据标前协议结算。

---

① 郑立钧、刘移：《从招投标过程中的缔约过失责任看我国招投标制度的完善》，选自《中国建设工程法律评论（第七辑)》，法律出版社2018年版，第236-237页。

第 14 例　中标合同与招投标文件不一致如何结算？

【争议焦点】

中标合同约定计价方式与招标投标文件不一致的，依据哪份文件结算工程价款？

【公报案例】

2005年7月1日，内蒙古兴华房地产有限责任公司对"呼和浩特市供水大厦工程"土建施工任务通过邀请招标的方式进行招标，该招标只报土建工程费率。2005年7月12日，通州建总集团有限公司制作《投标文件》进行投标，投标报价费率24.56%。2005年7月14日，兴华公司及招标代理机构向通州建总发出《中标通知书》，确定通州建总为中标单位。

2005年7月28日，兴华公司作为发包人、通州建总作为承包人签订《建设工程施工合同》。约定合同价款：暂定价5040万元，中标费率24.56%。合同专用条款第23条约定：本工程结算以施工图加工程签证为依据，套用2004年《内蒙古自治区建筑工程消耗量定额及基础价格》《内蒙古自治区装饰装修工程消耗量定额及基础价格》和2004年《内蒙古自治区安装工程消耗量定额及基础价格》（12册），取费执行2004年《内蒙古自治区建设工程费用计算规则》及配套的相关文件。结算时土建、安装按照国家规定工程取费类别取费，措施项目费、各项规费按规定计取。

合同签订后，承包人进场施工完毕，涉案工程没有进行竣工验收，发包人于2010年底投入使用。

由于工程款支付问题，承包人将发包人起诉至法院，请求：判定发包人支付其工程欠款和利息。双方对于工程价款的具体数额产生分歧。

经一审法院委托誉博公司进行鉴定，第一项结论是按投标文件费率工程造价为111535186元，第二项结论是按合同约定工程造价为113429978元。

【各方观点】

无。

【裁判观点】

内蒙古高院一审认为："承包人承建的工程已经完工，虽未竣工验收，但发包人已投入使用，故承包人主张发包人支付欠付工程款，应予支持。誉博公司已就涉案土建及安装工程造价作出补充鉴定结论，土建工程费率分别按投标文件费率及定额费率作出，安装工程费率均按照定额费率作出。双方备案合同专用条款第23条约定费率采用定额费率，与土建工程投标及中标费率24.56%不符。本案土建工程进行了招投标，土建工程应以中标费率24.56%

查案例扫微信

确定工程造价，故誉博公司〔2015〕第01号《鉴定意见书》第一项鉴定结论应予采信，即涉案土建及安装工程造价为11535186元。"

最高院二审采纳了一审意见。

【最高院解析】

无。

【作者点评】

《招标投标法》第46条规定："招标人和中标人应当自中标通知书发出之日起30日内，按照招标文件和中标人的投标文件订立书面合同。招标人和中标人不得再行订立背离合同实质性内容的其他协议。"《招投标法实施条例》第57条规定："招标人和中标人应当依照招标投标法和本条例的规定签订书面合同，合同的标的、价款、质量、履行期限等主要条款应当与招标文件和中标人的投标文件的内容一致。"

《最高院施工合同解释二》第10条规定："当事人签订的建设工程施工合同与招标文件、投标文件、中标通知书载明的工程范围、建设工期、工程质量、工程价款不一致，一方当事人请求将招标文件、投标文件、中标通知书作为结算工程价款的依据的，人民法院应予支持"。

"不一致"和"背离"是同一意思。《最高院施工合同解释二》第1条必须招标工程"黑白合同"规则中使用了实质性内容"不一致"，第9条非必须招标工程"黑白合同"规则中适用了实质性内容"背离"，二者的依据均是《招标投标法》第46条。可见，在最高院解释中，"不一致"和"背离"是混用的，"不一致"是"背离"的通俗表达。

中标费率是计算工程价款直接依据，将导致工程价款变化。本案中标合同约定采用定额费率，与招投标文件采用中标费率不一致，属于中标合同对中标结果的实质性内容背离。因此，不应依合同约定而应当以中标价作为工程结算依据。

此外，本案中招投标只对土建工程部分进行了报价，未对安装工程进行报价。法院在认定合同价款时，将经过招投标的土建部分和未经过招投标的安装部分分别计算，对于安装部分，仍以合同约定计算。

【裁判规则】

中标合同与招投标文件实质性内容不一致的，按照招标投标文件结算工程价款。

第15例　标前协议与招投标文件不一致如何结算?

【争议焦点】

非必须招标项目招标前签订了协议，完成了招标程序但没有签订中标合同，工程按照标前协议结算呢，还是按照招投标文件结算?

【解析案例】

2002年4月30日，发包人新疆天通房地产开发有限公司与承包人新疆建工集团第六建筑工程有限责任公司签订《建设工程施工合同》，约定：合同价款暂定24000000元；双方根据施工图按阿克苏当地估价表做预算，按18%取费，双方确定工程造价竣工决算，图纸设计变更部分按实际计算，仍按18%取费，水暖电卫按4类建筑取费。

2002年6月19日，发包人将案涉商贸批发楼工程对外进行招投标，并向承包人发出投标邀请书。在发包人的《招标文件》中，投标报价为：该项目采用全统预算基础定额、补充定额、阿克苏地区（98）单位估价汇总表定额编制，按国营二类工程类别取费，采用价格调整计价方法。

2002年7月1日，承包人中标。《中标通知书》载明：中标价29914500元，并注明中标单位在接到通知书30日内，与招标单位签订工程承包合同。但招标人与投标人未按照中标通知书要求签订合同。

2002年10月30日，发包人与承包人签订协议书，约定：双方的决算以2002年4月30日签订的合同为准。

承包人向人民法院起诉，向发包人主张欠付工程款。

【各方观点】

承包人认为：合同在前，招标文件在后，两者比较，仅是工程取费不同，故应按照《最高院施工合同解释一》第21条规定，即按照国营二类工程类别取费。

发包人认为：按《最高院施工合同解释一》第21条，当事人间签订的合同与经备案的中标合同不一致的，以备案的为准来确定结算依据。但2002年7月1日承包人取得中标通知书后并未按此内容与发包人签订新的施工合同，当然更谈不上备案问题；双方于同年10月30日还签订协议约定，双方结算以2002年4月30日所签合同为准，即双方明确结算依据仍是此合同。

新疆高院一审认为：承包人与发包人于2002年4月30日签订的《建设工程施工合同》，系当事人双方真实意思表示，内容不违反法律规定，为有效合同。合同签订后，双方即应严格遵照履行……发包人应履行支付剩余工程款的义务。

【裁判观点】

最高人民法院二审认为："签约时，合同当事人意思表示真实、自愿，合

查案例扫微信

同内容并不违反法律、行政法规规定，应当认定双方签订的建筑工程施工主合同及补充协议有效。虽然在双方当事人签订施工合同后，就同一工程建设项目又履行招投标程序时，未按照中标通知书记载的实质性内容签订施工合同，但讼争工程项目不属于必须招标的工程建设项目……发包人与承包人自主签订施工合同并未违反法律强制性规定。本案双方当事人在履行招投标程序前，已经签订了施工合同，应当依据法律规定独立审核施工合同效力。如前所述，应当认定签约在先的建设工程施工合同及补充协议有效。发包人与承包人就同一建设项目又履行招投标程序，意在变更施工合同的部分内容，因招标人与中标人未按照《中标通知书》记载的实质性内容签订施工合同，中标合同未成立，对签约在先的施工合同未产生变更的法律效力。工程取费也应当按照签约在先的合同约定确定。"

合同变更

【最高院解析】

《民事审判指导36辑》第146页

最高院民一庭冯小光法官解析该案时认为：

（1）"签约在先的施工合同单独发生效力。在本案发包人与承包人签订施工合同时，尚未履行招标投标程序，其后通过履行招标投标程序发出《中标通知书》，不应影响签约在前先的施工合同效力，应根据施工合同本身内容，独立考核其效力。首先本案签约时，当事人意思表示真实自愿，合同内容合法；其次，承包人具备与承揽工程相适应的资质等级；最后，本案讼争建设项目不属于必须招标的工程建设项目。"因此，签约在先的施工合同有效。

（2）"发出《中标通知书》后，未发生变更施工合同价款的法律效果。"双方当事人订立施工合同后，就同一建设项目又履行招投标程序，承、发包双方当事人履行招投标程序的目的是变更施工合同价款等内容。但本案招标人与中标人未按照《中标通知书》记载的实质性内容另行订立变更签约在先的施工合同，中标合同未成立，对签约在先的施工合同未产生变更的法律效力，工程取费也应当按照签约在先的合同约定确定。

（3）"未按照《中标通知书》记载的实质性内容签订施工合同，应当接受行政处罚。"

【作者点评】

必须招标项目

根据《招标投标法》第3条及《必须招标工程规定》，本案讼争项目不属于必须进行招标的工程建设项目，原签订的施工合同合法有效。双方履行招投标程序后却没有签订中标合同，因此并未对原合同进行变更。招标人与中标人在发出《中标通知书》后未履行正式签订书面合同，不影响签约在先的施工合同的法律效力。

【裁判规则】

就非必须招标工程，发包人和承包人签订施工合同后，又就同一工程招标投标但未另行订立中标合同的，应该按照在先施工合同结算。

2.4　多份无效合同结算

　　就同一工程签订的多份合同无效的情形包括：（1）先定后招，按照《招标投标法》第53条有关"投标人……与招标人串通投标的……中标无效"规定，中标合同无效。（2）应招标未招标，按照《最高院施工合同解释一》第1条规定，无效。（3）其他中标无效，按照《招标投标法》第50条、52条、53条、54条和55条规定确定的中标无效情形。

合同无效情形

　　《最高院施工合同解释二》第11条规定："当事人就同一建设工程订立的数份建设工程施工合同均无效，但建设工程质量合格，一方当事人请求参照实际履行的合同结算建设工程价款的，人民法院应予支持。实际履行的合同难以确定，当事人请求参照最后签订的合同结算建设工程价款的，人民法院应予支持。"本条所称"数份建设工程施工合同"既可能是经过招投标程序根据招投标文件签订的中标合同、中标合同之后私自签订的其他合同，也可能是未经招投标程序签订的合同等。

2.4.1　工程质量合格是多份无效合同结算的前提

　　建设工程施工合同无效后，宜进行折价补偿。《合同法》第58条规定："合同无效或者被撤销后，因该合同取得的财产，应当予以返还；不能返还或者没有必要返还的，应当折价补偿。"因此，合同无效后需要进行财产返还或折价补偿。建设工程合同不同于一般合同，合同履行的过程是承包人将其劳动和材料物化到建设工程的过程，因此建设工程合同无效后，无法适用恢复原状的财产返还原则，按照《合同法》的规定只能进行折价补偿。[①]

折价补偿

　　工程质量合格是多份无效合同结算的前提。根据《最高院施工合同解释二》第11条规定，"当事人就同一建设工程订立的数份建设工程施工合同均无效"进行结算的前提是"建设工程质量合格"。《最高院施工合同解释一》第2条确定了合同无效但工程验收合格的可以参照合同约定结算的原则。建设工程经竣工验收合格后，一方面已经达到《建筑法》保护的目的，另一方面工程对发包人而言具有经济价值。因此，工程质量是建设工程的生命线，这是工程建设价值能够体现的前提条件，也是工程价款进行结算的前提条件。该理论基础就是"有价值有补偿，无价值无补偿"[②]。如果建设工程质量不合格，则发包人事实上并未得到利益，故不存在以主张工程价款形式要求返还的问题。

质量合格

　　这里的建设工程质量合格，根据建设工程完工程度，可以分为在建工程质量合格和竣工工程质量合格。《最高院施工合同解释一》第2条只写了竣工验收合格一种情形，并未考虑建设工程施工领域中常见的建设工程尚未完

---

① 高印立：《建设工程施工合同法律实务与解析》，中国建筑工业出版社2012年版，第32页。
② 张庆华：《建设工程施工合同纠纷预防与处理》，法律出版社2010年版，第37页。

工承包人就中途退场的情形。《最高院施工合同解释二适用》第255页认为："在后者情形下，如果机械、绝对的理解为按该条规定，承包人一定要等到建设工程竣工验收合格才能拿到已施工部分的工程价款，则一方面承包人工程款实现将被迫延后；另一方面还存在因建设工程停工烂尾，工程竣工验收合格无限期拖延，承包人的工程款遥不可及的风险。因此，应对《最高院施工合同解释一》第2条作扩张解释为包括在建工程质量合格这种情形，以回应建设工程施工实践的需要。"

2.4.2 就同一工程订立的多份合同无效先参照实际履行的结算

同一工程

"同一建设工程"则一般是指当事人签订数份建设工程施工合同共同指向的施工内容。也即"同一建设工程"首先强调的是建设工程具有同一性。《最高院施工合同解释二适用》第253页认为："这里的同一是从广义角度而言的，只要不涉及位置、主体、框架等基础性部分的根本性变化，即便该建设工程发生了个别规划指标等的变化，仍可被视为本条所指同一建设工程。当事人基于各种主客观因素影响，就建设工程作出非实质性或者实质性内容变化的约定，均不影响本条中所指建设工程的'同一性'。"

实际履行合同

实际履行合同充分反应双方意思表示，应按照实际履行合同结算。当发包人与承包人之间存在多份建设工程合同时，如果备案合同有效，则根据《最高院施工合同解释一》第21条的规定，应当以备案的中标合同作为结算工程价款的根据。但如果中标合同也为无效合同，则适用《最高院施工合同解释二》第11条规定，参照实际履行的合同结算建设工程价款。《最高院施工合同解释一》第2条确定了合同无效但工程验收合格的可以参照合同约定结算的原则，是因为工程验收合格时，如果抛开合同约定的工程价款，发包人按照何种标准折价补偿承包方，均有不当之处，不能很好地平衡双方之间的利益关系，按照合同约定确定工程款数额则符合签约时当事人的真实意思，能加快案件审理、节约诉讼成本，且有利于保证工程质量，平衡双方之间的利益关系。《最高院杨心忠等观点》第168页认为："建设工程合同属于继续性契约，从理论上说，继续性契约被确认为无效，应该限制其自始无效或溯及无效的效力。继续性契约被确认为无效后，对当事人之前履行合同的行为，仍按照合同约定处理，这样有利于简化法律关系。此外，在合同无效的情况下，参照合同约定支付工程款，与《民法通则》《合同法》的规定并不矛盾，而是在处理无效的建设工程施工合同纠纷案件中具体体现了《合同法》规定的无效处理原则，这种处理方式有利于保障工程质量。"因此，多份无效合同中如能确定当事人实际履行的合同，则实际履行的合同充分反映当事人真实意思表示，应参照实际履行的合同结算。

应综合考虑施工过程中双方履行情况来综合确定其中的实际履行的合同。《最高院施工合同解释二适用》第258页认为："根据施工过程中发包人、承包人以及监理等的往来签证、会议纪要、通知、函件、工程款收支凭

证等证据，对比几份建设工程施工合同约定不同之处，可以用来综合判断
当事人究竟履行的是哪份建设工程施工合同。"《盐城中院施工合同意见
2010》第17条也作出了类似的规定。

第16例（解析案件）中，发包人与承包人通过招标签订一份《中标合
同》，中标后签订一份《补充协议》，因中标金额和补充协议金额不同继而
签订一份《补充施工合同》，终审判决认为：该三份合同均无效，按照实际
履行对《补充协议》结算。

最高院民一庭解析该案认为：在涉案工程招标前，发包人与承包人已就
涉案工程由承包人承建达成合意，双方将该合意体现在经招投标签订的《中
标合同》中，双方行为属于'明招暗定'，《中标合同》无效。《补充协议》
等违反了《最高院施工合同解释一》第21条而无效。三份合同均无效，并认
同终审判决。

2.4.3 无法确定实际履行的多份无效合同按签订时间在后的结算

无法确定实际履行合同的，按最后签订的合同结算。《最高院施工合同
解释二》第11条第2款确定了"参照最后签订的合同结算"的原则。以当事
人最后签订的合同，作为当事人签订合同的最新意思表示，并以此推定其实
际履行的合同应是符合其最新意思表示的合同。

采用以最后签订的合同作为实际履行的合同，一方面最后签订的合同为
当事人最后的真实意思表示，应尊重当事人的真实意思，另一方面，该方法
比较客观，便于确定，避免了同案不同判的司法现象。

2.4.4 多份无效合同按其中一份结算明显不公平的按过错分担差价

多份无效合同按其中一份结算，可能会导致明显不公平。对此，《河北
高院施工合同指南2018》第7条认为："可以结合缔约过错、已完工程质量、
利益平衡等因素合理分配当事人之间数份合同的差价确定工程价款。"

在第17例（解析案例）中，无法在两份无效合同中确定实际履行合同
时，一审法院和最高院将两份无效合同工程价款的差价作为损失，基于发包
人作为依法组织进行招投标的发包方，承包人作为对于招投标法等法律相关
规定也应熟知的具有特级资质的专业施工单位的过错，结合工程竣工验收合
格的事实，由发包人与承包人按6：4比例分担损失。

最高院民一庭解析该案认为："在无法确定双方当事人真实合意并实际
履行合同时，应当结合缔约过错，已完工程质量、利益平衡等因素，根据合
同法58条规定由各方当事人按照过错程度分摊合同无效造成的损失。"

该案例补充了《最高院施工合同解释二》第11条。按照该第11条规定，
多份无效合同，无法确定实际履行合同的，参照签订时间在后的合同结算。
但是参照签订时间在后合同结算明显不公平的，将多份无效合同之间的差价
作为损失，由双方以过错程度分担。

2.4.5　无法确定实际履行及签订时间的多份无效合同按实结算

无法确定实际履行合同和合同签订时间，则按市场价格进行鉴定的方式确定工程价款。《四川高院施工合同解答2015》第20条认为："可以参照签订建设工程施工合同时当地建设行政主管部门发布的计价方法或者计价标准结算工程价款。"根据《最高院施工合同解释二》第11条及《合同法》第62条第2项规定："价款或者报酬不明确的，按照订立合同时履行地的市场价格履行；依法应当执行政府定价或者政府指导价的，按照规定履行。"可见，对于非政府指导价的建设工程施工合同一般应采用市场价格确定合同最终价款。市场价一般由定额结合市场信息价确定。

在第18例（解析案例）中，合同双方签订了三份无效合同，且签订时间相同，法官无法确认实际履行合同，则委托鉴定机构分别按照定额和市场价进行鉴定。最终最高院再审时采用了市场价。

解析案例

最高院民一庭解析该案认为："鉴定机构分别按照定额价和市场价作出鉴定结论的，在确定工程价款时，一般应以市场价确定工程价款。这是因为，以定额为基础确定工程造价大多未能反映企业的施工、技术和管理水平，定额标准往往跟不上市场价格的变化，而建设主管部门发布的市场信息价，更贴近市场价格，更接近建筑工程的实际造价成本，且符合合同法的有关规定，对双方当事人更公平。"

市场价

定额价

值得注意的是，这种方法可能诱导恶意诉讼。目前我国建筑市场属于发包人市场，发包人在签订合同时往往把工程款压得很低，常常低于当年适用的工程定额标准和政府公布的市场价格信息标准，如果合同无效按照上述方法折价补偿，就可能诱使承包人恶意主张合同无效，以达到获取高于合同约定工程款的目的，这与无效合同处理原则及制定司法解释以期达到规范建筑市场、为促进建筑业的发展提供法律保障的初衷相悖。

第16例　多份合同无效能否按实际履行合同结算？

【争议焦点】

工程竣工验收合格，双方签订的中标合同、变更中标合同实质性内容的合同都被认定无效的情况下，应以哪份合同作为结算依据？

【解析案例】

查案例扫微信

2007年3月1日，北京秦浪屿工艺品有限公司与汕头市建安（集团）公司签订《工程保证金使用约定》，就"北京八达岭景区西部交通枢纽配套服务设施"承包达成合意。

2007年4月19日，秦浪屿公司作为发包人、汕头公司作为承包人签订《中标合同》，合同价款为79150668元。该合同经招投标备案。

2007年6月6日，双方签订《补充协议》，承包范围与中标合同相同，总承包造价为1.85亿元，为双方实际履行合同。

2007年7月30日，为了弥补中标合同和实际履行合同之间的差价，双方签订了《补充施工合同》，并以增加工程量为由（并未实际施工）获得北京市延庆县建设工程招投标管理办公室批准直接发包，并进行了备案，该合同价款为105849332元。

2008年6月27日，该项目通过验收。

2009年1月，承包人起诉发包人，请求：判令发包人向其支付欠付工程款及利息。双方对于以哪个合同作为结算依据产生了分歧。

【各方观点】

（1）发包人认为：除2007年4月19日经过招标投标签订的《中标合同》外，其他合同属于黑合同，应无效。合同价款应为79150668元。

（2）承包人认为：应按照1.85亿元作为结算标准，理由是：2007年6月6日双方签订的《补充协议》明确约定工程价款为1.85亿元。为了补充中标合同与《补充协议》之间的差价，2007年7月30日双方又签订《补充施工合同》且进行了备案。合同之间相互印证，真实有效。

（3）北京市高院一审认为："发包人与承包人于2007年4月19日经过工程招标投标签订的《中标合同》，已在建设主管部门登记备案，符合法律规定，应属有效。双方当事人于2007年7月30日签订的《补充施工合同》，是在招标投标管理办公室同意的情况下，以直接发包的方式签订。……该《补充施工合同》的形成虽有欠缺，但合同的内容体现的是双方当事人真实意思，并由双方实际履行，可以作为结算工程款的参考依据。"

【裁判观点】

标前协议

最高院二审认为："发包人、承包人于2007年3月1日签订《工程保证金使用约定》表明，在涉案工程招标前，发包人与承包人已就涉案工程由承包人承建达成合意……《中标合同》应认定无效。"

中标合同
补充协议

"《中标合同》约定工程价款为79150668元，随后发包人与承包人签订的《补充协议》约定的工程价款为1.85亿元……《补充协议》应认定无效。""《补充施工合同》……亦应认定无效。"

实际履行

真实意思表示

"双方实际履行的《补充协议》约定的工程价款数额，体现了双方当事人对工程价款一致的意思表示，作为结算工程价款的参照标准，更符合本案的实际情况及诚实信用原则……承包人主张按照1.85亿元结算工程价款，理据充分，本院予以支持。"

【最高院解析】

《民事审判指导13年卷》第469页（第55辑）

最高院民一庭关丽法官解析该案认为："在涉案工程招标前，发包人与承包人已就涉案工程由承包人承建达成合意，双方将该合意体现在经招投标签订的《中标合同》中，双方行为属于'明招暗定'，违反了招标投标法第43条规定，中标无效。依据《最高院施工合同解释一》第1条第（三）项规定，《中标合同》无效。双方当事人签订涉案五份协议的过程表明，双方通过招投标签订《中标合同》后，另行签订了多份《补充协议》，对合同价款进行重大变更，并予以履行。违法了招标投标法第46条及《最高院施工合同解释一》第21条，应认定多份《补充协议》无效。《补充合同》的缔约目的是使《中标合同》与《补充协议》约定价款之间的差价符合法律规定，并不存在合同中约定的工程量增加及配套工程。因此，延庆县招办同意这些合同约定的工程可以直接发包的方式签订合同……，均不能产生对合同补正的效果，上述合同亦应认定无效。"

中标无效

合同补正

有反对意见认为：招标投标法属于行政管理法，该法有关强制性条款，应当认定为管理性强制性规定；根据在《最高院施工合同解释一》颁布后颁布的《合同法司法解释二》，违反管理性强制性规定并不导致合同无效。

对此，最高院审判委员会经讨论认为："《最高院施工合同解释一》中将招标投标法有关中标无效的强制性规定作为效力性强制性规定，在《最高院施工合同解释一》相关规定没有经最高院予以废止情形下，不应在个案中废止上述司法解释规定。"

【作者点评】

实际履行认定

双方实际履行的是《补充协议》。中标合同79150668元与虚假《补充施工合同》105849332元相加，恰好等于《补充协议》1.85亿元。中标合同和虚假补价合同存在的目的，都是为了《补充协议》的履行。

【裁判规则】

发包人与承包人签订的多份合同皆无效，应以实际履行合同作为结算依据。

第 17 例　无法确定实际履行的无效合同如何结算？

【争议焦点】

双方多份合同无效且无法确定实际履行合同的，如何结算？

【解析案例】

唐山市昌隆房地产开发有限公司作为发包人、江苏省第一建筑安装集团股份有限公司作为承包人先签订《金色和园基坑支护合同》，将"金色和园项目基坑支护工程"委托承包人施工。

2009年12月1日，经履行招投标程序，确定承包人中标并发出《中标通知书》，招标文件载明合同价款采用固定总价方式。

2009年9月28日，承包人、发包人、设计单位及监理单位对案涉工程结构和电气施工图纸进行了四方会审。完成招投标程序之前，承包人已经完成该住宅工程部分楼栋的定位测量、基础放线、基础垫层工作。

2009年12月8日，双方签订《中标合同》，约定合同价采用固定总价，该份协议于唐山市建设局进行了备案。

2009年12月28日，双方当事人签订《补充协议》，约定执行河北省2008年定额及相关文件，建筑安装工程费结算总造价降3%。单项变更在1000元以上的按2008年定额做相应增减，材料价以甲方认价单为准。

2011年11月30日，工程全部竣工验收合格。

承包人向法院起诉，请求：判令发包人向其支付工程款及利息。一审期间，法院对工程价款委托鉴定的结果为：按照中标合同即固定总价合同，鉴定工程总造价为117323856.47元；按照补充协议即可调价合同，鉴定工程总造价为150465810.58元。

【各方观点】

（1）承包人认为：《中标合同》与《补充协议》均为无效，双方实际履行的是《补充协议》。工程价款不能由合同效力决定，而由工程质量决定，应当按照鉴定结论1.5亿元作为据实结算的工程款数额。

（2）发包人认为：《中标合同》为主合同，是双方实际履行的合同，《补充协议》细化确认了《中标合同》内容，但并未发生实质性变更，应以《中标合同》作为工程价款结算依据。

【裁判观点】

（1）河北省高院一审认为："双方2009年12月8日签订的《中标合同》虽系经过招投标程序签订，并在建设行政主管部门进行备案，但在履行招投标程序确定承包人为施工单位之前，承包人、发包人、设计单位及监理单位已经对案涉工程结构和电气施工图纸进行了四方会审，且承包人已完成部分楼栋

的定位测量、基础放线、基础垫层等施工内容，即存在未招先定等违反《招标投标法》禁止性规定的行为，因此该中标合同应认定为无效。而双方2009年12月28日签订的《补充协议》系未通过招投标程序签订，且对中标合同中约定的工程价款进行了实质性变更，属于黑合同，依法也应认定为无效。

必须招标工程

　　本案中的两份施工合同签署时间仅间隔二十天，从时间上无法判断实际履行的是哪份合同，双方当事人对于实际履行哪份合同也无明确约定……因此综合考虑本案情况，……由各方当事人按过错程度分担因合同无效所造成的损失。本案中该损失即为两份合同之间的差价33141954.11元。发包人作为发包人是依法组织进行招投标的主体，对于未依法招投标应负有主要责任，承包人作为具有特级资质的专业施工单位，对于招投标法等法律相关规定也应熟知，因此对于未依法招投标导致合同无效也具有过错，综合分析本案情况以按6：4分担损失较为恰当，因此总工程款数额应认定为137209028.94元（117323856.47元+33141954.11元×60%）。"

未依法招标过错

　　（2）最高院二审认为："一审法院认定案涉工程招标存在未招先定等违反《招标投标法》禁止性规定的行为，《中标合同》无效并无不当。……《补充协议》属于另行订立的与经过备案中标合同实质性内容不一致无效合同并无不当。……两份合同内容比如甲方分包、材料认质认价在合同履行过程中均有所体现，无法判断实际履行合同并无不当。一审法院认定本案中无法确定真实合意履行的两份合同之间的差价作为损失，基于发包人作为依法组织进行招投标的发包方，承包人作为对于招投标法等法律相关规定也应熟知的具有特级资质的专业施工单位的过错，结合本案工程竣工验收合格的事

实际履行

实，由发包人与承包人按6：4比例分担损失并无不当。"

【最高院解析】

《民事审判指导72辑》第214页

　　最高院民一庭李琪法官解析该案认为："在无法确定双方当事人真实合意并实际履行合同时，应当结合缔约过错、已完工程质量、利益平衡等因素，根据合同法58条规定由各方当事人按照过错程度分摊合同无效造成的损失。因此，一审认定成立。"

【作者点评】

　　按照《最高院施工合同解释二》第11条规定，多份无效合同，无法确定实际履行合同的，参照签订时间在后的合同结算。但是参照签订时间在后合同结算明显不公平的，法院将多份无效合同之间的差价作为损失，由双方以过错程度分担，符合《合同法》第58条规定。

【裁判规则】

　　多份无效合同且无法确定实际履行合同的，参照签订时间在后的合同结算；按照签订时间在后的合同结算显示公平的，可以将争议合同之间的差价作为损失，由双方按缔约过错等予以合理分担。

第 18 例　无法确定实际履行及时间的如何结算？

【争议焦点】

同一时间签订多份无效合同，在无法确定双方实际依据哪一份合同履约的情况下，以市场价还是定额价作为结算依据？

【解析案例】

2003年11月1日，实际施工人齐河环盾钢结构有限公司冒用第九冶金建筑公司第五分公司名义与发包人济南永君物资有限责任公司签订了三份合同。一份合同约定：工程名称是翼缘板轧制厂，厂房面积11639平方米，合同价款452万元；另一份合同约定：工程名称是30万吨棒线材轧钢厂，建筑面积18601平方米，合同价款1186万元；再一份合同约定：工程名称是轧钢厂房，建筑面积28254平方米，合同价款988万元。

工程竣工验收质量合格并投入使用。因发包人未支付工程款，实际施工人诉请支付欠付工程款455万元。

法院委托鉴定机构就已完工程量按照市场价和定额价进行鉴定。

查案例扫微信

【各方观点】

（1）实际施工人认为：应依据翼缘板轧制厂合同和30万吨棒线材轧钢厂合同约定的价格结算，金额为1588万元。

（2）发包人认为：应当依据双方签订的轧钢厂房合同结算，金额988万元，已经不欠付工程款。

（3）济南历城区法院一审认为：按照钢结构工程造价鉴定的惯例，应以市场价进行鉴定。但是鉴定机构以市场价方式鉴定依据的审查报告并非双方当事人委托、依据无效合同进行鉴定、缺乏同期材料、人工、机械等要素的市场价格资料作为依据，对市场价作出的鉴定结论不予采信；钢结构工程属于较新型工程，定额不够完备。但定额计价的事实和法律依据都较为充分，因此采信定额价鉴定结论。因为实际施工人存在欺诈行为，因此只支付直接费，间接费、税金和利润不予支持。

折价补偿

（4）济南中院二审认为：同意济南历城区法院意见。

（5）山东省检察院认为：如果合同无效后承包人只能主张合同约定价款中的直接费和间接费，则承包人融入建筑工程产品当中的利润及税金就将被发包人获得。发包人依据无效合同取得了利润，这也与无效合同的处理原则不符，对施工方不公平，违背了等价有偿的原则。

不得因无效获利

（6）山东高院认为：同意山东省检察院意见。

【裁判观点】

最高人民法院再审认为："第一，本案应当通过鉴定方式确定工程价款。尽

管当事人签订的三份建设工程施工合同无效，但……建设工程已经竣工验收且质量合格……按照《最高院施工合同解释一》第二条的规定，可以参照合同约定支付工程款。但是，由于……签署时间均为同一天、工程价款各不相同的三份合同……不能确认当事人对合同价款约定的真实意思表示。因此，该三份合同均不能作为工程价款结算的依据。一审法院……通过委托鉴定的方式，依据鉴定机构出具的鉴定结论对双方当事人争议的工程价款作出司法认定，并无不当。第二，本案不应以定额价作为工程价款结算依据。……首先，建设工程定额标准……是政府指导价范畴，属于任意性规范而非强制性规范。在当事人之间没有作出以定额价作为工程价款的约定时，一般不宜以定额价确定工程价款。其次，以定额为基础确定工程造价……不能反映企业的施工、技术和管理水平。……再次，定额标准往往跟不上市场价格的变化，而建设行政主管部门发布的市场价格信息……更接近建筑工程的实际造价成本。此外，本案所涉钢结构工程与传统建筑工程相比属于较新型建设工程，工程定额与传统建筑工程定额相比还不够完备，按照钢结构工程造价鉴定的惯例，以市场价鉴定的结论更接近造价成本，更有利于保护当事人的利益。最后，根据《合同法》第六十二条第（二）项规定，当事人就合同价款或者报酬约定不明确，依照《合同法》第六十一条的规定仍不能确定的，按照订立合同时履行地的市场价格履行；依法应当执行政府定价或者政府指导价的，按照规定履行。本案所涉工程不属于政府定价，因此，以市场价作为合同履行的依据不仅更符合法律规定，而且对双方当事人更公平。”

定额价

市场信息价

【最高院解析】

《民事审判指导12年卷》第304页（第50辑）

最高院民一庭法官解析该案时认为：“鉴定机构分别按照定额价和市场价作出鉴定结论的，在确定工程价款时，一般应以市场价确定工程价款。这是因为，以定额为基础确定工程造价大多未能反映企业的施工、技术和管理水平，定额标准往往跟不上市场价格的变化，而建设主管部门发布的市场信息，更贴近市场价格，更接近建筑工程的实际造价成本，且符合合同法的有关规定，对双方当事人更公平。”

【作者点评】

根据《最高院施工合同解释二》第11条及《合同法》第62条第2项规定：“价款或者报酬不明确的，按照订立合同时履行地的市场价格履行；依法应当执行政府定价或者政府指导价的，按照规定履行。”可见，对于非政府指导价的建设工程施工合同一般应采用市场价格确定合同最终价款。市场价一般由定额结合市场信息价确定。

【裁判规则】

多份无效合同且价格相差较大，无法确定实际履行合同且签订时间相同的，按市场价格不应仅仅根据定额价确定工程价款。

2.5　默示合同

2.5.1　除了形成默示合同之外施工合同应采用书面形式

《合同法》第10条第1款规定："当事人订立合同，有书面形式、口头形式和其他形式。法律、行政法规规定采用书面形式的，应当采用书面形式。"

建设工程合同应当采用书面形式。《合同法》第270条规定，"建设工程合同应当采用书面形式"。因此，建设工程项目须由发包人和承包人在开工前按照法律要求招标并据此签订书面的建设工程施工合同。施工过程中，如果发包人与承包人就质量、价款或者报酬、履行地点等内容没有约定或者约定不明确的，可以签订补充协议。司法实践中，建设工程项目施工过程中经会议参与方签字认可的会议纪要、工程结算书也属于合同的书面形式并能作为合同当事人权利义务的依据。

书面形式　　就施工合同而言，除了书面形式，还有默示合同。合同形式分为书面形式、口头形式和其他形式。书面形式是指合同书、信件和数据电文（包括电报、电传、传真、电子数据交换和电子邮件）等可以有形地表现所载内容的形式。口头形式是指当事人面对面地谈话或者以通信设备如电话交谈达成协议。由于合同额巨大、履行期很长，施工合同的口头形式，一般需要转化为书面形式，才能认定。至于其他形式，指下一节中的默示合同。

2.5.2　承包人实施工程且发包人以付款等方式接受的默示合同成立

默示合同，即当事人没有用语言明确表示订立合同的合意，而是根据当事人的行为或者特定情形推定合同成立，即《合同法》第10条第1款中的"其他形式"合同。

默示合同　　默示合同法律依据包括：《合同法》第36条规定："法律、行政法规规定或者当事人约定采用书面形式订立合同，当事人未采用书面形式但一方已经履行主要义务，对方接受的，该合同成立。"第37条规定："采用合同书形式订立合同，在签字或者盖章之前，当事人一方已经履行主要义务，对方接受的，该合同成立。"《合同法司法解释二》第2条规定："当事人未以书面形式或者口头形式订立合同，但从双方从事的民事行为能够推定双方有订立合同意愿的，人民法院可以认定是以合同法第十条第一款中的'其他形式'订立的合同。但法律另有规定的除外。"

默示合同成立的条件是承包人完成施工或者发包人付款并且对方接受。《最高人民法院关于合同法司法解释（二）理解与适用》认为，其他形式合同即默示合同成立须具备如下要件：（1）须双方均作出了行为，而非单方的履行，假若只有一方当事人的行为，是无法推断双方存在合意的；（2）须履行主要义务，如果双方仅履行次要义务，尚不能认定合同成立。承包人的主要合同义务是工程建设，发包人的主要合同义务是工程价款支付。《合同法》第269条规定："建设工程合同是承包人进行工程建设，发包人支付价款的合同。"

在包头稀土开发区创业中心一期施工合同纠纷（解析案例）中，承包人与发包人签订了承包合同后，将工程交给实际施工人，并将决定向发包人负责人通报，发包人表示认可，并直接拨付工程进度款给实际施工人。终审法院认定：实际施工人和发包人形成了默示施工合同关系。

最高院民一庭俞文斌法官解析该案认为："实际施工人成立后直接向发包人报送工程进度表并接受拨付的工程款……有关工程问题，发包人直接找实际施工人，而不再找承包人。实际施工人虽然没有与发包人直接签订合同，但由于具体的法律行为和事实，而成为合同的一方当事人。……二审法院认为实际施工人与发包人形成事实上的合同关系。这一认定必须有两个法律上的前提，一是发包人与承包人的合同关系已不存在，二是发包人认可其与实际施工人的关系。以上事实表明，发包人与承包人的合同内容……承包人不再履行，发包人也未提出异议，两者之间关于这部分合同标的已不发生权利义务关系，即这部分合同关系已不存在。实际施工人实际施工建设……履行了承包人应对发包人履行的合同内容，发包人不仅接受实际施工人的履行，并且在工程上直接发生联系。"

2.5.3 一方提出变更且另一方明确接受的变更合同成立

施工合同可以通过事实行为进行变更。如前所述，如果没有签订合同，合同双方可以通过事实行为确认默示合同成立。那么合同成立之后，合同双方同样可以通过事实行为对合同进行变更。

事实行为变更合同的前提是一方提出变更且另一方以据此履行等方式明确接受的。《合同法》第78条规定："当事人对合同变更的内容约定不明确的，推定为未变更。"一方提出变更合同条款，另一方据此履行的，可以认定当事人已经通过事实行为变更了合同；另一方既未据此履行的，也未以其他方式明确接受的，推定为未变更。

在第19例（解析案例）中，合同约定工程款的计价依据应当是按照综合费率下浮15.2%，虽然承包人项目部在工程施工过程中多次按照工程总造价下浮15.2%向发包人报送结算书。最高院民一庭解析认为：假如发包人最终接受了承包人项目部提交的建筑工程结算书并按照结算书支付了全部工程款，则可以双方以事实行为变更了合同约定。推定当事人以其他形式变更合同的前提是，当事人对通过这种形式得出的结果没有异议，即已经取得一致。发包人和承包人在合同中明确约定按照费率下浮15.2%计算工程造价，在合同履行过程中双方对此发生了争议。双方当事人并未形成一致的变更合同的意思表示。根据《合同法》第78条关于当事人对合同变更的内容约定不明的，推定为未变更的规定精神，按照合同约定计算工程价款比较妥当。

主要义务

解析案例

《民事审判指导09前卷》第128页

事实行为

明确接受

解析案例

第19例　事实行为变更了工程价款约定吗？

【争议焦点】

合同约定按照综合费率下浮，承包人申请价款时按照合同总价下浮，是否可以推定当事人已经通过事实行为变更了合同价款？

【解析案例】

查案例扫微信

2003年1月3日，承包人华太公司与发包人福得尔公司签订建设工程施工合同，发包人将其二期厂房发包给承包人施工。合同补充条款约定："1．费率下浮15.2%……"

2003年11月28日，工程全面竣工，随即交付发包人使用。

2003年11月6日，承包人在提供的工程结算书中，按总造价下浮15.2%计算得出工程总费用为7722682元。发包人对承包人提供的结算报告进行审核，按总造价下浮15.2%计算，得出审核造价为6784712元。同月，承包人向发包人递交第一份工程结算资料，工程送审造价合计为8262828元。在审核过程中，承包人、发包人对总工程款数额产生争议。

2004年10月，在发包人审核未果的情况下，承包人通过台州市仲裁委员会向发包人送达第二份结算报告，送审造价为8749390元。

承包人起诉请求法院判令发包人支付未付工程价款及对应的利息。

在本案一审审理过程中，经承包人、发包人协商一致，一审法院将本案诉争的工程造价委托台州市建设工程预结算审查中心鉴定。鉴定单位按总造价下浮15.2%和综合费率下浮15.2%分别给出鉴定造价。

【各方观点】

承包人认为，工程款结算书均是按总造价下浮计算属工作人员计算错误，合同明确约定本案工程综合费率下浮15.2%。

发包人认为，应按总价下浮15.2%计算。承包人……工程结算书上工程款按总造价下浮15.2%是履约行为，是承包人的真实意思表示，双方对合同进行了变更。

浙江台州中院一审认为："《建设工程施工合同》中对工程造价如何让利直接作了约定，是属于直接证据，证明力较强；而承包人在施工过程中提交给发包人的建筑工程进度报价书和建筑工程结算书本身是要求支付工程款的凭据，其内容间接地反映出工程款的计算方式，在工程造价如何让利问题上证明力相对较弱……故发包人主张本案总工程款按总造价下浮15.2%计算，一审法院不予支持。"

默示

浙江高院二审和再审认为：承包人自行编制并提交给发包人的建筑工程进度报价书和建筑工程结算书所记载的结算方式，均按工程造价下浮15.2%，由此可认为双方当事人已就工程价款按工程造价下浮15.2%达成了一

致意见。故应按工程造价下浮15.2%计取工程价款。

【裁判观点】

最高人民法院再审认为："合同补充条款约定：'1 费率下浮15.2%。'从双方当事人合同约定的内容看，工程款的计价依据应当是按照综合费率下浮15.2%。虽然承包人项目部在工程施工过程中多次按照工程总造价下浮15.2%向发包人报送工程预（决）算书和建筑工程进度报价书，但在最终提交和审核工程结算书时双方发生争议，并未形成一致的变更合同的意思表示。《合同法》第78条规定：'当事人对合同变更的内容约定不明确的，推定为未变更。'……承包人以合同当事人身份主张按照约定的费率下浮15.2%计算工程造价，符合合同法规定与当事人之间签订的合同约定，应予支持。"

【最高院解析】

最高院民一庭王毓莹法官解析该案时认为：在履行合同过程中，作为承包人指定的负责施工管理和合同履行的代表，承包人项目部报送进度报表、结算书等均是按照总价下浮15.2%计取的。在双方报送和接受工程预算书和建筑工程进度报价书时并没有产生争议，但在最终提交和审核建筑工程结算书时双方发生了争议。假如发包人最终接受了承包人项目部提交的建筑工程结算书并按照结算书支付了全部工程款，则可以认为双方以事实行为变更了合同约定。推定当事人以其他形式变更合同的前提是，当事人对通过这种形式得出的结果没有异议，即已经取得一致。承包人项目部作为合同约定的合同履行代表，也有权代表承包人实施这种行为。当发包人不同意这种计价结果而引发纠纷时，承包人以合同当事人的身份主张按照约定的费率下浮15.2%计算工程造价，符合合同法规定和当事人之间签订的合同约定。发包人和承包人在合同中明确约定按照费率下浮15.2%计算工程造价，在合同履行过程中双方对此发生了争议。双方当事人并未形成一致的变更合同的意思表示。根据《合同法》第78条关于当事人对合同变更的内容约定不明的，推定为未变更的规定精神，按照合同约定计算工程价款比较妥当。

【作者点评】

最高院民一庭解析到位。此外，承包人变更合同条款后，发包人据此履行或明确同意前，根据《合同法》第18条有关"要约可以撤销。撤销要约的通知应当在受要约人发出承诺通知之前到达受要约人"的规定，承包人可以撤回变更要约。

【裁判规则】

一方提出变更合同条款，另一方据此履行的，可以认定当事人已经通过事实行为变更了合同；另一方既未据此履行的，也未以其他方式明确接受的，推定为未变更。

（旁注）

一致意思表示

推定变更

《民事审判指导11年卷》第175页（第47辑）

事实行为

约定不明

要约撤回

2.6　合同歧义

2.6.1　合同歧义包括没有约定、约定不明及理解有争议等三类

没有约定

约定不明

条款理解有争议

　　合同歧义包括以上合同没有约定、约定不明以及对合同条款理解有争议等三类情况。《合同法》第61条、62条是关于合同条款中没有约定或者约定不明的情形所作出的任意性规定，也就是说只要当事人能够达成一致协议，那么这些规定的适用就将会被予以排除。第125条则是对合同条款理解有争议时的解释原则。其中：

　　《合同法》第61条规定："合同生效后，当事人就质量、价款或者报酬、履行地点等内容没有约定或者约定不明确的，可以协议补充；不能达成补充协议的，按照合同有关条款或者交易习惯确定。"

　　《合同法》第62条规定："当事人就有关合同内容约定不明确，依照本法第61条的规定仍不能确定的，适用下列规定：（一）质量要求不明确的，按照国家标准、行业标准履行；没有国家标准、行业标准的，按照通常标准或者符合合同目的的特定标准履行。（二）价款或者报酬不明确的，按照订立合同时履行地的市场价格履行；依法应当执行政府定价或者政府指导价的，按照规定履行。（三）履行地点不明确，给付货币的，在接受货币一方所在地履行；交付不动产的，在不动产所在地履行；其他标的，在履行义务一方所在地履行。（四）履行期限不明确的，债务人可以随时履行，债权人也可以随时要求履行，但应当给对方必要的准备时间。（五）履行方式不明确的，按照有利于实现合同目的的方式履行。（六）履行费用的负担不明确的，由履行义务一方负担。"

　　《合同法》第125条规定："当事人对合同条款的理解有争议的，应当按照合同所使用的词句、合同的有关条款、合同的目的、交易习惯以及诚实信用原则，确定该条款的真实意思。合同文本采用两种以上文字订立并约定具有同等效力的，对各文本使用的词句推定具有相同含义。各文本使用的词句不一致的，应当根据合同的目的予以解释。"

　　几乎不存在没有合同歧义的施工合同。施工合同歧义由多方面因素造成。由于合同是当事人基于合意对于未来事务的安排，因此在当事人订立合同时，即使具有丰富的交易经验和雄厚的法律知识，也不可能对未来发生的各种情况都作出充分的预见，并作出万无一失的安排。所以在合同中出现某些漏洞，甚至某些条款不明确、具体，在所难免。此外，当事人通过合同对于未来事务作出安排时必然通过一定的用语表述其内容，由于各方面的原因，缔约当事人对某个条款和用语也可能会产生不同的理解和认识，从而难免发生争议。工程合同具有行政管制多、合同文件多、文件规范多、交易习惯多的特点[①]，更容易存在歧义，因此需要对合同歧义进行解释。

---

① 汪金敏：《工程索赔100招》，中国建筑工业出版社2010年版，第48页。

合同解释　　　　合同歧义理解的方法即合同解释。合同解释是指对合同及其相关资料的含义所作出的分析和说明。合同解释是法官和仲裁员依据一定的事实，遵循有关的原则，对合同的内容和含义作出准确的说明。[①]合同解释直接的目的在于正确地确定当事人的权利义务，从而合理地解决合同纠纷。合同解释的主体是人民法院和仲裁机构。法院和仲裁机构之外的个人和组织对争议的合同所作出的解释，因为不是一种有权解释，并不具有法律约束力，只有法院和仲裁机构才是真正的有权解释主体。可以说，合同解释是法官或仲裁员的一种职权活动。合同解释的对象包括对合同成立和生效的判断以及明确合同内容。

2.6.2　不能相互解释的合同文件间歧义按约定优先顺序解释

合同文件　　　　施工合同是由多份合同文件组成的。在施工过程中，往往会涉及很多合同文件，如前期的图纸、招投标文件、施工合同、各项标准和清单等，施工合同履行过程中还可能会签订各类补充协议、签证，由于这些合同文件共同指向同一个标的，所有合同文件均应明确约定所涉事项和条款且应无任何矛盾。但事实上，各个合同文件难免存在一些模糊甚至相互抵触之处，而一旦出现这种约定不一致的情况，难免会发生矛盾、争议。

相互解释　　　　多份合同文件歧义首先应该相互解释。《施工合同示范文本2017》第1.5条第1款规定："组成合同的各项文件应互相解释，互为说明。"此外，多份合同文件歧义同样可以参见本书2.6.4阐述，按当事人真实意思解释。

文件优先顺序　　　　多份合同文件不能相互解释的应按照约定先后顺序解释。《施工合同示范文本2017》第1.5条第1款还规定："除专用合同条款另有约定外，解释合同文件的优先顺序如下：（1）合同协议书；（2）中标通知书（如果有）；（3）投标函及其附录（如果有）；（4）专用合同条款及其附件；（5）通用合同条款；（6）技术标准和要求；（7）图纸；（8）已标价工程量清单或预算书；（9）其他合同文件。"《FIDIC新银皮书》第1.5条"文件优先次序"约定："构成合同的文件应可互为说明，为了解释目的，文件优先次序如下：（1）合同协议书；（2）专用条件；（3）通用条件；（4）雇主要求；（5）投标书及构成合同自成部分的其他文件。"国内、国际对合同文件优先顺序的约定并不完全一致，当事人可根据双方合同约定确定合同文件优先顺序。如果合同当事人认为某些合同文件最为明确地表达了双方的真实意思，则可以在专用条款中另行约定合同文件的优先顺序。

　　　　关于施工合同文件组成及优先顺序详细问题，可见笔者出版的同系列书籍《工程索赔100招》（第二版）。

2.6.3　无法相互或优先解释的合同文件间歧义按时间先后顺序解释

　　　　《施工合同示范文本2017》通用合同条款第1.5条第2款规定："上述各项合同文件包括合同当事人就该项合同文件所作出的补充和修改，属于同一

---

① 王利明：《民法学》（第二版），复旦大学出版社2015年版，第621页。

类内容的文件，应以最新签署的为准。"

《最高院施工合同解释二》第11条第2款确定了"参照最后签订的合同结算"的原则。《合同法》第77条规定："当事人协商一致，可以变更合同。"

因此，对于合同当事人就合同文件所作出的补充和修改，属于同一优先解释顺序文件的，应以最新签署的为准。[①]

2.6.4 施工合同文件内的歧义首先按当事人真实意思解释

《合同法》第125条规定："当事人对合同条款的理解有争议的，应当按照合同所使用的词句、合同的有关条款、合同的目的、交易习惯以及诚实信用原则，确定该条款的真实意思。合同文本采用两种以上文字订立并约定具有同等效力的，对各文本使用的词句推定具有相同含义。各文本使用的词句不一致的，应当根据合同的目的予以解释。"

真实意思

根据《合同法》第125条的规定，当合同当事人有约定，但只是对合同条款的理解有争议时，应首先探究双方真实意思。可通过文义解释、体系解释、目的解释进行解释。

文义解释

（1）文义解释。合同条款是由语言文字构成，解释合同条款时应当首先从合同所使用的词句的含义开始。文义解释的要旨在于，以合同词句的一般意义来进行相关的解释，但是如果该词句由日常生活用语演化为专用名词术语后，即与一般日常用语的意义不同，而具有特殊意义时，就应当按照其特殊意义进行解释。[②]

体系解释

（2）体系解释。又称为整体解释，是指把全部合同条款和构成部分看作一个统一的整体，从各个合同条款及构成部分的相互关联、所处的地位总体联系上阐明当事人有争议词句的含义。

目的解释

（3）目的解释。在合同词句表达的意思与合同目的相反时，应当通过解释更正合同词句；当合同内容不明确或相互矛盾时，应当在确认合同的每一组成部分的词句和条款都有效的前提下，尽可能通过解释的方式予以统一和协调，使之符合合同的目的；当合同词句有不同意思时，应当按照符合合同目的的含义解释，摒弃有违合同目的的含义的解释。

解析案例

在第20例（解析案例）中，《施工合同》约定按四川2000定额结算；《2007补充协议》约定：（1）计算执行《施工合同》；（2）双委托造价中心根据（94）定额等对工程造价审核；（3）审核结果为最终结算依据。终审判决按（94）定额等结算。

最高院民一庭解析该案认为：本案双方当事人签订的《2007补充协议》开篇即明确了该协议订立的原因及目的，即"双方就工程结算问题再次磋商……达成如下协议……"。按照一般人通常的理解进行解释，可以得出这样的结论：《2007补充协议》订立的目的就是解决工程造价依浙江94定额还

---

① 宿辉、何佰洲：《〈建设工程施工合同（示范文本）〉（GF-2017-0201）条文注释与应用指南》，中国建筑工业出版社2018年版，第31页。
② 梁慧星：《民法解释学》（第三版），法律出版社2009年版，第217页。

是依四川2000定额结算的问题。《2007补充协议》为双方协商的结算工程款的最终依据。《2007补充协议》中增加的根据浙江94定额直接费加14.5%综合费率进行工程造价审核，并以该审核结果为最终计算依据之特别条款，其效力应该优先于合同与协议约定的一般条款的效力。终审法院认定合适。

诚信原则解释

（4）诚信原则解释。《合同法》第6条规定："当事人行使权利、履行义务应当遵循诚实信用原则。"在合同词句含混不清、意义不明时，当事人和司法人员应当依照诚实信用原则对合同的条款进行解释。在进行解释时要平衡当事人双方的利益、公平合理地确定合同的内容。

2.6.5　施工合同文件内的歧义其次可参照交易习惯解释

交易习惯是合同歧义解释的重要方法，特别适用同一份施工合同文件内的歧义解释。《合同法》第61条规定："合同生效后，当事人就质量、价款或者报酬、履行地点等内容没有约定或者约定不明确的，可以协议补充；不能达成补充协议的，按照合同有关条款或者交易习惯确定。"《合同法》第125条规定："当事人对合同条款的理解有争议的，应当按照……交易习惯……，确定该条款的真实意思。"

交易习惯

参照交易习惯解释是指在合同词句或条款的含义发生歧义时，按照交易习惯或者惯例的含义予以明确；在合同没有约定或者约定不明时，致使当事人的权利和义务无法确定时，参照交易习惯或者惯例加以补充。关于交易习惯，《合同法司法解释二》第7条作出如下规定："下列情形，不违反法律、行政法规强制性规定的，人民法院可以认定为合同法所称交易习惯：（一）在交易行为当地或者某一领域、某一行业通常采用并为交易对方订立合同时所知道或者应当知道的做法；（二）当事人双方经常使用的习惯做法。对于交易习惯，由提出主张的一方当事人承担举证责任。"

示范文本

施工合同示范文本通用条款是房屋建筑与市政基础设施工程的交易习惯，施工合同文件内的歧义可参照该通用条款进行解释。《江苏高院施工合同意见2008》第8条规定："建设工程合同生效后，当事人对有关内容没有约定或者约定不明确的，可以协议补充；不能达成补充协议的，按照合同有关条款或者参照住建部和国家工商行政管理总局联合推行的《建设工程施工合同（示范文本）》的通用条款确定。"山东高院也持同样观点。该《建设工程施工合同（示范文本）》通用条款在房屋建筑与市政基础设施工程领域的广泛适用，属于该领域的交易习惯，可以据此解释施工合同。

标准招标文件

标准施工招标文件通用条款是专业工程等领域的交易习惯，施工合同文件内的歧义可参照该通用条款进行解释。根据发改委56号令，国家发展和改革委员会、财政部、住建部、铁道部、交通部、信息产业部、水利部、民用航空总局、广播电影电视总局联合制定了《〈标准施工招标资格预审文件〉和〈标准施工招标文件〉试行规定》及标准施工招标文件，自2008年5月1日起施行。依据《招标投标法》第15条规定："编制依法必须进行招标的项目的资格预审文件和招标文件，应当使用国务院发展改革部门会同有关行政监督部门制定的标准文本"。据此，标准施工招标文件通用条款当然可以作为房屋建筑与市政基础设施工程之外的专业工程及必须招标的工程的解释依据。

FIDIC合同条件 ：FIDIC施工合同条件也是工程领域的交易习惯，施工合同文件内的歧义可参照该合同条件进行解释。首先，FIDIC施工合同条件，即《FIDIC老红皮书》或《FIDIC新红皮书》，由国际咨询工程师联合会（简称"FIDIC"或菲迪克）编制，是国际工程交易习惯。其次，《最高院施工合同解释一适用》及《最高院施工合同解释一适用》中均多次依据FIDIC施工合同条件作出条款解释，表明最高院民一庭认为FIDIC施工合同条件是交易习惯。最后，施工合同示范文本通用条款及标准施工招标文件通用条款70%～85%的条款均是从FIDIC施工合同条件借鉴而来。该两份通用条款不明确之处往往都可以从FIDIC施工合同条件找到答案。比如，本书5.8.4中，对结算协议效力理解存在分歧，一部分观点认为：签订结算协议后就不能再申请追加价款，但说不清依据，事实上其依据是《FIDIC新红皮书》第14.12款规定的"结清证明"条款。在双方签订的施工合同及结算协议没有约定"结清证明"条款的情况下，签订结算协议并不当然意味着结清。

清单计价规范 ：在上述合同交易习惯不能解释合同时，可以将工程量清单计价规范及当
定额 ：地政府部门发布的定额、信息价及造价文件作为补充的交易习惯。《最高院
信息价 ：施工合同解释一》第16条第2款规定："因设计变更导致建设工程的工程量
造价文件 ：或者质量标准发生变化，当事人对该部分工程价款不能协商一致的，可以参照签订建设工程施工合同时当地建设行政主管部门发布的计价方法或者计价标准结算工程价款"，清楚地表明了最高院的观点。各地法院大多意见均反映了这一观点。

解析案例 ：在沈阳五爱服装城安装工程施工合同纠纷（解析案例）中，合同约定按照"最后双方认可的工程总价"2%由施工方予以让利。一种观点认为：这一个附有生效条件的条款，条件就是"双方认可的工程总价"，因这一条件一直未能成就，故2%的让利条款不应生效。该案经再审认定这种观点不成立。

《民事审判指 ：最高院民一庭刘银春法官解析该案认为："现实生活中，当事人通过签
导41辑》第277 ：订补充合同等方式，由施工方在合同约定工程总造价基础上进行一定的返
页 ：点、让利，乃目前建筑行业较为普遍的一种现象。本案中双方当事人的争议焦点问题不在于让利条款本身是否有效，而是对让利条款的生效是否属于附条件问题，存在认识上的分歧。……正确解读合同约定内容，一方面要根据合同的基本文义、所使用的语句，另一方面要结合行业惯例和习惯性做法。前述观点，显然有些牵强，也不符合行业内部的惯常做法。二审高院作出承包人应当向发包人给予2%让利的认定，结论正确。"

2.6.6　施工合同文件内的歧义最后可参考合同法第62条解释

《合同法》第62条规定："当事人就有关合同内容约定不明确，依照本法第六十一条的规定仍不能确定的，适用下列规定：（一）质量要求不明确

的，按照国家标准、行业标准履行；没有国家标准、行业标准的，按照通常标准或者符合合同目的的特定标准履行。（二）价款或者报酬不明确的，按照订立合同时履行地的市场价格履行；依法应当执行政府定价或者政府指导价的，按照规定履行。（三）履行地点不明确，给付货币的，在接受货币一方所在地履行；交付不动产的，在不动产所在地履行；其他标的，在履行义务一方所在地履行。（四）履行期限不明确的，债务人可以随时履行，债权人也可以随时要求履行，但应当给对方必要的准备时间。（五）履行方式不明确的，按照有利于实现合同目的的方式履行。（六）履行费用的负担不明确的，由履行义务一方负担。"

补缺性法律规定　　《合同法》第62条是关于就约定不明且根据第61条仍不能确定合同含义的情况下，对就合同事项中的质量要求标准、价款履行标准、履行地点、履行期限、履行方式以及履行费用负担等问题作出了指导性的规定。这些指导性规定也可以看作是法律的推定规则。法律推定规则又可称为补缺性法律规定，是指如果合同欠缺了某些主要条款或者是一些条款虽然约定不明确但并不影响合同的效力，于此情形时，由法律直接对合同当事人约定所欠缺的事项或者双方意思表示不明确的一些条款进行弥补性的规定，其目的在于促使合同当事人适当与全面地对合同义务进行履行。[①]第61条和第62条在适用的时候有明显的次序要求，即以第61条为合同约定不明时解释的首要选择。

---

① 陈伯诚、王伯庭：《合同法重点难点问题解析与适用》，吉林人民出版社2000年版，第154页。

第20例　合同理解有争议时按什么标准判断？

【争议焦点】

双方对合同理解有争议，究竟应该按照什么标准，根据哪些事项，确定合同的真实意思？

【解析案例】

2001年4月30日，发包人攀枝花市临亚房地产开发有限公司与承包人浙江东源建设有限公司签订《建设工程施工合同》。同日，双方签订《补充协议》约定：工程取费土建部分执行四川2000定额，如与浙江94定额直接费加综合取费14.5%误差超±0.5%，再折算成四川2000定额取费调整。

该工程2000年8月18日开工，2004年11月23日竣工验收。

2007年2月15日，双方当事人签订《2007补充协议》，约定：（1）计算依据执行2001年4月30日的《施工合同》《补充协议》；（2）双方委托造价中心根据浙江94定额直接费加14.5%综合费率对工程造价审核；（3）审核结果为最终结算依据。

2007年5月21日，发包人委托造价中心出具《工程结算审查定案书》。

2007年12月11日，承包人提起诉讼称，因发包人向咨询公司发出《关于工程取费标准通知》，要求不按约定审价，致咨询公司出具的报告漏算、少算。故请求判令：发包人支付工程款3329219.53元等。

一审法院委托严正公司分别按四川2000定额和浙江94定额直接费加14.5%综合费率鉴定了造价。

《民事审判指导45辑》第165页

【各方观点】

（1）承包人认为，《2007补充协议》第一条约定"计算依据执行2001年4月《施工合同》《补充协议》等"。因此，发包人应该按照《施工合同》及《补充协议》约定即四川2000定额结算。

（2）发包人认为，《2007补充协议》变更了2001年4月《施工合同》《补充协议》约定取费标准，《2007补充协议》为双方最终达成的结算工程款依据，应该按照《2007补充协议》约定即浙江94定额直接费加14.5%综合费率结算。

（3）四川高院一审认为："《2007补充协议》是双方在咨询公司审定后，最终商定的结算方式，已对此前约定的工程款结算方式进行了变更，应以此结算方式对工程价款结算。"

【裁判观点】

最高人民法院二审认为："事实表明，双方当事人订立《2007补充协议》

合同本意

的本意是，《施工合同》约定的承包人承包凤凰工程的范围、开工、竣工日期、工程款的支付条件及奖惩等条款，依然是《2007补充协议》订立的基础，而对于工程结算标准的重要依据，双方当事人则特别约定根据浙江94定额直接费加14.5%综合费率进行工程造价审核，并以该审核结果为最终计算依据。此为双方当事人平等协商一致的意思表示，内容合法有效，对双方当事人具有约束力。……承包人……的上诉主张，证据不足，不予支持。"

【最高院解析】

《民事审判指导45辑》第165页

最高院民一庭张雅芬法官解析认为：双方仅对《2007补充协议》的理解有争议，"应当按照一个合理人的判断标准来进行解释，法官应当考虑一个一般人在此情况下对争议合同用语所能理解的含义，以此作为解释合同的标准。……本案双方当事人签订的《2007补充协议》开篇即明确了该协议订立的原因及目的，即'双方就工程结算问题再次磋商……达成如下协议……'。按照一般人通常的理解进行解释，可以得出这样的结论：

再次磋商

第一，《2007补充协议》的订立，是双方当事人就工程结算标准协商未果……的前提下，经过再次磋商达成的协议。

签约目的

第二，《2007补充协议》订立的目的就是解决工程造价依浙江94定额还是依四川2000定额结算的问题。

最终依据

第三，《2007补充协议》为双方协商的结算工程款的最终依据，无论市场变化与否，双方均应遵守执行。

效力优先

第四，《2007补充协议》中增加的根据浙江94定额直接费加14.5%综合费率进行工程造价审核，并以该审核结果为最终计算依据之特别条款，其效力应该优先于合同与协议约定的一般条款的效力。……

综上，根据《合同法》125条规定的解释原则，结合《2007补充协议》所使用的语句、订立的原因、背景和目的"，最高院认定适当。

【作者点评】

《合同法》第125条规定："当事人对合同条款的理解有争议的，应当按照合同所使用的词句、合同的有关条款、合同的目的、交易习惯以及诚实信用原则，确定该条款的真实意思。"针对"理解有争议"，首先应正确界定"理解有争议"的合同条款范围。然后，按一个一般人的判断标准，结合合同所使用的词句、合同的有关条款、合同的目的等正确认定该条款所代表的当事人真实的意思表示。

【裁判规则】

合同双方对合同条款理解不一致时，应按一个一般人的判断标准，根据合同内使用的语句、订立的原因、背景和目的等，确定当事人订立合同条款时的真实意思。

第3章 合同无效

【内容概要】

处理施工合同争议时，应该区分哪些合同有效、哪些合同无效，并根据结果确定工程款结算方法。

施工合同无效，大部分是因为其违反了法律、行政法规的效力性强制性规定。施工合同无效情形主要包括：转包、违法分包、未取得资质、超越资质、借用资质、必须招标项目未招标、中标无效、未取得规划许可。合同无效为自始无效，但在特殊情况下允许进行合同效力补救，如：超越资质等级承揽工程的在竣工前取得相应资质等级、未取得工程规划许可的在起诉前取得许可，施工合同有效。

验收合格是无效合同结算的前提。对于未经竣工验收合格的工程，如果经修复合格或者发包人愿意予以接收的，承包人仍可主张工程款。修复后仍不合格的，即意味着该工程失去了利用价值，承包人无法请求支付工程款。

合同无效但质量合格的，应当参照合同结算。承包人在履行原合同时，已将其劳动和材料成本物化到建筑工程之中，且不宜由发包人进行返还。因此，《最高院施工合同解释一》规定，施工合同无效，但建设工程经竣工验收合格的，承包人可请求参照合同支付工程价款。同时，发包人也可以请求参照合同支付工程价款。对于无法取得工程规划许可证的建设工程，由于其属于违法建筑，在法律层面上已失去利用价值，应当按照缔约过失责任进行损失分担。

【关键词】

合同效力补救	强制性规定
转包	违法分包
未取得资质	超越资质
借用资质	必须招标项目
中标无效	工程规划许可
验收合格	参照合同结算
修复合格	发包人接收
修复不合格	缔约过失

【最高院施工合同解释二 】

第2条 当事人以发包人未取得建设工程规划许可证等规划审批手续为由，请求确认建设工程施工合同无效的，人民法院应予支持，但发包人在起诉前取得建设工程规划许可证等规划审批手续的除外。发包人能够办理审批手续而未办理，并以未办理审批手续为由请求确认建设工程施工合同无效的，人民法院不予支持。（详见本书3.1.8）

【最高院施工合同解释一 】

第1条 建设工程施工合同具有下列情形之一的，应当根据合同法第五十二条第（五）项的规定，认定无效：

（1）承包人未取得建筑施工企业资质或者超越资质等级的。（详见本书3.1.3、3.1.4）

（2）没有资质的实际施工人借用有资质的建筑施工企业名义的。（详见本书3.1.5）

（3）建设工程必须进行招标而未招标或者中标无效的。（详见本书3.1.6、3.1.7）

第2条 建设工程施工合同无效，但建设工程经竣工验收合格，承包人请求参照合同约定支付工程价款的，应予支持。（详见本书3.2.1）

第3条 建设工程施工合同无效，且建设工程经竣工验收不合格的，按照以下情形分别处理：

（1）修复后的建设工程经竣工验收合格，发包人请求承包人承担修复费用的，应予支持。

（2）修复后的建设工程经竣工验收不合格，承包人请求支付工程价款的，不予支持。（详见本书3.2.4）

第4条 承包人非法转包、违法分包建设工程或者没有资质的实际施工人借用有资质的建筑施工企业名义与他人签订建设工程施工合同的行为无效。人民法院可以根据民法通则第一百三十四条规定，收缴当事人已经取得的非法所得。（详见本书3.2.6）

第5条 承包人超越资质等级许可的业务范围签订建设工程施工合同，在建设工程竣工前取得相应资质等级，当事人请求按照无效合同处理的，不予支持。（详见本书3.1.4）

【指导性案例规则 】

第24例 合同无效，工程未经竣工验收但发包人接收工程的，视为接受部分验收合格；发包人同意参照合同约定结算的，参照合同约定结算。（详见本书3.2.2）

3.1 合同无效情形

3.1.1 除可补救外违反效力性强制性规定的合同无效

《合同法》第52条规定："有下列情形之一的，合同无效：（一）一方以欺诈、胁迫的手段订立合同，损害国家利益；（二）恶意串通，损害国家、集体或者第三人利益；（三）以合法形式掩盖非法目的；（四）损害社会公共利益；（五）违反法律、行政法规的强制性规定。"

《合同法司法解释二》第14条规定："合同法第五十二条第（五）项规定的'强制性规定'，是指效力性强制性规定。"

合同无效，是指合同虽已成立，但其在内容或形式上违反了法律、行政法规的强制性规定和社会公共利益，因此应被确认为无效。建设工程合同效力的认定属于法院主动审查的范围，在司法实务中，法官对于建设工程合同纠纷案件进行裁判的首要任务，是区分哪些工程施工合同有效、哪些合同无效。我国法律、法规确定了大量的强制性规定，但并非违反这些规定都将导致合同无效：

首先，只有违反法律、行政法规强制性规定的合同才无效。《合同法司法解释一》第4条规定："人民法院确认合同无效，应当以全国人大及其常委会制定的法律和国务院制定的行政法规为依据，不得以地方性法规、行政规章为依据。"这些强制性规定一般以"禁止""不得""不许""应当"等词语来表述。

效力性规范
管理性规范

其次，只有违反效力性规范的合同才无效。强制性规范分为管理性规范和效力性规范，管理性规范的目的纯粹是为了行政管理的需要，如备案登记等，而效力性规范涉及民事主体之间的利益关系。下文将逐项列举建设工程领域内常见的违反效力性强制性规范导致合同无效的情形。

合同效力补救

再次，在某些情况下，法院允许当事人对合同效力进行补救。合同效力补救是指，根据某个强行法规则，当事人所订立的合同是无效合同，但是按照合同法鼓励交易、维护交易稳定性这一基本价值，又可对该合同的法律效果加以调整，从而使该合同发生法律效力。[1]如超越资质等级的在竣工前获得相应资质等级、未取得建设工程规划许可证的在诉讼前取得许可的情形，不认定合同无效。

解析案例

在大连锦绣大厦机电配套工程施工合同纠纷（解析案例）中，施工合同上发包人印章并非其注册备案的公章，发包人因此认为合同无效，终审法院认定合同有效。

《民事审判指导09前卷》第20页

最高院程新文法官解析认为："至于合同印章与发包人注册印章不符的问题，责任在发包人，承包人作为相对人，不应也无权查验发包人印章是否为注册公章，而且在发包人写给税务局公函上公章，与合同所盖公章相同，

---

[1] 杨佳、郑春玉：《论无效合同的效力补救》，载《前沿》2006年第9期，第132页。

说明该印章是合法有效的。"笔者认为：公章公安备案及工商备案目的在于确保公章的公示、公信力，属于行政管理性规章规定，未上升到法律及行政法规层面，不是效力性强制性规定，因此不会导致合同无效。

3.1.2 转包及违法分包合同无效

《最高院施工合同解释一》第4条规定："承包人非法转包、违法分包建设工程或者没有资质的实际施工人借用有资质的建筑施工企业名义与他人签订建设工程施工合同的行为无效。"

转包、违法分包合同无效系因违反《建筑法》如下禁止性规定：《建筑法》第28条："禁止承包单位将其承包的全部建筑工程转包给他人，禁止承包单位将其承包的全部建筑工程肢解以后以分包的名义分别转包给他人。"《建筑法》第29条第1款和第3款规定："建筑工程总承包单位可以将承包工程中的部分工程发包给具有相应资质条件的分包单位；但是，除总承包合同中约定的分包外，必须经建设单位认可。禁止总承包单位将工程分包给不具备相应资质条件的单位。禁止分包单位将其承包的工程再分包。"

承包人将其承包的全部工程进行转包、将全部工程肢解后分别发包或者进行违法分包的合同无效。但这并不影响承包人与发包人之间施工合同的效力。

转包与违法分包的区别、违法分包与合法分包、劳务分包、内部承包的区别，详见本书1.3。

3.1.3 未取得资质签订的施工合同无效

《最高院施工合同解释一》第1条第1项规定："建设工程施工合同具有下列情形之一的，应当……认定无效：（一）承包人未取得建筑施工合同资质。"

承包人未取得资质与发包人签订的建设工程施工合同无效。是因为违反了《建筑法》关于从业资格和发承包的强制性规定。《建筑法》第13条规定："从事建筑活动的建筑施工企业、勘察单位、设计单位和工程监理单位，按照其拥有的注册资本、专业技术人员、技术装备和已完成的建筑工程业绩等资质条件，划分为不同的资质等级，经资质审查合格，取得相应等级的资质证书后，方可在其资质等级许可的范围内从事建筑活动。"第26条第1款规定："承包建筑工程的单位应当持有依法取得的资质证书，并在其资质等级许可的业务范围内承揽工程。"第65条第3款规定："未取得资质证书承揽工程的，予以取缔，并处罚款；有违法所得的，予以没收。"

《最高院杨心忠等观点》第87页认为，未取得资质的情形可从如下三点进行认定：

（1）未取得营业执照。由于申请施工资质的必须是持有营业执照企业法人，因此未取得营业执照的，一定不具备资质。

（2）未取得施工资质证书。虽然取得营业执照，但未取得建设行政主管部门颁发的施工资质证书，属于未取得资质的情形。

（3）取得的资质证书与承揽工程的性质、行业不一致。如取得房建总承包一级资质但承揽桥梁工程专业承包工程，也属于未取得资质。

3.1.4 超越资质等级签订的施工合同无效但竣工前可补救效力

《最高院施工合同解释一》第1条第1项规定："建设工程施工合同具有下列情形之一的，应当……认定无效：（一）承包人……超越资质等级的"。第5条规定："承包人超越资质等级许可的业务范围签订建设工程施工合同，在建设工程竣工前取得相应资质等级，当事人请求按照无效合同处理的，不予支持。"

承包人超越资质等级与发包人签订施工合同原则上无效，但允许承包人予以补正。超越资质等级签订施工合同无效的依据是，其违反了《建筑法》第26条的强制性规定："承包建筑工程的单位应当持有依法取得的资质证书，并在其资质等级许可的业务范围内承揽工程。禁止建筑施工企超越本企业资质等级许可的业务范围……承揽工程。"《最高院施工合同解释一适用》第26页认为，建筑施工企业为了争取提高资质等级，经常要承揽超越其资质等级的工程，以充实其业绩，但住建部持坚决的否定态度，实践中超越资质等级承揽工程的行为，无论其目的如何，都属于违反法律禁止性规定的行为。最高院同意住建部的意见，如果对法律禁止性规定放宽，将会给建筑工程质量带来隐患，与《建筑法》的立法目的相抵触。但司法解释亦允许承包人对超越资质等级签订施工合同的行为效力进行补正。之所以如此规定，是因为超越资质等级不如未取得资质违法性明显，而且我国对施工企业资质实行动态管理，如果承包人在签订施工合同时已经具备了相应的建设能力，但由于审批时间和程序限制不能立即取得资质，允许其对合同效力通过在竣工前取得相应资质等级的方式予以补正，不违背《建筑法》的立法宗旨，能够在事后取得资质也表明其具备相应的施工能力。

超越资质等级 　《最高院施工合同解释一适用》第52页强调：超越资质等级的效力补正，应严格遵循"竣工前"这一时间限制，即承包人将工程竣工的相关资料提交给发包人，监理公司对承包人工程竣工的事实予以认可，并将建设工程实际交付给发包人；如果承包人基于某方面的考虑，如出于发包人没有全额支付工程款，没有将已经实际竣工的工程实际交付给发包人，但承包人有证据证明工程已经实际竣工，也可以认定工程竣工的事实；对于未完工程，一般以承包人停止建设，将工程实际交付发包人前，确定是否取得承揽工程相适应的资质等级，作为认定合同效力的基础。

值得注意的是，对于超越资质承揽工程，未必都一概认定无效。笔者认为，需要结合国家和地方政策谨慎处理。尽管《最高院施工合同解释二》并没有对《最高院施工合同解释一》关于超越资质承揽工程所签订的合同无效的规定进行修改，但是，2017年以来，住建部、国务院办公厅都出台了促进建筑业健康发展的政策，不少地方政府也出台了相应的措施，放宽资质管**淡化企业资质** 理，有些地方政府明确规定允许信用好、有实力的建筑企业承接自己的资质等类别内上一等级资质范围内的工程。比如住建部2014年7月1日发布的《关于推进建筑业发展和改革的若干意见》就规定："坚持淡化工程建设企业资质、强化个人执业资格的改革方向，探索从主要依靠资质管理等行政手段实施市场准入，逐步转变为充分发挥社会信用、工程担保、保险等市场机制的作用，实现市场优胜劣汰。"国务院办公厅2017年2月21日公布的《关于促进建筑业持续健康发展的意见》规定："进一步简化工程建设企业资质类别和等级设置，减少不必要的资质认定。选择部分地区开展试点，对信用良好、具有相关专业技术能力、能够提供足额担保的企业，在其资质类别内放宽承揽业务范围限制，同时，加快完善信用体系、工程担保及个人执业资格等相关配套制度，加强事中事后监管。"山东省人民政府办公厅2017年7月21日《关于贯彻国办发〔2017〕19号文件促进建筑业改革发展的实施意见》规定："放宽承揽业务范围，对具有相关专业技术能力、能够提供足额担保、信用良好的房建、市政企业，允许其承接资质类别内上一等级资质范围的工程。"

放宽资质试点

3.1.5 借用资质签订的施工合同无效

《最高院施工合同解释一》第1条第2项规定："建设工程施工合同具有下列情形之一的，应当……认定无效：（二）没有资质的实际施工人借用有资质的建筑施工企业名义的。"

挂靠

借用资质签订的施工合同无效，该行为的实质是无资质或超越资质承揽工程，其不同的是通过借用资质披上一层合法外衣。借用资质违反了《建筑法》以下强制性规定，《建筑法》第26条第2款规定："禁止建筑施工企业超越本企业资质等级许可的业务范围或者以任何形式用其他建筑施工企业的名义承揽工程。禁止建筑施工企业以任何形式允许其他单位或者个人使用本企业的资质证书、营业执照，以本企业的名义承揽工程。"第66条规定："建筑施工企业转让、出借资质证书或者以其他方式允许他人以本企业的名义承揽工程的，责令改正，没收违法所得，并处罚款，可以责令停业整顿，降低资质等级；情节严重的，吊销资质证书。"

借用资质的常见情形和判断方式见本书1.3。

若发包人明知或故意追求借用资质的，发包人与承包人的施工合同、承包人与实际施工人签订的合同均应归于无效。

3.1.6 必须招标项目未招标签订施工合同无效

必须招标项目未经公开招标或邀请招标，承包人与发包人签订的施工合同无效。《最高院施工合同解释一》第1条第3项规定："建设工程施工合同具有下列情形之一的，应当……认定无效：（三）建设工程必须进行招标而未招标或者中标无效的。"

必须招标项目

《招标投标法》第3条规定了三类必须招标项目："在中华人民共和国境内进行下列工程建设项目包括项目的勘察、设计、施工、监理以及与工程建设有关的重要设备、材料等的采购，必须进行招标：（一）大型基础设施、公用事业等关系社会公共利益、公众安全的项目；（二）全部或者部分使用国有资金投资或者国家融资的项目；（三）使用国际组织或者外国政府贷款、援助资金的项目。"

《必须招标工程规定》对上述三类项目进行了细化，其中：三类项目达到如下标准之一的，属于必须招标项目：（1）施工单项合同估算价在400万元人民币以上；（2）重要设备、材料等货物的采购，单项合同估算价在200万元人民币以上；（3）勘察、设计、监理等服务的采购，单项合同估算价在100万元人民币以上。此外，同一项目中可以合并进行的勘察、设计、施工、监理以及与工程建设有关的重要设备、材料等的采购，合同估算价合计达到上述规定标准的，必须招标。全部或者部分使用国有资金投资或者国家融资的项目包括：（1）使用预算资金200万元人民币以上，并且该资金占投资额10%以上的项目；（2）使用国有企业事业单位资金，并且该资金占控股或者主导地位的项目。

解析案例　　　在第21例（解析案例）中，发包人向项目所在地管委会申请：由于本项目的一些工艺布局、工艺流程、施工图纸、技术参数尚属世界顶尖技术，属于商业机密，为防止技术泄密，特申请采用议标的方式进行施工招标。其后，发包人未对项目进行公开招标或邀请招标，但行政主管部门向其核发了建筑工程施工许可证。其后，因工程款支付纠纷，承包人起诉发包人，但发包人称：因该工程属于必须招标项目，双方未经招标而自行签订合同，违反了法律强制性规定，应属无效。二审法院认定合同无效。

　　　　最高院民一庭解析该案认为：不进行招标在性质上要重于法定招标形式
举轻以明重　的选择。对后者，《招标投标法》第11条规定，不适宜公开招标的，经国务院发展计划部门或者省、自治区、直辖市人民政府批准，可以进行邀请招标。举轻以明重，如果认定本案工程属于《招标投标法》第66条规定的"国家秘密"的范围，至少也应经过国务院发展计划部门或者省、自治区、直辖市人民政府批准；本案中，当地行政主管部门为本工程核发施工许可证的事
省政府审批　实，并不足以证明有权机关已经认定工程项目可以不进行招标的事实。

　　　　可见，必须招标项目未招标的合同无效。如果承包人和发包人在招标前已经签订了施工合同，即便事后补办招投标程序，仍不能改变未经招标合同无效的事实。

解析案例　　　在第22例（解析案例）中，承包人和发包人事先签订了施工合同，事后补办了招投标程序。承包人坚持合同无效，而发包人认为承包人虽然事先进场施工，但其后承包人只是恰好中标，招投标没有问题，合同是合法有效的。二审法院皆认为：合同无效。

效力性规范　　　最高院民一庭解析该案认为："违反招标投标法而签订的建设工程施工合同应当认定无效。理由是：建设工程司法解释有明确规定的情况下，不应将其认定为管理性规范，而应认定为效力性规范。违反效力性规范，应当认
明招暗定　定涉案建设工程施工合同无效"。本案中，涉案工程没有经过招投标，事后

双方当事人补办的招投标手续，并未向社会公开进行招投标，属于明招暗定行为，应当认定合同无效。

3.1.7 必须招标项目中标无效情形下签订的施工合同无效

《最高院施工合同解释一》第1条第3项规定："建设工程施工合同具有下列情形之一的，应当……认定无效：（三）建设工程必须进行招标而未招标或者中标无效的。"

这一规定的法律依据是《招标投标法》第45条第2款的规定："中标通知书对招标人和中标人具有法律效力。"中标是发包人与承包人签订施工合同的前提条件，只有符合法律规定的中标，才会形成合法的施工合同，中标无效，必然导致施工合同无效。

《招标投标法》分别在第50条、52条、53条、54条、55条、57条规定了六种中标无效的情形：

（1）招标代理机构泄露应当保密的与招标投标活动有关的情况和资料，或者与招标人、投标人串通损害国家利益、社会公共利益或者他人合法权益，影响中标结果的；

（2）必须招标项目的招标人向他人透露已获取招标文件的潜在投标人的名称、数量或者可能影响公平竞争的有关招标投标的其他情况，或者泄露标底，影响中标结果的；

（3）投标人相互串通投标或者与招标人串通投标，投标人以向招标人或者评标委员会成员行贿的手段谋取中标的；

（4）投标人以他人名义投标或以其他方式弄虚作假，骗取中标的；

（5）必须招标项目，招标人与投标人就投标价格、投标方案等实质性内容进行谈判，影响中标结果的；

（6）招标人在评标委员会依法推荐的中标候选人以外确定中标人，必须招标项目在所有投标被评标委员会否决后自行确定中标人的。

此外，一般认为，"低于成本价中标"的，也属于中标无效，基于该中标结果签订的施工合同应属无效。《招标投标法》第41条第2项规定："中标人的投标应当符合下列条件之一：（二）能够满足招标文件的实质性要求，并且经评审的投标价格最低；但是投标价格低于成本的除外。"《最高院民事审判工作纪要2011》第24条也规定："对按照'最低价中标'等违规招标形式，以低于工程建设成本的工程项目标底订立的施工合同，应当依据招标投标法第四十一条第（二）项的规定认定无效。"至于何为"低于成本价"，《工程法律论坛观点》第72页认为：此处应是指企业在招投标阶段，投标人通过对招标文件的解读和分析后所投标的报价已经低于其可预见、可预估的企业施工成本，并非指施工完成后方才确定的施工造价成本。

综合上述规定，必须招标项目中标无效的相应施工合同无效。中标是发包人与承包人签订施工合同的前提条件，只有符合法律规定的中标，才会形成合法的施工合同，中标无效，必然导致施工合同无效。

中标无效

3.1.8　除发包人能办未办外起诉前未取得工程规划许可的合同无效

《最高院施工合同解释二》第2条："当事人以发包人未取得建设工程规划许可证等规划审批手续为由，请求确认建设工程施工合同无效的，人民法院应予支持，但发包人在起诉前取得建设工程规划许可证等规划审批手续的除外。发包人能够办理审批手续而未办理，并以未办理审批手续为由请求确认建设工程施工合同无效的，人民法院不予支持。"

发包人未能取得工程规划许可证的合同无效。工程规划许可证是具备"四证"的证明。"四证"是指建设用地规划许可证、建设工程规划许可证、建设用地使用权证、建筑工程施工许可证。未取得建设工程规划许可证导致合同无效，因为违反了《城乡规划法》第40条："在城市、镇规划区内进行建筑物、构筑物、道路、管线和其他工程建设的，建设单位或者个人应当向城市、县人民政府城乡规划主管部门或者省、自治区、直辖市人民政府确定的镇人民政府申请办理建设工程规划许可证。"该规定的意图是阻止违法工程的建设行为，由于未取得建设工程规划许可证的情况下建造的建筑物、构筑物定性为违法建筑，那么以违法建筑为标的所订立的施工合同自始就不合法，应当被认定为无效。

工程规划许可证

事实上，按照《城乡规划法》第37条、第38条的规定，未取得建设用地规划许可证或者建设工程规划许可证的情形下订立的建设工程施工合同属无效。《最高院施工合同解释二适用》第61页认为：由于用地规划许可是工程规划许可的前提，没有得到用地规划许可的建设项目，不可能取得建设工程规划许可。故《最高院施工合同解释二》第2条第1款仅须规定建设工程规划许可证即可。而建设单位未取得国有土地使用权证并不影响施工合同效力，建筑工程施工许可属于行政管理范畴，也不影响合同效力。

辩论终结

起诉前

发包人在起诉前取得建设工程规划许可证等规划审批手续的，不应认定为施工合同无效。在取得工程规划许可证的时间点上，虽然《合同法司法解释一》第9条规定对于应当办理批准、登记手续的，认定合同无效的时限为"在一审法庭辩论终结前"，但此处工程规划许可证的办理时间提前至了"起诉前"，这一改变与建设工程施工合同纠纷审理周期较长，案件事实复杂的特点是相适应的，如果将效力补正截止时间延迟至"一审法庭辩论终结前"，会导致合同效力问题在法庭审理之前存在不确定性，不利于当事人在起诉之前即形成合理预期和人民法院对案件的及时审结。

解析案例

在第23例（解析案例）中，发包人与承包人签订施工合同时，未取得建设工程规划许可证。承包人主张，发包人没有取得规划许可证，《施工合同》无效。二审法院认定该主张不成立。

最高院民一庭解析认为：发包人与第三方合作开发，第三方具有合法规划手续并全权委托发包人建设，"故发包人具有签订A2号楼建设施工合同的签约资格，承包人授权与发包人签订的《建设工程施工合同》，系双方的真实意思表示，已实际履行。所签合同的内容经规划院补办手续，已符合相关法律规定。故一审法院认定上述合同有效是正确的。承包人以发包人在合同签订时未取得规划许可证和施工许可证为由主张合同无效的理由不成立"。

合同效力补正

笔者认为，这是一个典型的施工合同效力补正案例。按照《最高院施工合同解释二》，发包人在起诉前取得建设工程规划许可证的，不因此认定合同无效。

不诚信行为

尽管如此，"任何人不能从其不诚信的行为中获利"。发包人能够办理审批手续而未办理，并以未办理审批手续为由请求确认建设工程施工合同无效的，人民法院不予支持。虽然当事人故意不取得建设工程规划审批手续并主张施工合同无效的情形并不多见，且主张施工合同无效对当事人而言一般并无额外收益。但有鉴于当前各地陆续出现因为房价上涨，出卖人恶意利用商品房买卖合同纠纷解释第二条规定，在将房屋出售甚至交付给买受人后，仍以起诉前该房屋尚未取得商品房预售许可证明为由，请求认定商品房预售合同无效，主张买受人返还房屋的案件，为避免建设工程施工领域，同样可能存在的当事人为了免于承担违约责任，而恶意不办建设工程规划审批手续，从而导致合同无效的情形，参考《合同法》第45条中当事人为自己的利益不正当地阻止条件成就的，视为条件已成就的规定精神，增加了该款规定。①

---

① 肖峰：《建设工程司法解释（二）条文的前世与今生之二》，https://mp.weixin.qq.com/s/3Y3pIpc24ddHVAQ8QIy_Ng，2019年1月15日访问。

第 21 例　涉及商业秘密不招标的合同是否有效?

【争议焦点】

必须招标工程，涉及企业商业秘密而未招标，主管部门也颁发了施工许可证，发包人和承包人因此签订的合同是否有效?

【解析案例】

查案例扫微信

2003年5月6日，发包人青海西部化工有限责任公司与承包人签订《建设工程施工合同》，将"西部化工团结湖示范工程"进行发包，合同暂估价550万元。

2003年5月20日，承包人开始施工。

2003年5月30日，发包人向青海省格尔木昆仑经济开发区管委会递交《申请报告》称："由于本项目的一些工艺布局、工艺流程、施工图纸、技术参数尚属世界顶尖技术，属于我公司的高度商业机密，为防止技术泄密，因此特向开发区管委会请示对此项工程不采取公开招标的方式，而采用议标的方式进行施工招标，请批准。"

2003年5月26日和6月5日，当地主管部门向该项目核发了建设用地规划许可证、建设工程规划许可证和建筑工程施工许可证。

2004年5月18日~20日，双方当事人在中介方中国建设银行青海省分行工程造价咨询中心参加下，形成"决算工作会议纪要"，共同确认了工程取费标准和工程量。

2004年5月25日，工程竣工验收合格。

2008年5月27日，承包人起诉发包人，请求：判令发包人向其支付工程款、违约金以及返还保修金。诉讼中，各方对于发包人与承包人之间的《施工合同》是否有效存在不一致意见。

【各方观点】

（1）承包人认为：合同有效且已履行，发包人应按合同支付工程款。

（2）发包人认为：该工程属于必须招标项目，双方未经招标而自行签订合同，违反了法律强制性规定，应属无效。因此，应按照《最高院施工合同解释一》的规定进行结算。

（3）青海省高院一审认为："双方当事人对合同的真实性没有异议，该合同没有违反法律强制性规定，应当受到法律保护。本案工程款应以咨询中心决算的价款来认定，发包人没有及时付清工程款，应当承担违约责任。对本案工程款的保修金，双方有约定，应依约定履行。承包人的诉讼请求有充分的依据，应予支持。"

【裁判观点】

最高院二审认为："本案建设工程施工合同属于施工单项合同。根据《招

标投标法》第3条和《工程建设项目招标范围和规模标准规定》第7条规定，该合同价款暂估550万元，应当属于必须招标的范围。虽然发包人在向青海省格尔木昆仑经济开发区管委会递交了《申请报告》，提出……不采取公开招标的方式，而采用议标的方式进行施工招标，但其所称该公司的'高度商业机密'并不符合《招标投标法》第66条规定所称的可以不进行招标的'涉及国家安全、国家秘密'的特殊情况。此外，……青海省格尔木昆仑经济开发区开发建设局分别为本案团结湖示范工程项目核发建设用地规划许可证、建设工程规划许可证和建筑工程施工许可证的事实，也不能认定为《工程建设项目招标范围和规模标准规定》第8条规定的项目主管部门对本案工程可以不进行招标的批准行为。据此，本院认为，案涉建设工程属于法律、行政法规规定的必须招标的项目。……应当认定本案当事人所签的建设工程施工合同无效。对案涉工程施工合同的无效，发包人作为建设方，应当承担主要责任。"

【最高院解析】

《民事审判指导38辑》第247页

最高院民一庭辛正郁法官解析该案认为：《招标投标法》第66条规定："涉及国家安全、国家秘密、抢险救灾或者属于利用扶贫资金实行以工代赈、需要使用农民工等特殊情况，不适宜进行招标的项目，按照国家有关规定可以不进行招标。"《保密法》实施后，企业的商业秘密如果要成为国家秘密，应当通过中央有关机关与国家保密局会签规范性文件的形式来确认。而发包人并未举证证明就该公司所称商业秘密已经法定程序上升为国家

国家秘密

秘密。所以，本案涉及的公司商业秘密不能认定为"国家秘密"。

退而言之，不进行招标在性质上要重于法定招标形式的选择（即不采取公开招标，而采取邀请招标）。对后者，《招标投标法》第11条规定，不适宜公开招标的，经国务院发展计划部门或者省、自治区、直辖市人民政府批准，可以进行邀请招标。举轻以明重，如果认定本案工程属于《招标投标法》第66条规定的"国家秘密"的范围，至少也应经过国务院发展计划部门或者省、自治区、直辖市人民政府批准。

本案中，当地行政主管部门为本工程核发施工许可证的事实，并不足以证明有权机关已经认定工程项目可以不进行招标的事实。

【作者点评】

施工手续合法不代表未招标合法

本案发包人认为其项目可以不必招标的理由是，其向开发区管委会作了关于不公开招标的申请，虽然管委会并未直接书面回复可以不必招标，但当地建设局仍予以颁发施工许可证，允许合法开工。笔者认为，施工许可仅是行政管理的需要，并不意味着该项目可不必招标，二者没有必然联系。因此，二审法院认定合同无效。

【裁判规则】

必须招标项目，除非符合法定不招标情形，发包人因涉及企业商业秘密等原因直接签订施工合同的，合同无效。

第22例 先签订后招标的合同是否有效?

【争议焦点】

必须招标项目,先签订施工合同,再组织招投标活动的,所签订的合同是否有效?

【解析案例】

2004年11月10日,发包人(山西嘉和泰开发有限公司)与承包人签订《建设工程施工合同》,将"百桐园二期住宅小区"的土建、安装工程进行发包。

2005年3月,工程开工,期间因手续问题,发包人两次要求承包人停工,又恢复施工。

2005年9月22日,双方为上述合同补办招标程序,承包人中标。

2005年12月27日,承包人完成了工程主体结构封顶。

2006年3月,因工程质量问题,监理公司通知承包人停工。

2007年4月,承包人起诉发包人,请求:确认《建设工程施工合同》无效,发包人向其支付欠付工程款、利息以及停工损失。双方对合同是否有效产生分歧。

【各方观点】

(1)承包人认为:合同未经招投标,应属无效。

(2)发包人认为:本案合同经过招投标,是合法有效的。招投标前,承包人是已进场,但之后进行招投标,结果可能是承包人中标,也可能不是承包人中标,但不能恰因承包人中标,就认定招投标有问题。

【裁判观点】

(1)山西省高院一审认为:"本案涉案工程开工前未向社会公开招标,事后虽然补办了招投标手续,但实际并未向社会公开招标,属于"明招暗定"行为,违反了招投标法的规定,应当认定涉案合同无效。"

(2)最高院二审认为:双方在签订合同时未履行招投标程序,2005年9月22日通过补办招投标程序,承包人中标。涉案工程没有经过招投标,违反了《招标投标法》有关规定,应当认定涉案合同无效。

【最高院解析】

最高院民一庭王毓莹法官解析认为:"违反招标投标法而签订的建设工程施工合同应当认定无效。理由是:建设工程司法解释有明确规定的情况下,

明招暗定

不应将其认定为管理性规范，而应认定为效力性规范。违反效力性规范，应当认定涉案建设工程施工合同无效。"本案中，涉案工程没有经过招投标，事后双方当事人补办的招投标手续，并未向社会公开进行招投标，属于明招暗定行为，应当认定合同无效"。建设工程施工合同并未脱离一般合同的范畴，因此，合同无效后，也应当适用《合同法》中对于无效合同处理的规定。建设工程施工合同中，施工人的劳动及建筑材料都物化到工程中，合同被认定无效后不能够相互返还，只能折价补偿。折价补偿就体现为参照合同的约定计算工程价款。

【作者点评】

《最高院施工合同解释一》第1条规定："建设工程施工合同具有下列情形之一的，应当根据合同法第五十二条第（五）项的规定，认定无效：（三）建设工程必须进行招标而未招标或者中标无效的。"

《招标投标法》第3条规定："在中华人民共和国境内进行下列工程建设项目包括项目的勘察、设计、施工、监理以及与工程建设有关的重要设备、材料等的采购，必须进行招标：（一）大型基础设施、公用事业等关系社会公共利益、公众安全的项目；（二）全部或者部分使用国有资金投资或者国家融资的项目；（三）使用国际组织或者外国政府贷款、援助资金的项目。"

必须招标项目，中标是发包人与承包人签订施工合同的前提条件，未经招标签订施工合同违反了《招标投标法》的强制性规范。在法律、法规中规定的所有强制性规范中，有的属于仅用于行政管理需要的管理性规范，违反管理性规范可能导致行政机关的处罚；有的属于效力性规范，违反效力性规范可能导致当事人利益失衡，其所签订的合同应属无效。

本案当事人在招投标前签订的施工合同，属于无效合同。《最高院施工合同解释一》已经明确规定"必须进行招标而未招标或者中标无效的"签订施工合同无效，尽管当事人事后履行了招投标程序，但合同实质性内容并非通过招投标竞争性手段确定的，不能改变合同无效的结果。合同是否有效往往关系到工程价款的结算方式或违约责任的承担，如果合同无效，那么合同中关于违约责任的约定就不能够适用，这也是当事人对合同效力之争的原因。

【裁判规则】

必须招标项目，先签订施工合同，再组织招投标活动的，所签订的施工合同无效。

（左侧边注）

《民事审判指导15年卷》第175页（第61辑）

效力性规范

强制性规范

第23例 未取得工程规划许可证的合同是否有效?

【争议焦点】

发包人未取得建设工程规划许可证,与承包人签订施工合同的,该合同是否有效?

【解析案例】

1995年3月24日,规划院与兰州民族经济开发公司(简称"民族公司")签订《联建协议》约定:规划院向民族公司提供政府拨地文、拆迁、施工等前期文件,民族公司承担全部建设投资和拆迁补偿等前期费用;民族公司承担联建项目的全部建设投资并主建A1号、A2号楼,A1号楼第三单元计24套住宅,产权归规划院,A1号楼其余部分和A2号楼全部房产产权归发包人所有。

查案例扫微信

1995年10月14日,规划院给民族公司出具委托书,委托民族公司全权签订A2号楼的施工合同。

1995年11月10日,民族公司作为发包人,兰州市第二建筑工程有限公司古典建筑工程公司作为承包人签订《建设工程施工合同》,约定由承包人承建A2楼。

法院查明,规划院于1996年12月8日取得了该项目的规划许可证,2000年6月7日补办了施工许可证。

1998年9月3日交工后,经核验,项目基础、主体部分合格,部分分项不合格,因此未通过验收。

1998年4月9日,发包人向法院提起诉讼,请求:判令承包人承担违约责任;承包人提起反诉,请求法院判令发包人支付工程款。双方对于《施工合同》效力存在分歧。

【各方观点】

(1)承包人认为:承包人与发包人签订的《施工合同》无效。发包人在没有取得所建楼土地使用权即以自己名义与承包人签订开发修建合同,违反了《土地管理法》和《城市房地产管理法》的规定;没有取得规划许可证、修建许可证就与承包人签订施工合同,违反了《建筑法》等法律的规定;发包人与土地权属单位的联建合同也未办理手续,违反了法律规定,应认定为无效。

(2)甘肃高院一审认为:"承包人与作为联建一方的发包人签订的《建设工程施工合同》,系承包人与发包人真实意思表示,不违反法律规定,属有效合同。"

【裁判观点】

最高院二审认为："规划院在履行施工合同过程中，根据其与发包人签订的《联建协议》规定，委托发包人全权签订A2号楼施工合同并全权处理工程施工管理、质量监督、验收、竣工、投资等事宜，前期手续仍由规划院办理，委托期限至A1号、A2号楼交付使用；承包人经授权与发包人签订的《建设工程施工合同》，系双方真实意思表示，已实际履行，内容不违反法律规定，应为有效合同；规划院于1996年12月8日取得了该项目的规划许可证，2000年6月7日补办了施工许可证，故承包人以作为联建合同中投资方的发包人在签订施工合同时未取得规划许可证和施工许可证为由，主张发包人与承包人签订的施工合同为无效合同的理由不成立，本院不予支持。"

【最高院解析】

《民事审判指导09前卷》第3页

最高院民一庭关丽法官解析认为："规划院与发包人签订的《联建协议》约定，规划院向发包人提供联建范围的政府拨地、拆迁、施工等前期文件，发包人承担全部建设投资和拆迁补偿等前期费用。发包人承担联建项目的全部建设投资并主建A1号、A2号楼。规划院又给发包人出具委托书，委托其全权签订A2号楼施工合同；规划院于1996年12月8日取得了该项目的规划许可证，2000年6月7日补办了施工许可证。故发包人具有签订A2号楼建设施工合同的签约资格，承包人授权与发包人签订的《建设工程施工合同》，系双方的真实意思表示，已实际履行。所签合同的内容经规划院补办手续，已符合相关法律规定。故一审法院认定上述合同有效是正确的。承包人以发包人在合同签订时未取得规划许可证和施工许可证为由主张合同无效的理由不成立。"

【作者点评】

本案二审判决在《最高院施工合同解释二》发布十多年前，但案件的判决精神与现今司法解释二完全一致。《最高院施工合同解释二》第2条规定："当事人以发包人未取得建设工程规划许可证等规划审批手续为由，请求确认建设工程施工合同无效的，人民法院应予支持，但发包人在起诉前取得建设工程规划许可证等规划审批手续的除外。"

合同效力补救

本案中发包人与承包人签订《施工合同》时，未取得建设工程规划许可证和施工许可证。但发包人在起诉前取得了建设工程规划许可证，其合同效力得到了补救。而施工许可系属于行政管理范畴，不是效力性规范，未取得的并不影响合同效力。

【裁判规则】

未取得建设工程规划许可证，发包人与承包人签订的施工合同无效，但发包人在起诉前取得许可证的除外。

3.2　无效合同结算

3.2.1　验收合格是无效合同结算的前提

《最高院施工合同解释一》第2条规定："建设工程施工合同无效，但建设工程经竣工验收合格，承包人请求……支付工程价款的，应予支持。"

《合同法》第58条规定："合同无效或者被撤销后，因该合同取得的财产，应当予以返还；不能返还或者没有必要返还的，应当折价补偿。"

返还财产
折价补偿

合同无效情形下，建设工程竣工验收合格的，承包人有权请求发包人支付工程价款。虽然合同无效情形下，工程款结算失去了合同依据，工程竣工验收合格也无法使无效合同转为有效，但承包人履行了无效合同，已将其劳动和材料成本物化到建设工程中。按照《合同法》的一般原理，承包人有权要求返还财产或折价补偿，由于建设工程无法返还，因此承包人有权请求折价补偿，这是承包人请求支付工程款的《合同法》依据。

质量优先原则

无效合同情形下承包人主张工程款应以工程竣工验收合格为前提。就建设工程施工合同而言，工程质量是建筑工程的生命，《建筑法》及相关行政法规，都将保证工程质量作为其立法的主要出发点和主要目的。《建筑法》等规定，未经验收或者验收不合格的建设工程，不得交付使用。但工程经竣工验收合格的，已达到《建筑法》保护工程质量的目的，且该建筑工程对发包人而言具有经济价值，因此，发包人应与承包人结算。

3.2.2　修复后合格或发包人接收工程或无异议的视为验收合格

《最高院施工合同解释一》第3条第1项规定："建设工程施工合同无效，且建设工程经竣工验收不合格的，按照以下情形分别处理：（一）修复后的建设工程经竣工验收合格，发包人请求承包人承担修复费用的，应予支持。"

竣工经验收合格后方可交付使用。《建筑法》第60条第1款规定："建筑物在合理使用寿命内，必须确保地基基础工程和主体结构的质量。建筑工程竣工时，屋顶、墙面不得留有渗漏、开裂等质量缺陷；对已发现的质量缺陷，建筑施工企业应当修复。"第61条规定："交付竣工验收的建筑工程，必须符合规定的建筑工程质量标准，有完整的工程技术经济资料和经签署的工程保修书，并具备国家规定的其他竣工条件。建筑工程竣工经验收合格后，方可交付使用；未经验收或者验收不合格的，不得交付使用。"

国家标准

建设工程竣工验收合格一般是指符合国家规定的工程建设强制性标准，即《标准化法》规定的工程质量国家标准。《山东高院王永起等观点》第99页认为："如果当事人在合同中约定的建设工程质量标准比较高，实际工程质量未达到合同约定，但只要符合国家规定的工程建设强制性标准，即符合

约定标准

司法解释规定的建设工程竣工验收合格。"

验收合格分四种情形。《最高院施工合同解释一适用》第34页认为，经验收合格的工程包括工程竣工后验收合格、正在建设中的工程经阶段性验收合格的工程，以及经过修复后验收合格的工程。工程竣工后验收合格的情形认定较为简单。对于完成阶段性验收合格的，如地基基础工程和主体结构工程，因其具有相对独立性，完成这部分工程时应当验收，验收合格后才能进行下一步施工。建筑物也因地基基础和主体结构的合格而产生一定价值，未完的工程，应当对经阶段性验收合格的地基基础工程和主体结构部分按照合同约定的计价方式进行折价补偿。此外，还有一种视为验收合格情形。

指导性案例

在第24例（指导性案例）中，施工合同因应招标未招标被认定为无效，工程未经竣工验收但发包人已接收。二审法院认为质量合格，具备结算条件。

最高院民一庭结合该案给出的指导意见为：未完工程已经转移占有至发包人处，参照《最高院施工合同解释一》第14条第三项"建设工程未经竣工验收，发包人擅自使用的，以转移占有建设工程之日为竣工日期"规定之精神，虽然案涉工程并未经过竣工后的综合验收，但就其已经施工完毕的部分，发包人接收了该部分工程的行为可视为其认可该部分工程为单项验收合格的工程，发包人亦应支付相应的工程价款。

视为验收合格

可见，尽管没有验收但是发包人接收工程的或者没有异议的，仍视为验收合格。对于建设工程未完工且没有进行阶段性验收的，如果建设工程质量不合格，但是可以经过修复，使缺陷得到弥补，符合国家或者行业强制性质量标准。这种情况下，发包人仍然可以接收建设工程，并在修复后继续利用建设工程。

关于工程质量合格认定，详见本书9.1。

3.2.3　合同无效但工程验收合格的应参照合同约定结算

《最高院施工合同解释一》第2条规定："建设工程施工合同无效，但建设工程经竣工验收合格，承包人请求参照合同约定支付工程价款的，应予支持。"

合同无效参照合同约定结算是减少诉累的需要。参照合同确定工程款数额，是因为该工程款数额为签约时当事人的真实意思表示，且能加快案件审理、节约诉讼成本，且有利于保证工程质量，平衡双方之间的利益关系。《最高院施工合同解释一适用》第33～34页认为，如果不参照合同约定，在现有的几种结算方式中，都存在较大的弊端。在我国长期处于发包人市场的状况下，发包人往往在签约时将合同价格压低，如不参照合同而按照工程造价成本结算，将诱使承包人恶意主张合同无效；如按照工程定额或者建设行政主管部门发布的市场价格信息计价，则需要鉴定，将增加当事人诉讼成本，并导致案件审理期限延长。

尽管《最高院施工合同解释一》第2条规定，"承包人请求参照合同约定支付工程价款的"，应予支持，但司法实践中通常认为，发包人和承包人均可以请求参照合同约定支付工程价款：

在上述第24例（指导性案例）中，施工合同无效且质量视为验收合格。承包人申请按照定额取费标准结算，发包人同意参照合同约定进行结算。二审法院判决支持了发包人观点。最高院民一庭结合该案给出的指导意见为：

处分权利

最高院《最高院施工合同解释一》第2条只规定了在建设工程经验收合格情况下可参照合同约定支付工程价款，对于建设工程未经验收合格时能否参照适用该条规定处理工程价款的支付问题，是否支付是发包人的一项权利，发包人可以依法处分自己的民事权利，同意支付工程价款并无不可。

在第25例（公报案例）中，实际施工人借用承包人的名义，与发包人签订《建设工程施工合同》，该合同被法院认定无效。由于工程造价争议，实际施工人和承包人将发包人诉至法院。在工程款结算问题上，实际施工人和承包人均认为合同既然无效，则不应依照合同结算，应据实结算。而发包人认为应当按照经备案的施工合同为依据进行结算。最高院再审时认为："关于涉案工程款是应按照合同约定结算还是据实结算。鉴于建筑工程的特殊

无效不应获得
更多的利益

性，虽然合同无效，但实际施工人与承包人的劳动和建筑材料已经物化在涉案工程中，……应当参照合同约定来计算涉案工程款。实际施工人与承包人主张应据实结算工程款，其主张缺乏依据。实际施工人与承包人不应获得比合同有效时更多的利益。涉案工程款应当依据合同约定结算。"

合同无效但验收合格的参照合同约定支付工程价款，承包人无权选择其他方式。《江苏高院施工合同解答2018》提到，在最高人民法院2011年6月29日给江苏高院的关于常州长兴集团房地产开发有限公司与南通新华建筑集团公司建设工程施工合同纠纷请示一案的答复指出：《最高院施工合同解释一》"第2条确立了建设工程施工合同无效，但建设工程经竣工验收合格时的折价补偿原则，即参照合同约定支付工程价款。该条的本意并不是赋予承包人选择参照合同约定或工程定额标准进行结算的权利。根据该条规定精神，建设工程施工合同无效，但建设工程经竣工验收合格，发包人也可以请求参照合同约定支付工程价。"广东高院、北京高院均有类似规定。

尽快如此，在特殊情况下，合同无效但验收合格的不排除采取其他方式。《最高院施工合同解释一适用》第35页认为："在通常情况下，应当依照合同约定来支付工程款，但特殊情况下，如合同约定不明、工程大规模改变设计等情况，按照合同约定无法计算工程款的，法官可以结合案件具体情况采取委托评估的办法来确定折价补偿数额。"

3.2.4 工程经修复后仍验收不合格的发包人可以不支付价款

《最高院施工合同解释一》第3条第2项规定："建设工程施工合同无效，且建设工程经竣工验收不合格的，按照以下情形分别处理：……（二）修复后的建设工程经竣工验收不合格，承包人请求支付工程价款的，不予

支持。"

如果建设工程验收不合格且质量缺陷无法通过修复予以弥补，那么建设工程即丧失了利用价值。对于发包人来说没有利用价值的建设工程，只能拆掉重新进行建设，承包人没有请求支付工程价款的权利。承包人应当承担工程质量责任。

发包人对质量不合格有过错的，也应当按照过错程度承担相应责任。工程质量不合格有可能有发包人的原因，如发包人提供的设计有缺陷，造成按照发包人提供的设计图纸进行施工建造的房屋存在质量问题，可能无法通过验收；又如发包人为了追求不正当的经济利益，提供或者指定购买的建筑材料、建筑配件、设备不符合国家强制性标准，承包人基于发包人的强势地位考虑接受了发包人提供或者指定购买的建筑材料、建筑配件、设备等，可能导致建设工程验收不合格；再如发包人在工程发包过程中操作不规范，将工程直接分包，或者直接指定分包人，被指定的分包人不具有相应的资质，导致工程存在质量缺陷，验收不合格。

缺陷修复（左侧边注）

3.2.5　无法取得工程规划许可证的按照缔约过失结算

缔约过失责任（左侧边注）

无法取得工程规划许可证导致合同无效的，因建成物为违法建筑，没有利用价值，应考虑过错比例以缔约过失责任进行结算。《重庆高院邬砚观点》第138页认为："如果建设工程经批准补办手续的，则施工合同有效，应当按照合同约定支付价款；如果不能补办手续，无论工程质量是否合格，均不能参照合同约定支付工程价款，而应当立即拆除建成物，返还已经支付的工程款。对于由此造成的损失，则按照双方过错进行分担。"

解析案例（左侧边注）

在第26例（解析案例）中，发包人与承包人签订《施工合同》，约定由承包人承建某职业学院扩建工程。但由于该工程未取得工程规划许可导致施工合同无效。法院判决不能适用《最高院施工合同解释一》第2条的规定参照合同结算，而按照缔约过失责任进行损失赔偿。

违法建筑（左侧边注）

最高院民一庭解析该案认为：规划许可涉及社会公共利益，因此规划许可的相关规定属于《合同法》第52条第5项的效力性强制性规定，当事人所订立修建违法建筑的合同无效。建设工程合同中承包人投入劳务及建设材料而形成工程，返还原物在客观上不能，《最高院施工合同解释一》第2条实质是采用折价补偿规则，条文制定所要解决是合同无效情况下对工程款的确认问题，亦即是折价方法。折价补偿是《合同法》新创的财产后果处理方法，与损害赔偿不同，不以过错为条件，折价补偿为消除对方不当得利的方法。作为上述认识的佐证，《最高院施工合同解释一》第2条明确载明适用条件为"建设工程经竣工验收合格"。也即合同虽无效，但合同标的建设工程因验收合格，其具有法律上所承认的使用或财产价值。本案案涉工程"未取得建设工程规划许可证"，如裁判文书所言其"利用价值在法律层面受限"，因此不能适用《最高院施工合同解释一》第2条规定。

折价补偿（左侧边注）

使用价值（左侧边注）

违法建筑认定（左侧边注）

此外，被主管部门确认为违法建筑，未必是本条适用的关键。《江苏高院潘军峰观点》第108页认为，如果建设工程被当地行政主管部门确认为违法建筑，并作出责令拆除意思表示的，或实际已经被拆除的，则按过错分担损失；如果行政主管部门没有作出违法建筑认定，或者没有被责令拆除的，可以参照合同约定结算。

3.2.6　收取实际施工人管理费且未提供管理的应收缴其管理费

非法所得

《最高院施工合同解释一》第4条规定："承包人非法转包、违法分包建设工程或者没有资质的实际施工人借用有资质的建筑施工企业名义与他人签订建设工程施工合同的行为无效。人民法院可以根据民法通则第一百三十四条规定，收缴当事人已经取得的非法所得。"

《民法通则》第134条第3款规定："人民法院审理民事案件时，可以收缴当事人进行非法活动的财物和非法所得。"

上述收缴范围仅限于非法转包、违法分包及借用资质三类无效合同情形。《民法通则》只是规定了对非法所得予以收缴，但没有明确规定何种利益属于非法所得，可以适用收缴的民事制裁措施。《最高院施工合同解释一适用》第46页认为：在建设工程施工合同纠纷案件审理中，应严格把握非法所得的适用范围，在《最高院施工合同解释一》第4条确定的三种合同当中适用，不应超出该条司法解释确定的合同范围之外。采取收缴非法所得的对象是进行违法分包、转包的建设工程承包人、出借法定资质的建设工程施工企业及不具有资质的施工人。收缴的非法所得为承包人因违法分包、转包取得的利益、出借建筑施工法定资质的建筑施工企业因出借行为取得的利益、不具有法定资质的施工人通过借用资质签订建设工程承包合同取得的利益。

约定所得

法院只可以收缴已取得的非法所得，不包括约定所得。根据权利对等原则，若承包人根据合同约定对工程项目进行了管理，则其付出的成本及劳动同样应获得相应回报。承包人据此获得的利益，不能认定为非法所得。《最高院施工合同解释一适用》第47页认为：合同无效如果对约定取得的财产也采用收缴的制裁措施，等于强迫当事人履行合同，导致的是合同履行的后果，这与合同无效的法律后果不相一致，且扩大收缴范围，加重当事人负担，与收缴目的不相适应，且没有充分的法律依据。《民法通则》规定的非法所得，从字面上理解应为从事非法活动所取得的利益，对于约定取得，因没有实际取得，故而，约定取得但尚未取得的财产不应进行收缴。

承包人基于无效合同收取的管理费是否属于非法所得，首先应甄别承包人是否存在管理行为。[1]笔者认为该观点具有合理性，如果承包人实施了管理行为，该管理费也不属于应当收缴的非法所得。

此外，合同无效下的民事制裁措施和《建筑法》中的行政处罚措施不应

---

[1] 吴学文：《转包合同无效后管理费的收取》，载《人民司法》2018年第5期，第78页。

管理费

同时使用。《最高院施工合同解释一适用》第47页认为："《建筑法》对非法转包、违法分包及借用资质适用收缴的情况也均作出了行政制裁予以收缴的规定，在建设行政机关依照行政职权已经对当事人予以处罚的情况下，人民法院不宜再作出收缴的处罚决定，否则会加重当事人负担，处罚过重、混乱，不会取得较好的社会效果。"

第24例　合同无效且未验收的可否按定额结算？

【争议焦点】

建设工程施工合同无效，工程未经竣工验收但发包人接收的，可否依据承包人申请参照定额取费标准结算？

【指导性案例】

《民事审判指导14年卷》第474页（第59辑）

2009年6月6日，发包人丽都公司与承包人隆达公司签订《建设工程施工合同》，约定承包人承包"丽都花城小区1号楼工程"，实行平方米一次性包干，建筑面积固定单价，结算方式为按实际建筑面积计算。该合同签订未经招投标。

2009年6月21日，承包人开始施工。10月23日，由设计方代表、发包人代表以及其他相关专业人员共同签订了设计变工通知单，根据发包人要求，将1号楼改为18层。

2010年4月20日，因该工程无开工手续、未取得施工许可证等原因，建设主管部门对其下发停工通知书，该项目停工。此时，项目施工至13层。

2010年5月30日，承包人退场，发包人接收了该未完工程。6月10日，双方确认，发包人已支付工程款为800万元。

由于双方一直无法就工程结算达成一致，承包人将发包人起诉至法院，请求：判令发包人据实结算工程欠款1200万元及利息。发包人与承包人对已完工程价款的数额产生了争议。

经一审法院委托鉴定，按照定额计算，已完工程造价为1900万元，工程成本为1400万元；按照合同约定价格，已完工程造价比例为70%，已完工程造价为1300万元。

【各方观点】

（1）发包人认为：应按照合同约定价格计算已完工程价款。

（2）承包人认为：应当据实结算工程价款。

（3）一审法院认为：案涉工程施工合同无效。由于合同履行中进行了设计变更，该工程又未经竣工验收，根据《最高院施工合同解释一》第16条第2款的规定，应按照定额计算已完工程价款。

【裁判观点】

二审法院认为，《最高院施工合同解释一》第16条第2款规定可以参照签订原合同时当地建设行政主管部门发布的工程定额标准或工程量清单计价方法结算工程款，主要是在因增减工程的性质、标准不宜适用原合同约定的计价方法和计价标准结算工程款，或者原合同约定不明时无法适用的情况下选择的结算工程款的方式。而本案工程虽然进行了设计变更，但已完工程并不存在上述情形，故应当依据当事人的约定进行结算，案涉施工合同虽然无效，但应当作为双方之间结算工程价款的依据，案涉工程未经竣工验收，发包人有权对承包人请求支付工程款进行抗辩，而本案中，发包人主动同意在建设工程未经竣工验收的情况下向承包人支付剩余工程价款，故应参照施工合同的约定结算工程价款。根据鉴定结论，已完工程造价为1300万元，双方确认发包人已向承包人支付工程款800万元，故发包人尚欠工程价款500万元。

【最高院指导】

最高院民一庭结合该案给出的指导意见为：最高院《最高院施工合同解释一》第2条只规定了在建设工程经验收合格情况下可参照合同约定支付工程价款，对于建设工程未经验收合格时能否参照适用该条规定处理工程价款的支付问题，是否支付是发包人的一项权利，发包人可以依法处分自己的民事权利，同意支付工程价款并无不可。而且，就本案而言，双方当事人进行了工程交接，也就是说，未完工程已经转移占有至发包人处，参照《最高院施工合同解释一》第14条第三项"建设工程未经竣工验收，发包人擅自使用的，以转移占有建设工程之日为竣工日期"规定之精神，虽然案涉工程并未经过竣工后的综合验收，但就其已经施工完毕的部分，发包人接收了该部分工程的行为可视为其认可该部分工程为单项验收合格的工程，发包人亦应支付相应的工程价款。

建设工程结算工程款的基本原则是尊重当事人之间的约定。按照《最高院施工合同解释一》第3条规定，举重以明轻，建设工程施工合同无效且工程未验收合格，无论承包人主张以何种标准结算，发包人同意参照合同支付的，一般就应当参照合同约定支付；如果工程未经验收合格，承包人可以主张据实结算工程价款，而工程经验收合格一般只能参照合同约定支付工程价款，在我国当前的建设工程领域将会使得承包人在工程未经验收合格的情况下反倒可以获得比工程经验收合格更多的收益，不利于市场秩序的规范。

（执笔法官：司伟）

【作者点评】

《最高院施工合同解释一》第16条第2款规定："因设计变更导致建设工程的工程量或者质量标准发生变化，当事人对该部分工程价款不能协商一致的，可以参照签订建设工程施工合同时当地建设行政主管部门发布的计价方法或者计价标准结算工程价款"第2条规定："建设工程施工合同无效，但建设工程经竣工验收合格，承包人请求合同约定支付工程价款的，应予支持。"法院排除适用第16条第2款而参考适用第2条，体现了施工合同纠纷中法院对意思自治的倾向性保护，虽然本案工程未经竣工验收，但已实际交付于发包人，且发包人同意按照合同约定价格支付工程价款，因此法院支持按照合同价结算。

【裁判规则】

合同无效，工程未经竣工验收但发包人接收工程的，视为接受部分验收合格；发包人同意参照合同约定结算的，参照合同约定结算。

（旁注）
权利处分行为

《民事审判指导14年卷》第474页（第59辑）

处分自己权利

接受工程视为验收合格

举重以明轻

无效不应获得更多收益

意思自治

第 25 例　合同无效的按约定结算还是按实结算？

【争议焦点】

建设工程施工合同无效，质量合格的，工程价款据实结算还是按照合同约定结算？

【公报案例】

2003年4月30日，实际施工人莫志华与承包人深圳市东深工程有限公司订立《长富商贸广场工程合作协议书》，协议由实际施工人以承包人的名义与建设单位签订大朗商贸广场工程施工合同，承包人的权利义务由实际施工人实际享有和承担，实际施工人向承包人缴纳工程造价的1.5%的费用作为承包人工程管理费。

2003年5月，承包人与发包人东莞市长富广场房地产开发有限公司订立《长富广场工程初步协议》《东莞市建设工程施工合同》《大朗长富商贸广场工程施工合同》（上述三份合同被法院认定无效）。

实际施工人于2003年6月23日开始施工，发包人中途设计变更及增加了部分工程。在工程施工过程中，由于材料涨价等原因，实际施工人、承包人与发包人多次协商未果，在东莞市建设局的协调下，承包人承诺退场。

由于对已完成工程的造价产生争议，实际施工人、承包人遂提起诉讼，请求法院判令：发包人向实际施工人支付工程款18431937.83元及该款从起诉之日到付清之日期间的利息。

涉案工程在诉讼前没有进行造价结算，实际施工人在诉讼过程中提出了对工程造价进行鉴定的申请。一审法院根据当事人的申请委托了东莞市华城工程造价咨询有限公司对实际施工人所做的工程进行结算。鉴定单位根据法院的要求作出了两份工程造价鉴定书，一份是按当事人在合同中约定的计价办法、包干价及调幅比例进行结算，工程含税总造价为52989157.84元。另一份是按实际完成的工程量及建筑工程类别，参照定额及材差（未考虑合同中下浮16.5%的约定）结算：含税总造价为69066293.11元，其中利润为1518306.67元，税金为2228340.07元。

【各方观点】

（1）实际施工人认为，双方签订的施工合同无效，应该据实结算。2003年5月21日签订《大朗长富商贸广场工程施工合同》为实际施工依据，但并非结算依据。

（2）承包人认为，本案合同无效，一审法院再依照无效合同办理结算，在逻辑上存在矛盾。实际施工人在编制施工预算报价时，图纸尚未最后完成，存在严重的缺项，施工单价也明显低于施工成本，按无效合同办理结算，显失公平。

（3）发包人认为，依照《最高院施工合同解释一》第21条的规定，本案应适用经备案的建设施工合同作为本案审计评估的结算依据。

（4）东莞中院和广东高院一审二审认为："导致本案合同无效的原因在实际施工人与承包人，不应因由其过错而导致合同无效反而获得比如期履行有效合同还要多的利益，同时，鉴于讼争工程又已实际使用，发包人对于已完成工程的质量未提出异议，因此，本案虽然合同无效，但仍应按照实际完成的工程量以合同约定的结算办法来计算工程造价，增加、减少或变更的工程造价应参考合同约定及鉴定单位通常做法来计算，一审法院只能参照合同约定和参考专业机构鉴定结论来确定。"

【裁判观点】

最高人民法院再审认为："关于涉案工程款是应按照合同约定结算还是据实结算。鉴于建筑工程的特殊性，虽然合同无效，但实际施工人与承包人的劳动和建筑材料已经物化在涉案工程中，依据《最高院施工合同解释一》第2条的规定，建设工程无效合同参照有效合同处理，应当参照合同约定来计算涉案工程款。实际施工人与承包人主张应据实结算工程款，其主张缺乏依据。实际施工人与承包人不应获得比合同有效时更多的利益。涉案工程款应当依据合同约定结算。"

参照合同结算

【最高院解析】

无。

【作者点评】

《最高院施工合同解释一》第2条规定："建设工程施工合同无效，但建设工程经竣工验收合格，承包人请求参照合同约定支付工程价款的，应予支持。"

虽然合同无效，但质量合格的建筑工程对发包人而言仍具有经济价值，发包人应当与承包人进行结算。至于结算的标准，则应当"参照合同约定"。

一方面，原合同是当事人双方真实意思表示，且在诉讼上也可以加快审理、解约诉讼成本，能够较好的平衡当事人之间的利益。另一方面，如按照工程实际造价成本或定额结算，将诱使承包人恶意主张合同无效。这是因为，在我国建筑市场属于发包人市场的情况下，发包人在签订合同时往往把工程款压得很低，主张不参照合同结算，承包人可能获得更多的工程款，这不利于促进建筑业的发展和施工合同纠纷的解决。

【裁判规则】

建设工程施工合同无效，质量合格的，应该参照合同约定结算，不应按照定额等其他取费标准结算。

第26例　无法取得工程规划许可的如何结算？

【争议焦点】

无法取得工程规划许可的工程，价款如何结算，适用折价补偿规则，还是缔约过失责任？

【解析案例】

发包人四川国际标榜学院与承包人四川恒升钢构公司于2005年6月25日签订《建筑工程施工合同》，合同约定：由承包人承建"四川国际标榜职业学院扩建工程"。

合同签订后承包人组织人员进行施工，施工期间发包人向承包人给付工程款141万元。2005年9月1日，案涉工程由发包人进行实际使用。

2010年1月15日，承包人向发包人发出《关于尽快解决"贵院宿舍扩建工程"结算的函》，请求尽快解决工程决算。发包人于2010年1月20日予以签收。2011年11月30日，承包人向发包人发出《联络函》，请求对再次提供的《单位工程竣工资料》及《四川国际标榜职业学院改建扩建工程（钢结构工程）工程结算书》进行核对与确认。发包人于2011年12月5日以书面形式（《关于四川恒升钢构工程有限公司联络函的复函》）向承包人作出回复。

2012年1月17日，承包人诉至四川省成都市龙泉驿区人民法院，请求判令发包人向其支付工程款92272.49元，支付自2005年9月1日起的资金利息损失直至工程款全部付清时止。

一审诉讼中，承包人申请对其所施工程造价进行鉴定。经原审法院委托，四川鼎鑫工程建设管理有限公司作出《建设工程鉴定报告》和《建设工程补充鉴定报告》，确认工程造价为1516580元。

至原审法庭辩论结束时，发包人尚未提交案涉工程的相关规划手续。

【各方观点】

承包人认为，一审法院根据鼎鑫公司的《建设工程鉴定报告》《建设工程补充鉴定报告》认定承包人所完成工程的造价错误。鼎鑫公司的鉴定报告没有依据合同约定，不具客观公正性，不应当作为定案依据。

发包人认为，一审法院采信鉴定机构作出的结论正确。

【裁判观点】

四川省成都市龙泉驿区人民法院一审认为："建设工程的规划许可管理涉及城乡可持续发展，相关法律规范属于效力性强制性规定，在案涉工程未取得建设工程规划许可证的情况下，发包人与承包人签订《建筑工程施工合同》约定实施相关建设行为，该合同因内容违法而无效。案涉工程至法庭辩

查案例扫微信

论终结时仍未完善相关规划手续，其利用价值在法律层面受限，案涉工程的建造成本及利润（即合同约定的工程款）均属于损失范畴，因发包人未依照《城乡规划法》第40条第1款申请办理建设工程规划许可证，承包人主张其应给付工程款（即承担损失）成立……法院确认承包人所完成工程造价为1516580元（鉴定报告结论）。"

四川省成都市中级人民法院："驳回上诉，维持原判。"

【最高院解析】

《民事审判指导69辑》第243页

最高院民一庭法官解析认为：规划许可涉及社会公共利益，因此规划许可的相关规定属于合同法第52条第五项的效力性强制性规定，当事人所立修建违法建筑的合同无效。按照合同法第58条的规定，合同无效的情况下，存在"返还原物""折价补偿""损害赔偿"三种法律后果。建设工程合同中承包人投入劳务及建设材料而形成工程，返还原物在客观上不能，《最高院施工合同解释一》第2条实质是采用折价补偿规则，条文制定所要解决是合同无效情况下对工程款的确认问题，亦即是折价方法。折价补偿是合同法新创的财产后果处理方法，与损害赔偿不同，不以过错为条件，折价补偿为消除对方不当得利的方法。作为上述认识的佐证，《最高院施工合同解释一》第2条明确载明适用"条件"为"建设工程经竣工验收合格"。也即合同虽无效，但合同标的建设工程因验收合格，其具有法律上所承认的使用或财产

利用价值

价值。本案案涉工程"未取得建设工程规划许可证"，如裁判文书所言其"利用价值在法律层面受限"，因此不能适用《最高院施工合同解释一》第2条规定。

【作者点评】

《合同法》第58条规定："合同无效或者被撤销后，因该合同取得的财产，应当予以返还；不能返还或者没有必要返还的，应当折价补偿。有过错的一方应当赔偿对方因此所受到的损失，双方都有过错的，应当各自承担相应的责任。"

《最高院施工合同解释一》第2条规定："建设工程施工合同无效，但建设工程经竣工验收合格，承包人请求参照合同约定支付工程价款的，应予支持。"

当事人之间约定修建未取得建设工程规划许可的建筑属于无效合同，因该建筑在法律层面不具有可利用性，不能适用建设工程司法解释第2条所确立的折价补偿规则，应适用缔约过失规则对施工人的利益予以赔偿。

【裁判规则】

无法取得工程规划许可的，工程因不具有可利用性，承包人工程结算不能适用折价补偿原则，而应按照缔约过失责任补偿因此造成的损失。

第 4 章　合同解除

【内容概要】

合同解除是指合同生效后，当具备合同解除条件时，因当事人一方或双方的意思表示而使合同关系归于消灭的一种行为。主要涉及如下三个方面：

（1）发包人解约的情形。主要有：承包人明示或以行为表示不履行主要义务，承包人延迟完工且催告后仍未完工，承包人完成工程质量不合格又拒绝维修等。

（2）承包人解约的情形。主要有：发包人未按约付款且催告后仍不付款，发包人提供材料设备等不合格且催告后不改，发包人不履行协助义务致使无法施工。

（3）解约价款的结算。施工合同系继续性合同，解除原则上不具有溯及力，承包人可按《合同法》第97条规定的"采取其他补救措施"主张工程款。合同解除且验收合格的，发包人应支付工程价款；竣工验收不合格但经修复后合格的，发包人应支付工程款，但承包人应当承担修复费用；竣工验收不合格修复后也不合格的，承包人无权请求支付工程款。

值得注意的是，上述发包人和承包人解约情形源自《最高院施工合同解释一》。这些情形不能完全涵盖施工合同解除的所有法定情形。只要符合《合同法》第94条等合同解除相关规定，任何一方都有可以主张合同解除。

【关键词】

合同解除	解除通知
合理期限	主要义务
延迟完工	质量不合格
违法分包	不可抗力
甲供材料	协助义务
继续性合同	补救措施
质量合格	修复费用

【最高院施工合同解释二】

无。

【最高院施工合同解释一】

第8条　承包人具有下列情形之一，发包人请求解除建设工程施工合同的，应予支持：

（一）明确表示或者以行为表明不履行合同主要义务的。（详见本书4.1.2）

（二）合同约定的期限内没有完工，且在发包人催告的合理期限内仍未完工的。（详见本书4.1.3）

（三）已经完成的建设工程质量不合格，并拒绝修复的。（详见本书4.1.4）

（四）将承包的建设工程非法转包、违法分包的。（详见本书4.1.5）

第9条　发包人具有下列情形之一，致使承包人无法施工，且在催告的合理期限内仍未履行相应义务，承包人请求解除建设工程施工合同的，应予支持：

（一）未按约定支付工程价款的。（详见本书4.2.1）

（二）提供的主要建筑材料、建筑构配件和设备不符合强制性标准的。（详见本书4.2.2）

（三）不履行合同约定的协助义务的。（详见本书4.2.3）

第10条　建设工程施工合同解除后，已经完成的建设工程质量合格的，发包人应当按照约定支付相应的工程价款；（详见本书4.2.2）

已经完成的建设工程质量不合格的，参照本解释第3条规定处理。（详见本书4.2.3）

第3条　建设工程施工合同无效，且建设工程经竣工验收不合格的，按照以下情形分别处理：

（一）修复后的建设工程经竣工验收合格，发包人请求承包人承担修复费用的，应予支持；

（二）修复后的建设工程经竣工验收不合格，承包人请求支付工程价款的，不予支持。（详见本书4.2.3）

4.1 发包人解约

合同解除是指合同生效后，当具备合同解除条件时，因当事人一方或双方的意思表示而使合同关系归于消灭的一种行为。[①]

法定解除权

合同解除分为协议解除、约定解除和法定解除，其中法定解除是指合同生效后，尚未履行或履行完毕前，出现法律直接规定的解除权条件时，当事人一方通过行使解除权使合同关系归于消灭的行为。

合同解除的前提是合同有效。合同的法定解除仅需合同一方当事人通知到达对方即可达成，而不必取得对方的同意。

4.1.1 只有符合解除条件且合理期限内发出通知才能解除合同

《合同法》第96条规定："当事人一方……主张解除合同的，应当通知对方。合同自通知到达对方时解除。对方有异议的，可以请求人民法院或者仲裁机构确认解除合同的效力。法律、行政法规规定解除合同应当办理批准、登记等手续的，依照其规定。"

解除通知

（1）合同的法定解除权以通知的方式行使。按照上述规定，解除权的行使方式是"通知对方"。实践中，不少当事人系通过诉讼的方式请求解除合同，这种方式应当也能够发生解除合同的效力。《福建高院施工合同解答2007》第7条就规定："一方当事人向人民法院起诉请求解除建设工程施工合同的，人民法院不得以未通知对方为由不予受理。"

（2）解除通知原则上以书面形式发出。《最高院施工合同解释一适用》第78页认为："解除合同原则上须采用书面的形式通知对方当事人"。《上海高院周赞华等观点》第93~94页认为："通知一般应采用书面形式，但也不排除口头形式。"

到达生效

（3）符合解除条件的，解除通知到达对方即生效。《最高院施工合同解释一适用》第78页认为："出现了合同规定的条件和法律规定的情况下有权通知对方解除合同，而不必征得对方同意"，"通知到达对方当事人时生效，对方有异议的，可以请求人民法院或者仲裁机构确认解除合同的效力。"

合理期限

（4）当事人的合同解除权必须在合理期限内行使。《合同法》第95条规定："法律规定或者当事人约定解除权行使期限，期限届满当事人不行使的，该权利消灭。法律没有规定或者当事人没有约定解除权行使期限，经对方催告后在合理期限内不行使的，该权利消灭。"从该条文看，行使解除权的合理期限如果双方有约定，即从约定；如果对方催告解除权人在合理期限内行使，其应该在催告的合理期限内行使。

但法律并未规定，如果未约定且对方未催告其行使解除权时，发包人或承包人行使解除权的合理期限如何确定。《最高院江必新等观点》第355页认

---

① 王利明：《合同编解除制度的完善》，载《法学杂志》2018年第3期，第18页。

为："对于合理期限的确定，应结合具体案情，根据合同标的、交易习惯、交通通讯等情况加以判断。"

解除权期限

如果参照《商品房纠纷解释》第15条第2款规定："法律没有规定或者当事人没有约定，经对方当事人催告后，解除权行使的合理期限为三个月。对方当事人没有催告的，解除权应当在解除权发生之日起一年内行使；逾期不行使的，解除权消灭。"则解除权的行使期限为："对方催告后三个月内，未催告一年内。"

4.1.2 承包人明示或以行为表示不履行主要义务的发包人可解约

《最高院施工合同解释一》第8条第1项规定："承包人具有下列情形之一，发包人请求解除建设工程施工合同的，应予支持：（一）明确表示或者以行为表明不履行合同主要义务的。"

《合同法》第94条第2项规定："有下列情形之一的，当事人可以解除合同：（二）在履行期限届满之前，当事人一方明确表示或者以自己的行为表明不履行主要债务。"

承包人明确表示或者以行为表示不履行合同主要义务的，发包人可以行使合同解除权。承包人以行为表明不履行合同义务的情形相对较为常见，如承包人在履约过程中的拒绝继续施工、人员机械设备撤场等擅自停工行为表明承包人不再继续履行合同。

明示不履行

但对于擅自停工的行为，需要区分停工的原因及其他履行合同的状况，如果是因为发包人没有依约支付工程进度款，合同对不支付工程款可以行使停工权利的内容有明确约定的，如承包人不愿意解除合同，应认定是发包人

以行为表示

违约而不宜判令合同解除。如果停工是承包人擅自单方的原因造成的，发包人在没有违约的情况下主张解除合同，应予以支持。

4.1.3 承包人延迟完工且催告后仍未完工的发包人可解约

《最高院施工合同解释一》第8条第2项规定："承包人具有下列情形之一，发包人请求解除建设工程施工合同的，应予支持：（二）合同约定的期限内没有完工，且在发包人催告的合理期限内仍未完工的。"

《合同法》第94条第3项规定："有下列情形之一的，当事人可以解除合同：（三）当事人一方迟延履行主要债务，经催告后在合理期限内仍未履行。"

按照上述规定，承包人未在合同约定的期限内完工，且在发包人催告的合理期限内仍未完工的，发包人可行使解除权。

延迟完工

（1）延迟完工情形下，发包人行使解除权之前必须先行催告。对于催告的方式，只要符合民事诉讼证据的要求，无论以书面形式、视听资料、电子电文、口头形式，都应当有效。[1]

（2）"未在合同约定的期限内完工"，一般应指合同约定的竣工日期，

---

① 林鲁海：《〈建设工程施工合同司法解释〉操作指南——建筑师之孙子兵法》，法律出版社2005年版，第184页。

包含按照合同约定顺延天数，而非施工进度表中的某一阶段日期。除非承包人严重落后施工进度，使发包人有理由预期承包人在竣工期限后合理期限内无法完工。

（3）承包人未在合同约定期限内完工的前提是合同约定了建设工期，如无约定建设工期，则一般无法判断承包人是否在约定期限内完工。如果按照合同的具体目的和其他情形可以合理推定完工期限，而承包人显然在故意拖延的，则可适用。

（4）如发生可顺延工期的情形导致未依约完工，且可通过工期签证等予以证明，则发包人无权行使解除权。

**合同目的
不能实现**

（5）结合《合同法》第94条第4项"当事人一方迟延履行债务或者有其他违约行为致使不能实现合同目的"可解除合同的规定，如果承包人逾期竣工行为导致合同目的不能实现，则无须催告可直接行使解除权。如在房地产建设工程中，发包人与承包人签订施工合同将工程发包，目的是基于施工合同约定的工程范围、质量、工期、价款，将商品房进行预售，如果承包人逾期竣工，导致发包人与第三人的预售合同大量解约，给发包人造成重大损失，则属于承包人未在约定期限内完工致使合同目的不能实现，发包人可不经催告行使解除权。

合理时间

在第27例（参考案例）中，发包人和承包人约定的完工日期为2012年6月20日。后由于承包人施工拖延及质量问题整改拖延，2012年7月18日，发包人向承包人发出《工作联系函》，要求承包人于2012年7月25日前将质量问题全部整改合格并完成合同约定的全部工程内容，否则终止双方的合作，但承包人未在宽限期内完工。2012年8月28日，发包人向承包人发出解除合同通知，以承包人未按双方约定工期完工为由，通知承包人解除双方《建设工程施工合同》，合同解除后，发包人将剩余工程外委给其他公司施工。尽管一审及二审法院认为发包人解约不成立，最高法院再审却认为：承包人未在约定期限内完工，2012年7月18日发包人向承包人发出的《工作联系函》系解约通知前的催告，承包人未在催告的合理期限内完工，因此发包人有权通知解除合同。

4.1.4 承包人完成工程质量不合格又拒绝维修的发包人可解约

《最高院施工合同解释一》第8条第3项规定，"承包人具有下列情形之一，发包人请求解除建设工程施工合同的，应予支持：（三）已经完成的建设工程质量不合格，并拒绝修复的。"

《合同法》第94条第4项规定："有下列情形之一的，当事人可以解除合同：（四）当事人一方迟延履行债务或者有其他违约行为致使不能实现合同目的。"

因此，承包人已完成的建设工程质量不合格，并拒绝修复的，发包人可行使合同解除权。《最高院施工合同解释一适用》第80页认为："本条是针对建设工程施工合同，指出了合同目的不能实现的情形，即已完成的建设工程质量不合格且承包人拒绝进行修复。质量不合格的工程不能竣工验收并投入使用，发包人不能得到签订及履行合同的根本目的，因此如果承包人对质量不合格的工程拒绝修复，承包人的行为构成根本违约，发包人应依法享有合同解除权。"

质量合格标准等见本书3.2.2。

4.1.5 承包人将承包工程非法转包或违法分包的发包人可解约

《最高院施工合同解释一》第8条第4项规定："承包人具有下列情形之一，发包人请求解除建设工程施工合同的，应予支持：（四）将承包的建设工程非法转包、违法分包的。"

承揽合同

《建筑法》第28条、第29条关于禁止承包人转包和违法分包的规定，目的是确保工程的质量和安全，所以《最高院施工合同解释一》将此种情形规定为发包人可以解除合同的法定条件。

承包人将其承包的建设工程转包、违法分包的，发包人可行使解除权。该司法解释规定系引申自《合同法》第253条承揽合同的规定。在承揽合同中，承揽人将其承揽的主要工作交由第三人完成，定做人可以解除合同，那么在建设工程施工合同中，承包人将其承包的工程进行转包、违法分包的，发包人也有理由解除合同。

需要说明的是，承包人进行转包、违法分包，发包人行使解除权是指，发包人因承包人的违法行为解除发包人与承包人之间的施工合同，不同于承包人与第三人签订的转包、违法分包合同无效。

4.1.6 不可抗力致使合同目的不能实现的任何一方可解约

《合同法》第94条第12项规定："有下列情形之一的，当事人可以解除合同：（一）因不可抗力致使不能实现合同目的。"

《施工合同示范文本2017》通用条款17.1规定："不可抗力是指合同当事人在签订合同时不可预见，在合同履行过程中不可避免且不能克服的自然灾害和社会性突发事件，如地震、海啸、瘟疫、骚乱、戒严、暴动、战争和专用合同条款中约定的其他情形。"

因不可抗力致使合同目的不能实现的，发包人可行使解除权。笔者认为，可从如下几个方面认定不可抗力：

（1）不可抗力必须是一般人公认的客观现象，如战争、洪水、罢工等。其他客观现象是否属于不可抗力，也不应超出一般人的认可范围。

不可抗力

（2）必须来自于行为人的外部。对于自然现象比较容易区分是否来自于行为人的外部，但对于社会现象，由于有行为人的参与，就很难辨别是否来自行为人的外部。

（3）必须是行为人不可预见的现象。在建设工程如此专业和复杂的领域内，发包人或承包人应当对不可抗力作"专业判断"，而不能仅以普通人的标准判断是否可以预见。

（4）必须是不能抗拒的现象，即不可避免、不能克服。

发生以上不可抗力情形，并非一定可行使解除权，如不可抗力的发生并未影响或者仅部分影响合同目的的实现，则不宜因此解除合同。

第27例 承包人延迟竣工的发包人可否解约？

【争议焦点】

承包人未按合同约定完工，发包人可否解除合同？

查案例扫微信

【参考案例】

2010年9月10日，发包人（沈阳清华同方信息港有限公司）和承包人（辽宁泰丰铝业装饰工程有限公司）签订《建设工程施工合同》，约定由承包人承建"沈阳清华同方信息港同方大厦AB座外装饰施工工程"。合同约定，开工日期：2010年9月16日，整体工程达到竣工验收合格并达到交付使用条件时间：2011年6月25日。

2011年3月10日，因建设工程手续不全，工程暂停施工。

2011年11月22日，发包人与承包人以会议纪要形式约定：承包人于2012年3月20日前进场，2012年6月30日前完工。

2011年11月25日，承包人向发包人发送《工作联系单》，书面承诺在2012年6月20日之前全部施工完毕。

2012年3月20日，因工程质量问题，沈阳市质监站向承包人发出的《工程质量整改通知单》要求其进行整改，承包人完成了大部分整改。

2012年7月18日，发包人发给承包人工作联系函，要求承包人于2012年7月25日前将质量问题全部整改合格并完成合同约定的全部工程内容，否则终止双方的合作。

2012年8月28日，发包人向承包人发出解除合同通知，以承包人未按双方约定工期完工为由，通知承包人解除双方2010年9月10日签订的《建设工程施工合同》。发包人向承包人发出解除合同通知后，另行委托其他施工单位完成剩余工程。

之后，发包人起诉承包人向其支付因工程质量问题、未按约完工问题产生的损失。承包人提起反诉，请求：判令发包人因擅自解除合同，向其支付违约金。各方对于发包人是否有权行使合同解除权存在分歧。

【各方观点】

（1）发包人认为：承包人一再拖延工期，对于质量问题整改干干停停，发包人不得已与其解除合同。

（2）承包人认为：发包人单方面擅自解除合同，指派另一家公司进场施工，应当承担违约责任。

（3）沈阳市中院一审认为："因本案无法定解除和约定解除的情形，承包人不存在根本违约，且承包人履行完了大部分合同义务，对工程存在的问题进行了整改，完成了绝大部分整改内容。承包人积极履行合同，并不存在履行合同障碍，合同目的可以实现，发包人单方解除合同并将剩余工程外

委，属于违约，应当承担违约责任。"

（4）辽宁高院二审认为："发包人发出解除涉案合同的通知时，承包人已经完成了大部分的合同义务，也完成了绝大部分的整改内容，在此情况下，清华同方提出解除合同并不具备条件。……一审判决认定发包人构成违约，并无不妥。"

【裁判观点】

最高院再审认为：

"（一）承包人是否未在约定的工期内完工。

未按约完工

2011年11月25日承包人向发包人发送《工作联系单》，书面承诺在2012年6月20日之前全部施工完毕。承包人应当在其承诺的2012年6月20日之前竣工。但从本案事实看，直至2012年8月28日发包人向承包人发出《解除合同通知》之时，承包人仍未能如期完工。……本院认为，承包人在客观上确实未能在双方确定的最终履行期限内完成涉案工程，存在违约行为。

（二）发包人单方解除合同是否符合法定条件。

解约催告

2012年7月18日，发包人发给承包人《工作联系函》，要求承包人于2012年7月25日前将质量问题全部整改合格并完成合同约定的全部工程内容，否则终止双方的合作。此事实应视为发包人向承包人进行了催告，催告承包人应在7月25日前完工。但事实上，直至2012年8月28日发包人解除合同，承包人仍未最终完工，……发包人有权解除合同。

合理期限

综合以上内容，承包人存在未按期完工以及工程质量不合格的违约行为，发包人据此单方解除双方之间的合同符合合同约定和法律规定。"

【最高院点评】

无。

【作者点评】

《最高院施工合同解释一》第8条第2项规定："承包人具有下列情形之一，发包人请求解除建设工程施工合同的，应予支持：（二）合同约定的期限内没有完工，且在发包人催告的合理期限内仍未完工的。"

发包人依据上述规定解除合同，应满足两个条件：其一，承包人未在合同约定期限完工。本案双方当事人在《施工合同》外，分别通过会议纪要和《工作联系单》变更了两次竣工时间，最高院以最后发生的《工作联系单》为准，确认双方约定的完工期限为2012年6月20日，但承包人未按该期限完工。其二，发包人正式解除合同前须先行进行催告并给予合理宽限期，本案发包人先发出《工作联系函》表明在宽限期内仍无法完工，则解除合同。本案发包人解除合同符合上述两个条件。

【裁判规则】

承包人未在约定期限内完工，且在发包人催告的合理期限内仍未完工的，发包人有权解除合同，合同另有约定除外。

4.2 承包人解约

4.2.1 发包人未按约付款且催告后仍不付款的承包人可解约

《最高院施工合同解释一》第9条第1项规定："发包人具有下列情形之一，致使承包人无法施工，且在催告的合理期限内仍未履行相应义务，承包人请求解除建设工程施工合同的，应予支持：（一）未按约定支付工程价款的。"

《合同法》第94条第3项规定："有下列情形之一的，当事人可以解除合同：（三）当事人一方迟延履行主要债务，经催告后在合理期限内仍未履行。"

发包人未按约支付工程价款是延迟履行主要债务的一种，当该行为致使承包人无法施工，且在承包人催告的合理期限内仍未支付时，承包人有权行使合同解除权。

本条并未规定发包人未支付的数额的量化标准，而是规定达到"致使承包人无法施工"的程度。《最高院施工合同解释一适用》第82页认为："单纯地将导致合同解除的因素中未付工程款的数额进行量化，虽然处理起来比较简单，但不一定符合案件的具体情况。"因此，未付工程款达到何种程度，承包人可以解约，还需要法官在具体案件中具体判断。

《施工合同示范文本2017》从未按约支付工程款的延期时间角度进行了如下规定："16.1.1在合同履行过程中发生的下列情形，属于发包人违约：（2）因发包人原因未能按合同约定支付合同价款的；……16.1.3除专用合同条款另有约定外，承包人按第16.1.1项〔发包人违约的情形〕约定暂停施工满28天后，发包人仍不纠正其违约行为并致使合同目的不能实现的，承包人有权解除合同。"

4.2.2 发包人提供材料设备不合格且催告后不改的承包人可解约

《最高院施工合同解释一》第9条第2规定："发包人具有下列情形之一，致使承包人无法施工，且在催告的合理期限内仍未履行相应义务，承包人请求解除建设工程施工合同的，应予支持：（二）提供的主要建筑材料、建筑构配件和设备不符合强制性标准的。"

《合同法》第94条第3项规定："有下列情形之一的，当事人可以解除合同：（三）当事人一方迟延履行主要债务，经催告后在合理期限内仍未履行。"

发包人提供的主要建筑材料、建筑构配件和设备不符合强制性标准，致使承包人无法继续施工，在催告后的合理期限内仍未履行义务的，承包人有权解除合同。

应注意此处"不符合强制性标准"并非"不符合约定标准"。《标准化法实施条例》第18条第3项规定："国家标准、行业标准分为强制性标准和推荐性标准。下列标准属于强制性标准：（三）工程建设的质量、安全、卫生标准及国家需要控制的其他工程建设标准。"《山东高院王永起等观点》第236页认为："当事人可以在合同中对建筑材料、建筑构配件和设备的质量标准进行约定，但不得低于国家规定的强制性标准。发包人提供的建筑材料、建筑构配件和设备违反了国家强制性标准，即应当认为违反了合同约定的主要义务。"

为明确材料、构配件和设备的标准，发包人和承包人在签订施工合同时可参照《施工合同示范文本2017》的规定：（1）明确由发包人自行供应材料、工程设备的，应在签订合同时明确材料、工程设备的品种、规格、型号、数量、单价、质量等级和送达地点；（2）发包人应向承包人提供产品合格证明及出厂证明，对其质量负责。

4.2.3　发包人不履行协助义务致使无法施工的承包人可解约

《最高院施工合同解释一》第9条第3项："发包人具有下列情形之一，致使承包人无法施工，且在催告的合理期限内仍未履行相应义务，承包人请求解除建设工程施工合同的，应予支持：（三）不履行合同约定的协助义务的。"

协助义务

《合同法》第259条："承揽工作需要定作人协助的，定作人有协助的义务。定作人不履行协助义务致使承揽工作不能完成的，承揽人可以催告定作人在合理期限内履行义务，并可以顺延履行期限；定作人逾期不履行的，承揽人可以解除合同。"

发包人不履行合同约定的协助义务，致使承包人无法继续施工，在催告合理期限内仍未履行协助义务的，承包人有权解除合同。本规定引申自承揽工程中定做人的协助义务规定。《江苏高院潘军峰观点》第239页认为，在建设工程领域，常见的发包人协助义务有："办理土地征用、拆迁补偿、'三通一平'等使之具备施工条件；办理施工许可证及其他批准手续；按约提供材料、场地、资金等；提供施工图纸；确认工程量进度和相关签证、及时提供提示；办理中间验收、隐蔽工程验收等。"

此外，"协助义务"不应理解为次要义务。《最高院施工合同解释一适用》第84页认为："虽然该项是对发包人协助义务的规定，但并不是相对于主要义务和次要义务而言的，如果不履行协助义务致使承包人无法进行施工，就可以认为发包人没有履行合同的主要义务。"

解析案例

在第28例（解析案例）中，发包人未按合同约定办理施工许可证，承包人起诉发包人解除合同。法院认为："申请办理施工许可证是建设单位的义务，是工程合法开工的前提条件。如果未取得施工许可证擅自施工的，依法应当承担相应的法律责任。……因发包人未能取得施工许可证且未能按期交付后续施工图纸导致工程停工且自停工之日起至今仍未取得施工许可证，致使双方签订的《施工合同》客观上无法继续履行，故承包人起诉主张解除《施工合同》于法有据，确认发包人与承包人之间签订的《施工合同》自本案起诉之日起解除。"

第 28 例　未办施工许可证的承包人能否解除合同？

【争议焦点】

发包人未按照合同约定办理施工许可证，承包人能否解除合同？

【解析案例】

查案例扫微信

2014年6月30日，发包人（天津国华信达实业股份有限公司）与承包人（河北建设集团股份有限公司）签订《施工合同》，合同专用条款8.1条第（5）款约定：由发包人办理的施工所需证件、批准的名称和完成时间执行通用条款第8.1条第（5）款，并在开工前七日内完成。通用条款第8.1条第（5）款约定：办理施工许可证及其他施工所需证件、批件和临时用地、停水、停电、中断道路交通、爆破作业等的申请批准手续（证明承包人自身资质的证件除外）。另外，通用条款第44条约定了合同解除，其中，第44.4款约定：有下列情形之一的，发包人、承包人可以解除合同：……（2）因一方违约（包括因发包人原因造成工程停建或缓建）致使合同无法履行。44.5款约定：一方依据44.2、44.3、44.4款约定要求解除合同的，应以书面形式向对方发出解除合同的通知，并在发出通知前7天内告知对方，通知到达对方时合同解除。

承包人于2014年9月1日进场施工，于2015年1月28日停止施工。停工前，桩基工程已经施工完毕，土方开挖进行了部分施工。停工后，涉讼工程现场一直由承包人管理控制。

案涉工程至今未取得施工许可证。

承包人起诉发包人，请求：判令解除其与发包人于2014年6月30日签订的《施工合同》。

【各方观点】

无。

【裁判观点】

（1）天津高院一审认为："一、关于承包人与发包人之间签订的《施工合同》是否应当解除的问题。承包人与发包人之间签订的《施工合同》依法经过招投标程序，系双方真实意思表示，且不存在违反法律、行政法规强制性规定的情形，故该合同依法有效。《建筑法》第7条规定，建筑工程开工前，建设单位应当按照国家有关规定向工程所在地县级以上人民政府建设行政主管部门申请领取施工许可证。同时，《施工合同》专用条款8.1条第（5）款和通用条款第8.1条第（5）款明确约定，发包人在开工七日前完成施工许可证的办理。根据上述法律规定和合同约定，申请办理施工许可证是

施工许可证

办理义务

建设单位的法定义务和约定义务，是工程合法开工的前提条件。如果未取得施工许可证擅自施工的，依法应当承担相应的法律责任。发包人主张因承包人未能积极配合导致未能申领到施工许可证，但并未提供证据证明其曾就配合办理施工许可证事宜通知承包人而承包人却不予配合的事实，故其该主张缺乏事实和法律依据，不能成立。……因发包人未能取得施工许可证且未能按期交付后续施工图纸导致工程停工且自停工之日起至今仍未取得施工许可证，致使双方签订的《施工合同》客观上无法继续履行，故承包人起诉主张解除《施工合同》于法有据，确认发包人与承包人之间签订的《施工合同》自本案起诉之日起解除。"

（2）最高院二审认为："由于发包人未能取得施工许可证、未能按期交付后续施工图纸致使合同客观上无法继续履行，且无证据表明已完工程存在质量不合格问题，故一审法院作出确认《施工合同》解除并无不当。"

【最高院点评】

无。

【作者点评】

《最高院施工合同解释一》第9条第3项："发包人具有下列情形之一，致使承包人无法施工，且在催告的合理期限内仍未履行相应义务，承包人请求解除建设工程施工合同的，应予支持：（三）不履行合同约定的协助义务的。"

《建筑法》第7条规定："建筑工程开工前，建设单位应当按照国家有关规定向工程所在地县级以上人民政府建设行政主管部门申请领取施工许可证。"

办理施工许可证是发包人的法定义务，也是施工合同中常见的发包人应当履行的协助义务。虽然施工许可证的获取并不影响工程施工合同的效力，但未获得施工许可证可能导致施工合同无法继续履行，如被行政主管部门责令停工等。所以，因未获取施工许可证导致承包人无法施工的，承包人可以行使合同解除权。

但须注意，承包人解除合同，应当将解除通知送达发包人，且在正式发出解除通知前先行催告，给予发包人一定的合理期限，如在催告的合理期限内仍无法获得施工许可证，承包人可正式通知发包人解除合同。本案中，承包人以起诉的方式解除合同，实践中，一般认为，起诉也是一种催告的方式，法院亦认可通过起诉可以达到解除合同的效果，遂判决合同自起诉之日起解除。

【裁判规则】

发包人未能办出施工许可证，致使合同客观上无法继续履行，承包人可以解除合同。

4.3 合同解除结算

4.3.1 属于继续性合同的施工合同解除的应采取补救措施

《合同法》第97条："合同解除后，尚未履行的，终止履行；已经履行的，根据履行情况和合同性质，当事人可以要求恢复原状、采取其他补救措施，并有权要求赔偿损失。"据此，在不考虑合同解除损失赔偿（见本书8.1）问题的情况下，合同解除将导致三种法律后果：

（1）尚未履行的，终止履行。如发包人与承包人的施工合同完全尚未履行，则无须履行；如已部分履行，则自合同解除之日起，双方不再履行剩余部分。

非继续性合同　　（2）合同已履行的，就非继续性合同而言，解除有溯及力，可要求恢复原状。所谓非继续性合同，是指履行为一次性行为的合同。就非继续性合同的性质而言，当它被解除时能够恢复原状，即已经进行的给付能够返还给给付人。[①]

继续性合同　　（3）合同已履行的，就继续性合同而言，解除无溯及力，可要求采取其他补救措施。所谓继续性合同，是履行必须在一定的继续的时间内完成，而不是一时或一次完成的合同。如租赁合同、供用电合同、仓储保管合同等均属此类。建设工程承包亦属于继续性合同，此类以提供劳务或工作成果为标的合同，已经提供的劳务或已经物化的技能都无法返还，即不能恢复原状。[②]此外，而从合同履行上看，建设工程恢复原状也不具有经济性，将造成极大的资源浪费，只得主张"采取其他补救措施"。

"采取其他补救措施"，按《最高院施工合同解释一》第90页，"主要是指要求对方付款、减少价款的支付或者请求不当得利的返还"。

其他补救措施　　在建设工程施工合同领域，根据承包人完成的建设工程质量是否验收合格或修复合格，下文将分三种情况讨论，承包人在合同解除情形下如何主张工程价款。

4.3.2 合同解除且质量合格的发包人应支付工程价款

《最高院施工合同解释一》第10条第1款规定："建设工程施工合同解除后，已经完成的建设工程质量合格的，发包人应当按照约定支付相应的工程价款。"

无溯及力　　合同解除但工程质量合格的，按照合同约定支付工程款。《最高院施工合同解释一适用》第92页认为，对于已完成的建设工程质量合格的，施工合同解除"原则上向前没有溯及力，已经履行的按照有效合同的处理原则及方式进行处理，不发生恢复原状的法律后果，发包人应当按照合同约定支付价款"。

---

① 崔建远：《合同解除与溯及力——〈经济合同法〉的修改问题》，载《当代法学》1988年第4期，第37页。
② 崔建远：《合同解除与溯及力——〈经济合同法〉的修改问题》，载《当代法学》1988年第4期，第39页。

在第29例（参考案例）中，发包人与承包人在解除合同后，围绕发包人是否应当向承包人支付工程价款产生了争议。发包人认为：发包人是否应该支付工程款应以本案争议的工程质量是否合格为前提，本案工程存在着严重质量问题，而且一直未修复，发包人不应给付工程款；承包人认为：工程的质量问题需要进行鉴定，在鉴定过程中，由于发包人未支付鉴定费用，被鉴定中心以"申请鉴定当事人拒绝支付鉴定费用"为由退鉴，因此应由发包人承担举证不能的法律后果。最高院支持了承包人的观点，认为："《最高院施工合同解释一》第10条第1款规定，建设工程施工合同解除后，已经完成的建设工程质量合格的，发包人应当按照约定支付相应的工程价款，已经完成的建设工程质量不合格的，参照本解释第三条规定处理。本案中，发包人向承包人发出《解除合同函》，双方签订的《建设工程施工合同》已解除，发包人没有证据证明承包人已完工程存在质量问题，故其支付相应工程价款及利息的条件已经成就。"

4.3.3 合同解除时经修复质量仍不合格的不支付工程价款

《最高院施工合同解释一》第10条第1款规定："建设工程施工合同解除后，……已经完成的建设工程质量不合格的，参照本解释第三条规定处理。"《最高院施工合同解释一》第3条规定："建设工程施工合同无效，且建设工程经竣工验收不合格的，按照以下情形分别处理：（一）修复后的建设工程经竣工验收合格，发包人请求承包人承担修复费用的，应予支持；（二）修复后的建设工程经竣工验收不合格，承包人请求支付工程价款的，不予支持。"

按照上述规定，合同解除情形下，竣工验收不合格但修复合格的，发包人应当支付工程款，但承包人应当承担修复费用；竣工验收不合格修复后也不合格的，承包人无权请求支付工程款。《最高院施工合同解释一答记者问》对该问题的说明为：

修复费用

（1）承包人的主要合同义务就是按照合同约定向发包人交付合格的建设工程，如果承包人交付的建设工程质量不合格，发包人订立合同的目的就无法实现，发包人不仅可以拒绝受领该工程，而且也可以不支付工程价款。

（2）承包人对经验收不合格的建设工程可以进行修复，经过修复建设工程质量合格的，发包人应当按照约定支付工程价款；如果经修复建设工程仍不合格的，该工程就没有利用价值，在这样的情况下让发包人支付工程价款是不公平的。

（3）不能按照合同约定支付工程价款，当然会给承包人造成损失，但承包人是建设工程的建设者，对工程质量不合格应当承担主要责任。

关于合同解除且质量合格的，按照《施工合同示范文本2017》规定，发包人应该支付承包人四项价款。施工合同解除程序、计量等均比较特别。笔者将在另外出版的同系列书籍《工程索赔100招》（第二版）阐述。

第 29 例　合同解除且质量无法认定的如何结算？

【争议焦点】

合同解除后，工程质量是否合格不能认定的，可否可按照合同约定结算工程款？

【参考案例】

2012年6月27日，发包人（辽宁潍麟生物科技开发有限公司）与承包人（辽宁广安建设有限公司）签订《建设工程施工合同》，由承包人承建发包人一期工程。工程内容：综合楼等工程、室内采暖、给排水（生活）、消防、照明、防雷系统等。计划开工日期2012年7月1日，竣工日期2012年11月20日。合同价款：按2008定额三类取费及辽宁省相关文件，暂定金额人民币3000万元。本工程为承包人筹资建设工程，不付工程预付款和备料款，施工方自行垫付资金施工综合楼等建筑工程封顶验收之后，按工程总价的60%支付工程款，二期工程开工后结算至工程总价的95%，或2013年5月20日结清全部工程款。

合同签订后，承包人按图纸施工，过程中存在设计变更，并形成洽商记录等。已经施工到主体验收部位。承包人、监理单位、建设单位住工地代表等签字确认，案涉工程未发现违反国家强制性标准的问题，申请质检站抽查。

后双方发生争议停工。2013年7月，发包人向承包人发出解除合同函；承包人2013年8月1日复函，复函中亦表示会收回工程设施、设备和周转材料，并要求发包人进行结算，承包人于2013年7月已撤出场地，场地交付给发包人。

发包人起诉承包人，请求：判令承包人向其支付工期延误违约金。承包人反诉要求发包人支付工程款。各方对发包人是否应在合同解除后支付给承包人工程款及支付多少工程款产生争议。

【各方观点】

（1）发包人认为：发包人不应向承包人支付工程款。工程质量合格是给付工程款的前提，建设工程合同解除后对于已完工程质量合格的，应支付已完工程的工程款，对于已完工程质量不合格的，应进行修复，修复后验收合格，发包人应对建设工程予以折价补偿，修复后仍不合格，承包人没有请求支付工程价款的权利。发包人是否应该支付工程款应以本案争议的工程质量是否合格为前提，本案工程存在着严重质量问题，而且一直未修复，发包人不应给付工程款。

（2）承包人认为：由于发包人原因，工程质量未完成鉴定，应由发包人承担举证不能的后果，发包人应向承包人支付工程款。双方经一审法院选定的第一个鉴定机构是辽宁省建设科学研究院司法鉴定所。后辽宁省建设科学研究

院司法鉴定所以"申请鉴定事项超出鉴定机构的鉴定能力"为由，退回鉴定申请。再次选定大连理工大学司法鉴定中心后，该中心要求发包人交纳鉴定费用，其拒不交纳，一审法院通知其在3日之内按鉴定机构要求交纳鉴定费用，仍拒不交纳。大连理工大学司法鉴定中心以"申请鉴定当事人拒绝支付鉴定费用"为由退鉴。一审法院已依法、充分地保障了发包人申请鉴定的权利，发包人拒绝支付鉴定费用，应自行承担对质量问题举证不能的法律后果。

举证不能

（3）抚顺中院一审认为："一审法院技术处已根据其申请委托大连理工大学司法鉴定中心对工程质量进行鉴定，因发包人拒绝支付鉴定费用导致鉴定公司退鉴，应由其承担举证不能的后果。"

（4）辽宁高院二审同意抚顺中院一审法院意见。

【裁判观点】

最高院再审认为："原审判决判令发包人支付工程款合法有据。《最高院施工合同解释一》第10条第1款规定，建设工程施工合同解除后，已经完成的建设工程质量合格的，发包人应当按照约定支付相应的工程价款，已经完成的建设工程质量不合格的，参照本解释第3条规定处理。本案中，发包人于2013年7月29日向承包人发出《解除合同函》，双方签订的《建设工程施工合同》已解除，发包人也没有证据证明承包人已完工程存在质量问题，故其支付相应工程价款及利息的条件已经成就。"

【最高院点评】

无。

【作者点评】

《最高院施工合同解释一》第10条第1款规定："建设工程施工合同解除后，已经完成的建设工程质量合格的，发包人应当按照约定支付相应的工程价款。"

对于已完成的建设工程质量合格的，施工合同解除原则上向前没有溯及力，已经履行的按照有效合同的处理原则及方式进行处理，不发生恢复原状的法律后果，发包人应当按照合同约定支付价款。

本案中，合同解除后，发包人是否应当向承包人支付工程款的前提条件是判明工程质量是否合格，最高院认为："发包人也没有证据证明承包人已完工程存在质量问题，故其支付相应工程价款及利息的条件已经成就。"即，发包人对于承包人的工程质量合格与否负有证明责任，案涉工程此前未发现违反国家强制性标准的问题，发包人因未缴纳鉴定费而无法取得有效的质量鉴定结论，进而承担了败诉风险。

【裁判规则】

合同解除后，发包人不能举证证明工程质量不合格的，按照合同约定结算工程价款。

第5章　价款确认

【内容概要】

工程价款确认通常是工程争议中最关键的问题。工程价款确认的总原则是：合同有约定的尽量按照合同约定，没有约定或不宜适用的参照订约时当地计价标准结算。

工程计价方式分为总价合同、单价合同及成本加酬金合同。总价合同即固定价合同，总价合同合同内部分按照总价结算不应造价鉴定；合同外变更调整部分可以通过鉴定确定价格。总价合同解除的按照比例折算法结算价款，特别情况可用不利定额法。

材料价格波动时，可调价合同及不调价合同包干风险范围外均可调价。不调价合同风险范围不明的参照当地文件调价；材料涨价符合不可预见等条件的可按情势变更调价，但难度很大；以发包人原因拖延期间材料涨价为由进行经济索赔，相对容易得多。

有现场签证的，按现场签证结算。有工程变更的，按照变更结算。没有现场签证和工程变更的，如果符合发包人同意施工、可证明的实际工程量、不包含在合同固定价之内、不是承包人过错导致的等四个条件，就构成推定变更，可以调整价格。

行政审计和财政评审是结算的常见障碍。审计结论一般不作为结算依据，合同约定—审计结论作为结算依据按约定执行，审计拖延的可申请造价鉴定。

此外，还有按送审价结算、按照结算协议结算，按照共同委托咨询意见结算等几种特别情形。

【关键词】

总价合同	单价合同
比例折算法	不利定额法
情势变更	涨价索赔
现场签证	工程变更
推定变更	同意施工
行政审计	财政评审
审计结论	送审价
结算协议	咨询意见
现场签证	职务行为

【最高院施工合同解释二】

第12条　当事人在诉讼前已经对建设工程价款结算达成协议，诉讼中一方当事人申请对工程造价进行鉴定的，人民法院不予准许。（详见本书5.8）

第13条　当事人在诉讼前共同委托有关机构、人员对建设工程造价出具咨询意见，诉讼中一方当事人不认可该咨询意见申请鉴定的，人民法院应予准许，但双方当事人明确表示受该咨询意见约束的除外。（详见本书5.9）

【最高院施工合同解释一】

第16条　当事人对建设工程的计价标准或者计价方法有约定的，按照约定结算工程价款。（详见本书5.1.1）

因设计变更导致建设工程的工程量或者质量标准发生变化，当事人对该部分工程价款不能协商一致的，可以参照签订建设工程施工合同时当地建设行政主管部门发布的计价方法或者计价标准结算工程价款。（详见本书5.1.2）

建设工程施工合同有效，但建设工程经竣工验收不合格的，工程价款结算参照本解释第三条规定处理。（详见本书5.1.3）

第22条　当事人约定按照固定价结算工程价款，一方当事人请求对建设工程造价进行鉴定的，不予支持。（详见本书5.2）

第19条　当事人对工程量有争议的，按照施工过程中形成的签证等书面文件确认。（详见本书5.5）

承包人能够证明发包人同意其施工，但未能提供签证文件证明工程量发生的，可以按照当事人提供的其他证据确认实际发生的工程量。（详见本书5.4）

第20条　当事人约定，发包人收到竣工结算文件后，在约定期限内不予答复，视为认可竣工结算文件的，按照约定处理。承包人请求按照竣工结算文件结算工程价款的，应予支持。（详见本书5.7）

【指导性案例规则】

第31例　合同约定按固定总价方式结算工程款的，约定风险范围之外的，可以调整工程价款。其中，因设计变更导致超出合同约定风险范围内的工程量或质量标准变化，应该据实结算。

第32例　双方约定作为合同结算依据的地方政府文件被撤销，双方仍应按照该文件结算，不应据实结算。

第39例　承包人催款函规定合理答复期及"逾期答复视为认可"条款，发包人签收后且未在答复期答复，可按承包人送审价进行结算，合同另有约定的除外。

5.1 价款结算原则

5.1.1 合同有约定的尽量按照约定结算工程价款

《最高院施工合同解释一》第16条第1款规定："当事人对建设工程的计价标准或者计价办法有约定的，按照约定结算工程价款。"

合同约定是建设工程价款结算的基本依据。《建筑法》第18条规定："建筑工程造价应当按照国家有关规定，由发包单位与承包单位在合同中约定。公开招标发包的，其造价的约定，须遵守招标投标法律的规定。"工程价款是发包人和承包人之间的真实意思表示，是各方对交易条件的选择和认可，工程造价通过合同确定。国家根据建筑市场的发展特点和规律，对建设 **任意性规范** 工程价款的确定制定的相应指导原则，一般属于任意性规范，合同当事人自行协商约定的建设工程价款只要不违反法律、行政法规的强制性规定，即应作为建设工程价款结算的基本依据。

有效的补充协议也是建设工程价款结算的依据。工程价款结算的基本依据是发包人与承包人签订的建设工程施工合同。如果当事人在合同履行中对原有合同约定通过补充协议、会议纪要、工程签证、技术联系单等形式予以 **补充约定** 变更的，则以变更后的约定作为结算依据。建设工程竣工验收后，合同双方针对工程结算签订的工程结算协议属于双方对工程价款的补充约定，同样可以作为工程价款结算依据，详细分析见本书5.8。

即使约定标准明显高于或低于定额标准也应尽量按照约定结算。《衢州中院王勇观点》第145页认为："定额标准并非法律、法规的执行规定，即使合同约定的价款低于定额，也应该按照合同约定结算，如果合同约定的定额标准在履约阶段进行了调整，除合同另有约定外，仍应按照合同约定的定额标准进行结算。如果当事人认为合同约定价款过低从而显失公平主张撤销或变 **诚实信用原则** 更的，则人民法院可以按照《合同法》等相关规定处理。"根据《合同法》的诚实信用原则，只要当事人的约定不违反法律行政法规的强制性规定，不管双方签订的合同或条款是否合理，均应按照当事人自己的约定执行。

5.1.2 没有约定或不宜适用的参照订约时当地计价标准结算

《最高院施工合同解释一》第16条第2款规定："因设计变更导致建设工程的工程量或者质量标准发生变化，当事人对该部分工程价款不能协商一致的，可以参照签订建设工程施工合同时当地建设行政主管部门发布的计价方法或者计价标准结算工程价款。"

各地法院对这一问题的相关规定如下：

（1）《四川高院施工合同解答2015》第23条第2款规定："建设工程因设计变更导致工程量或质量标准发生变化，当事人要求对工程价款予以调整的，如果合同对工程价款调整有约定的，依照其约定；没有约定或约定不明 **合同约定** 的，应当由当事人协商解决，不能协商一致的，可以就变更部分参照签订建

补充协议

设工程施工合同时当地建设行政主管部门发布的计价方法或者计价标准结算工程价款。"《北京高院施工合同解答2012》第11条有类似规定。

（2）《江苏高院施工合同意见2008》第8条规定：建设工程合同生效后，当事人对有关内容没有约定或者约定不明确的，可以协议补充；不能达成补充协议的，按照合同有关条款或者参照住建部和国家工商行政总局联合推行的《建设工程施工合同（示范文本）》的通用条款确定。

（3）《安徽高院施工合同意见2013》第9条强调"经过招投标的建设工程"适用《最高院施工合同解释一》。

以上各地规定和《最高院施工合同解释一》基本一致，但在合同没有约定或约定不明或者无法适用情况下，部分增加了先协议补充后参照当地建设行政主管部门发布的计价方法或者计价标准结算，部分增加了先协议补充后参照交易习惯确定。这种完善符合《合同法》第61条及第62条。该两条确立了在这种情况下，先协议补充，后按照合同有关条款或者交易习惯确定，最后按照订立合同时履行地的市场价格履行的规则。可参照本书2.6.1的阐述。

对此，《最高院施工合解释一适用》第150页认为："因设计变更引起工程量增减，增减幅度在合同约定范围内的，按约定结算工程价款。在约定幅度之外，承包方提出增加部分的工程量或减少后剩余部分的工程量报价经发包方确认的，应作为工程款的依据。未达成一致的，参照原合同约定的计价方法和计价标准结算。因增减工程的性质、标准不宜适用原合同约定的计价方法和计价标准结算工程价款或者原合同约定不明无法适用的，参照签订原合同时建设行政主管部门发布的工程定额或者工程量清单计价方法结算工程价款。"

估价

换言之，该第16条其实就是《施工合同示范文本2017》第10.4.1款及其他交易习惯规定的估价三原则：

"除专用合同条款另有约定外，变更估价按照本款约定处理：

相同项目

（1）已标价工程量清单或预算书有相同项目的，按照相同项目单价认定；

（2）已标价工程量清单或预算书中无相同项目，但有类似项目的，参照类似项目的单价认定；

类似项目

（3）变更导致实际完成的变更工程量与已标价工程量清单或预算书中列明的该项目工程量的变化幅度超过15%的，或已标价工程量清单或预算书中无相同项目及类似项目单价的，按照合理的成本与利润构成的原则，由合同当事人按照第4.4款〔商定或确定〕确定变更工作的单价。"

不宜适用

无相同项目及类似项目单价指：没有相同项目及类似项目单价，或者即使有但因性质、标准等不同而不宜适用。上述《施工合同示范文本2017》第10.4.1款与《最高院施工合同解释一》一样，需要进一步解释。作为该示范文本参考蓝本的国际工程交易习惯《FIDIC新红皮书》第12.3款规定，"由于工作性质不同，或在与合同中任何工作不同的条件下实施，未规定适宜的费率或价格"的，宜对有关工作采用新的费率或价格。《最高院施工合同解释一适用》前述理解与该规定完全一致。

解析案例　　　　　　在第30例（解析案例）中，涉案工程采用每平方米建筑面积单价包干。地下室层高为1.64米，后变更到2.5米，造成了建筑面积增加（按规范2.2米以上算建筑面积）。法院判决依据承包人申请委托鉴定了增加的建筑面积，发包人未申请鉴定变更价格。法院最终按照增加的建筑面积计算了价款。

　　　　最高院民一庭解析该案认为："发包人虽对鉴定结论有异议，但未提供有效的证据予以证明，亦未申请重新鉴定，根据……规定，发包人所提异议并不足以推翻鉴定结论的效力，故该鉴定结论应为定案依据。"

　　　　这是发包人诉讼不力引起的形式合法但实质不公平的结果。参照每平方米建筑面积单价计算，则相当于将地下室整个2.5米重新计算了一遍，而明明地下室1.64米部分已经包括在每平方米单价之中。

指导性案例　　　　　在第31例（指导性案例）中，合同工程18层，施工中变更增加2层。按照合同约定价格计算，还是按实计算？生效判决认定后者。

　　　　最高院民一庭结合该案给出的指导意见为：合同约定按固定总价方式结算工程款的，约定风险范围之外的，可以调整工程价款。其中，因设计变更导致超出合同约定风险范围的工程量或质量标准变化，应该据实结算。也就约定风险范围　　　是说，超出风险范围的变更，就不适用合同价格。

　　　　此外，合同签约时定额标准及造价文件是此种情形的结算依据。《山东高院王永起等观点》第342页认为，建设工程的报价以及合同中确定的工程价格定额标准　　　通常情况下仍以当地政府行政主管部门定期发布的定额标准作为重要的参考依据，有些合同中甚至直接约定适用某年度的定额计价标准，而政府行政主管部门定期发布的工程定额信息一般都会考虑由于市场因素导致的建筑材料、人工费以及机械台班等工程造价基本要素的变化和波动，因此各地政府主管部门发布的工程定额信息虽然不能全面客观地反映建筑市场的工程价格，但仍是建设工程施工合同订立、履行以及工程竣工结算时的重要参照依据。

　　　　当没有定额的可以据实结算。如果增加工程涉及新材料、新工艺，对该新材料、新工艺在建设行政主管部门发布的市场价格信息及工程定额标准中市场价　　　　没有规定的，可以考虑根据市场价格据实结算。

　　　　关于估价三原则及变更价格调整等进一步问题，笔者另行出版的同系列书籍《工程索赔100招》（第二版）中将有专门阐述。

5.1.3　约定计价方法变更或被撤销的仍应该按约定结算

　　　　政策文件属于规范性文件，在一定区域内具有普遍适用效力，合同当事规范性文件　　　人自愿将含有结算标准和依据的地方政府文件内容转化为合同内容，如文件内容不违反法律、行政法规的强制性规定，不能因文件被撤销、失效而否定当事人已将此文件规定转为合同约定内容的合法性，不能因此认定施工合同吸纳政府文件相关内容作为工程标准的合同条款无效。如果双方约定以该文件作为计价依据，后该文件撤销，则双方仍应按原约定执行，双方另行约定的除外。

指导性案例　　　　　在第32例（指导性案例）中，发包人与承包人约定工程造价执行政府（1994）建1号文件，2000年该文件已被政府撤销。

最高院民一庭结合该案件给出的指导意见为：双方是经过利益与风险的权衡后选择以该文件作为工程款结算标准，是双方当事人的真实意思表示。该1号文在这里是作为工程结算的一种价格标准存在的，对双方当事人当然具有约束力，发包人否认该文件作为结算依据，有违诚实信用原则。

定额标准

建设工程定额标准是各地建设主管部门根据本地建筑市场建安成本的平均值确定的，是完成一定计量单位产品的人工、材料、机械和资金消费的规定额度，属于任意性规范而非强制性规范。如果合同双方约定采用当期定额确定造价，则应当按照合同约定执行，但定额发生修改时，规范性文件并不影响原合同的效力，双方仍应按照原合同约定的计价依据执行，除非双方约定定额修改时合同计价依据随之修改。

解析案例

对长沙市金帆大厦工程施工合同纠纷案（解析案例），合同约定工程造价按"90定额"执行，施工期间"94定额"生效。

《民事审判指导09前卷》第27页

最高院民一庭张雅芬法官解析认为："无论'90定额'还是'94定额'，均属政府颁布的政策性调整文件，不是必须遵守的强制性文件。当事人约定何种取价标准，有完全的自主权，并无禁止性规定，'90定额'或'94定额'无法抗辩已生效的合同。因此，一审法院抛开当事人合同约定的'90定额'取价标准，按'94定额'取价，计算金帆大厦工程造价，违背双方当事人意志，缺乏事实根据和法律依据，应当予以纠正。"

5.1.4　验收合格是竣工结算及终止结算的前提

质量不合格

《最高院施工合同解释一》第16条第3款规定："建设工程施工合同有效，但建设工程经竣工验收不合格的，工程价款结算参照本解释第三条规定处理。"第3条规定："建设工程施工合同无效，且建设工程经竣工验收不合格的，按照以下情形分别处理：（一）修复后的建设工程经竣工验收合格，

修复费用

发包人请求承包人承担修复费用的，应予支持；（二）修复后的建设工程经竣工验收不合格，承包人请求支付工程价款的，不予支持。因建设工程不合格造成的损失，发包人有过错的，也应承担相应的民事责任。"

工程质量是工程建设的核心。依据合同约定进行结算的前提是合同中关于建设工程价款的计价方法和计价标准具体明确，合同双方能够据此执行，且工程竣工验收合格符合合同约定质量标准。如果工程竣工验收不合格，即便合同有效，也按合同无效的规定结算工程价款。

第 30 例　工程变更按合同单价还是重新估价？

【争议焦点】

施工中发生变更，地下室层高从1.64米变更到2.5米，是按照合同价结算，还是应重新估价？

【解析案例】

《民事审判指导32辑》第246页

2001年6月15日，发包人陇南市恒源房地产开发有限责任公司与承包人中国建筑工程总公司甘肃分公司签订《建设工程施工协议书》和《建设工程施工合同》约定，将某施工楼项目进行发包，建筑面积9081.2平方米，合同造价每平方米745元；合同还约定了合同价款采用固定价格合同方式确定，并且约定了合同价款的其他调整因素为工期、质量和变更等。

双方签订的《建筑工程施工合同》《建筑工程施工协议书》及施工图纸，监理公司竣工验收报告中均证明完成的建筑面积为9081.2平方米。双方在签订合同、协议书时建筑面积为9081.2平方米，是地上12层楼房面积，因原设计图纸地下室高度为-1.64米，不计算建筑面积。

2001年8月1日，承包人正式开工。地下室高度增加到-2.5米，双方对地下室增加高度产生的工程量……进行了签证，并于2005年4月26日签订的"增加工程量明细确认表"中对上述3项增加的工程量计价后，由发包人另行支付。

2004年2月26日，承包人与发包人双方形成会议纪要，就工程竣工验收及工程款余额支付问题达成意见。

2004年2月28日工程竣工验收合格。

承包人与发包人对涉案工程实际完成面积等分歧较大，于是提起诉讼。一审法院委托鉴定结论为：讼争工程实际建筑面积为10177.96平方米，按照合同约定每平方米745元计算，该建设项目合同造价为7582580.20元，经双方确认的合同外工程增加量为693328.32元，合同未做工程减少量为371131.23元。

【各方观点】

（1）发包人认为：建筑面积并非10177.96平方米，实际为9081.2平方米。但一审判决却依据《鉴定报告》认定建筑面积为10177.96平方米，其中的差距主要在对地下室面积的认定上。一审期间鉴定机构却按建筑面积计算，造成评估的建筑面积高于实际面积，使地下室的工程出现了又计算面积又计算工程量的重复计价问题。

重复计算

（2）甘肃高院一审认为：按鉴定报告结算。

【裁判观点】

最高院二审认为："关于工程的施工面积问题，……经庭审确认，讼争工程地下室的高度超过2.2米，按照国家相关规定应当计算建筑面积。因此，发包人上诉请求不成立。"

【最高院解析】

最高院吴晓芳法官解析认为：对于法院依据承包人申请鉴定得出的建筑面积及造价，承包人予以认可。"发包人虽对鉴定结论有异议，但未提供有效的证据予以证明，亦未申请重新鉴定，根据……规定，发包人所提异议并不足以推翻鉴定结论的效力，故该鉴定结论应为定案依据。""实际上，当事人对面积的争议只是针对地下室是否应计入总面积的问题，并非鉴定中的技术问题。""双方当事人均认可讼争房屋地下室高度超过2.2米，而合同本身对地下室是否计入总面积没有约定，一审法院依据鉴定结论及相关规定将地下室面积计入讼争房屋总面积之中，符合案件实际情况，且于法有据。"

《民事审判指导32辑》第246页

申请重新鉴定

【作者点评】

从客观上看，上述各审判决结果明显对发包人不公平。地下室层高从1.64米提高到2.5米，造成了建筑面积增加。如果参照每平方米建筑面积单价计算，则相当于将地下室整个2.5米重新计算了一遍，而明明地下室1.64米部分已经包括在每平方米单价之中。也就是说，就1.64米以下部分，承包人干了一倍的活，发包人付了两倍的钱。

从实质上看，上述地下室层高从1.64米提高到2.5米，是设计变更，应该根据变更调价规则重新估价。《最高院施工合同解释一》第16条第2款规定："因设计变更导致建设工程的工程量或者质量标准发生变化，当事人对该部分工程价款不能协商一致的，可以参照签订建设工程施工合同时当地建设行政主管部门发布的计价方法或者计价标准结算工程价款。"按照该规定以及合同和交易习惯规定的估价第三原则，合同没有相同及类似的可适用单价的，可以重新合理估价。地下室层高从1.64米变更到2.5米，层高2.2米以上建筑每平方米单价显然不适用。既然合同没有相应可适用单价，就应该重新合理估价，即按照签约时当地定额及文件计算。

设计变更

从法律上看，上述各审判决结论符合法律规定，并无不当。首先，发包人抗辩权依据不准确，没有明确设计变更及变更估价规则；其次，发包人没有申请据此的造价鉴定，使得二审法院即使同情也无法处理。当然，该案件如在2019年2月1日后审结，则可适用《最高院施工合同解释二》第14条，法院有释明发包人申请鉴定的义务。如法院未释明，则可申请再审。

抗辩权

【裁判规则】

工程出现变更时，合同没有相同或类似单价的，或者相同或类似单价无法适用的，应该按签约时当地定额及造价文件调整价格。

第31例 超出风险范围的变更应该据实计算吗？

【争议焦点】

工程18层。合同约定：图纸范围内的设计变更可调整工程价款，但幅度上下不超出200万元。施工中变更增加2层，变更价款为280万元，该加层变更是否应按200万元，还是按280万元计算？

【指导性案例】

《民事审判指导34辑》第53页

2002年3月15日，发包人大发房地产公司与承包人精细建筑公司签订《建设工程施工合同》。合同约定：施工范围为框架18层；工程价款暂定1900万元；建筑材料价格涨跌幅度为目前市场平均价格20%以内时，合同价不能调整；图纸范围内的设计变更，可调整工程价款，但幅度上下不超出200万元；开工日期为2002年5月1日，竣工时间为2003年11月底。

在施工过程中，双方通过设计变更将标准差层增加两层，总层高变更为20层，并为此对结构支撑部分作出相应调整，签证确认该部分造价为280万元，工期4个月。

新发大厦于2003年5月1日完工，经发包人等五方验收合格。

工程竣工后，承包人于2003年5月向发包人提交了工程结算报告。此时，发包人已付工程款1900万元。

2003年10月1日，承包人在索要工程款无望的情况下，提起诉讼，请求：发包人支付未付工程款。

【各方观点】

（1）承包人认为：应该支付包括该280万元加两层变更在内的价款。

（2）发包人认为：大量报价与事实不符，应由法院委托鉴定决定工程款数额。

【裁判观点】

一审法院认为：发包人理由不成立，判决支持承包人主要请求。

一审判决后，双方未提出上诉，一审判决发生效力。

【最高院指导】

《民事审判指导34辑》第53页

最高院民一庭认定该案为指导性案例时的意见为："合同约定按固定总价方式结算工程款的，应当按照合同约定的不同风险范围，可以或者不能调整工程价款。因设计变更导致超出合同约定风险范围内的工程量或质量标准变化，应按照司法解释规定据实结算，当事人另有约定的除外。"

本案合同在履行过程中，因设计变更、手工企业承建的房屋加层，变更了原合同约定的施工范围，设计变更已经超出了设计图纸范围，并因此引发相应的工程结构变更。工程价款按固定价结算，是指在合同约定的风险范围内，即在"图纸范围内的设计变更，可调整工程价款，但幅度上下不超出200万元"。本案加层引部分引起的工程量变化，不属于合同约定的风险范围，而应按实际造价，另行据实结算。《最高院施工合同解释一》第16条第2款规定：因设计变更导致建设工程的工程量或者质量标准发生变化，当事人对该部分工程价款不能协商一致的，可以参照签订建设工程施工合同时当地建设行政主管部门发布的计价方法或者计价标准结算工程价款。本案即属于因设计变更导致的工程量变化，按照该司法解释的规定，应当据实结算。

本案双方当事人以签证方式确认因设计变更致使工程量增加，而引发工程价款增加数额为280万元……。按照施工合同和设计变更后的签证内容，本案工程建设项目价款的约定方式为"在1900万元固定总价范围内，按照合同约定风险范围可调整合同价款；对于风险范围外，因设计变更，导致增加的工程量为280万元。如本案设计变更后增加的工程造价没有约定且不能通过协商达成一致的，人民法院应对整体工程造价进行鉴定，或按司法解释规定，可以参照签约时的市场价格信息，据实结算工程款"。

（执笔法官：冯小光）

【作者点评】

《最高院施工合同解释一》第16条第2款规定："因设计变更导致建设工程的工程量或者质量标准发生变化，当事人对该部分工程价款不能协商一致的，可以参照签订建设工程施工合同时当地建设行政主管部门发布的计价方法或者计价标准结算工程价款。"

如何认定"因设计变更导致建设工程的工程量或者质量标准发生变化"呢？关键看是否超过了合同约定的风险范围。上述案例中，设计变更导致层数增加及结构变更，显然就超过履行合同工程所必须，超过了风险范围。换言之，凡是构成实质性变更的，均可以视为不宜适用合同约定价格，只能使用估价第三原则，即参照签订建设工程施工合同时当地建设行政主管部门发布的计价方法或者计价标准结算工程价款。

进一步看，上述超出风险范围的变更，是合同变更，而非施工合同定义的工程变更，二者在变更的对象、程序和估价规则上均不相同。笔者将在另行出版的同系列书籍《工程索赔100招（第二版）》中阐述。

【裁判规则】

合同约定按固定总价方式结算工程款的，约定风险范围之外的，可以调整工程价款。其中，因设计变更导致超出合同约定风险范围的工程量或质量标准变化，应该据实结算。

第32例　被撤销的政策文件可否作为结算依据?

【争议焦点】

合同约定作为结算依据的地方政府文件被撤销,是否还可以以该文件作为结算依据?

【指导性案例】

《民事审判指导09前卷》第537页

1995年4月至1996年9月间,发包人(外资企业)与承包人采取分部分项方式,针对宏达商业中心的相关工程项目,签订了施工合同。同时约定,执行政府(1994)建1号文件。签约前,双方履行了招投标手续。招标文件记载:"本项目属三资企业投标标底编制办法按市建委造价处(1994)建1号文件编制。"1997年1月20日,发包人向承包人发出《中标通知书》,通知承包人中标。

2000年7月4日,讼争工程验收合格。宏达商业中心于工程竣工验收前两年已正式开业使用。竣工验收后,承包人向发包人递交结算资料,发包人向承包人出具了多份关于竣工结算资料的初步审核意见,但双方最终未能就结算问题达成一致。

市建委造价处(1994)建1号文为工程所在地建设委员会于1994年颁布实施,主要内容是对建筑市场上的外资和内资建设项目收费实行双轨制,适用不同的定额标准取费。2000年该文件已被政府撤销。

审理期间,一审法院委托具有法定资质的鉴定机构按照合同约定的结算标准对讼争工程项目造价进行鉴定,结论为发包人尚欠承包人工程款6700万元。

一审判决后,双方当事人未提起上诉。

【各方观点】

(1)承包人认为:发包人应向其支付工程欠款1亿元及其相应利息;发包人承担全部诉讼费用。

(2)发包人认为:地方政府建设委员会颁发的(1994)建1号文不能作为结算依据。主要理由:发包人为外资企业。由于当时市建委工程造价处超越职权,违反"三资企业"在国内购买物资和所需服务价格政策违规出台"土政策",即(1994)建1号文件,对"三资企业"单独规定工程造价定额。本案施工合同约定适用该文件结算,使得本项目工程合同造价高出内资企业定额近1/4。此约定虽为合同内容,但并非当事人真实意思表示,而是当时行业主管部门强制推行的结果,应认定无效。该文对内、外资企业实行双重收费标准,在诸多方面加大了外资企业负担。制定该文的机关超出法定权限,违背改革开放大政方针,该文已于2000年被明令废止,此文自始不具备法律效力。据此,施工合同的结算条款约定无效,应按照内资企业施工标准据实结算。

非真实意思

【裁判观点】

一审法院认为："发包人与承包人签订施工合同系双方当事人的真实意思表示不违反法律强制性规定，应属有效，当事人应严格依约履行。承包人依约履行了工程施工义务，并将工程交付给发包人实际经营使用，工程已通过竣工验收，发包人应履行支付工程款义务。地方政府建委下发的（1994）建1号文件是建筑业从计划经济向市场经济过渡阶段的产物，是当时当地建筑市场内对于外资企业工程结算普遍适用的规范性文件，对此，应当尊重历史、实事求是。关于当事人对该文件效力的争议，不属民事案件受理范围。本案审理范围包括：合同有关以该文件作为结算依据的约定是否有效？对签约当事人是否具有约束力？应当认为，双方在招投标及签订合同时，经过利益与风险的权衡后选择以该文件作为工程款结算标准，是双方当事人的真实意思表示。（1994）建1号文在这里是作为工程结算的一种价格标准存在的，对双方当事人当然具有约束力。讼争工程已由发包人实际使用两年，在结算中又否认该文件作为结算依据，有违诚实信用原则。因此，发包人在本案中主张（1994）建1号文件不能作为结算依据，不予采信。"双方均未上诉。

【最高院指导】

《民事审判指导09前卷》第537页

最高院民一庭认定该案为指导性案例时的意见为："合同当事人自愿将含有结算依据的地方政府文件内容转化为合同内容，如文件内容不违反法律、行政法规的强制性规定，能因文件被撤销、失效而否定合同相关条款的效力。当事人请求据实结算的，不应予以支持。"理由包括：首先，施工合同有效。其次，合同当事人自愿将含有结算标准和依据的地方政府文件内容转化为合同内容，如文件内容不违反法律、行政法规的强制性规定，不能因文件被撤销、失效而否定当事人已将此文件规定转为合同约定内容的合法性，不能因此认定施工合同吸纳政府文件相关内容作为工程标准的合同条款无效。最后，当事人对市建委（1994）建1号文件内容及以此作为工程结算依据所产生的法律后果是清楚的。合同当事人对是否采用此文件作为工程结算依据签订施工合同均享有决定权，也就是说，是否接受上述文件约束的意思表示是自由的，合同当事人享有是否签约的选择权，签约的基础是自愿的，不存在以政府文件干预当事人私权领域的签约自由问题。

强制性规定

意思表示自由

（执笔法官：冯小光）

从约原则

【作者点评】

从约原则是结算的基本原则，凡是与有效合同的约定不一致的政策文件及其变化，均不是结算的依据。

【裁判规则】

合同约定作为结算依据的政策文件被撤销的，双方仍应按照该文件结算。

5.2　固定价合同结算

　　《最高院施工合同解释一》第22条规定："当事人约定按照固定价结算工程价款，一方当事人请求对建设工程造价进行鉴定的，不予支持。"该如何理解和应用呢？

5.2.1　总价合同内部分按照总价结算不应造价鉴定

　　根据原《施工计价管理办法》第12条规定，建设工程合同价可以采用固定价、可调价和成本加酬金三种形式。《工程结算暂行办法》第8条的规定，固定价格又分为固定总价和固定单价两种形式。

总价合同

单价合同

　　按照交易习惯，工程计价方式分为总价合同、单价合同及成本加酬金合同。《施工合同示范文本2017》第12.1条规定，合同价格形式分为三种，单价合同、总价合同以及其他价格形式。《清单计价规范2013》第2.0.11至2.0.13款也是这样分类的。

　　《最高院施工合同解释一》中的固定价指总价合同。《最高院施工合同解释一适用》第160页认为："约定按照固定价结算工程款"一般指"按施工图预算包干，即以经审查后的施工图总概算或者综合预算为准，有的是以固定总价格包干或者以平方米包干等"。

　　所谓总价合同，是指承包范围工作价格包干的合同，除了变更及约定调价情形外，总价合同价格不予调整。《FIDIC新银皮书》是标准的采用总价合同的国际标准文本，第85页第14.1款规定："工程款的支付应以总额合同价格为基础，按照规定进行调整。"《清单计价规范2013》第2.0.12款规定也有类似规定。总价合同的特点是：只要没有变更及约定调价情形，合同价格就不调整。上述施工图预算包干、固定总价格包干以及以平方米包干等，本质是总价合同。其中，所谓以平方米包干，也就是只有出现导致建筑面积变化的变更出现时才调整价格，价格调整方法按变化的建筑面积及约定单价调价。

　　总价合同合同内部分不应该鉴定。《湖南高院郭丁铭等观点》认为，人民法院对于司法鉴定的态度是能不鉴定就不鉴定，因为司法鉴定不仅增加当事人的诉讼成本，也增加法院的工作量，并且会导致案件审理拖延，不符合司法经济和效率的要求。因此，只要建设工程施工合同对计价方式约定明确，计价数据确定，当然不需要再进行工程造价鉴定。《最高院施工合同解释一适用》第161页认为："承包人和发包人在履行建设工程施工合同过程中，如果没有发生合同修改或者变更等情况导致工程量发生变化时，就应该按照合同约定的包干总价格结算工程款。如果一方当事人提出对工程造价进行鉴定的申请，按照工程造价进行结算的，不管是基于什么样的理由，都不应予以支持。"除了上述观点外，许多法院都有类似的规定：

　　（1）《江苏高院司法鉴定规程2015》第27条规定："合同约定按固定总价结算的合同内部分……当事人申请工程造价鉴定，人民法院……不予准许。"

（2）《重庆高院民事审判意见2007》第15条规定："建设工程合同中当事人约定按固定价结算，或者总价包干，或者单价包干的，承包人按照合同约定范围完工后，应当严格按照合同约定的固定价结算工程款。"

（3）《湖北高院民事审判纪要2013》第32条规定："建设工程合同中当事人约定按包干价结算，承包人按照合同约定范围完工后，应当严格按照合同约定结算工程款。"

（4）《四川高院施工合同解答2015》第23条规定："当事人约定按照固定总价结算工程价款，应当严格按照合同约定的工程价款执行，一方当事人请求对工程造价进行鉴定并依据鉴定结论结算的，不予支持。"

以上，各地法院均认为，总价合同中合同约定范围内应严格按照合同约定结算，不得鉴定。

《民事审判指导29辑》第215页

对（2006）民一终字第4号案，最高院民一庭吴晓芳解析认为："当事人在建设工程施工合同中约定不同的结算方式，会导致不同的法律后果。如果合同中约定按照固定价结算工程款，在履行建设工程施工合同过程中，没有发生合同修改或者设计变更的情况，就应当依照合同约定的包干总价结算工程款。因为当事人之间约定以固定价方式结算工程款，属于合同的权利义务条款，对双方都应具有法律约束力。在没有证据和事实推翻合同约定时，应遵守当事人的意思自治。一方当事人抛开合同约定的包干总价，提出对工程造价进行鉴定的申请，法院不应予以支持。""承包人认为按照合同约定的固定价格结算工程款明显不公平，这样不但不赚得利润，而且做完工程会赔本"，"承包人在签订合同时，对其中存在的风险应该是完全知晓的，后果也应自己承担"。

5.2.2　总价合同外变更调整部分可以通过鉴定确定价格

该《最高院施工合同解释一》第22条对于固定价格合同已经完全履行完毕情形下合同外部分的工程价款结算问题没有作出明确规定。《最高院施工合同解释一适用》第161页认为："对于因设计变更等原因导致工程款数额发生增减变化的，在可以区分合同约定部分和设计变更部分的工程时，也不应导致对整个工程造价进行鉴定，只是根据公平原则对增减部分按合同约定的结算方法和结算标准计算工程款。"各地法院也都有类似规定：

公平原则

（1）《浙江高院施工合同解答2012》第12条规定："建设工程施工合同采用固定总价包干方式，当事人以实际工程量存在增减为由要求调整的，有约定的按约定处理。没有约定，总价包干范围明确的，可相应调整工程价款。"

（2）《广东高院施工合同意见2006》第（一）部分规定："当事人约定工程款实行固定价，而实际施工的工程量比约定的工程范围有所增减的，可在确认固定价的基础上，参照合同约定对增减部分进行结算，再根据结算结果相应增减总价款。不应撇开合同约定，对整个工程造价进行重新结算。"

（3）《深圳中院工程合同意见2010》第21条规定："在固定总价若干范围以外增加的工程量，应计入合同价款。"

（4）《四川高院施工合同解答2015》第23条规定："建设工程因设计变更导致工程量或质量标准发生变化，当事人要求对工程价款予以调整的，如果合同对工程价款调整有约定的，依照其约定；没有约定或约定不明的，应当由当事人协商解决，不能协商一致的，可以就变更部分参照签订建设工程施工合同时当地建设行政主管部门发布的计价方法或者计价标准结算工程价款。"

（5）《湖北高院民事审判纪要2013》第32条规定："建设工程合同中当事人约定按包干价结算……因设计变更导致工程量变化或质量标准变化，当事人要求对工程量增加或减少部分据实结算的，应予支持。"

约定不明

以上规定和《合同法》规定是一致的。根据《合同法》第61条和第62条的规定，合同生效后，当事人对总价合同范围外变更调整部分价款没有约定或者约定不明确的，可以协议补充，不能达成补充协议的，按照合同有关条款或者交易习惯确定。依照前述规定仍不能确定的，按照订立合同时履行地的市场价格履行，依法应当执行政府定价或者政府指导价的，按照规定履行。鉴于建设工程不属于"应当执行政府定价或指导价的范畴"，因此，建设工程合同对价款约定不明时，应当按照订立合同时履行地的市场价格履行。

5.2.3 总价合同承包范围约定不明的通过分配举证责任结算

该第22条对于固定价格合同承包范围约定不明的没有作出明确规定。各地法院有相关规定如下：

举证责任分配

（1）《江苏高院司法鉴定规程2015》第32条规定："建设工程施工合同约定工程价款按照固定总价结算，合同履行过程中建设工程发生重大变更导致难以区分合同内工程量与变更部分工程量，一方当事人申请对建设工程全部造价进行鉴定的，人民法院可以准许，但鉴定结论应当计入固定总价体现的下浮水平。"

（2）《浙江高院施工合同解答2012》第12条规定："建设工程施工合同采用固定总价包干方式，当事人以实际工程量存在增减为由要求调整的……总价包干范围约定不明的，主张调整的当事人应承担举证责任。"

（3）《盐城中院施工合同意见2010》第21条："当事人对固定价结算的建设工程施工合同的施工范围有争议且不能协商一致的，按下列规则处理：（1）根据合同约定和签约时依据的设计图纸等原始资料确定工程施工范围；（2）对合同中施工范围条款理解有争议的，按照《合同法》第125条的规定处理；（3）根据前两项规定仍不能确定施工范围的，如发包人不能证明争议事项已包括在固定总价包干范围内的，则应当另计工程价款。"

（4）《深圳中院工程合同意见2010》第21条规定："固定总价包干范围约定不明，如发包人不能证明该增加的工程量已包括在包干范围内的，应计入合同价款。"

（5）《四川高院施工合同解答2015》第23条规定："主张工程价款调整的当事人应当对合同约定施工的具体范围、实际工程量增减的原因、数量等事实承担举证责任。"

难以区分

以上，如果总价合同难以区分合同内工程量与变更部分工程量时，则各地法院意见分为三种：第一种意见为由主张调整的当事人承担举证责任；第二种意见为该举证责任在发包人，如果发包人不能证明争议事项已包括在固定总价包干范围内的，则应当另计工程价款，以深圳及盐城中院为代表；第三种意见为不区分承包范围内及外，通过全部鉴定来确定总的结算价格，以江苏高院为代表。笔者认为：第一种意见符合一般法律规则，是主流法院意见；第二种意见按对提供格式合同不利原则处理，具有可取之处，但相对非主流；第三种意见是一种务实的处理方法，可以作为一种备选方案。

5.2.4　总价合同解除的一般按照比例折算法结算价款

总价合同解除按照比例折算法结算的相关依据如下：

（1）《山东高院民事审判纪要2011》第3条第3款规定："关于固定价格合同未履行完毕而解除的，工程价款如何结算的问题：如果建设工程施工合同约定按固定总价结算，则按照实际施工部分的工程量占全部的工程量的比例，再按照合同约定的固定价格计算出已完部分工程价款。"

（2）《北京高院施工合同解答2012》第13条规定："建设工程施工合同约定工程价款实行固定总价结算，承包人未完成工程施工，其要求发包人支付工程款，经审查承包人已施工的工程质量合格的，可以采用'按比例折算'的方式，即由鉴定机构在相应同一取费标准下分别计算出已完工程部分的价款和整个合同约定工程的总价款，两者对比计算出相应系数，再用合同约定的固定价乘以该系数确定发包人应付的工程款。"四川高院和江苏高院均有类似规定。

（3）《重庆高院造价鉴定解答2016》第11条第6款规定："如果合同为固定总价合同，且无法确定已完工程占整个工程的比例的，一般可以根据工程所在地的建设工程定额及相关配套文件确定已完工程占整个工程的比例，再以固定总价乘以该比例来确定已完工程造价。"

解析案例

在第33例（解析案例）中，建设工程施工合同约定工程价款结算方式为总价合同，由于合同提前终止、工程未完工，法院需要委托鉴定单位鉴定确定已完工程占全部工程的比例，再用该比例乘以工程总价款就是已完工程合同价款。

最高院民一庭解析该案认为：在约定采用固定价格结算而工程又没有完成的情况下，存在两种计算方法，一是按定额取费计算；二是按比例折算，"这两种确定工程价款的方式所产生的结果是不同的""对于上述两种方式哪种方式更合理，我们认为，需要结合当事人诉求依具体案情确定""如果

定额取费

有一方当事人坚持按照合同约定计算工程价款，则应尽量按照合同约定处理，在固定总价款可以计算得出的情形下，通过鉴定确定已完工程的工程量占全部工程量的比例，再乘以合同约定的固定总价款即可得出已完工程价款

比例折算法

（即比例折算法）"。"按照定额鉴定以确定比例，一方面实践中比较具有操作性，另一方面以同一标准确定已完工程占全部工程的比例，也比较科学。这种计算方式即能反映当事人通过合同表达的真实意思，也能反映施工的客观情况。就本案而言，这种计算方式更为合理。"

据此，可以得出总价合同解约结算比例折算公式如下：

总价合同终止结算价款=合同内已完工程价款+调整价款

合同内已完工程价款=合同总价×合同内已完工程比例

$$合同内已完工程比例=\frac{按定额计算的合同内已完工程价款}{按定额计算的合同工作价款}$$

在上述比例折算法公式中，区分合同内和合同外，按照定额这一同一取费标准计算是关键。不区分合同内外，打包在一起计算比例，将造成调整价款打折的问题。按照定额这一同一取费标准计算，而不是用已标价工程量清单或承包人其他报价文件计算，因为定额取费为官方颁布且广泛使用，可以克服该文件不准确不完整的问题。

总体而言，比例折算法是迄今为止的计算总价合同终止结算价最客观、最科学的方法。可以完全消除承包人报价文件不准确不完整的风险，还可以完全消除承包人不平衡报价的风险，维护合同的严肃性。具体可参考笔者另行出版的同系列书籍《工程索赔100招》（第二版）。

5.2.5　总价合同因发包人违约解除的可按照定额标准结算价款

总价合同解除按照比例折算没有考虑合同解除的原因及双方利益的平衡。据此，各地法院部分修正如下：

（1）《湖北高院民事审判纪要2013》第32条规定："已完工程质量合

违约解除

格的，……合同约定以总价包干方式计价的，若工程未完工系承包人原因导致，按合同约定的取费标准鉴定未完工部分，以总包干价减未完工部分造价计算工程款；若工程未完工系发包人原因导致，按照建设行政主管部门颁发的定额及取费标准据实结算。"

（2）《江苏高院施工合同解答2018》第8条规定："建设工程仅完成一小部分，如果合同不能履行的原因归责于发包人，因不平衡报价导致按照当事人合同约定的固定价结算将对承包人利益明显失衡的，可以参照定额标准和市场报价情况据实结算。"

（3）在第34例（公报案例）中，最高院二审认为："发包人单方解除合同且未按照约定时间支付相应工程款"，考虑"当事人双方的利益平衡以及司法判决的价值取向"，"分清哪一方违约"，故根据实际完成的工程量，以建设行政管理部门颁发的定额取费核定工程价款。该案例明确因发包人违约导致合同解除时可以按照不利发包人原则选用定额法结算。

据此，可以得出总价合同解约结算的不利定额法公式如下：

发包人原因导致合同终止的：

合同内已完工程价款=按定额计算的合同内已完工程价款

承包人原因导致合同终止的：

合同内已完工程价款=合同总价－按定额计算的合同内未完工程价款

上述不利定额法实质上是通过结算方法的选择对导致合同解除的违约方进行惩罚，惩罚力度是否合适是需要斟酌的。笔者认为只有在比例折算法明显不合适时，才适合采用该方法。

5.2.6　单价合同一般按照按实结算法结算

按实结算

单价合同是指合同当事人约定以工程量清单及其综合单价进行合同价格计算、调整和确认的建设工程施工合同，在约定的范围内合同单价不作调整。合同当事人应在专用合同条款中约定综合单价包含的风险范围和风险费用的计算方法，并约定风险范围以外的合同价格的调整方法。

单价合同最本质的特征是按照已标价工程量清单包干。《清单计价规范2013》第4.1.2条规定："招标工程量清单必须作为招标文件的组成部分，其准确性和完整性应由招标人负责。"该条款被住建部确定为"必须严格执行"的"强制性条文"。

强制性条文

单价合同结算时，按照合同单价和实际完成工程量确定工程价款。但是如果出现明显的不平衡报价的，可以酌情考虑其他结算方式。

总价合同与单价合同结算的对比见表 5-1。

总价合同与单价合同结算对比表　　　　表 5-1

项　目	单价合同	总价合同
计价风险	招标清单的准确性和完整性由招标人负责	报价文件的准确性和完整性由承包人负责
包干范围	按照已标价清单包干；清单偏差、变更、环境变化可调价	按照合同工作包干；只有变更及环境变化可调价。
结算方法	按实计量法为主	比例折算法为主，不利定额为辅
环境风险	物价变动、工资上涨、政策变动、不利条件、恶劣天气、不可抗力等环境变化按照合同相应约定调价	

限于篇幅，关于单价合同与总价合同区别、单价合同各类结算方法等，笔者将在另行出版的同系列书籍《工程索赔100招（第二版）》中阐述。

第33例 固定价合同提前终止的如何结算?

【争议焦点】

固定价合同因为第三方原因提前终止的,应该如何计算工程价款?

【解析案例】

2007年12月18日,凤辉公司和赤峰建设公司签订《施工合同》,采用可调价格合同,并向有关建设主管部门进行了备案。

上述合同签订后,承包人于2007年12月下旬进场施工。在承包人施工过程中,因拆迁户堵门、材料供应、农民工劳务费等问题,发生了多次停工。

2010年7月10日发包人与承包人签订《补充协议书》,约定索赔金额,合同价格为:施工图纸可以确定工程的总平方米乘上每平方米的单价,但约定了相应单价。

2013年在施工现场因回迁问题居民强行拉闸断电导致停工,后经有关部门处理,但工程未能正常进行。发包人向承包人发出解除施工合同通知,认为承包人违约。后承包人复函不同意解除合同,随即向法院提起诉讼,请求发包人支付已完工程未付工程款及各项损失。

法院委托的造价单位出具鉴定结论为:在按照约定人工费不予调整情况下,已完成的工程造价是9419.65万元,未完成工程造价为2346.89万元。另经法院核实,按照每平方米单价计算,合同总价为16310.32万元。

【各方观点】

(1)发包人认为:一审法院应依据合同约定委托鉴定机构对承包人已完工程进行造价鉴定,又没有采信造价结论,而是依据固定价、面积进行再次计算,适用法律错误。

(2)承包人认为:一审判决认定事实清楚,适用法律正确。采用"按比例折算"的方式计算案涉工程价款符合案情。对未完工的采用固定单价的工程,司法实践中普遍采用"按比例折算"的方式计算工程价款。本案工期拖延导致施工成本剧增,若以定额取费计算造价,对承包人明显不公。

(3)河北高院一审认为:本案的工程价款应当按《补充协议书》的固定单价来结算工程价款。但是因本案是一个未完工程,对于承包人已经施工的工程价款,尚无法按每平方米的单价来确定。按照合同约定和施工图纸可以确定工程的总平方米,在全部完工情况下,乘上每平方米的单价,即是工程总价款。在未全部完工情况下,确定已经施工部分的工程价款,关键在于确定已施工的部分占全部工程的比例。确定比例后,乘上按每平方米计算的工程总价款,就是已施工的工程价款。

查案例扫微信

定额取费

【裁判观点】

最高法院二审认为："《补充协议书》约定的固定单价，指的是每平方米均价，针对的是已经完工的工程。根据已查明事实，承包人退场时，案涉工程尚未完工。此种情形下工程款如何计算，现行法律、法规、司法解释没有作出规定。一审判决先以固定单价乘以双方约定的面积计算出约定的工程总价款，再通过造价鉴定计算出承包人完成的部分占整个工程的比例，再用计算出的比例乘以约定的工程总价款确定承包人应得的工程价款此种计算方法，能够兼顾合同约定与工程实际完成情况，并无不当。……一审法院委托鉴定机构按照定额进行鉴定，是为了确定承包人完成的部分占整个工程的比例，而不是直接采用鉴定意见作为工程款数额，并不违背《最高人民法院关于审理建设工程施工合同纠纷案件适用法律问题的解释》第二十二条规定，不存在适用法律错误的问题。"

【最高院解析】

最高院民一庭于蒙法官解析认为：在约定采用固定价格结算而工程又没有完成的情况下，存在两种计算方法，一是按定额取费计算；二是按比例折算，"这两种确定工程价款的方式所产生的结果是不同的""对于上述两种方式哪种方式更合理，我们认为，需要结合当事人诉求依具体案情确定""如果有一方当事人坚持按照合同约定计算工程价款，则应尽量按照合同约定处理，在固定总价款可以计算得出的情形下，通过鉴定确定已完工程的工程量占全部工程量的比例，再乘以合同约定的固定总价款即可得出已完工程价款（即比例折算法）""按照定额鉴定以确定比例，一方面实践中比较具有操作性，另一方面以同一标准确定已完工程占全部工程的比例，也比较科学。这种计算方式即能反映当事人通过合同表达的真实意思，也能反映施工的客观情况。就本案而言，这种计算方式更为合理。"

【作者点评】

《最高院施工合同解释一》第22条有关"当事人约定按照固定价结算工程价款，一方当事人请求对建设工程造价进行鉴定，不予支持"的规定，适用的是固定价合同工程已完工情况。在固定价合同工程未完工的情况下，除非有特别事由，比例折算法是最为合理的。案例中的计算方式无误，但计算范围有商榷的空间。笔者认为：比例折算法只适用于固定价部分，对于价格调整部分，应该单独计算。由于承包人未分开申请鉴定，使得价格调整部分也按照比例计算了。

【裁判规则】

固定总价合同提前终止的，合同内已完工程价款一般采用合同总价乘以已完成工程比例得出。其中，已完成工程比例最合适的计算方法为：按签约时当地定额分别计算出合同内已完工程造价和合同工程造价，然后前者除以后者得出。

《民事审判指导16年卷》第542页（第67辑）

固定价

比例折算法

未完工程

价格调整

第34例　固定价合同因发包人原因解除如何结算？

【争议焦点】

固定价合同因为发包人拖延进度款而解除的，且按照比例折算法等方法明显对承包人不公平时，应该如何结算？

【公报案例】

2011年9月1日，发包人青海隆豪置业有限公司与承包人青海方升建筑安装工程有限责任公司签订《建设工程施工合同》。合同约定：工程单价1860元/平方米，单价一次性包死，合同总价款68345700元。

施工过程中，因工程款支付及施工进度纠纷，发包人单方通知承包人解除合同，承包人撤场。此时，工程的基础及主体已施工完毕，安装、装修工程尚未施工。

2012年7月9日，承包人向法院起诉，请求：判令发包人向其支付工程款。双方对于已完工程价款如何计算存在分歧。

青海省高院一审时委托青海规划设计研究院鉴定，鉴定结论为：按照双方《建设工程施工合同》、设计施工图等相关资料，标的物合同价格为68246673.60元；按照设计施工图纸及《青海省建设工程消耗量定额（2004）》等相关资料，标的物施工图预算价格合计为89098947.93元；标的物已完部分工程预算价格合计为40652058.17元；标的物已完工程项目鉴定价格为31139476.56元。

【各方观点】

（1）承包人认为：发包人单方解除合同，使合同约定工程未能全部完工，合同约定的固定单价无法适用应当按照定额结算已完工程价款。

（2）发包人认为：不应按照定额结算已完工程价款。

（3）青海省高院一审认为："鉴定机构……计算出定额预算总价款89098947.93元，合同约定的总价款68246673.60元，合同价与预算价相比下浮比例为76.6%，承包人已完工程定额预算价为40652058.17元，已完工程项目鉴定价格为32723973.82元。"

【裁判观点】

最高院二审认为："确定案涉工程价款，只能通过工程造价鉴定部门进行鉴定的方式进行。……大致有三种方法：一是以合同约定总价与全部工程预算总价的比值作为下浮比例，再以该比例乘以已完工程预算价格进行计价；二是已完施工工期与全部应完施工工期的比值作为计价系数，再以该系数乘以合同约定总价进行计价；三是依据政府部门发布的定额进行计价。……第一种方法……本案已完工程的价款应为31139476.56元。然而

……这一方法计价存在着明显不合理之处：一是现无证据证明鉴定的全部工程预算价89098947.93元是当事人缔约时依据的预算价，何况合同总价款68246673.60元也是通过鉴定得出的，并非当事人缔约时约定的合同总价款。二是用鉴定出的两个价款进行比对得出的下浮比例，与当事人的意思表示没有任何关联……三是如采用这一种方法，发包人应支付的全部工程价款大致为59239476.56元……明显低于合同约定的总价68345700元，两者相差910余万元……将会导致发包人虽然违反约定解除合同，却能额外获取910余万元利益的现象……四是虽然一审判决试图以这一种计算方法还原合同约定价，但却忽略了当事人双方的利益平衡以及司法判决的价值取向。……其次，如果采用第二种方法……本案已完工程价款应为55028938.40元……发包人应支付的全部工程价款为83128938.40元，明显高于合同约定的总价68345700元，两者相差14783238.40元，此时虽然符合发包人中途解除合同必然导致增加交易成本的实际情况，但该计算结果明显高于已完工工程相对应的定额预算价40652058.17元，对发包人明显不公。再次，如采用第三种方法即依据政府部门发布的定额计算，则已完工工程价款应是40652058.17元。发包人应支付的全部工程价款68752058.17元，比合同约定的总价元仅高出36万余元。此种处理方法与当事人预期的价款较为接近，因而比上述两种计算结果更趋合理。……一审判决没有分清哪一方违约，仅仅依据合同与预算相比下浮的76.6%确定本案工程价款，然而，该比例既非定额规定的比例，也不是当事人约定的比例，一审判决以此种方法确定工程价款不当，应予纠正；承包人提出的以政府部门发布的预算定额价结算本案已完工工程价款的上诉理由成立，应予支持。综上，本案应当根据实际完成的工程量，以建设行政管理部门颁发的定额取费核定工程价款为依据。"

【最高院解析】

无。

【作者点评】

本案属于固定价合同未完工时如何确认工程价款的问题。案例针对金额比例、工期比例法、定额法等三种方法分别分析，最终采用了定额法结算价款。值得注意的是，第一种方法本质是比例折算法，案例关于比例折算法不合理唯一可信的理由是发包人违约。其中，理由一、二明显牵强，理由三也不成立，因为如仅仅涉及合同内部分，全部工程款恒等于合同总价；理由四才是判决的重点，因为发包人违约导致合同终止，从过错及公平角度出发，按不利于发包人原则选择价格较高的按定额计算法。论证工期比例法不合理的理由没有问题。此外，论证定额法合理的理由也是欠妥的，按此方法，发包人应支付的全部工程价款为89098947.93元，而非68752058.17元。

【裁判规则】

固定价合同因为发包人原因解除的，按照其他方法结算已完工程价款明显不合理时，可以按照签约时工程所在地定额标准结算。

5.3 材料涨价

5.3.1 可调价合同及不调价合同包干风险范围外材料涨价均可调价

材料涨价

施工合同在履行过程中，往往会遇到建筑材料价格上涨，造成建设工程成本增加，无论总价合同、单价合同还是其他计价方式合同，一般首先根据合同约定调整价格。

《施工合同示范文本2017》第11.1条规定："除专用合同条款另有约定外，市场价格波动超过合同当事人约定的范围，合同价格应当调整。合同当事人可以在专用合同条款中约定选择以下一种方式对合同价格进行调整。"材料涨价价格调整方式主要分为两种：

价格指数

（1）价格指数调整法，是根据人工、材料、设备等各子项的变动指数和所占权重来确定调整金额。

造价信息价格

（2）造价信息价格调整法，是指合同履行期间，人工、材料、工程设备和机械台班价格波动时，按照国家或省、自治区、直辖市建设行政管理部门、行业建设管理部门或其授权的工程造价管理机构发布的信息价进行调整；没有信息价的，可按照发包人确认单价调整。

风险范围

施工合同约定材料价格上涨不调价的，按照从约原则，在包干风险范围之外当然可以调整价格；除非法律另有规定，在包干风险范围内的当然不调整价款。

5.3.2 不调价合同材料涨价包干风险范围不明的参照当地文件调价

风险范围

如果合同仅约定材料价格波动不调价，但未明确合同价格所包含的风险范围和风险费用，那么在施工合同履行期间遇到的建筑材料价格上涨等风险，是否调整合同价款，如何调整合同价格呢？

《清单计价规范2013》第3.2.1条规定："采用工程量清单计价的工程，应在招标文件或合同中明确计价中的风险内容及其范围（幅度），不得采用无限风险、所有风险或类似语句规定计价中的风险内容及其范围（幅度）。"按照住建部《关于发布国家标准〈建设工程工程量清单计价规范〉

强制性条文

的公告》（第1567号）规定，该条为强制性条文，"强制性条文，必须严格执行"。该条款至少可以理解为计价的交易习惯。

各地高院对该情形持有两种不同意见：

第一种意见认为：可在市场风险范围和幅度之外酌情调整工程价款；具体数额可以委托鉴定机构参照施工地建设行政主管部门关于处理建材差价问题的意见予以确定。《北京高院施工合同解答2012》第12条规定："建设工程施工合同约定工程价款实行固定价结算，在实际履行过程中，钢材、木材、水泥、混凝土等对工程造价影响较大的主要建筑材料价格发生重大变

工程鉴定

化，超出了正常市场风险的范围，合同对建材价格变动风险负担有约定的，原则上依照其约定处理；没有约定或约定不明，该当事人要求调整工程价款

的，可在市场风险范围和幅度之外酌情予以支持；具体数额可以委托鉴定机构参照施工地建设行政主管部门关于处理建材差价问题的意见予以确定。"《四川高院施工合同解答2015》第24条有相同规定。

第二种意见认为，所有价格变动风险由承包人承担，即工程价款不予以调整。《广东高院民事审判纪要2012》第26条规定："当事人在合同中对建筑材料价格变动的风险有约定的，按约定处理。没有约定的，约定工期内的建筑材料价格变动的风险由承包人承担。"

笔者赞成第一种观点，即认为合同对风险范围和风险费用未约定或约定不明时，一方请求调整价款的，可在市场风险范围和幅度之外酌情调整。首先，《合同法》第61条规定："合同生效后，当事人就质量、价款或者报酬、履行地点等内容没有约定或者约定不明确的，可以协议补充；不能达成补充协议的，按照合同有关条款或者交易习惯确定。"因此，风险范围和风险费用未约定或约定不明时，如果双方不能达成补充协议，则可以根据交易习惯确定，因此可以参照《清单计价规范2013》进行确定。其次，合同关于如果合同履行中出现正常的市场风险动辄调整合同价格，一方面不符合固定总价和固定单价合同包含一定风险的性质，另一方面扰乱建筑市场的正常秩序。如果出现市场风险又完全不调整合同价格，则把材料价格波动风险完全由承包人来承担，有违《合同法》公平、诚信原则，也将危害社会安定，损害农民工等弱势群体的利益。承包人作为有经验的建筑商在投标报价时一定对建筑材料市场价格的正常波动有一定的预期，因此市场风险范围和幅度之内的不予调整，市场风险范围和幅度之外的则酌情调整。

如何确定市场风险范围和幅度？《清单计价规范2013》第3.2.3条则规定："材料、工程设备的涨幅超过招标时基准价格5%以上由发包人承担。施工机械使用费涨幅超过招标时的基准价格10%以上由发包人承担。"2008年上海市《关于建设工程要素价格波动风险条款约定、工程合同价款调整等事宜的指导意见》规定："可采用投标价或者以合同约定的价格月份对应造价管理部门发布的价格为基准，与施工期造价管理部门每月发布的价格相比（加权平均法或算数平均法），人工价格的变化幅度原则大于正负3%（含3%）、钢材价格的变化幅度原则上大于正负5%、除人工、钢材上述条款所涉及其他材料价格的变化幅度原则上大于正负8%应调整超过幅度部分要素价格"，各地都有类似文件。前者属于行业惯例，后者属于地方规范性文件。虽不是法律法规，但可以予以参考。

5.3.3 不调价合同材料涨价符合不可预见等条件的可按情势变更调价

《合同法司法解释二》第26条的规定："合同成立以后客观情况发生了当事人在订立合同时无法预见的、非不可抗力造成的不属于商业风险的重大变化，继续履行合同对于一方当事人明显不公平或者不能实现合同目的，当事人请求人民法院变更或者解除合同的，人民法院应当根据公平原则，并结合案件的实际情况确定是否变更或者解除。"

该条确立了情势变更原则。据此，只要符合情势变更原则如下四个构成

（左侧页边批注：约定不明　交易习惯　公平原则）

要件，材料价格波动不调价合同包干风险范围内仍可调整合同价格：

（1）变更的是情势。"情势"包括构成合同成立当时之环境或者基础的一切客观情况，不包括商业风险，也不包括不可抗力。客观原因指非市场系统固有风险、非当事人过错的原因。商业风险属于从事商业活动的固有风险，诸如尚未达到异常变动程度的供求关系变化、价格涨跌等。

（2）情势变更，须在签约后，竣工前。

（3）情势变更，须在签订合同时不能合理预见。

（4）情势变更，须重大，如按原合同履行显失公平或不能实现合同目的。施工期内材料价格难免发生涨跌，只要这种涨跌幅度在一定范围内，就不属于重大变更。《最高院合同法解释一适用》认为超过当地规定价格风险范围（5%～10%），可认定为重大变更。

笔者认为，涨价风险包干合同适用情势变更原则，关键是材料价格上涨是否"不能合理预见"。预见的主体为因情势变更而遭受不利的一方当事人；预见的内容为情事变更发生的可能性；预见的时间为合同缔结之时；预见的标准应采取主客观相统一的标准，即一个普通人在正常条件下是否能够预见。如果当事人在订立合同时已经预见或者应当预见，则不能产生"情势变更"的法律效果。确定"预见"的界限应结合具体法律关系的特征。

第35例（解析案例）中，合同约定："合同在施工工期内不进行价格调整，投标人在报价时应将此因素考虑在内，对于其他需要投标人自己购买的材料，所发生的一切费用均应包括在投标人的报价之中。"施工过程中，因材料价格大涨，承包人请求发包人对材料价差进行补偿。最高院二审认为，当事人在合同中已经明确排除了因材料上涨而进行合同价款调整的可能。而该案中承包人因材料价格上涨导致的差价损失幅度尚难达到情势变更原则所要消除的当事人之间权利义务显失平衡的严重程度。因此，法院对承包人请求依据情势变更原则要求发包人补偿材料差价损失没有支持。

最高院民一庭解析该案认为：本案的关键之所以在于如何理解"不可预见"，原因在于其系适用情势变更原则的主观要件，如果当事人在订立合同时已经预见或者应当预见，则不能产生"情势变更"的法律效果。确定"预见"的界限应结合具体法律关系的特征。而从建筑市场实践看，材料价格随着市场变化出现涨落殊为正常，将其认定为非当事人所能预见之"情势"有违一般行业判断标准。根据合同内容看，建设方已明确地预先排除了因材料价格上涨等原因而进行合同价款调整到的可能。

在司法实践中，不可调价合同适用情势变更原则调价非常困难，但笔者认为在一定条件下是有突破可能性的。鉴于情势变更与市场风险之间的界限客观上难以界定，如果滥用情势变更原则变更或解除合同，则无疑危及市场交易安全和秩序。最高人民法院在《关于当前形势下审理民商事合同纠纷案件若干问题的指导意见》中明确"法院应当依据公平原则和情势变更原则严格审查"。《最高人民法院关于正确适用〈中华人民共和国合同法〉若干问题的解释（二）服务党和国家的工作大局的通知》（法〔2009〕165号）规

（左侧栏批注）

情势变更原则

显失公平

不可预见

解析案例

严格审查

定："对于合同法司法解释（二）第26条，各级人民法院务必正确理解、慎
重适用，如果根据案件的特殊情况，确需在个案中适用的，应当由高级人民
法院审核，必要时应报请最高人民法院审核。"

慎重适用

5.3.4　发包人原因拖延期间不调价合同材料涨价的可调价

《合同法》第283条规定："发包人不提供资金、场地、资料等的，因
此赔偿承包人停工窝工等损失。"各地法院相关意见如下：

过错原则

（1）《北京高院施工合同解答2012》第12条第2款规定："因一方当事
人原因导致工期延误或建筑材料供应时间延误的，在此期间的建材差价部
分工程款，由过错方予以承担"。《广东高院民事审判纪要2012》第26条、
《宣城中院施工合同意见2013》第21条有类似规定。

（2）《四川高院施工合同解答2015》第24条第2款规定："因一方当事
人原因致使工期或建筑材料供应时间延误导致的建材价格变化风险由该方当
事人承担，该方当事人要求调整工程价款的，不予支持。"

以上表明：发包人原因拖延期间不调价合同材料上涨差价可调价。工期
延误一般会增加承包人的建设成本，因发包人原因导致工期延误，进而造成
材料价格上涨的，承包人除请求顺延工期外，应有权请求发包人承担因工期
延误而导致的材料涨价费用。

限于篇幅，关于发包人原因拖延期间不调价合同材料价格上涨损失索
赔，笔者将在另行出版的同系列书籍《工程索赔100招》（第二版）中阐述。

5.3.5　非必须招标的招标工程可签补充协议调整难以预见材料涨价

《最高院施工合同解释二》第9条规定："发包人将依法不属于必须招
标的建设工程进行招标后，与承包人另行订立的建设工程施工合同背离中标
合同的实质性内容，当事人请求以中标合同作为结算建设工程价款依据的，
人民法院应予支持，发包人与承包人因客观情况发生了在招标投标时难以预
见的变化而另行订立建设工程施工合同的除外。"

非必须招标工
程

该条后半段规定了黑白合同例外规则：对于非必须招标的招标工程，当
事人因客观情况发生了在招标投标完成时难以预见的变化而签订了补充协
议，即使该补充协议背离中标合同实质性内容，也可以作为结算依据。

难以预见

具体可参照地本书2.2.1目"签约后因客观情况变化背离实质性内容的补
充协议可作结算依据"及其中的解析案例。

第 35 例　材料价大涨是否可适用情势变更调价？

【争议焦点】

合同约定材料价格上涨均不可调价且风险费已考虑到合同价格之中，施工期间建材价格大幅上涨，是否适用情势变更原则调整价差？

【解析案例】

查案例扫微信

2002年11月25日，发包人对某公路工程进行公开招标。招标文件载明："本合同在施工工期内不进行价格调整，投标人在报价时应将此因素考虑在内…… 对于其他需要投标人自己购买的材料，所发生的一切费用均应包括在投标人的报价之中。"

2003年，发包人与承包人签订的《施工承包合同》约定：本合同在施工期间不进行价格调整。2004年，工程验收为优良工程。2006年，承包人要求发包人就工程结算金额和材料差价办理最后决算。

在施工过程中：湖北省建设厅下发《关于钢材、水泥结算价格调整的指导性意见》载明："合同明确不能调整钢材、水泥价格的，其价差不予计算。"湖北省交通厅下发《关于对在建高速公路项目主要材料涨价实施价格补贴的意见》对2002年10月至2003年12月在建的高速公路土建主体工程主要材料涨价幅度大于5%的实施补贴，由建设单位和施工单位（供应商）根据项目实际情况，确定各自分担比例适当补贴。

【各方观点】

（1）承包人认为：发包人向承包人支付主要材料差价及其利息。

（2）发包人认为：根据招标文件和《施工承包合同》约定，材料差价不做调整，不应另行计付。一审判决判令发包人补偿承包人材料差价损失，与本案当事人依意思自治所作约定相悖，亦与《合同法》规定的原则相悖。

（3）湖北高院一审认为："《合同专用条款》约定：'本合同在施工期间不进行价格调整。承包人应在投标时考虑这一因素。'合同中不调价的约定是建立在双方协议时的合同基础之上，以能够实现双方当事人的合同目的为前提，建材价格在一定幅度内的合理的波动为正常的交易风险。但在合同履行过程中，建材大幅度涨价，对此事实，双方当事人均认可，其涨价幅度按照鄂交基（2004）314号文的表述是：'超过了施工单位的承受能力。'这说明在合同履行期间，作为合同基础环境因素的建材价格因素发生了根本性的变化，而这种变化超出了合同当事人所能预测的范围，按原合同履行将对承包人产生显失公平的后果，导致承包人的合同目的无法实现。这一情形符合最高人民法院《全国经济审判工作座谈会纪要》中关于按情事变更的原则变更或解除合同的适用条件，故应根据情事变更的原则，依承包人的材料差价补偿请求，由发包人给予适当补偿。"

【裁判观点】

最高院二审认为：“《合同通用条款》第70.1条约定，在合同执行期间，由于……材料的价格涨落因素应对合同价格进行调整……而在案涉工程武汉绕城公路东北段施工（15、16合同段）《招标文件项目专用本》'投标须知修改表'第11．6条约定，本合同在施工工期内不进行价格调整，投标人在报价时应将此因素考虑在内。……据此应当认定，本案当事人在合同中已经明确排除了因材料上涨而进行合同价款调整的可能。此外，情事变更原则的功能主要是为了消除由于订立合同时的基础情势发生重大变更所导致的当事人权利义务的显失平衡。而从本案案情看，经一审法院委托鉴定，承包人因材料价格上涨导致的差价损失幅度尚难达到情事变更原则所要消除的当事人之间权利义务显失平衡的严重程度。因此，一审法院适用情事变更原则判决发包人补偿承包人材料差价损失，依据不充分。发包人要求驳回承包人有关补偿其材料差价损失的诉讼请求的上诉主张和理由成立，应予支持。”

（左栏批注：权利义务失衡）

【最高院解析】

最高院民一庭辛正郁法官解析该案认为：本案的关键之所以在于如何理解“不可预见”，原因在于其系适用情事变更原则的主观要件，如果当事人在订立合同时已经预见或者应当预见，则不能产生“情事变更”的法律效果。确定“预见”的界限应结合具体法律关系的特征。建材价格的起伏涨落无疑应当是一个普通的建设工程施工合同承包方在确定投标价格时首先应当考虑到的重要因素。而从建筑市场实践看，材料价格随着市场变化出现涨落殊为正常，将其认定为非当事人所能预见之“情事”有违一般行业判断标准。根据合同内容看，建设方已明确地预先排除了因材料价格上涨等原因而进行合同价款调整到的可能。

该案合同签订时间为2003年4月，省交通厅下发通知，其系针对2002年10月至2003年12月的工程主要材料涨价的补贴，由此可见，承包人在签订合同时就能够遇见材料价格上涨，因此不符合“不可预见”。

（左栏批注：《民事审判指导36辑》第162页）

（左栏批注：不可预见）

【作者点评】

适用情势变更原则难度很大，但是仍有争取可能。材料价格上涨“不可预见”是关键。此外，继续履行合同对于一方当事人明显不公平的“重大变化”也缺乏标准。

【裁判规则】

合同约定材料价格上涨均不可调价且风险费已考虑到合同价格之中的，施工期间建材价格大幅上涨，如果符合不可预见等要件，可以适用情势变更原则。

5.4　推定变更

5.4.1　发包人同意施工的推定变更可以追加价款

《最高院施工合同解释一》第19条第2款规定："承包人能够证明发包人同意其施工，但未能提供签证文件证明工程量发生的，可以按照当事人提供的其他证据确认实际发生的工程量。"

工程变更，根据《标准施工招标文件2007》第15.1款，指发包人及监理人发出变更指令，改变工作特性、改变工程位置尺寸、改变施工方案和时间、为完成工程追加的附加工作、删除不再实施的工作。《施工合同示范文本2017》10.2条要求："变更指示均通过监理人发出，监理人发出变更指示前应征得发包人同意。承包人收到经发包人签认的变更指示后，方可实施变更。未经许可，承包人不得擅自对工程的任何部分进行变更。"

上述第19条第2款规定的并非工程变更，而是推定变更。如果承包人实施的某项工作既不在合同工作范围内，也没有变更指令或者现场签证，那么该项工作对应的工程价款是否应该由发包人承担呢？《最高院施工合同解释一适用》第138页对该条款解释如下："如果当事人对工程量的多少存有争议，又没有签证等书面文件，在承包人能够证明发包人同意其施工时，其他非书面的试图证明工程量的证据，在经过举证、质证等程序后足以证明该证据所证明的实际工程量事实的真实性、合法性和关联性的情况下，在一定条件下也可以作为计算工程量的依据。"由此可以看出，第19条第2款规定在承包人能够证明其增加的施工行为得到发包人同意或者认可的，虽然没有工程量变更的签证等证明文件，但如果承包人能够提供如双方往来记录、函件等材料，证明工程量变化系出自于发包人的意思表示，对于这些证据材料也可以作为认定工程量变化的依据。该条款确定了我国的推定变更制度。

推定变更指虽然发包人或工程师要求承包人变更合同工作或在原有合同工作之外实施附加工作，但没有按照合同工程变更约定发出明确的变更指令的一种拟制的工程变更，相当于台湾学界所称的"拟制的契约变更"。谢哲腾等人认为："拟制的契约变更的存在是根据现实环境的情况推论出来的，则其法律效果则与正式的契约变更相同。[①]"

结合上述分析，推定变更的构成要件如下：

5.4.2　发包人同意施工是推定变更构成要件之一

推定变更的第一个要件就是承包人能够证明发包人同意其施工，该要件是确认工程量的前提。如果庭审时发包人主张没有同意施工人变更施工内容，承包人也没有证明发包人同意其施工的证据材料，那么后面证明工程量

[①] 谢哲腾，李金松. 工程契约理论与求偿实务. 台湾财产法暨经济法研究协会出版2005年版，第425页。

的证据材料被法庭认定的可能性就大大降低了，承包人实施的工程量可能被认定为其自身超设计图纸范围施工或者质量未达到要求返工造成的工程量变化，不属于应当由发包人承担支付工程价款责任的基础。所以，在应用《最高院施工合同解释一》第19条第2款的时候，首先要有证据证明，该变更的工程量是发包人同意施工的，这是前提。

默示同意

而实务中，如何证明发包人同意施工是承包商面临的难题。所谓同意应该包括明示的同意和默示的同意。明示是指有书面指令的，比如发包人发给承包人要求施工的函件、工程联系单，发包人、承包人签字确认工程变更的会议纪要。默示是指一方当事人向对方当事人提出民事权利的要求，对方未用语言或者文字明确表示意见，但其行为表明已接受。《民法通则意见2008》第66条规定："不作为的默示只有在法律有规定或者当事人双方有约定的情况下，才可以视为意思表示。"因此，发包人以默认的方式认定其同意承包人施工的，承包人一方应当同时依据相关法律规定以及施工合同的约定。如双方约定："承包人提交优化建议的，发包人应在收到承包人优化建议后15天内进行答复，发包人逾期未答复的，视为发包人同意承包人提交的优化建议。"

解析案例

在第36例（解析案例）中，就竣工后增加土方工程量，承包人提供的经济签证上，有发包人驻工地代表签字，但注明"工程尚在进行之中"，不符合经济签证的特征。二审法院认为"承包人增加土方工程量未经发包人同意并予以确认"，不满足第19条第2款的构成要件，不能计入工程造价。

最高院民一庭解析该案认为：在竣工后增加土方工程量，未经发包人同意，也没有提供经济技术签证证明实际发生的工程量，因此不能计入工程造价。笔者认为：从推定变更角度，即使根据经济签证能够证明发包人同意其施工，但不能证明完成的工程量，因此无法主张。

施工方案

施工方案可以作为承包人证明发包人同意其施工的载体之一，承包人应积极利用施工方案，来取得发包人同意其施工的证明。施工方案是承包人投标文件中的技术标，在招投标中是投标文件的一部分，属于特殊的要约，中标通知书一经发出，则是对施工方案的认可，施工方案即构成合同的一部分。因此施工方案是一份直接证据，如果承包人在施工方案文件中提出工程变更，并经发包人或监理人签字确认的，则可以证明发包人同意其施工。[1]

此外，如果工程量的增加是国家强制性的质量标准和施工规范所要求的，即使发包人没有同意包人施工，承包人也可以适用该条款主张追加工程款。[2]如合同工作范围中某些工作明显不满足国家强制性规范，那么承包人为满足该规范而实施的，可以向发包人主张工程价款，但具体工程量及工程价款的确定则需法官自由裁量确定。

5.4.3　证明工程量实际发生是推定变更构成要件之二

证明实际发生

在工程量发生争议时，如果承包人仅仅能证明发包人同意其施工要求按

---

① 浙江沪鑫律师事务所：《建设工程法律服务操作实务》，北京大学出版社2012年版，第178页。
② 林镏海：《〈建设工程施工合同司法解释〉操作指南—建筑商之孙子兵法》，法律出版社2005年版，第58页。

增加工程量结算工程价款，却不能对实际发生工程量提供有效证据，那么在诉讼中通常不会得到法院的支持，因为发包人同意施工后，承包人可能并没有予以实施，或者不能确定实施的工程量因而无法确定追加工程价款。

承包人证明实际发生工程量的途径主要有两种，一种是通过施工过程中形成的相关证据进行证明，另一种方式是在诉讼过程由法院委托鉴定单位对承包人完成的合同外工作进行鉴定。如果承包人发包人不能对工程量的确认达成一致，则同样需要采用第一种途径来证明实际工程量。

施工过程中形成的证据，不论是何种表现形式，只要是在施工过程中形成的可以证明工程量的书面文件，都可作为计量工程量的依据。另外，根据客观公平的基本司法原则，即便不存在任何书面文件，当事人能够通过其他的证据佐证实际发生的工程量的，法院也应当予以认可，如摄像、照片、证人证言（第三人的证人证言）等。同时法庭/仲裁庭亦可以依据当事人申请向有关部门调取相应的证据，如竣工备案的图纸、原始地坪标高、地质勘探报告（详勘）、验槽记录、监理日志、图纸会审记录、隐蔽工程检验资料等。

工程鉴定　　诉讼中为证明承包人完成的合同外工作，承包人可以请求法院依法委托鉴定单位对已完合同外工作工程量进行鉴定。一般情况下的工程量，鉴定单位都可以准确的鉴定出来，但对于部分工程，鉴定单位无法鉴定，如隐蔽工程施工时，土建中墙体抹灰次数、装修工程中水电安装、刮腻子以及油漆工程、模板翻用次数、商品混凝土现场搅拌还是采用泵送等。因此，承包人在施工过程中充分保存证据才能降低法鉴定工程量的风险。

发包人自认　　值得注意的是，发包人在诉讼过程中构成的确认和自认，亦可以作为承包人完成工程量的依据。《民事诉讼法解释2015》第92条规定："一方当事人在法庭审理中，或者在起诉状、答辩状、代理词等书面材料中，对于己不利的事实明确表示承认的，另一方当事人无须举证证明……自认的事实与查明的事实不符的，人民法院不予确认。"实践中，一种情况是发包人对承包人主张的工程价款予以确认，或者对诉讼请求直接予以确认，则承包人无须举证。另一种情况是，承包人对发包人主张的工程价款予以确认或者作出让步。此种情况往往发生在发包人资不抵债、承包人希望尽快获得生效裁判文书以参与执行分配的情况。比如，承包人主张工程价款738元。发包人答辩称最多637万元。发包人该答辩构成自认，承包人无须另行举证证明。

5.4.4　不包含在合同固定价之内是推定变更构成要件之三

包含在合同固定价之内的推定变更不属于合同外工作，因此不可以追加工程价款。《最高院施工合同解释一》第22条规定："当事人约定按照固定价结算工程价款，一方当事人请求对建设工程造价进行鉴定的，不予支持。"如果合同约定按照固定价结算工程款，在履行建设工程施工合同过程中，没有发生合同修改或者设计变更的情况，就应当依照合同约定的包干总价结算工程款。（详见本书5.2.1）

5.4.5 不是承包人过错造成的是推定变更构成要件之四

过错原则

《清单计价规范2013》8.1.3规定："因承包人原因造成的超范围施工或返工的工程量，发包人不予计量。"

《标准施工招标文件2007》第5.1.3 条规定："因承包人原因造成工程质量未达到合同约定标准的，发包人有权要求承包人返工直至工程质量达到合同约定的标准为止，并由承包人承担由此增加的费用和（或）延误的工期。"

以上交易习惯表明：承包人过错造成的推定变更不可以追加工程价款。

第 36 例　未经发包人同意的工程量应否计价？

【争议焦点】

承包人要求追加合同范围之外未经发包人、监理人有效确认的工程量价款，应否予以支持？

【解析案例】

查案例扫微信

1996年4月18日，发包人（长春北希发展有限公司）与承包人（吉林省第一建筑公司）签订《建设工程施工合同协议条款》约定，承包人建设格林梦水乡娱乐城工程，总面积17267平方米，约定开工时间为1996年4月18日，竣工时间为1996年9月30日，工程质量为优良；合同价款1000万元。

合同签订后承包人开始进场施工。

1997年6月30日，发包人在工程未经验收的情况下投入使用。

1996年11月26日，发包人诉请对已完工程进行结算，并支付违约金及损失。承包人请求支付工程款及违约金。双方就施工过程中图纸外工程量应否计价发生争议。

一审审理期间，一审法院委托长春市建设工程预算审查处对工程造价进行鉴定，审查处出具《建设工程造价鉴定书》。经鉴定，工程总造价13448928元。未包括的项目有：（5）预算外项目：……④经济签证；……预算外项目491357元……，发包人驻工地代表虽签字认可，但在签证上注明：工程尚在进行之中。

鉴定机构向法院说明：预算外签证不符合吉建定字（1997）第5号文件及长城乡经字（1996）87号文件规定，且缺乏技术经济签证资料，无法核定造价。关于双方土方工程的结算，亦违反上述规定，且存在高估冒算问题，土方工程量已在鉴定结论中考虑了实际情况。

【各方观点】

（1）发包人认为：应扣除预算外项目款491357元。

（2）承包人认为：预算外项目款是双方签字认可的，应计入工程造价。

（3）吉林高院一审认为："该工程总造价15088751元，北希公司已支付工程款957812.74元，尚欠工程款5510608.26元。"

【最高院二审观点】

最高院二审认为："鉴定结论中虽未……认定预算外项目491357元。但审查处对此曾向一审法院予以说明。本案中，发包人驻工地代表在签证上签字时，明确表示'工程尚在进行之中'，而工程结算应在工程竣工之后。同时，承包人增加土方工程量，未经发包人同意并予以确认。本案证据中缺乏

现场施工过程中的经济技术签证，无法核定造价，且存在高估冒算问题，……因此本案不宜于鉴定结论外，再增加工程造价款。一审法院将预算外项目491357元计入工程造价不当，依法应予纠正。"

【最高院解析】

最高院贾劲松法官解析该案认为：在竣工后增加土方工程量，未经发包人同意，也没有提供经济技术签证证明实际发生的工程量，因此不能计入工程造价。

【作者点评】

《最高院施工合同解释一》第19条规定："当事人对工程量有争议的，按照施工过程中形成的签证等书面文件确认。承包人能够证明发包人同意其施工，但未能提供签证文件证明工程量发生的，可以按照当事人提供的其他证据确认实际发生的工程量。"

工程签证是具备特定形式要件的文件，具备特定的双方认可的形式要件，不满足形式要件的签证通常被认定无效。本案中，承包人对于施工过程中增加的土方工程量，并未形成有效的签证文件，并未经过发包人认可，依法承担不利后果。但是根据《最高院施工合同解释一适用》观点，此处的签证并非狭义的签证，与签证性质类似的会议纪要、协议书等双方认可的确认文件均可作为双方结算工程量的依据。该案中，竣工后增加土方工程量，承包人提供的经济签证上，有发包人驻工地代表签字，但注明"工程尚在进行之中"不符合要求，无法适用《最高院施工合同解释一》第19条第1款，因而不予认可。

在没有工程签证下，推定变更可以依据《最高院施工合同解释一》第19条第2款向发包人主张合同外工作工程价款，则承包人需要证明：（1）发包人同意其施工；（2）证明实际发生的工程量。即使根据经济签证能够证明发包人同意其施工，也不能提供其他证据证明实际发生的工程量，本案二审法院认为"承包人增加土方工程量未经发包人同意并予以确认"，因而不满足第19条第2款的构成要件，同样不予认可。

值得注意的是，如果承包人能够证明发包人同意其施工，且能证明实际施工工程量，但该工程属于固定总价合同价格内或者固定单价合同单价范围内，或者系由于承包人过错原因造成的，则同样不可以追加工程款。

【裁判规则】

就其实施的不在合同包干价之内的工程，承包人能够证明发包人同意其施工及实际发生工程量的，应该追加价款，承包人过错导致的除外。

《民事审判指导09前卷》第486页

工程签证

5.5　现场签证

5.5.1　现场签证可以作为确认工程价款的依据

《最高院施工合同解释一》第19条第1款规定："当事人对工程量有争议的，按照施工过程中形成的签证等书面文件确认。"

现场签证是指发包人现场代表与承包人现场代表就施工过程中涉及的责任事件所作的签认证明。该定义来自《清单计价规范2013》第2.0.12款。

"施工过程中涉及的责任事件"通常包括：确认工程量、增加合同价款、支付各种费用、顺延工期、损失赔偿等事项。签证有两种类型：

签认　　第一类是签认。签认即签字确认，发包人和承包人协商一致并愿意遵守，性质是补充协议。此种工程签证变更合同内容，对合同内容外的事项进行确认，此种工程签证是对原建设工程施工合同的补充，工程签证的内容成为建设工程施工合同的组成部分。

第二类是证明。发包人和承包人共同证明工程数量、单价、成本、拖延天数等事实，但没有同意支付价款和顺延工期的意思表示，更没有修改合同证明　　的意识表示。

现场签证是我国特有产物。我国建设工程施工合同示范文本以及国际标准合同中并没有对签证的概念、程序、主体等进行描述，签证来源于我国建设工程实践，合同双方通过签证的形式确认工程量、工期、价款等内容的方式已成为我国建设工程行业的交易习惯。

现场签证可以作为确认工程价款的依据之一。除了上述最高院规定之外，各地高院也纷纷将签证作为工程价款结算的依据。如：

（1）《江苏高院施工合同指南2010》第7条规定："合同虽然是当事人结算的重要依据，但合同履行中的签证也是认定当事人之间结算的依据。法官应当从证据的真实性、关联性、合法性上来认定证据的效力；其次，从签证的内容来判断当事人是否通过签证改变了合同中的约定，如果签证中涉及工程量或对某些项目计价方式的确定与合同约定不符，可以认为是对合同的变更，法官应根据变更的签证对当事人之间的争议进行认定。"

（2）《浙江高院施工合同解答2012》第10条规定："双方当事人在建设工程施工过程中形成的补充协议、会议纪要、工程联系单、工程变更单、工程对账签证以及其他往来函件、记录等书面证据，可以作为工程量计算和认定工程价款的依据。"

（3）《广东高院民事审判纪要2012》第32条规定："建设工程施工合同履行过程中，出现了合同约定的迟延支付工程预付款、进度款、设计变更、工程量增加、停水、停电等导致顺延工期的情形，承包人主张顺延工期的，按照施工过程中形成的签证等书面文件确认。"

（4）最高人民法院在（2013）民申字第2434号案中认为："工程量签证表为施工过程中所形成的书面文件，并经承包人签字确认，承包人虽对工程量签证表记载的工程量存有异议，但其没有提供足以反驳的相反证据，工程量签证表应作为双方结算的依据。"

5.5.2　授权不明的发包人员工在职责范围内签证有效

授权明确

在授权明确的情况下，发包人除法定代表人和授权代表外的其余人员所签的签证原则无效，授权代表超越授权所签的签证也无效。《施工合同示范文本2017》通用条款第2.2条规定："发包人一般授权发包人代表派驻施工现

授权行为

场，发包人代表在发包人的授权范围内，负责处理合同履行过程中与发包人有关的具体事宜，其在授权范围内的行为由发包人承担法律责任。"专用条款第2.2条则规定了发包人对发包人代表的授权范围。除了施工合同对发包人代表的授权，工程施工过程中，发包人可能结合工程实际情况另行书面授权其他人员负责工程签证相关事项。《民法通则》第43条规定："企业法人对它的法定代表人和其他工作人员的经营活动，承担民事责任。"因此，法定代表人、发包人代表以及其他授权代表在施工合同授权范围内所作出的签证应视为有效。《浙江高院施工合同解答2012》第11条规定："除法定代表人和约定明确授权的人员外，其他人员对工程量和价款等所作的签证、确认，不具有法律效力。"

授权不明

职务行为

在授权不明的情况下，发包人具有相应职务的人员在职务范围内的签证有效。《民法总则》第170条规定："执行法人或者非法人组织工作任务的人员，就其职权范围内的事项，以法人或者非法人组织的名义实施民事法律行为，对法人或者非法人组织发生效力。法人或者非法人组织对执行其工作任务的人员职权范围的限制，不得对抗善意相对人。"如果施工合同中未对工程签证相关人员进行明确授权，则从善意相对人角度而言，项目经理、发包人现场负责人作为发包人在项目上的负责人，具有管理项目进度、成本、质

表见代理

量等职务，其在职务范围内的签证，可认定为职务行为，行为效果归属于发包人，应当有效。

各地法院对此规定如下：

（1）《北京高院施工合同解答2012》第8条规定："承包人的项目经理以承包人名义在结算报告、签证文件上签字确认、加盖项目部章或者收取工程款、接受发包人供材等行为，原则上应当认定为职务行为或表见代理行为，对承包人具有约束力，但施工合同另有约定或承包人有证据证明相对方知道或应当知道项目经理没有代理权的除外。"

（2）《浙江高院施工合同解答2012》第11条规定："除法定代表人和约定明确授权的人员外，其他人员对工程量和价款等所作的签证、确认，不具有法律效力。没有约定明确授权的，法定代表人、项目经理、现场负责人的签证、确认具有法律效力；其他人员的签证、确认，对发包人不具有法律效力，除非承包人举证证明该人员确有相应权限。"

可见，在授权不明的情况下，承包人项目经理、发包人现场负责人在其通常职责范围内工作是职务代表行为，对承包人或发包人具有约束力。

5.5.3 授权不明的发包人聘请专业人士在职权范围内签证有效

建设工程项目中发包人通常会委托不同专业机构或人员对发包人的工作进行协助和管理，如监理工程师、造价工程师。

监理工程师是根据发包人授权履行合同的代理人。关于监理单位的职权范围，依据《施工合同示范文本2017》主要如下：

（1）关于工程价款，除非另有约定，监理无权独自确认。《施工合同示范文本2017》通用条款中就工程价款相关内容监理的权利义务约定如下："承包人应在收到变更指示后14天内，向监理人提交变更估价申请。监理人应在收到承包人提交的变更估价申请后7天内审查完毕并报送发包人，监理人对变更估价申请有异议，通知承包人修改后重新提交。发包人应在承包人提交变更估价申请后14天内审批完毕。发包人逾期未完成审批或未提出异议的，视为认可承包人提交的变更估价申请"，又如"计日工由承包人汇总后，列入最近一期进度付款申请单，由监理人审查并经发包人批准后列入进度付款"。由此可以看出，工程价款相关内容，监理对发包人进行协助，如承包人提交资料不完全时，要求承包人补充资料，具体价款的确认仍需要发包人来确定。

（2）关于工期，除非另有约定，监理无权独自确认。根据《施工合同示范文本2017》通用条款7.5和7.6规定，承包人遇到不利物质条件、异常恶劣气候条件时，应采取克服异常恶劣的气候条件的合理措施继续施工，并及时通知发包人和监理人，"监理人经发包人同意后应当及时发出指示"。由此可以看出，监理对工期是否顺延并没有决定权，需由发包人决定工期是否顺延。

（3）关于工程计量，除非另有约定，监理有权独自确认。《施工合同示范文本2017》通用条款中就工程计量中监理的职权约定如下："监理人应在收到承包人提交的工程量报告后7天内完成对承包人提交的工程量报表的审核并报送发包人，以确定当月实际完成的工程量……监理人未在收到承包人提交的工程量报表后的7天内完成审核的，承包人报送的工程量报告中的工程量视为承包人实际完成的工程量，据此计算工程价款。"因此，工程计量由监理单位与承包人进行确认即可，只需报送发包人，无须发包人另行审核。

（4）关于工程质量，除非另有约定，分部分项工程质量监理有权独自确认，工程竣工验收质量无权确认。《施工合同示范文本2017》通用条款第13.1.2款约定："分部分项工程经承包人自检合格并具备验收条件的，承包人应提前48小时通知监理人进行验收……监理人未按时进行验收，也未提出延期要求的，承包人有权自行验收，监理人应认可验收结果。"通用条款第13.2.2款约定："监理人审查后认为已具备竣工验收条件的，应将竣工验收申请报告提交发包人，发包人应在收到经监理人审核的竣工验收申请报告后28天内审批完毕并组织监理人、承包人、设计人等相关单位完成竣工验收。"

监理工程师

经发包人同意

因此，除竣工验收工程质量需要发包人组织各单位进行确认，过程中的质量监理可独自确认。

由此可见，除非合同另有约定，监理工程师签字确认的有关工程计量、分部分项工程质量的事实对发包人有效，而有关工程价款、工期顺延、竣工验收质量的确认则对发包人无效。具体发包人对监理单位的授权需要结合每一份建设工程施工合同的专用条款进行分析确定。

监理工程师签字确认的工程签证对发包人是否有约束力呢？各地高院相关意见分类如下：

授权明确　（1）在授权明确的情况下，发包人聘请的专业人士，如监理工程师、造价工程师等，在授权范围内所签的签证有效，反之超出授权范围所签的签证无效。《工程结算暂行办法》第26条规定："凡实行监理的工程项目，工程价款结算过程中涉及监理工程师签证事项，应按工程监理合同约定执行。"监理工程师只有在其职权范围内进行的签证才能对发包人产生约束。《四川高院施工合同解答2015》第28条规定："工程监理人员依据监理合同的约定以及监理规范实施的签字确认行为，对发包人具有约束力。超越监理合同约定以及监理规范实施的签字确认行为，除承包人有理由相信工程监理人员的签字确认行为未超越其监理合同的约定以及监理规范的以外，对发包人不具有约束力。"

授权不明　（2）在授权不明的情况下，依据有关表见代理的规定，发包人聘请的专业人士在职权范围内所作出的签证有效。《北京高院施工合同解答2012》第10条规定："工程监理人员在监理过程中签字确认的签证文件，涉及工程量、工期及工程质量等事实的，原则上对发包人具有约束力，涉及工程价款洽商变更等经济决策的，原则上对发包人不具有约束力，但施工合同对监理人员的授权另有约定的除外。"

在第37例（参考案例）中，监理工程师及监理单位的签字盖章了大量确认工程量的现场签证单。发包人认为承包人提供的部分签证单未经发包人签字确认，不能认定。承包人认为监理工程师及监理单位的签字盖章的现场签证单确认的工程量应当予以计量。最高人民法院二审认为："签证单对工程量的发生具有证明效力，涉案部分签证单虽无发包人签字，但上述签证单已经监理工程师或监理单位签字盖章，应当作为证据使用。"因而认定监理单位签字盖章的工程签证单有效。

第 37 例　监理签证工程量可否作为结算依据？

【争议焦点】

在发包人未签字确认的情况下，监理工程师证明工程量的现场签证，是否可作为确认工程价款的依据？

【参考案例】

查案例扫微信

发包人营口沿海开发建设有限责任公司与承包人东北金城建设股份有限公司签订建设工程施工合同，由承包人对发包人建设工程进行承包。

监理工程师及监理单位的签字盖章了大量确认工程量的现场签证单。部分签证单中项目管理现场代表签字一项均标明"09.8.21"字样。

结算时发生了争议，诉至法院。

【各方观点】

（1）发包人认为：原审判决对签证单及设计变更费用的认定证据不足。承包人提供的部分签证单未经发包人签字确认，不能认定。部分签证单中项目管理现场代表签字一项均标明"09.8.21"字样，说明签证单并非变更当日制作，从而无法确认签证单的真实性。承包人对于签证单及设计变更部分自行上报数额为446万元，而审计报告计算为613万余元，明显超出承包人上报数额，不应予以采信。

（2）承包人认为：监理工程师及监理单位的签字盖章的现场签证单确认的工程量应当予以计量。

【最高院观点】

最高院二审认为："最高人民法院《关于审理建设工程施工合同纠纷案件适用法律问题的解释》第十九条规定，当事人对工程量有争议的，按照施工过程中形成的签证等书面文件确认。承包人能够证明发包人同意其施工，但未能提供签证文件证明工程量发生的，可以按照当事人提供的其他证据确认实际发生的工程量。签证单对工程量的发生具有证明效力，涉案部分签证单虽无发包人签字，但上述签证单已经监理工程师或监理单位签字盖章，应当作为证据使用。涉案部分签证单出具时间虽相同，但不足以否定签证单的真实性。在发包人未提供证据反驳上述签证单的真实性的情况下，原审判决对上述签证单予以采信并作为认定工程量的依据并无不当。"

【最高院解析】

无。

【作者点评】

监理工程师是根据发包人授权履行合同的代理人。《建设工程监理合同（示范文本）》中对"监理"定义如下："监理"是指监理人受委托人的委托，依照法律法规、工程建设标准、勘察设计文件及合同，在施工阶段对建设工程质量、进度、造价进行控制，对合同、信息进行管理，对工程建设相关方的关系进行协调，并履行建设工程安全生产管理法定职责的服务活动。由此可以看出，监理受发包人委托，对工程质量、进度、造价等多方面进行管理。

在授权明确的情况下，监理工程师在授权范围内所签的签证有效，反之超出授权范围所签的签证无效。《工程结算暂行办法》第26条规定："凡实行监理的工程项目，工程价款结算过程中涉及监理工程师签证事项，应按工程监理合同约定执行。"监理工程师只有在其职权范围内进行的签证才能对发包人产生约束。

在授权不明的情况下，发包人聘请的监理工程师在职权范围内所作出的签证有效。

本案主要关于监理工程师就工程量所作出的签证对发包人是否有效的问题。《施工合同示范文本2017》通用条款第12.3.3款约定："除专用合同条款另有约定外，单价合同的计量按照本项约定执行：……（2）监理人应在收到承包人提交的工程量报告后7天内完成对承包人提交的工程量报表的审核并报送发包人，以确定当月实际完成的工程量。监理人对工程量有异议的，有权要求承包人进行共同复核或抽样复测。承包人应协助监理人进行复核或抽样复测，并按监理人要求提供补充计量资料。承包人未按监理人要求参加复核或抽样复测的，监理人复核或修正的工程量视为承包人实际完成的工程量。（3）监理人未在收到承包人提交的工程量报表后的7天内完成审核的，承包人报送的工程量报告中的工程量视为承包人实际完成的工程量，据此计算工程价。"

由此可以看出，除非专用条款另有约定，工程计量由监理单位与承包人进行确认即可，只需报送发包人，无须发包人另行审核。

本案中，承包人有理由相信就工程量的签证属于监理工程师的职权范围，因而法院认定对监理工程师签字确认的签证单予以采信。

【裁判规则】

除非另有约定或者有相反证明足以否定，监理工程师证明工程量的现场签证，可以作为确认工程价款的依据。

授权明确

5.6 审计结论

5.6.1 除另有约定外审计结论不作为结算依据

行政审计

　　行政审计是国家对政府投资的行政监督行为，在建设工程施工合同纠纷中发生合同效力与审计结论之争的工程建设项目主要是政府投资和以政府投资为主的建设项目。根据《审计法》第22条的规定，"政府投资和以政府投资为主的建设项目"是审计对象。《审计法实施条例》第20条规定："政府投资和以政府投资为主的建设项目包括……审计机关对上述建设项目的总预算或者概算的执行情况、年度预算的执行情况和年度决算、单项工程结算、项目竣工决算，依法进行审计监督。"

财政评审

　　财政评审是财政部门对财政投资的监督行为，其性质与行政审计类似。《财政部关于加强建设项目工程预（结）算竣工决算审查管理工作的通知》（1998年11月11日发布）第2条规定："凡含有财政性资金投入的建设工程项目工程预（结）算须经财政部门设立的工程预（结）算审核机构审核，且该审核结果作为工程价款的法定结算依据，对承发包双方均有法律约束力。"

行政行为

民事行为

　　审计结论不可作为结算依据。审计结论作为审计行政行为的结果，约束的是被审计单位发包人防止国有资产流失，而不是承包人。建设工程价款的结算是指建设工程的发包人与承包人在工程项目竣工验收后，依据合同约定或者国家工程定额的有关规定，对工程造价的审查和核算，是对建筑产品价格的认定，属于民事行为的范畴。承包人作为合同一方，只受法律规定和合同约定的约束，一旦合同依法生效，除非具有法定事由，不得随意变更或者撤销。审计是国家对建设单位投资行为的一种行政监督，仅对被审计单位具有约束力，不能约束合同关系中另一方当事人，因而审计结论不能改变建设单位与施工单位在建设工程施工合同中约定的工程价款，建设工程施工合同纠纷案件应以当事人在建设工程施工合同中约定的工程价款作为法院判决的依据。

　　最高院、各地高院也持同样观点。如《最高院工程决算答复2001》规定："审计是国家对建设单位的一种行政监督，不影响建设单位与承建单位的合同效力。建设工程承包合同案件应以当事人的约定作为法院判决的依据。"

地方立法权限

　　全国人大发函要求不得约定审计结论作为结算依据。2017年，全国人民代表大会常委会法制工作委员会作出的《关于对地方性法规中以审计结果作为政府投资建设项目竣工结算依据有关规定提出的审查建议的复函》中提出：地方性法规中直接以审计结果作为竣工结算依据和应当在招标文件中载明或者在合同中约定以审计结果作为竣工结算依据的规定，限制了民事权利，超越了地方立法权限，应当予以纠正。

指导性案例

　　在第38例（指导性案例）中，承发包双方在合同中并没有约定以财政评审中心的审核结论作为工程价款的依据，但工程结算时发包人却主张以此为依据。

最高院民一庭结合该案给出的指导意见为："施工合同当事人是平等民事主体，其权利义务关系应根据民事合同约定确定。本案中，承包人是通过公开招投标签订《施工合同》，应以合同约定作为工程款结算依据。财政部门的审核行为只对建设单位发生法律效力，对承包人无效。财政部门只是审定建设项目造价应是多少，并无权决定建设单位应向承包人支付工程款项数额。因此，财政部门审核结论可以但不能无条件地作为认定工程款数额依据。"

5.6.2　约定审计结论作为结算依据且结论已出的按约定执行

明确约定

《最高院工程决算答复2001》规定："只有在合同明确约定以审计结论作为结算依据……情况下，才能将审计结论作为判决的依据。"《最高院财评答复2008》规定："建设合同中明确约定以财政投资的审核结论作为结算依据的，审核结论应当作为结算的依据。"

可见，只要合同明确约定以审计结论或财政评审结论作为结算依据的，该结论应当作为结算的依据。发包人和承包人在施工合同中明确约定以审计结论或财政评审结论作为结算依据的，表明双方愿意接受。根据《最高院施工合同解释一》第16条第1款"当事人对建设工程的计价标准或者计价方法有约定的，按照约定结算工程价款"的规定，该结论应当作为结算的依据。

5.6.3　约定审计结论作为结算依据但审计拖延的可申请鉴定

如果合同中约定以审价结论作为结算依据，但审计无法进行或者拖延审计，工程价款应当如何结算？

审计拖延

司法鉴定

主流意见认为可以通过司法鉴定的方式确定工程款。如《江苏高院施工合同解答2018》第10条规定："当事人约定以行政审计、财政评审作为工程款结算依据的，按照约定处理。但行政审计、财政评审部门明确表示无法进行审计或者无正当理由长期未出具审计结论，当事人申请进行司法鉴定的，可以准许。"《河北高院施工合同指南2018》第21条规定："审计机关严重超出合同约定的期限未作出审计结论，发包人以此为由拒付工程款的，发包人无法举证证明审计机关具有正当理由不能出具审计结论的，当事人申请对工程造价予以司法鉴定，人民法院应予支持。"

笔者认为，可通过司法鉴定的方式确定工程款。如果合同中约定以审计结论作为结算依据，但审计无法进行或者拖延审计，首先应当按照合同约定的延迟审计的条款执行，如果合同没有约定，可以参照《最高院施工合同解释一》第16条第2款的规定，"参照签订建设工程施工合同时当地建设行政主管部门发布的计价方法或者计价标准结算工程价款"。因此，当事人申请对工程造价予以司法鉴定，人民法院应予支持。

第 38 例　财政评审结论可以作为结算依据吗？

【争议焦点】

财政评审中心作出的审核结论是否可以作为承包人和发包人工程结算依据？

【指导性案例】

《民事审判指导34辑》第58页

2003年3月30日，承包人某建筑公司经招投标中标承建惠民隧洞工程。当日，与发包人某开发公司签订《建设工程施工合同》，该合同对工期、质量标准、造价及付款期限违约责任等内容作出约定。

2006年4月10日工程竣工后，承包人完成的工程（含标外工程），经建设、施工、设计、监理单位验收合格。承包人核算，合同内造价为1350万元，合同外造价为450万元，合计造价1800万元。截至2006年3月31日，发包人已付工程款1450万元，尚欠350万元。另，监理公司出具的监理复核意见书认定，合同内造价为1350万元，合同外造价为380万元。发包人驻工地代表对该份监理复核意见及所附工程量明细审核后，除小额工程量提出异议外，大部分（标外合同造价变更为350万元）予以签认。

因发包人拒付工程余款并对合同外工程量不予结算，承包人诉至法院，请求发包人立即支付300万元工程欠款及法定利息。

【各方观点】

（1）承包人认为：财政局投资评审中心作出的评审结论为政府行政机关具体行政行为，不能改变合同约定，不能作为工程结算依据。

（2）发包人认为：根据《财政部关于加强建设项目预（结）算竣工决算审查管理工作的通知》的规定，本案工程决算须经该市财政评审中心审核，且讼争工程决算须以财政评审中心作出的审核结论为依据。

（3）一审法院认为：财政评审中心出具的审核结论是具体行政行为，该审核结果应作为工程价款的法定结算依据，对双方当事人均有法律约束力。若当事人对该审核报告有异议，可依法通过申请行政复议或提起行政诉讼的方式进行权利救济。

【裁判观点】

最高院二审认为："施工合同当事人是平等民事主体，其权利义务关系应根据民事合同约定确定。本案中，承包人是通过公开招投标签订《建设工程施工合同》，应以合同约定作为工程款结算依据。财政部门的审核行为只对建设单位发生法律效力，对承包人无效。财政部门只是审定建设项目造价应是多少，并无权决定建设单位应向承包人支付工程款项数额。因此，财政部门审核结论可以，但不能无条件地作为认定工程款数额依据。在民事诉中，财政部门审核结论与其他证据一样，法院可以不予采纳并另行确定本案工程造价。本案中，监理单位出具的监理复核意见书认定，合同内工程款为1350万元，合同外工程款为350万元。发包驻工地代表经审核对工程款额已签认，故监理单位出具的复核意见合法有效，可以作为标外合同工程款的结算依据，本案不再另行委托其他鉴定机构予以鉴定。"

财政审核结论

【最高院指导】

《民事审判指导34辑》第58页

最高院民一庭结合该案的指导意见为："财政部门对财政投资的评定审核是国家对建设单位基本建设资金的监督管理，不影响建设单位与承建单位的合同效力及履行。但是，建设合同中明确约定以财政部门对财政投资的审核结论作为结算依据的审核结论应当作为结算的依据。"

具体分析如下：

（1）本案讼争法律关系性质为建设工程施工合同纠纷，争议焦点是以什么为标准确定工程价款数额。本案合同主体为发包人和承包人，并不涉及案外人，为平等民事主体之间的民事权益纠纷。既然是平等民事主体之间的权利义务纠纷，在不违反法律、行政法制强制性规定的情形下，就应当尊重当事人在民事合同中体现出的真实意思表示，即施工合同中有关当事人权利义务的约定内容。合同有效，就应当按照约定内容全面实际履行，当事人不能擅自改变合同约定变更履行，也不准许案外人介入到民事合同中以公权力改变合同约定。

（2）财政评审中心以审核结论改变合同约定的结算条款的行为违反了上述法律规定。承包人是通过公开招投标与某开发公司签订的《建设工程施工合同》，《招标投标法》第45条第2款规定："中标通知书对招标人和中标人具有法律效力。中标通知书发出后，招标人改变中标结果的，或者中标人放弃中标项目的，应当依法承担法律责任。"第46条规定："招标人和中标人不得再行订立背离合同实质性内容的其他协议。"基于此，人民法院应按照《建设工程施工合同》约定作为裁判依据，否则，也违反了《招标投标法》的规定。

（3）如果对财政评审中心的审核结论赋予强制力，作为结算依据直接采信，将导致这样一个结果，即财政部门有权决定工程结算金额，改变民事合同约定内容，这显然与社会主义市场经济规律的本质要求相悖，与合同法精神相悖，违反平等自愿、等价有偿、诚实信用的民法原则。

（承办法官：姚宝华）

【作者点评】

没有进一步意见。

【裁判规则】

财政评审结论及行政审计结论均不应作为承包人和发包人工程结算依据，但施工合同另有约定的按约定。

5.7　按送审价结算

5.7.1　约定逾期答复视为认可是按送审价结算条件之一

　　《最高院施工合同解释一》第20条规定："当事人约定，发包人收到竣工结算文件后，在约定的期限内不予答复，视为认可竣工结算文件，按约定处理。承包人请求按照竣工结算文件结算工程价款的，应予支持。"

恶意拖欠工程款

　　该规定在实务中被称为"按送审价结算"原则。根据《合同法》第279条规定，工程验收合格后，发包人应当按约定支付工程价款。但实践中，由于发包人资金短缺或者其他原因，往往恶意拖延工程价款结算。诉讼中，承包人请求人民法院按照结算文件中形成的工程款数额判令发包人承担支付工程款的责任，而发包人却提出异议认为，竣工结算文件是承包人单方作出的，没有经过中介机构的评估和鉴定，不能作为支付工程款的依据，需要对工程价款进行评估和鉴定。这导致承包人不能及时进行工程结算获得剩余工程价款。该现象一方面严重损害承包人和农民工的合法权益，另一方面也扰乱建筑市场正常秩序。《山东高院王永起等观点》第365页认为："以承包人的建设工程报价或者送审价确定工程价款的结算依据，对于督促建设工程的发包人及时与承包人结算工程价款、预防工程价款的拖欠、促进建筑市场的健康发育具有积极的现实意义。"

合同有效

明确约定

　　合同有效且明确约定"逾期答复视为认可"是按送审价结算的前提。根据《最高院施工合同解释一》第二十条的规定，以承包人送审价作为结算依据的前提是双方在建设工程施工合同中有明确约定，否则法院不予支持。如果合同进行了约定，但合同无效，同样不可以按送审价结算。《江苏高院施工合同指南2010》中载明，法释〔2004〕14号第二十条规定："当事人约定，发包人收到竣工结算文件后，在约定期限内不予答复，视为认可竣工结算文件的，按照约定处理。承包人请求按照竣工结算文件结算工程价款的，应予支持。"该条是发包人逾期不答复也不结算所承担的法律后果，前提是施工合同为有效。当合同无效时，当事人不得依据此规定请求按照竣工结算文件结算工程价款。

　　"逾期答复视为认可"可在履约阶段作出。按送审价进行结算的前提是双方当事人对"逾期答复视为认可"进行了约定。通常双方在合同中对此进行约定，如果合同中没有进行约定，那么履约阶段，承包人发函称"逾期答复视为认可"是否有效？

指导性案例

视为认可

　　在第39例（指导性案例）中，合同中没有约定"逾期答复视为认可"，但结算阶段承包人以发函称："自发包人收到本函之日起28天内，就我司报送的工程竣工结算文件向我司出具书面意见；如到期未出具书面意见，视为认可我司报送的结算文件内容，按报送文件结算本函为施工合同组成部分，自发包人签收之日起发生法律效力。"发包人收发室工作人员签收上述函件并加盖收文专用章。

最高院民一庭结合该案的指导意见为：此函性质为要约，发包人签收此函即为承诺视为接受函示内容，成为施工合同的组成部分，对双方当事人发生法律效力，双方均应受此函内容约束。

因此，"逾期答复视为认可"的约定既可以体现在施工合同中，也可以在履约阶段作出，即可以通过签订协议作出，也可以通过要约和承诺作出。

5.7.2　没有特别约定逾期答复视为认可均不能按送审价结算

专用条款空白（1）《施工合同示范文本2017》通用条款约定逾期答复视为认可，专用条款空白的，视为没有特别约定。《施工合同示范文本2017》通用条款第14.2条第1款规定："发包人在收到承包人提交竣工结算申请书后28天内未完成审批且未提出异议的，视为发包人认可承包人提交的竣工结算申请单。"专用条款第14.2 条第2款约定："发包人审批竣工付款申请单的期限：＿＿＿＿＿＿＿。"笔者认为，该示范文本"说明"部分载明："在使用专用合同条款时，应注意以下事项：……在专用合同条款中有横道线的地方，合同当事人可针对相应的通用合同条款进行细化、完善、补充、修改或另行约定；如无细化、完善、补充、修改或另行约定，则填写'无'或划'/'"。因此，专用条款无论是否细化、完善、补充、修改或另行约定，都应该留有痕迹，何况"逾期答复视为认可"关系到发包人和承包人的切身利益，因此如果专用条款中没有约定，则视为没有约定。《四川高院施工合同解答2015》第18条第2款规定：当事人在建设工程施工合同专用条款中未明确约定发包人应在收到承包人提交竣工结算文件后一定期限内予以答复，也未另行签订协议约定，承包人仅以原建设部《建筑工程施工发包与承包计价管理办法》第16条的规定，或者《建设工程施工合同（示范文本）》通用条款约定为依据，诉请依照《最高院施工合同解释（一）》第20条的规定按照竣工结算文件结算工程价款的，不予支持。

（2）《建设工程施工合同（示范文本）》GF—1999—0201通用条款第33条第3款的约定不视为双方认可"逾期答复视为认可"。该款载明："发包人收到竣工结算报告及结算资料后28天内无正当理由不支付工程竣工结算价款，从第29天起向承包人按同期银行贷款利率支付拖欠工程价款的利息，并承担违约责任。"该条款属于"逾期答复视为认可"的约定吗？笔者认为，该条款不属于"逾期答复视为认可"的约定。该条款仅仅表明逾期审核的，发包人需要支付欠款利息承担违约责任，但没有按照送审价结算的意思表示。

在第40例（公报案例）中，合同双方即按照上述条款进行的约定，最高院认为："本案当事人只是选择适用了建设部制定的建设工程施工合同格式文本，并没有对发生上述情况下是否以承包人报送的竣工结算文件作为工程款结算依据一事作出特别约定。因此，不能以该格式合同文本中的通用条款第33条第3款之规定为据，简单地推定出发包人认可以承包人报送的竣工结算文件为确定工程款数额的依据。发包人关于本案不应适用最高人民法院《关于审理建设工程施工合同纠纷案件适用法律问题的解释》第二十条的上诉理由成立。"

（3）除了合同之外其他文件规定均不视为"逾期答复视为认可"。承包人请求依照《工程结算暂行办法》规定，按送审价结算的，人民法院不予以支持。财政部和原建设部联合发布的《工程结算暂行办法》第16条第1款对"逾期答复视为认可"作出了规定，但该办法属于部门规章，不作为人民法院审理判决的法律依据，因此如果合同没有相关约定，则承包人要求按送审价结算的请求不应予以支持。

5.7.3　承包人提交约定的完整结算文件是按送审价结算条件之二

承包人提交了完整的竣工结算文件是按送审价结算的必要条件。《绍兴中院施工合同意见》第12条规定："完整的竣工结算资料应包括：（1）招投标文件资料；（2）施工总承包合同、分包合同、补充合同或其他与工程施工相关的协议书等；（3）工程竣工图纸（全套图纸，包括土建以及安装部分）；（4）设计变更图纸、设计变更签证；（5）施工过程中的工程量签订、地质勘查报告；（6）工程预算书；（7）发包人供应材料清单；（8）发包人预付工程款、垫付款明细；（9）其他与工程结算有关的资料。若承包人未提供完整的竣工结算资料且该资料发包人不持有并直接影响审核正常进行的，发包人在约定的审核期内要求补充资料的，审核期限应自承包人补充资料之日起计算。承包人竣工结算报告上的工程造价不能视为已被发包人认可。"

5.7.4　发包人收到竣工结算文件是按送审价结算条件之三

因为只有结算文件送达发包人，发包人才产生审查结算文件的义务。结算文件送达发包人的同时，还应当满足以下要求：第一，提交结算文件的时间应该符合合同约定时间，如果工程尚不具备结算条件，即便承包人提交了，发包人也无法审核，承包人提交的结算文件即为不符合合同约定的结算文件，发包人没有审查义务。第二，结算文件应当采用书面形式。如果结算文件是口头形式，则不具备发包人审核结算文件的基础。第三，结算文件是完整的，符合合同约定。

签收

文件送达

签收结算文件的主体应当是法人的法定代表人、其他组织的主要负责人，或者法人或其他组织内部负有收发责任和义务的部门，如办公室、收发室、值班室等负责收件的人签收或盖章。表明发包人已收到结算文件，如果承包人没有发包人负责收件的人签收或盖章，或者签收方不能代表发包人签收文件，则承包人面临不被法院支持的风险。承包人将结算文件送达发包人应采用何种送达方式，法律上没有明确规定。《最高院施工合同解释一适用》第149页认为："不适合采用留置送达的方式。"

5.7.5　发包人未在约定时间内答复是按送审价结算条件之四

只有发包人未在约定时间内答复，才可以视为认可承包人的送审价，如果发包人作出答复，则不适用《最高院施工合同解释一》第20条的规定。

发包人作出的何种答复才能使得送审结算文件失效呢？最高院民一庭未

对此作出解释，《山东高院王永起等观点》第369页认为，发包人的答复应针对竣工结算文件的具体内容，如结算依据、结算范围、结算标准等，如果发包人的答复与工程价款无关，如结算文件格式不规范、资料不完整等，则视为在合同约定期限内没有进行答复，应当以结算文件作为结算依据。

答复期内，发包人认为结算文件不完整的，应及时提出，否则视为作出答复。《福建高院施工合同解答2007》第14条认为："承包人提交的竣工结算资料不完整的，发包人应在约定的期限内告知承包人，发包人未告知的，视为在约定的期限内不予答复。"《深圳中院工程合同意见2010》第19条认为："当事人约定发包人审核结算的期限，审核期限届满后，发包人以承包人递交的结算文件不完整为由要求延期审核的，不予支持。"《绍兴中院施工合同意见》第12条规定："若承包人未提供完整的竣工结算资料且该资料发包人不持有并直接影响审核正常进行的，发包人在约定的审核期内要求补充资料的，审核期限应自承包人补充资料之日起计算。承包人竣工结算报告上的工程造价不能视为已被发包人认可。"答复期内，发包人只要表达不予认可或需要进一步协商的意思，视为进行了答复。

对郑州裕达国际贸易中心大厦工程施工合同纠纷上诉案，最高院程新文法官解析该案认为："双方在合同中虽对发包人审核结算报告的期限作了约定，这一约定不违反法律和行政法规的强制性或禁止性规定，应属有效。但在承包人于……12天后（提交结算报告后的回复期内），承包人、发包人及监理公司三方召开了专门会议，研究本案讼争工程并决定共同进行工程盘点和工程款审核结算的核对工作，这即表明发包人没有认可结算报告，双方在合同中约定的认可结算报告的条件尚未成就，不能以承包人向发包人提交的土建部分结算报告作为工程款结算的依据。"

此外，发包人逾期答复视为认可后，双方另行协商达成合法有效的结算合意的，那么表明双方通过《结算协议》替代了原先合同关于"逾期答复视为认可"的约定，应以双方最新的约定为准。承包人请求以送审价结算的，法院一般不予支持。

第 39 例　发函称逾期答复视为认可能否成立？

【争议焦点】

合同中未约定"逾期答复视为认可"，结算阶段承包人向发包人发函表示"逾期答复视为认可"，发包人签收且未在回复期答复，是否可按承包人送审价结算？

【指导性案例】

《民事审判指导34辑》第53页

2002年3月15日，发包人大发房地产公司与承包人精细建筑公司签订《建设工程施工合同》。

新发大厦于2003年5月1日竣工，经发包人、承包人、设计人、监理人和规划单位五方验收合格，确认为合格工程。

工程竣工后，承包人于2003年5月日提交了工程结算报告。

发包人对施工人提交的竣工结算文件迟迟不予答复，致使承包人于2003年8月2日通过公证处向承包人发出紧急催款函，载明："自发包人收到本函之日起28天内，就我司报送的工程竣工结算文件向我司出具书面意见；如到期未出具书面意见，视为认可我司报送的结算文件内容，按报送文件结算本函为施工合同组成部分，自发包人签收之日起发生法律效力。"发包人收发室人员签收上述函件并加盖收文专用章。

2003年10月1日，承包人在索要工程款无望的情况下，向工程所在地中级人民法院提起诉讼，请求：发包人按照催款函上记载的内容，支付未付工程款600万元及自工程竣工之日起至给付之日止的利息。

【各方观点】

（1）承包人认为：发包人按照催款函上记载的内容，支付未付工程款600万元及自工程竣工之日至给付之日止的利息并按中国人民银行规定的同期同类贷款利率计息。

（2）发包人认为：工程结算文件中大量报价与事实不符，应由法院委托鉴定决定工程款数额。

【裁判观点】

工程所在地中院一审认为："发包人未在催款函记载的回复期间内答复承包人，意味着催款函发生法律效力，发包人应按催款函记载的款项数额向施工人支付工程欠款。"

【最高院指导】

《民事审判指导34辑》第53页

最高院民一庭结合该案的指导性意见为："发包人未在催款函约定期间回复，视为认可施工人报价。本案合同约定的工程款，由预付款、进度款、

要约

结算款三部分组成。施工人在工程竣工并经五方验收合格后，向业主报送工程竣工结算文件，业主拖延审价，致使工程结算无法继续进行。

在此种情况下，施工人向发包人发出了经公证的紧急催款函，并约定了审价期间。此函性质为要约，发包人签收此函即为承诺视为接受函示内容，成为施工合同的组成部分，对双方当事人发生法律效力，双方均应受此函内容约束。《最高院施工合同解释一》第20条规定，当事人约定，发包人收到竣工结算文件后，在约定期限内不予答复，视为认可竣工结算文件的，按照约定处理。承包人请求按照竣工结算文件结算工程价款的，应予支持。原建设部发布的《施工计价管理办法》第16条第1款第2项规定，工程竣工验收合格，应当按照以下规定进行竣工验收：（2）发包方应当在收到竣工结算文件后的约定期限内予以答复。逾期未答复的，竣工结算文件视为已被认可。该条第2款约定，发承包双方在合同中对上述事项没有约定的，可认可其约定期限均为28天。原建设部规章与《最高院施工合同解释一》比较而言，按规章规定，施工人'竣工结算文件视为已被认可'，不需要'当事人约定'这一前提；而适用《最高院施工合同解释一》的前提必须是有'当事人约定'，否则不能按照施工人报价结算。

当事人约定

本案施工人在向发包人发出紧急催款函上注明，甲方在函示期间内不能回复意见，视为认可施工人报价。此函示属于当事人约定范畴，应当适用司法解释的规定。发包人未在合同约定的审价期限内审价，视为认可施工人报价；合同约定既可以体现在施工合同中，也可以在履约甚至结算阶段作出。"

（执笔法官：冯小光）

【作者点评】

《最高院施工合同解释一》第20条规定："当事人约定，发包人收到竣工结算文件后，在约定期限内不予答复，视为认可竣工结算文件的，按照约定处理。承包人请求按照竣工结算文件结算工程价款的，应予支持。"因此按送审价进行结算的前提是双方当事人对"逾期答复视为认可"进行了约定。通常双方在合同中对此进行约定，但从本案例中可以看出，即便是合同中没有约定，但结算阶段承包人以发函的形式表明"逾期答复视为认可"，发包人对该函件进行了签收且未在函件约定的答复期内提出异议，则表示双方对"逾期答复视为认可"形成了一致意思表示，可按照承包人的送审价进行结算。值得注意的是，承包人发函属于要约，发包人签收且未提异议属于承诺，因此发包人的签收至关重要。通常认为签收文件的主体应当是该法人的法定代表人或者内部负有收发责任和义务的部门。同时结算价款关系到发承包双方利益，发承包双方作为平等的民事主体，不应适用留置送达的方式。

【裁判规则】

承包人催款函规定合理答复期及"逾期答复视为认可"条款，发包人签收后且未在答复期答复，可按承包人送审价进行结算，合同另有约定的除外。

第40例　逾期答复可依通用条款按送审价结算？

【争议焦点】

施工合同示范文本通用条款"逾期答复视为认可"，合同通用条款采用该示范文本，但没有在专用条款中特别约定回复期，是否可用适用按送审价结算规则？

【公报案例】

查案例扫微信

2002年6月6日，发包人江西省进贤县人民政府与代建人深圳市圳昌投资实业有限公司签订《进贤县政府大院开发及新区建设合同书》。代建人分别于2002年9月1日、2003年2月25日、2003年3月10日与承包人国利公司签订了三份《建设工程施工合同》及其《补充协议书》，建设工程项目分别为进贤县行政中心建设工程县政府大楼、档案馆、食堂及宾馆。合同关于工程竣工结算约定：发包人收到承包人递交的竣工结算报告及结算资料后28天内进行核实，给予确认或者提出修改意见。发包人收到竣工结算报告及结算资料后28天内无正当理由不支付工程竣工结算价款，从第29天起按承包人同期向银行贷款利率支付拖欠工程价款的利息，并承担违约责任。

2004年8月25日，县政府大楼、档案馆、食堂、宾馆通过竣工验收并投入使用。代建人分别于2004年9月23日、2004年11月8日和2004年12月30日收到承包人递交的进贤县行政中心建设工程——档案馆、政府大楼、食堂、宾馆楼的工程决算书。因涉案工程款未结清，承包人于2005年4月27日起诉请求是：判令代建人清偿工程款1210万元及利息90万元，由代建人承担本案的案件受理费和财产保全费。

【各方观点】

（1）代建人认为：承包人提交的决算资料不全，且迟迟没有补齐，承包人要求支付工程款的条件未成就，无权要求代建人支付工程款。一审判决错误适用关于审理建设工程施工合同纠纷案件的司法解释，将单方面的决算书作为支付工程款的依据

（2）承包人认为：2004年8月25日，承包人承建的涉案工程通过竣工验收并交付使用。代建人对承包人提交的工程竣工结算报告分别予以签收，充分说明代建人对承包人工作联系函所述内容的确认。在合同约定的期限内，代建人未对有关结算报告提出异议；承包人与代建人在合同中明确约定了结算期限，代建人在约定的结算期限内未对承包人提交的结算资料进行确认或修改，代建人应承担违约责任。

（3）江西高院一审认为：双方签订的建设工程施工合同中关于工程竣工结算条款约定，发包人收到承包人递交的竣工结算报告及结算资料后28天内进行核实，给予确认或者提出修改意见，发包人收到竣工结算报告及结算资料后28天内无正当理由不支付工程竣工结算价款，从第29天起按承包人同期向银行贷款利率支付拖欠工程价款的利息，并承担违约责任。承包人提出的关于代建人支付所欠工程款的诉讼请求，符合双方之间的约定及最高人民

法院司法解释第二十条的规定，依法应予支持。代建人收到承包人递交的工程决算书后，未在合同约定的时间内对决算问题提出任何异议。代建人关于承包人未向其提交完整的决算资料，导致决算工作无法正常进行，责任完全在承包人的抗辩理由不能成立。

【裁判观点】

最高院二审认为："关于一审判决适用最高人民法院《关于审理建设工程施工合同纠纷案件适用法律问题的解释》第二十条之规定是否正确的问题。适用本条司法解释的前提条件是，当事人之间约定了发包人收到竣工结算文件后，在约定的期限内不予答复，则视为认可竣工结算文件。本案当事人只是选择适用了建设部制定的建设工程施工合同格式文本，并没有对发生上述情况下是否以承包人报送的竣工结算文件作为工程款结算依据一事作出特别约定。因此，不能以该格式合同文本中的通用条款第33条第3款之规定为据，简单地推定出发包人认可以承包人报送的竣工结算文件为确定工程款数额的依据。代建人关于本案不应适用最高人民法院《关于审理建设工程施工合同纠纷案件适用法律问题的解释》第二十条的上诉理由成立，本院予以支持。"

【最高院解析】

无。

【作者点评】

《最高院施工合同解释一》第20条规定："当事人约定，发包人收到竣工结算文件后，在约定期限内不予答复，视为认可竣工结算文件的，按照约定处理。承包人请求按照竣工结算文件结算工程价款的，应予支持。"因此双方约定"逾期答复视为认可"是按送审价结算的前提条件。本案中，合同双方在合同中约定："发包人收到承包人递交的竣工结算报告及结算资料后28天内进行核实，给予确认或者提出修改意见。发包人收到竣工结算报告及结算资料后28天内无正当理由不支付工程竣工结算价款，从第29天起按承包人同期向银行贷款利率支付拖欠工程价款的利息，并承担违约责任。"该约定只表明如果发包人逾期审核的，视为达到工程价款的支付条件，发包人应当承担违约责任，却不能推定出发包人认可承包人送审价的意思表示。因此本案不能以《最高院施工合同解释一》第20条的规定按送审价结算。

【裁判规则】

施工合同示范文本通用条款"逾期答复视为认可"，合同采用该示范文本，但没有在专用条款中特别约定回复期，不适用按送审价结算规则。

5.8　按结算协议结算

5.8.1　结算协议是当事人竣工后就价款结算等达成的清算协议

结算协议是竣工后签订的协议。建设工程竣工验收后，承发包双方通常会就工程价款进行结算。通说认为，结算行为是法律行为，即认定"符合合同约定的结算文件是当事人之间达成的新合同，实质上是当事人之间形成的新的债权债务关系"[①]。

结算协议

结算协议是当事人就价款结算等达成的协议。《最高院施工合同解释二适用》第277页认为："所谓建设工程价款结算，是指对建设工程的发承包合同价款进行约定和依据合同约定进行工程预付款、工程进度款、工程竣工价款结算的活动。"

结算协议当事人不限于发包人与承包人。虽然实务中最典型的建设工程价款结算是发生在发包人、承包人之间，但建设工程施工领域其他主体之间也存在建设工程价款结算的情形。主要包括发包人与实际施工人之间、专业分包工程发包人与专业分包工程承包人之间、承包人与转包人之间等。

《民事审判指导12年卷》第117页（第49辑）

就黑龙江伦河商贸城施工合同纠纷案，最高院民一庭仲伟珩法官解析认为："实际施工人如果和发包人已经就建设工程价款进行结算，并签署了结算协议，如果建设工程经竣工验收合格后，实际施工人依据结算文件请求支付工程价款的，人民法院则可以将该结算协议作为工程价款的结算依据。"

事后清算

结算协议是一揽子解决问题的事后清算协议。从司法审判实务来看，多数工程结算协议内容并非单纯结算工程价款，而是对违约责任、损失赔偿等所达成的最终一揽子解决协议。

解析案例

在第41例（解析案例）中，合同双方当事人针对工程价款已经达成结算协议后，发包人主张以审计作为支付依据。法院认定没有依据。

最高院民一庭解析该案认为：工程完工后，发包方又主张对涉案工程进行审计依据审计结论来计算工程款，这些都是有违诚信的行为，均不应当得到法院的支持。除非双方当事人有约定或者对于合同价款约定不明确，约定无效的情况，审计结论才能作为工程价款的结算依据。本案中发包人的主张不应得到支持。笔者认为：无论合同是否约定以审计结论作为结算依据，一旦结算协议签订并有效的，应按结算协议结算。

结算协议无效，在不损害他人合法权益的情形，只要当事人关于工程价款结算达成了真实意思表示，就可以类推适用《最高院施工合同解释一》第2条的规定，直接参照结算协议约定支付工程价款。

[①] 《关于当前民事审判工作中的若干具体问题——彭贵（重庆市高级人民法院民事审判第一庭庭长）在重庆市"全市法院民事商事审判工作电视电话会"上的讲话》，2016年2月25日。

5.8.2　依据无效合同签订的结算协议可作为结算依据

《北京高院施工合同解答2012年》第7条规定："建设工程施工合同无效，但工程经竣工验收合格，当事人一方以施工合同无效为由要求确认结算协议无效的，不予支持。"上海高院和广东高院也持同样的观点。

施工合同无效不影响结算协议效力。根据《合同法》第98条规定，合同结算和清理条款的效力并不因合同权利义务终止而受影响，因此结算协议的效力独立于施工合同，建设工程合同无效并不导致结算协议无效。如果承发包人在合同结算阶段对工程结算达成双方一致认可的协议，表明双方同意按照结算协议的约定确定工程价款，只要该结算协议不存在《合同法》第52条或第54条规定的情形而被认定为无效或撤销，该结算协议就应当认定为有效。[1]因此，合同无效，双方签订结算协议的，应按照结算协议结算，一方面更符合合同双方的真实意思，有利于平衡合同双方的利益，另一方面也符合《最高院施工合同解释一》第2条的内在要求。

同理，结算协议背离中标合同实质性内容不影响其效力。建设工程施工合同履行期限长、受国家政策、市场变化以及规划调整、发包人商业策略、承包人自身条件等诸多主客观条件影响，很难完全按照施工合同既定约定条款执行，故允许并尊重双方当事人在出现重大变化时，对工程价款结算约定进行相应调整。因此，结算协议多数依赖于施工合同中已有的相关约定，但不排除双方当事人独立作出新的协议内容。

5.8.3　签订结算协议后一方不得申请造价鉴定

《最高院施工合同解释二》第12条规定："当事人在诉讼前已经对建设工程价款结算达成协议，诉讼中一方当事人申请对工程造价进行鉴定的，人民法院不予准许。"

造价鉴定

诉讼前达成结算协议的不得申请工程造价鉴定。所谓工程造价鉴定，是指鉴定机构接受人民法院或仲裁机构委托，在诉讼或者仲裁案件中，鉴定人运用工程造价方面的科学技术和专业知识，对工程造价争议中设计的专门性问题进行鉴别、判断并提供鉴定意见的活动。根据该第12条规定，诉讼前，当事人已对工程价款达成协议，则表明双方达成合意对工程价款的结算另行签订了补充协议，依法成立的合同受法律保护，除非结算协议被撤销或确认无效，否则双方应当受到协议的约束，按照协议履行，不得随意变更工程结算价款。此时，一方当事人申请工程造价鉴定，试图推翻双方关于工程价款结算的补充约定，人民法院当然不予准许。

解析案例

在第42例（解析案例）中，劳务分包人与实际施工人为解决双方在退场结算上存在的分歧，在政府相关部门的主持下签订了《退场清算协议》。

---

[1] 陈宽山、江伟勤：《建设工程施工合同纠纷判解》，法律出版社2010年版，第305页。

以鉴代审

　　最高院民一庭解析该案认为：《退场清算协议》是双方自愿协商的结果，体现了双方真实的意思表示，且不违反法律的禁止性规定，应为有效。《退场清算协议》有效。"应当以《退场清算协议》的约定作为计算涉案工程款的依据，而不应再重新组织鉴定。司法实践中应当避免'以鉴代审'，把司法审判权交给鉴定机构。"

　　结算协议签订后不得申请鉴定符合民诉法及诚实信用原则。该第12条是《民事诉讼法解释2015》第121条的要求，该第121条规定："申请鉴定的事项与待证事实无关联，或者对证明待证事实无意义时，人民法院不予允

待证事实

许。"该第12条规定也是对2012年修改的《民事诉讼法》新增第13条第1款"民事诉讼应当遵循诚实信用原则"在建设工程施工纠纷诉讼中的具体落实。诚实信用原则被称为现代民法的"帝王原则"，就是要求人们在市场经济活动中讲究信用，恪守诺言，诚实不欺，在不损害他人利益和社会利益的前提下追求自己的利益。[①]具体到建设工程领域，既然发承包双方就合同结算已达成一致意见，签订结算协议，则应恪守承诺，不能事后反悔，企图通过申请鉴定推翻自己已认可的工程结算。对于当事人不讲诚信的申请鉴定行为，人民法院当然不予支持。

　　诉讼中的达成结算协议的也不得申请造价鉴定。虽然多数情况下建设工程价款结算协议都是在诉讼前达成，但不能因此而忽略少数诉讼中当事人达成建设工程价款结算协议的情形。诉讼中当事人就建设工程价款达成结算协议与诉讼前达成同类协议，两者只有时间先后区别，内容都是当事人对结算价款的真实意思表示，都应予以尊重和保护。《最高院施工合同解释二适用》第278页认为："司法解释专门起草本条时只是对本条规范对象最常见情形作了规定，并没有涉及诉讼中达成建设工程价款结算协议，但这并不表示当出现当事人在诉讼中达成建设工程价款结算协议、当事人一方又申请工程造价鉴定的情形时，人民法院应对该鉴定申请予以准许。"

　　达成结算协议不得申请鉴定有利于降低诉讼成本，提高诉讼效率。《最高院施工合同解释一适用》第166页对工程鉴定所持观点认为："人民法院审理建设工程施工合同纠纷案件时，能不通过鉴定即可结算工程价款的，则不作鉴定；必须通过鉴定时才能结算工程价款，尽可能减少鉴定次数；必须通过鉴定才能确定工程价款数额，则尽可能缩小鉴定范围。缩小鉴定范围，一般就可以缩短鉴定时间，进而缩短案件审理时间，达到节省诉讼成本，提高诉讼效率的目的。同时，缩小鉴定范围，也可以避免审判人员为图省事，把争议焦点全部通过鉴定方式解决，把法律赋予人民法院的审判权转移由鉴定机构行使，避免出现鉴定结论不公正，法官又难以纠正的情况发生。"

5.8.4　结算协议签订后承包人不宜就结算前事项再申请追加价款

　　结算协议通常意味着结清，签订后承包人不宜就结算前事项申请追加价款。《清单计价规范2013》对竣工结算价定义如下：竣工结算价款是指发、

[①] 梁慧星. 民法解释学. 中国政法大学出版社1999年版，第301页。

承包双方依据国家有关法律、法规和标准规定，按照合同约定确定的，包括在履行合同过程中按合同约定进行的工程变更、索赔和价款调整，是承包人按合同约定完成了全部承包工作后，发包人应付给承包人的合同总金额。第9.14.6 规定："发承包双方在按合同约定办理了竣工结算后，应被认为承包人已无权再提出竣工结算前所发生的任何索赔。"因此，从国内交易习惯来看，如非特别约定，结算价款应为发包人向承包人支付的所有价款。

在第43例（解析案例）中，结算协议没有明确约定其总价是否包含发包人外委项目价款，因此引发争议。

最高院民一庭解析该案时认为：在承包人完成施工近两年之后，双方签订的结算协议，不大可能不考虑外委分包项目。从结算协议内容看，双方明确结算协议总价尚包含甲供料、甲方垫付工程款，并未注明该总价包含外委分包项目款。且从常理上看，结算协议是在承包人完成施工近两年之后签订的，如外委分包项目款包含在结算协议总价中，应当予以注明。从而综合得出结算协议总价不包含外委项目价款的结论。

根据国际交易习惯，结算协议意味着结清是不成立的。结算协议相当于承包人提交的最终报表与工程师颁发的最终付款证书共同形成的合意。《FIDIC新红皮书》第14.12款特别规定了结清证明，"承包商在提交最终报表时，应提交一份书面结清证明，确认最终报表上的总额代表了根据合同或与合同有关的事项，应付给承包商的所有款项的全部和最终的结算总额。该结清证明可注明在承包商收到退回的履约担保和尚未付清的余额后生效。"结算协议或其依据的施工合同只有明确了类似条款后才有结清的意思，否则不能得出结算协议签订就意味着结清。

结算协议签订不影响双方主张结算价款以外的其他权利。《最高院施工合同解释二适用》第285页认为："事实上，发包人、承包人达成工程价款结算协议，只是明确了双方当事人对依据协议约定得出的工程价款并无争议，但并不等于对施工合同其他事项已经达成了一致。除非结算协议已明确双方就其他事项没有争议或从结算协议可推知双方已经就工程质量、工期、停窝工损失等达成一致，否则不能得出双方就工程质量、工期等事项也达成了一致。相应地，当承包人作为原告起诉发包人请求给付工程款时，发包人一方就可以反诉或另行起诉承包人进行工期索赔、工程质量索赔以吞并其本诉请求。"

有的地方法院对此有不同意见。《北京高院施工合同解答2012》第24条第2款规定："结算协议生效后，承包人依据协议要求支付工程款，发包人以因承包人原因导致工程存在质量问题或逾期竣工为由，要求拒付、减付工程款或赔偿损失的，不予支持，但结算协议另有约定的除外。当事人签订结算协议不影响承包人依据约定或法律、行政法规规定承担质量保修责任。结算协议生效后，承包人以因发包人原因导致工程延期为由，要求赔偿停工、窝工等损失的，不予支持，但结算协议另有约定的除外。"

国内交易习惯

解析案例

国际交易习惯

书面结清证明

第 41 例　按结算协议还是审计结论结算？

【争议焦点】

双方已签订结算协议，但政府审计金额与结算协议约定金额不一致，应当以哪个作为结算依据？

【解析案例】

《民事审判指导12年卷》第687页（第52辑）

2002年10月16日，发包人呼和浩特绕城公路建设开发有限责任公司与承包人河北路桥集团有限公司签订《建设工程施工合同》。

2003年8月工程开工；2006年11月工程竣工验收。

2008年10月21日，发包人与承包人签订《工程量汇总表》确认，承包人完成总计施工工程量价款105243288元。

2011年1月17日，呼和浩特市审计局出具《工程结算审核情况的函》，确认施工工程造价的初审值为79384873元。但审计局同时表示：由于发包人提供资料不全，该局无法按照正常程序对该工程决算进行审计。经法院调查，审计人员认为审计局初审值数据不准确。

承包人起诉发包人，请求：判令发包人向其支付工程款。但对于工程款数额应以2008年10月21日发包人与承包人签订的《工程量汇总表》确认，还是以呼和浩特市审计局出具的《工程结算审核情况的函》确认，双方存在分歧。

【各方观点】

（1）承包人认为：发包人长期拖欠工程款，已构成违约，应当偿还欠付工程款及利息；以审计结果作为工程款的支付依据没有合同上的依据，审计部门是国家对建设单位的一种行政监督，对承建单位并无约束力，也不影响双方签订的合同效力，因此，应按照2008年10月21日双方《工程量汇总表》确认的施工工程量105243288元结算。

（2）发包人认为：该工程属于国有投资项目，按法律和政府财政支付的要求，必须以审计作为支付依据，工程总造价应为79384873元；2008年10月21日，发包人为配合审计局尽快完成对工程的审计工作，按照审计局对报审材料的要求出具了《工程量汇总表》，但该材料只是为了配合审计局审计之用，并不是对工程量的确认。

（3）内蒙古高院一审认为："发包人辩称应以审计局出具的初审值79384873元为工程总造价，不能成立。理由：一是双方当事人于2008年10月21日共同确认承包人的总工程造价为105243288元。该工程价款是在承包人申报工程量之后，经发包人审核之后确认的价款。双方对此均无异议，因此该价款的确认是双方的真实意思表示，对双方具有约束力。二是承包人与发包人签订的《建设工程施工合同》并未约定工程款的确认需以审计机关的审计结论为准，因此，发包人主张以审计局的审计初审值来确认工程总价款，没有合同依据。三是审计机关对国家建设项目的决算审计，是国家对建设单位的一种行政监督，审计局以《工程结算审核情况的函》的形式，作出工程造价的初审值不能作为工程价款的结算依据。经一审法院调查，审计局工作人员认为因为建设单位提交的相关账目材料不全面，无法出具客观真实的审计报告。故审计局函中的初审值数据不准确，不应采信。发包人主张应以审计局的初审值作为工程造价的抗辩理由不能成立，一审法院不予支持"。

【裁判观点】

最高院二审认为：发包人和承包人于"2008年10月21日对承包人完工工程进行汇总后，核定工程总造价为105243288元。该工程价款是在承包人申报工程量之后，经发包人审核之后确认的价款。双方对此均无异议，双方已就应支付的工程款总价形成合意，这是双方真实意思的表示，且没有违反法律的禁止性规定，对双方均具有约束力。因此，发包人主张该工程量仅供审计之用，缺乏依据。依法有效的建设工程施工合同，双方当事人均应依约履行。审计部门对建设资金的审计是国家对建设单位基本建设资金的监督管理，不影响建设单位与承建单位的合同效力及履行。双方当事人并未在合同中约定，将审计结果作为计算涉案工程款的依据。且从一审法院调查的结果来看，审计人员认为审计局函中的初审值数据不准确，因为建设单位提交的相关材料不全面，故无法出具客观真实的审计报告。因此，发包人的上诉主张，既缺乏合同依据，也缺乏法律依据，应不予支持"。

【最高院解析】

最高院民一庭王毓莹法官解析该案认为：在司法实践中，虽然双方当事人对于建设工程价款已有明确约定，但发包方往往以等待审计结果来作为拖延支付工程款的借口。而承包方由于在建筑市场中所处的地位，承揽工程时承诺的价格很低，工程完工后，发包方又主张对涉案工程进行审计依据审计结论来计算工程款，这些都是有违诚信的行为，均不应当得到法院的支持。除非双方当事人有约定或者对于合同价款约定不明确，约定无效的情况，审计结论才能作为工程价款的结算依据。本案中发包人的主张不应得到支持。

【作者点评】

按照本书5.6.1，除另有约定外审计结论不作为结算依据。该案结算协议已签订且有效。即使合同约定以审计结论为准，该结算协议也已取代了合同约定。因此，因此，审计结论只是政府部门内部的监督管理行为，不得对外推翻当事人之间的合同约定，更不能推翻结算协议。

【裁判规则】

无论合同是否约定以审计结论作为结算依据，一旦结算协议签订且有效的，按结算协议结算。

第 42 例　签订结算协议后可否申请鉴定？

【争议焦点】

双方当事人已对结算工程价款达成协议后，一方当事人是否还可以申请工程价款鉴定？

【解析案例】

2009年12月28日，发包人四川省绵阳市重点公路建设指挥部与承包人重庆交通建设（集团）有限责任公司签订《合同协议书》，将"S302线北川曲山至茂县段灾后重建工程（任家坪至禹里段）"第三标段发包给承包人（也即中标人）。

2011年5月3日，承包人与劳务分包人四川辰升建筑劳务有限责任公司签订《劳务协作合同》，约定将部分工程劳务施工及配套工作发包给该劳务分包人，劳务分包人将具体施工任务交给实际施工人实际施工人劳务班组。

2012年7月14日，因劳务分包人和实际施工人之间的误工、材料调差、结算金额分配纠纷，工程停工。

2012年7月20日，劳务分包人与实际施工人为解决双方在退场结算上存在的分歧，在政府相关部门的主持下签订了《退场清算协议》。协议约定劳务分包人向实际施工人包干锁定支付人民币10044万元，扣除已支付金额，尚欠2456万元，之后实际施工人不再提出任何支付要求。协议签订后，劳务分包人向实际施工人支付了2440万元。

实际施工人将承包人、劳务分包人诉至法院，请求：撤销《退场清算协议》，承包人向实际施工人支付工程价款5100万元。一审审理中，实际施工人向法院申请对已完工程价款进行鉴定。各方对是否应撤销清算协议并对工程价款进行鉴定产生分歧。

【各方观点】

（1）实际施工人认为：应撤销其与劳务分包人的《退场清算协议》，该协议实为劳务分包人代表承包人与实际施工人签订，应由承包人向其支付欠付工程款。自双方签订《退场清算协议》时，实际施工人实际完成的工程量高达2亿元，而承包人通过劳务分包人和其他方式支付给实际施工人的工程款仅有9300万元，一审法院未予鉴定系程序违法。

（2）承包人认为：承包人不是适格被告，与实际施工人不存在合同关系，不应承担与其之间所谓的债权债务关系；且实际施工人与劳务分包人已经达成了清算协议，该协议真实有效，不存在法定撤销理由，且已履行完毕。

（3）劳务分包人认为：其与实际施工人已签订《退场清算协议》，协议是双方真实意思表示，不违反法律规定，应当合法有效；签订清算协议后，

劳务分包人严格按照协议约定将相应的款项支付给实际施工人，没有必要进行鉴定。

（4）四川省高院一审认为："《退场清算协议》的效力独立于本案其他合同的效力，应属有效……《退场清算协议》不仅有劳务分包人和实际施工人签字，还有发包人等相关政府部门作为见证人签字，表明该协议系双方当事人在政府相关部门主持和见证下对工程结算自愿协商的结果……《退场清算协议》明确载明双方签订协议并履行完毕后，再无其他争议。从实际履行上看，协议签订后，实际施工人按照约定退场，劳务分包人也按照协议约定支付了相关款项，实际施工人也接受了劳务分包人的支付。故实际施工人现主张撤销该《退场清算协议》的理由均不能成立，一审法院不予支持。"

【裁判观点】

二审法院认为："《退场清算协议》不仅有双方当事人参与，还有当地政府相关职能部门作为见证人。该协议系在政府相关部门主持下为彻底解决工程款问题与退场清算问题双方当事人协商的结果……实际施工人主张涉案协议中约定的工程价款过低，显失公平，其认为涉案工程款高达2亿元，但未提供相应证据，其主张本院不予支持。《退场清算协议》是双方自愿协商的结果，体现了双方真实的意思表示，且不违反法律的禁止性规定，应为有效。因此，应以此为依据确定涉案工程款，本案已无须对于涉案工程款再进行鉴定，一审法院未组织鉴定并无不当。"

【最高院解析】

《民事审判指导15年卷》第375页（第62辑）

以鉴代审

最高院民一庭王毓莹法官解析该案补充认为：《退场清算协议》有效。"从本案的实际情况看，《退场清算协议》基本上除质保金部分已履行完毕。应当以《退场清算协议》的约定作为计算涉案工程款的依据，而不应再重新组织鉴定。司法实践中应当避免'以鉴代审'，把司法审判权交给鉴定机构。双方当事人对于涉案工程款的数额已经达成一致意见，一方当事人申请鉴定的，人民法院不应的予以支持。"

【作者点评】

待证事实

《最高院施工合同解释二》第12条规定："当事人在诉讼前已经对建设工程价款结算达成协议，诉讼中一方当事人申请对工程造价进行鉴定的，人民法院不予准许。"一旦达成有效结算协议，则工程结算造价已经确定，申请造价鉴定，对待证事实结算造价确定没有意义。

【裁判规则】

工程价款结算协议签订且有效的，一方当事人申请鉴定，人民法院不予支持。

第 43 例　结算协议总价是否包含独立工程价款？

【争议焦点】

发包人与承包人签订工程结算协议后，发包人认为结算协议总价包括了其另行发包的独立工程价款，要求否扣减该价款，是否成立？

【解析案例】

查案例扫微信

2006年5月11日，发包人辽宁省沈阳溢利房地产开发有限公司与承包人中国建筑第六工程局有限公司就"金碧辉煌国际俱乐部"工程项目签订《建设工程施工合同》。合同签订后，承包人进场施工。施工过程中，发包人将属于承包人承建范围内的14项施工项目直接发包给他人施工。

2009年3月底，承包人将施工完毕的工程交付给发包人。承包人向发包人发送了结算报告，结算报告内容不涉及发包人实际外委施工部分的内容和价款。

2010年12月21日，发包人与承包人签订《竣工结算确认书》，内容为："……双方同意达成最终结算意见：1.……本工程总造价确认为120150000.00元，……已包含建设工程全部乙方应计算的工程结算费用，包括管理费、材料费、人工费和税费等，就乙方承包的建设工程的造价结算，双方不再另行增加任何费用。2. 上述总造价作为本工程最终结算价款。但该款尚未扣减甲供材、甲方垫付工程款等。上述应扣减项目尚需双方继续核对。"

因工程款结算问题，承包人起诉发包人，请求：判令发包人向其支付欠付工程款。双方对于《竣工结算确认书》确认的工程价款是否包含发包人直接外委施工项目价款产生分歧。

【各方观点】

（1）发包人认为：《竣工结算确认书》确认的12015万元包含了实际由发包人直接外委施工的项目约7800万元，外委项目属于"应扣减项目"，应从总造价中扣除。

（2）承包人认为：《竣工结算确认书》确认的12015万元为承包人实际施工完成的工程量总价款，不涉及发包人外委施工的价款。

（3）辽宁省高院一审认为："《竣工结算确认书》……签订之时，承包人结束施工已近两年，且已向发包人提交了不含双方《建设工程施工合同》范围内但发包人实际外委的施工项目价款的结算报告，在此之后双方进行结算不可能包含发包人直接发包给第三方的工程价款，且该确认书也说明该每平方米单位造价中已包含建设工程全部承包人应计算的工程结算费用，包括管理费、材料费、人工费和税费等，这说明双方结算的价款是承包人实际应

计取的其已完工程量的价款总额，这也符合相关的交易惯例。另外，双方在《竣工结算确认书》中明确需扣减的款项也仅限于'甲供材、甲方垫付工程款等'。如双方结算的价款包含承包人不应计取的发包人主张的7800余万元的发包人直接外委的十余项施工项目价款，却在《竣工结算确认书》中既不说明包含此项，又不说明需扣减此项，这是不符合生活常理的，也是不具操作性的。尤其，如果按发包人的该诉讼主张进行计算，承包人所施工的工程量的价款则仅为每平方米400余元，这也是没有可能性的。故发包人抗辩主张双方结算确认的12015万元是包括其直接外委施工项目价款在内的建设工程施工合同中约定的全部工程量价款，缺乏依据，一审法院不能支持。"

【裁判观点】

最高院二审认为："《竣工结算确认书》是双方当事人对于涉案工程造价的最终确认。双方对于涉案工程价款应扣减的项目约定得很明确，即甲供材与甲方垫付工程款等，并不包括甲方外委分包项目。……另，按照发包人的主张，扣减7800万元后涉案工程造价每平方米仅为400余元，亦不符合常理。故发包人主张涉案工程《竣工结算确认书》中确认的工程价款包含其外委分包项目，缺乏依据，本院不予支持……发包人主张并不拖欠承包人工程款缺乏依据。"

【最高院解析】

《民事审判指导14年卷》第481页（第59辑）

最高院民一庭王毓莹法官解析该案认为：结算协议没有明确约定其总价是否包括7800余万元外委分包项目。合同总价1.5亿元；结算协议确定竣工结算总价1.2亿元。在承包人完成施工近两年之后，双方签订的结算协议，不大可能不考虑外委分包项目。从结算协议内容看，双方明确结算协议总价尚包含甲供料、甲方垫付工程款，并未注明该总价包含外委分包项目款。且从常理上看，结算协议是在承包人完成施工近两年之后签订的，如外委分包项目款包含在结算协议总价中，应当予以注明。因此，发包人主张缺乏依据。

【作者点评】

《合同法》第125条："当事人对合同条款的理解有争议的，应当按照合同所使用的词句、合同的有关条款、合同的目的、交易习惯以及诚实信用原则，确定该条款的真实意思。"发包人将本属于《建设施工合同》范围内的部分工程直接外委发包给第三人施工，属于双方认可的事实。从常理推断以及工程惯例看，结算协议总价应不包括该外委项目。发包人主张结算协议总价包含该外委项目并主张扣除不成立。

【裁判规则】

不能另行主张的结算协议总价包含的项目，应该结合合同、交易习惯及诚信原则等综合确定，不宜武断得出包含所有价款的结论。

5.9　共同委托咨询意见

《最高院施工合同解释二》第13条规定："当事人在诉讼前共同委托有关机构、人员对建设工程造价出具咨询意见，诉讼中一方当事人不认可该咨询意见申请鉴定的，人民法院应予准许，但双方当事人明确表示受该咨询意见约束的除外。"该条该如何理解和适用呢？

5.9.1　共同委托造价单位出具咨询意见且未承诺接受的可申请鉴定

根据《最高院施工合同解释二适用》，该司法解释二第13条中：

（1）"有关机构、人员"，指具有相应资质的造价咨询单位，简称造价单位。

（2）"共同委托"，即包括发包人和承包人共同作为一方与造价单位签订工程造价委托咨询合同的情形；也包括发包人或承包人一方与造价单位签订工程造价委托咨询合同，另一方事先或事后以行为或其他方式予以追认的情形。合同双方共同委托造价咨询单位对建设工程造价出具咨询意见仅仅表明双方就委托这件事项本身达成一致，并不等于双方当事人作出了同意接受造价咨询机构将来的工作成果——咨询意见的约束。因此，一方当事人不认可该咨询意见申请鉴定的，人民法院应予准许。

（3）"咨询意见"，即造价单位根据与当事人签订工程造价委托咨询合同出具的审价报告或其他意见。咨询意见本质上是作为受托人的造价咨询单位按约定向作为委托人的当事人交付的工作成果。咨询意见属于书证，不是鉴定意见，不具备鉴定意见的证明力。当事人自行委托咨询单位出具咨询意见时，基础材料都是双方当事人自己提供的，难免作有利于自己的取舍，造成咨询意见不能客观、完全的体现争议事实的真实面貌；同时，有造价单位的专业资格、计算工程造价的程序和方法等也没有接受人民法院的监督，使得咨询意见不具有权威，当事人事后质疑也在所难免。

（4）"明确表示受该咨询意见约束"，即当事人在工程造价委托咨询合同约定，或者通过其他文件、行为表明。笔者认为该明确表示只适用于咨询意见出具前，明确承诺一旦该咨询意见出具即无条件同意该咨询意见作为结算依据；在咨询意见出具后，该明确表示就意味着当事人达成了结算协议，应该适用该司法解释二第12条，具体见本书5.8。

（5）"不认可咨询意见"，指只需要当事人表示不接受该咨询意见即可，不需要当事人另行举证证明该咨询意见存在瑕疵。只要当事人申请鉴定就意味着其不接受该咨询意见。

（6）"诉讼前"，可扩大解释为"诉讼前"或"诉讼中"。该第13条之所以规定"诉讼前"主要是因为从司法解释调研收集的情况来看，工程造价咨询机构接受委托，出具工程造价咨询意见多数都在诉讼发生之前。但这并不意味着当事人不可以在诉讼后自行委托工程造价咨询机构出具咨询意见，

造价咨询单位

共同委托

咨询意见

鉴定意见

更不意味着出现当事人一方或双方诉讼后自行委托工程造价咨询时，当事人不能在诉讼中向人民法院申请鉴定。

该解释二第13条确立了共同委托造价咨询单位出具咨询意见且未承诺接受的可申请鉴定的规则。上述（5）和（6）完全不影响该规则成立。该规则推翻了此前各地法院原有规则，即一方不认可当事人共同委托造价咨询单位对建设工程造价出具咨询意见，向人民法院申请鉴定的，不予支持。

5.9.2 共同委托造价单位出具咨询意见并承诺接受的按该意见结算

该解释二第13条会涉及当事人共同委托造价咨询单位出具咨询意见并承诺接受的情形。

如果双方不仅共同委托造价咨询单位出具造价咨询意见，同时已明确表示接受该咨询意见结果，则意味着双方都认可该咨询意见作为证据具有足够的真实性、合法性、关联性。如当事人一方事后再申请鉴定，已与其之前的自认相矛盾，人民法院从诉讼诚信出发，可以以鉴定没有意义为由，对其鉴定申请，不予准许。

5.9.3 除达成结算协议外共同委托非造价单位咨询的可以申请鉴定

该解释二第13条会涉及当事人共同委托的受托人为没有相应造价咨询企业资质的情形。

根据《造价咨询企业管理办法》第38条规定，"未取得工程造价咨询企业资质从事工程造价咨询活动或者超越资质等级承接工程造价咨询业务的，出具的工程造价咨询成果无效。"该规定不是法律和行政法规强制性规定，但鉴于工程造价事项的复杂性、专业性，《最高院施工合同解释二适用》第301页认为：不具备相应工程造价咨询资质的单位或个人，即使是工程造价领域特定的权威专家学者，出具的造价咨询意见，任何一方都可以不予认可并申请法院要求对工程造价作司法鉴定。

据此，当事人共同委托没有相应造价咨询企业资质的单位或个人出具咨询意见的，任何一方都可以申请造价鉴定，但是当事人在咨询意见出具后都同意的除外。当事人在咨询意见出具后都同意的，即达成了结算协议，应该按照该结算协议结算。

解析案例　　在第44例（解析案例）中，监理公司受发包人委托审核承包人结算报告，编制了《工程审核决算书》并加盖印章，承包人也盖章予以确认。

最高院民一庭解析认为：应视为发包人与承包人对工程款的决算数额达成一致意见。监理公司基于发包人委托，其行为后果应由发包人承担。监理公司协助发包人内部审计，无须具有相关资质。因此，上述一致意见应作为结算依据。

第 44 例　非造价单位意见双方同意的可否据此结算？

【争议焦点】

发包人委托不具有相应造价咨询企业资质的第三方审核承包人报送的结算报告，该第三人出具咨询意见后，承包人认可的，该咨询意见是否可以作为结算依据？

【解析案例】

查案例扫微信

1993～2000年承包人与发包人山东省商业大厦分别签订了三份《建设工程施工合同》。三份合同签订后，承包人分别进行了施工，三工程于1999～2001年施工完毕。

1996年4月25日，发包人与山东商业建设总公司（双方均为山东省商业集团下属的法人单位）签订《关于（山东世界贸易中心一期工程）预、决算审核工作的协议》约定，由发包人物业部预算科和商建总公司下属建设监理公司现有的工程技术人员，共同组成世贸中心一期工程预决算审核小组，负责已完工程的预决算审核工作。2001年2月6日，发包人与山东省商业集团建设监理中心签订《工程结算审核协议》。

根据上述两份审核协议，监理中心自1996年至2001年11月28日对承包人编报的进行了审核，编制了《工程审核结算协议》并加盖了印章，承包人在上述《工程审核结算协议》上盖章对审定价值予以确认。

【各方观点】

（1）发包人认为：监理中心编制的《工程审核决算书》，是山东省商业集团内部对工程款的初审且监理中心没有合法的工程审计与鉴定资质，参与审计的人员不具备鉴定资格，另国有重大基建项目，依地方法规规定必须委托中介机构审计，监理中心编制的《工程审核决算书》不应作为本案认定工程款的依据。

审价资格

（2）承包人认为：监理公司是按照发包人的委托进行工程款结算的审核工作，其出具的审核报告，应是代表发包人出具，承包人对上述报告签字认可，应视为承包人与发包人对工程款的决算达成一致意见。

（3）山东高院一审认为：1996年和2001年，发包人两次与监理中心签订协议，委托监理中心对承包人编制的工程价值进行审核，监理中心在审核后编制了《工程审核结算协议》并加盖了印章，后承包人在《工程审核结算协议》上签字盖章对审定价值予以确认，虽然发包人除了在1994年、1995年以及1996年9月26日和2002年2月3日的《工程审核结算协议》上签字盖章外，未在其他《工程审核结算协议》上盖章，但监理中心作为受托单位在其他《工程审核结算协议》上盖章认可的行为，应视为发包人对《工程审核结算协议》的认可，且发包人也自始至终参与了对工程价值的审核，因此，应当认定发包人与承包人已对工程价款的数额达成了一致。

【裁判观点】

最高院二审认为："双方签订的几份施工合同，均约定工程款的结算由双方自行来完成。发包人与商建总公司签订《关于（山东世界贸易中心一期工程）预、决算审核工作的协议》及发包人与监理中心签订的《工程结算审核协议》约定的内容表明，发包人委托商建总公司进行工程结算的审计工作，是双方共同组成审核小组，进行工程结算的审核工作。后期发包人委托监理中心，也是双方共同进行工程结算的审核工作。……承包人在上述决算书上签字认可的行为，应视为发包人与承包人对工程款的决算数额达成一致意见，一审法院将……的依据，符合本案当事人之间的约定及法律规定。"

【最高院解析】

最高院民一庭关丽法官解析该案认为："监理公司不是作为审计鉴定单位，独立进行工程款结算的审核工作，出具的审核报告独立于发包人。按照双方合同约定，监理公司出具的审核报告在经发包人同意交给承包人，这种约定的审批程序表明，监理公司的审计性质上虽然属于发包人内部审计，但发包人同时授权监理公司，在审核决算完成后，监理公司可以代表发包人出具《工程审核决算书》，并与承包人据此进行结算。监理公司出具《工程审核决算书》并与承包人进行结算，是基于发包人授权，承包人上述决算书上签字认可的行为，应视为发包人与承包人对工程款的决算数额达成一致意见。一审法院将……（即一致意见）作为认定工程价款的根据，符合本案当事人之间的约定及法律规定。监理公司基于发包人委托出具《工程审核决算书》并以之与承包人进行工程款的决算工作，行为后果应由发包人承担。发包人认为监理公司出具的报告是内部审计，不具有对外效力的主张不成立。对于监理公司接受发包人委托，协助发包人进行工程款决算的内部审计，是否要具有相关的鉴定资质，人员是否要取得相关的鉴定资格的问题，现行法律及相关部门规章中都没有对这种内部审计的资质作出强制性规定。建设部标准定额司认为，协助其他单位进行内部审计，不要求参与内部审计的单位具有相关的资质，协助审计的单位出具的审计报告是针对委托单位，作为委托单位的工作。"因此，上述一致意见应作为结算依据。

《民事审判指导09前卷》第269页

一致意见

内部审计

【作者点评】

实在找不到比关丽法官解析更贴切的意见了。

【裁判规则】

发包人委托第三方审核承包人报送的结算报告，该第三方出具审核意见后，承包人认可的，该审核意见可以作为结算依据，而无论该第三方是否具有相应造价咨询企业资质。

第6章 价款支付

【内容概要】

在确定完工程价款，下面就有必要讨论工程价款该如何支付。工程价款支付主要涉及如下问题：

（1）欠款利息标准。欠款分为垫资款及工程欠款。垫资款介于民间借贷和一般工程欠款之间，一定限度内予以保护。欠款利息有约定的，按照约定计算，但垫资款利率不得超过同期贷款利率，工程欠款年利率不得超过24%。没有约定的，垫资款不计利息，工程欠款利息按同期逾期贷款利率计取。

（2）利息起算规则。有约定从约定。没有约定的，从建设工程交付日起算；未交付的从提交竣工结算文件之日起算；未交付且未结算的从起诉日起算。

（3）质保金返还。质保金是承包人修复缺陷责任期内缺陷的担保。该期间无缺陷或缺陷已修复的，期满后退还。该期间没有约定的，为竣工验收通过后2年计；合同解除且没有特别约定的结算不能扣除质保金。反之，该期间有缺陷且缺陷未修复的，发包人可以暂扣质保金，直到缺陷修复完毕并验收合格。

（4）以房抵债。除非另有约定，在拖欠工程款情形下，发包人与承包人签订的以房抵款协议有效；发包人不履行该协议的，承包人仍可以直接依法追讨工程款；发包人直接归还工程款的，承包人不得要求履行该协议。

（5）向第三方支付。承包人委托是发包人向第三方付款的前提条件，否则，发包人付给第三人的款项不能抵作已付工程款。

【关键词】

价款确定	工程款
垫资	民间借贷
交付日	起诉日
质保金	缺陷责任期
以房抵债	实践性行为
诺成性行为	委托支付

【最高院施工合同司法解释二】

第8条　有下列情形之一，承包人请求发包人返还工程质量保证金的，人民法院应予支持：（1）当事人约定的工程质量保证金返还期限届满。（2）当事人未约定工程质量保证金返还期限的，自建设工程通过竣工验收之日起满二年。（3）因发包人原因建设工程未按约定期限进行竣工验收的，自承包人提交工程竣工验收报告九十日后起当事人约定的工程质量保证金返还期限届满；当事人未约定工程质量保证金返还期限的，自承包人提交工程竣工验收报告九十日后起满二年。

发包人返还工程质量保证金后，不影响承包人根据合同约定或者法律规定履行工程保修义务。（详见本书6.3节）

【最高院施工合同解释一】

第6条　当事人对垫资和垫资利息有约定，承包人请求按照约定返还垫资及其利息的，应予支持，但是约定的利息计算标准高于中国人民银行发布的同期同类贷款利率的部分除外。

当事人对垫资没有约定的，按照工程欠款处理。

当事人对垫资利息没有约定，承包人请求支付利息的，不予支持。（详见本书6.1节）

第17条　当事人对欠付工程价款利息计付标准有约定的，按照约定处理；没有约定的，按照中国人民银行发布的同期同类贷款利率计息。（详见本书6.1节）

第18条　利息从应付工程价款之日计付。当事人对付款时间没有约定或者约定不明的，下列时间视为应付款时间：（1）建设工程已实际交付的，为交付之日；（2）建设工程没有交付的，为提交竣工结算文件之日；（3）建设工程未交付，工程价款也未结算的，为当事人起诉之日。（详见本书6.2节）

6.1 欠款利息标准

6.1.1 欠款利息有约定的按约定但不超过24%

法定孳息

《最高院施工合同解释一》第17条规定："当事人对欠付工程价款利息计付标准有约定的，按照约定处理。"

欠付工程款利息是法定孳息。根据民法债的一般原理，债务人迟延履行债务时，除应向债权人支付本金外，尚应支付利息。该17条上述条款适用有三个条件：

（1）欠付工程价款的本金的数额应当是明确的，其中包括合同已经履行完毕的情形，也包括工程在施工过程中双方当事人解除合同的情形。但不论哪一种情形，发包人欠付承包人工程价款的数额都应当通过法院审理或者当事人自行达成协议明确欠付工程价款本金数额。只有本金数额确定的情况下，才谈得到支付利息问题，本金不确定，利息就无法计算。

（2）当事人对欠付工程价款利息计付标准有约定的，按照约定处理。当事人对欠付工程款利息的起算时间、利率等事项有约定的，从其约定，充分遵照当事人在合同中作出的真实意思表示。

（3）"利息计付标准"是指利率。如前所述，既然欠付工程价款利息性质为法定孳息，合同约定的利率应当在国家法定利率上限内才予以保护，当约定的利率违反国家规定时，则不予保护。逾期付款利息有约定从约定，

逾期利息

但以年利率24%为限。《最高人民法院关于审理民间借贷案件适用法律若干问题的规定》第29条规定："借贷双方对逾期利率有约定的，从其约定，但以不超过年利率24%为限。"

6.1.2 欠付价款利率没有约定的按同期逾期贷款利率

《最高院施工合同解释一》第17条规定："当事人对欠付工程价款利息计付标准……没有约定的，按照中国人民银行发布的同期同类贷款利率计息。"

《买卖合同司法解释》第24条第4款规定："买卖合同没有约定逾期付款违约金或者该违约金的计算方法，出卖人以买受人违约为由主张赔偿逾期付款损失的，人民法院可以中国人民银行同期同类人民币贷款基准利率为基础，参照逾期罚息利率标准计算。"

可见，欠付价款利率没有约定的按同期逾期贷款利率计算。

6.1.3 垫资利息有约定的按约定但不高于同期贷款利率

《最高院施工合同解释一》第6条第1款规定："当事人对垫资和垫资利息有约定，承包人请求按照约定返还垫资及其利息的，应予支持，但是约定的利息计算标准高于中国人民银行发布的同期同类贷款利率的部分除外。"

垫资施工

垫资是承包人在签订合同后，不要求发包人先支付工程款，而是利用自有资金先进场进行施工，待工程施工到一定阶段或者工程全部完成后，再由发包人支付承包人垫付的工程款。建筑市场始终是发包人处于优势地位，承包人为了承接到建设项目，不惜向发包人承诺作出各种让步，垫资便是其中的一种典型方式。

在第45例（参考案例）中，双方约定：承包人为工程垫资900万元，发包人支付20万元利息。发包人认为不应支付利息20万元等，申请再审。最高院维持了高院二审判决：发包人未提供证据证明利息的计算标准高于中国人民银行发布的同期同类贷款利率，依据《最高院施工合同解释一》第6条第1款规定，发包人应该支付该利息。

垫资不是单纯的借贷，具有部分延期付款性质。垫资的本意是为了完成特定的工程，本质是建设工程合同行为。因此，《最高院施工合同解释一》第6条第1款有保留地确认垫资及其利息的有效，但约定的利息计算标准不高于中国人民银行发布的同期同类贷款利率的部分确认其有效性。

6.1.4　垫资没有约定的按工程欠款处理但不计取利息

《最高院施工合同解释一》第6条规定："当事人对垫资没有约定的，按照工程欠款处理。当事人对垫资利息没有约定，承包人请求支付利息的，不予支持。"

拆借资金

工程欠款

垫资处理既不同于拆借资金完全否认，又不同于一般工程欠款全部支持。对比该第6条与《最高院施工合同解释一》第17条可知：垫资在未约定利息的情形下，按照工程欠款处理，但不计取利息。工程欠款在没有约定利息的情况下，按同期贷款利率计取利息；垫资在约定利息的，不超过同期贷款利率。工程欠款约定利息的，不超过同期贷款利率的四倍。

第 45 例　双方约定的垫资利息应否支付？

【争议焦点】

双方约定承包人垫资施工，发包人应在一定期间归还垫资款本金并支付一定金额的垫资利息。发包人可否拒付该垫资利息？

【参考案例】

查案例扫微信

2010年9月10日，发包人东方蓝桥公司与承包人浦东国际公司签订一份施工合同，约定：工程承包范围为装饰及安装工程；合同价款为2550万元；合同工期为120天，开工日期为2010年9月22日，竣工日期为2011年1月22日；质量标准为合格。

施工合同签订后，承包人即进场施工。

2011年2月21日，双方签订《协议书》，约定：合同资金缺口人民币900万元由承包人垫资，工程竣工交付后次月起发包人每月归还65万元，直至还清，发包人在支付最后一期还款后另向承包人支付利息20万元。

2011年6月，工程竣工并交付使用。

2011年7月1日及12日，双方签订两份《还款协议》，确认欠付工程款512万元，另追加工程签证款120万元。

双方因价款支付等争议，起诉至法院。

【各方观点】

（1）发包人认为：双方于2011年2月21日签订《协议书》，约定发包人向承包人支付利息20万元，但随后又签订两份《还款协议》作出变更，《协议书》约定利息20万元不应支付。

（2）承包人认为：应支付20万元利息。

（3）江西省高院二审认为："在《还款协议》中虽未约定利息，但也未明确之前约定的利息不再支付，该两份《还款协议》不能视为对2011年2月21日签订的《协议书》中关于利息的约定进行了变更。本案中也没有其他证据证明双方约定不再支付该20万元的利息。发包人上诉称2011年7月双方签订的《还款协议》对2011年2月21日《协议书》中约定的利息进行了变更没有事实依据……按照双方的约定，发包人应自2011年7月起每月向承包人归还65万元直至还清，归还最后一笔款项的时间应为2012年8月，还款时间共需14个月，14个月的期限内900万元垫资款的利率为2.2%，未超出中国人民银行发布的同期同类贷款利率。因此，双方关于20万元利息的约定合法，发包人应向承包人支付该20万元利息，对发包人关于不应支付该款项的主张不予支持。"

【裁判观点】

最高院再审认为："根据双方于2011年2月21日签订的《协议书》约定，合同资金缺口900万元由承包人垫资，发包人支付利息20万元。对此，发包人未提供证据证明承包人实际未履行垫资900万元的义务，或20万元利息的计算标准高于中国人民银行发布的同期同类贷款利率。双方于2011年7月1日、7月12日签订的《还款协议》亦未约定发包人不再履行支付该20万元利息的义务。依照《最高人民法院关于审理建设工程施工合同纠纷案件适用法律问题的解释》第六条第一款关于'当事人对垫资和垫资利息有约定，承包人请求按照约定返还垫资及其利息的，应予支持，但是约定的利息计算标准高于中国人民银行发布的同期同类贷款利率的部分除外'之规定，二审判决发包人向承包人支付20万元正确。发包人申请再审提出其不应支付该20万元利息的理由，缺乏事实和法律依据，不能成立。"

【最高院解析】

无。

【作者点评】

垫资施工

垫资是承包人在签订合同后，不要求发包人先支付工程款，而是利用自有资金先进场进行施工，待工程施工到一定阶段或者工程全部完成后，再由发包人支付承包人垫付的工程款。建筑市场始终是发包人处于优势地位，承包人为了承接到建设项目，不惜向发包人承诺作出各种让步，垫资便是其中的一种典型方式。

借贷

垫资不是单纯的借贷，具有部分延期付款性质。垫资的本意是为了完成特定的工程，本质是建设工程合同行为。因此，《最高院施工合同解释一》第6条第1款有保留地确认垫资及其利息的有效，但约定的利息计算标准不高于中国人民银行发布的同期同类贷款利率的部分确认其有效性。

上述案例中，900万元先垫资4个月后，在14个月内等额归还，支付利息20万元，利率小于4.4%，未超过银行同期贷款利率。因此，在未构成合同变更的情况下，发包人应该支付该垫资利息。

【裁判规则】

转化为工程一部分的垫资有效，发包人应该按照约定归还垫资及其利息。垫资利率超过中国人民银行发布的同期同类贷款利率的，超过部分不成立。

6.2 利息起算日期

《最高院施工合同解释一》第18条规定："利息从应付工程价款之日计付。当事人对付款时间没有约定或者约定不明的，下列时间视为应付款时间：

（一）建设工程已实际交付的，为交付之日；

（二）建设工程没有交付的，为提交竣工结算文件之日；

（三）建设工程未交付，工程价款也未结算的，为当事人起诉之日。"

该条是关于发包人向承包人支付欠付工程价款利息起算时间的规定。下面分几种情况进行说明：

6.2.1 约定明确的从应付工程价款之日计付利息

欠付工程款利息与借款利息相似。欠付工程款利息在法律性质上讲是违约金，一般称为罚息。借款利息为本金的成本，支付借款本金时，就应当支付利息。按照《合同法》第207条规定，借款人未按照合同约定的期限返还借款的，应当按照约定或者国家有关规定支付逾期利息即罚息。

欠付工程款利息与借款利息起算点不同。欠付工程款利息起算时间为合同约定的支付工程价款届满之日，即欠款发生时；借款利息自支付借款本金之日，即自借款行为发生之日，支付利息不以借款人逾期还款的违约行为为前提条件。

欠付工程款利息从合同约定的支付工程价款届满之日计付。合同有约定的，应当遵从当事人约定，尊重当事人的真实意思表示，也是体现合同应当全面实际履行的原则，这是合同履行的常态。但也存在合同约定的支付工程价款期限届满，工程价款无法支付的情形。

在第46例（解析案例）中，合同约定，工程价款通过二审确定，发包人应在2006年3月28日支付价款。实际指定日期已届满但金额未确定，承包人主张发包人应按约定支付逾期付款违约金。二审法院认为无须支付。

最高院民一庭肖峰法官解析认为："在二次审计结果出来前，涉案工程款金额处于不确定状态""发包人将因工程款总额不明而无法给付""有必要将合同约定结合起来通过目的解释、体系解释探究当事人定约真意""故双方将2006年3月28日作为给付工程款的最晚期限的一个合理解释就是双方对二审金额最晚应于2006年3月28日前确定。相应地，发包人承诺按约定期限给付工程款的前提就是二审金额已在2006年3月28日前确定"。而二审拖延并不是发包人故意拖延引起的，因此，不应认定发包人违约，承包人请求支付违约金没有依据。

（marginalia left column）
交付工程
提交结算
起诉

罚息
利息

解析案例

先定价后付款

6.2.2　约定不明但交付工程的从交付日计付利息

解析案例

《民事审判指导15年卷》第561页（第63辑）

建设工程实际交付的，以建设工程交付之日为应付款时间。

在广西华银氧化铝一起工程纠纷（解析案例）中，最高院民一庭王毓莹法官解析认为："交付后发包人对诉争建设工程已经实际控制，有条件对讼争房屋行使占有、使用、收益的权利。在这种情况下，发包人已经受益了，仍然欠付承包人工程价款，双方的权利义务显然不对等，应从此时计算欠付工程款的利息。""对于双方没有明确交付行为，也缺乏明确交接手续，应当于涉案工程实际投入使用之时，拟制为交付日。"

6.2.3　约定不明且未交付但已提交结算的从提交日计付利息

按照《最高院施工合同解释一》第19条规定，应当按照约定视为发包人认可了竣工结算文件，就按照承包人提交的竣工结算文件结算工程款。建设工程没有交付，建设工程仍由承包人掌管，但承包人已经在建设工程竣工验收合格后按照合同约定的时间提交了竣工结算文件，发包人如在合同约定的期限内不予答复的，应当认定此时为应付款时间。

实务中，许多发包人故意推延审核承包人提交的竣工结算报告，以达到推延支付工程价款的目的，以承包人提交竣工结算文件的时间作为工程价款结算的时间，这将有利于督促发包人行使权利，尽快审核工程竣工结算报告，及时支付工程价款。

6.2.4　约定不明并未交付且未结算的从起诉日计付利息

按照《最高院施工合同解释一》第19条规定，在约定不明的情形下，建设工程未交付，工程价款也未结算的，从当事人起诉之日计付利息。

该规定适用于建设工程价款未结算，建设工程也未交付的，大多为工程未完工或者完工后未经验收的情形。这种情况下，合同约定的工程价款结算条件尚未成就，无法确定应付工程价款之日。

该规定平衡了各方利益。人民法院经过审理最终认定了发包人欠付承包人工程价款的事实，如诉讼期间不计息，实际上扩大了承包人的损失，降低了发包人的成本，对承包人来讲是不公平的。由于合同约定的工程价款结算条件未成就，找不到起诉前的应付款时间点，平衡双方利益后最终确定以一审原告起诉时间作为应付款时间。

第46例　支付期满但金额未定的可否主张违约金？

【争议焦点】

合同约定工程价款金额在指定日期前确定，指定日期已届满但金额未确定的，发包人是否应按约定支付逾期付款违约金呢？

【解析案例】

查案例扫微信

2002年9月25日，发包人园成实业集团有限公司与承包人山东万鑫建设有限公司签订《建设工程施工合同》，将"新世界花园"发包。

施工完毕后，工程进行了竣工验收。

2005年12月7日，发包人与承包人就支付工程款问题签订《协议书》：（1）协议书签订当日，发包人付给承包人500万元；（2）双方于100日（2005年9月20日至12月30日）内形成一审决算定案，一审决算完成后一个月内由国家认可的审计机构进行二审，最终以二审定案数额作为支付工程款依据；（3）2006年1月10日前，发包人再付给承包人500万元，其余欠款在2006年3月28日前50%，余欠款在2006年5月30日前付清；（4）如甲方不按期付款，应按逾期付款数额的日万分之五向乙方支付违约金。

发包人支付了前后两笔共计1000万元工程款，但其他部分未履行。承包人起诉发包人，请求：判令发包人支付工程款并按照日万分之五支付违约金，违约金自2006年5月30日起，计算至付清之日止。

另，一审审理期间鉴定机构对承包人虚报、多报工程量进行了核减。

【各方观点】

（1）承包人认为：《协议书》约定由"国家认可的审计机构二审定案数额作为支付所欠工程款依据"是双方确定还款数额的依据，而不是确定是否构成违约的前提。

（2）发包人认为：二审定案没有形成，协议约定的付款期限内，发包人是否欠款以及欠款数额没有确定，发包人自然无法履行该义务，也不应当承担协议书约定的逾期付款的违约责任。

【裁判观点】

山东省高院一审认为："根据承包人与发包人等于2005年12月7日签订的《协议书》，诉争工程款项……应当进行两次审计，一审决算完成后一个月内，由国家认可的审计机构进行二审，甲乙双方对二审结果均认可，并最终以二审定案数额作为支付所欠工程款的依据。因此，发包人承担不按期付款违约责任的前提应是双方决算清楚或存在可归责于合同相对方发包人的原因致使诉争工程无法进行决算的情形。经查，该协议签订后……双方对剩余工程款未形成一审和二审决算。而未完成决算的原因是双方对于工程决算相关问题的认识不一致，并非一方故意拖延决算或可归责于合同一方的原因。因此，承包人要求发包人承担违约责任的主张不予支持。"

最高院二审认为："（1）发包人应付工程款在2006年5月30日前并不确定。2006年12月7日，双方签订的《协议书》约定……欠款在2006年5月30日前付清。……至于具体数额多少则取决于二审定案数额。在2006年5月30日前，双方未就二审定案数额达成一致。相应地，发包人应向承包人支付的工程款数额也无法确定；（2）发包人应付工程款数额无法确定的原因并非发包人单方导致。根据《协议书》约定，双方于100日（2005年9月20日至12月30日）内形成一审决算定案，……一审决算定案数额未按期形成的原因，承包人认为是因发包人不积极履行合同所致。发包人则认为，是双方对决算事项争议较大无法达成致，并非其故意拖延结算。本院采信发包人的观点。首先，在双方对一审决算有争议的情形下，发包人仍按协议约定支付了前两笔共计1000万元工程款。这说明发包人不存在借一审决算拖延支付工程款的故意；其次，一审决算产生争议确有其客观原因。根据一审委托的工程鉴定结论可知，承包人确实存在虚报、多报工程量的情形，这也侧面印证了发包人就一审决算与承包人产生争议确有其正当性理由。由上，在应付剩余工程款数额不明的情形下，发包人有权以其应履行的义务不明拒绝履行《协议书》之义务，该拒绝履行行为不构成违约。故承包人有关发包人承担逾期付款违约金的请求不能成立。"

【最高院解析】

最高院民一庭肖峰法官解析认为："在二次审计结果出来前，涉案工程款金额处于不确定状态""发包人将因工程款总额不明而无法给付""有必要将合同约定结合起来通过目的解释、体系解释探究当事人定约真意""故双方将2006年3月28日作为给付50%工程款的最晚期限的一个合理解释就是双方对二审金额最晚应于2006年3月28日前确定。相应地，发包人承诺按约定期限给付工程款的前提就是二审金额已在2006年3月28日前确定"。而二审拖延并不是发包人故意拖延引起的，因此，不应认定发包人违约，承包人请求支付违约金没有依据。

【作者点评】

价款确定是价款支付的前提。非因发包人原因导致价款无法及时确定的，承包人不应追究发包人违约责任。但是，发包人因为该拖延而受益，承包人因此受损，承包人可以以不当得利等理由要求发包人支付适当资金利息。

【裁判规则】

工程价款支付期届满，因非发包人原因，金额尚未确定的，承包人不应追究发包人逾期付款违约责任。

左侧边注：拖延结算原因　《民事审判指导12年卷》第101页（第49辑）　先确定后付款　不当得利

6.3 质保金返还

《最高院施工合同解释二》第8条规定："有下列情形之一，承包人请求发包人返还工程质量保证金的，人民法院应予支持：

（一）当事人约定的工程质量保证金返还期限届满。

（二）当事人未约定工程质量保证金返还期限的，自建设工程通过竣工验收之日起满二年。

（三）因发包人原因建设工程未按约定期限进行竣工验收的，自承包人提交工程竣工验收报告九十日后起当事人约定的工程质量保证金返还期限届满；当事人未约定工程质量保证金返还期限的，自承包人提交工程竣工验收报告九十日后起满二年。

发包人返还工程质量保证金后，不影响承包人根据合同约定或者法律规定履行工程保修义务。"

质量保证金，简称质保金，按照《最高院施工合同解释二适用》第181页的定义，指"发包人和承包人在建设工程是合同中约定，从应付的工程价款中预留，用以保证承包人在缺陷责任期内对建设工程出现的缺陷进行维修的资金"。缺陷责任期，即返还期，是约定期限，不同于保修期，保修期是法定期间。可见，质保金是合同约定的承包人履行缺陷责任期义务的金钱担保。上述第8条如何理解和应用呢？

金钱担保

6.3.1 合同无效的质保金也应在返还期届满时返还

施工合同有效，当然可以按照《最高院施工合同解释二》第8条第1项约定，在当事人约定的工程质量保证金返还期限即缺陷责任期届满时，发包人应返还质保金。

施工合同被确认无效但工程通过竣工验收的质保金应否参照合同约定的标准包括约定的返还期限进行返还呢？存在两种不同观点：

第一种观点认为：根据最高人民法院司法解释确定的工程质量与价款挂钩的处理原则，承包人在参照合同约定结算工程价款的前提下，亦应承担相应的建设工程质量保修义务和责任，发包人可以按照法律规定或合同约定预留部分工程价款作为工程质量保修金。

第二种观点认为：保修义务属于法定义务，而质保金系产生于合同约定，施工合同被确认无效后，合同中约定的质保金条款也归于无效，因此不应再参照合同约定预留质保金，应立即予以返还。

对等原则

笔者认同第一种观点，因为：按照权利义务对等原则，合同无效且工程质量合格时，既然参照合同约定结算工程价款，承包人就应参照合同约定履行其施工、完工、竣工、缺陷修复及保修的主要义务。由于承包人的过错导致无效的情况下，如超越资质等级、借用资质等，如不允许发包人预留一定比例的质保金，则相当于承包人将因合同无效而获得更大的利益，会造成发包人和承包人之间的利益失衡。

北京高院等也认同第一种观点。北京高院施工合同解答2012》第31条规定："建设工程施工合同无效，但工程经竣工验收合格并交付发包人使用的，承包人应依据法律、行政法规的规定承担质量保修责任。发包人要求参照合同约定扣留一定比例的工程款作为工程质量保修金的，应予支持。"

因此，无论合同有效还是合同无效，质保金都应在合同约定的缺陷责任期届满时返还质保金。

6.3.2　返还期没有约定的为竣工验收通过后二年

按照《最高院施工合同解释二》第8条第2项约定，当事人未约定工程质量保证金返还期限的，自建设工程通过竣工验收之日起满二年。

缺陷责任期

工程质量保证金返还期就是缺陷责任期，来源于于工程交易习惯。该期限是约定期限，不同于保修期这一法定期间。《施工合同示范文本2017》根据《建设工程质量保证金管理暂行办法》的规定，参考了9部委《标准施工招标文件2007》通用合同条款和《FIDIC新红皮书》的有关规定，引入了"质量缺陷责任制度"，增加了"缺陷责任期"的规定，并按照《建设工程质量保证金管理暂行办法》的规定，明确约定了缺陷责任期自实际竣工日期起计算，最长不超过24个月，缺陷责任期满，质保金应予返还。

各地高院也有类似规定。《广东高院工程合同解答2017》也认为："没有约定或约定不明的，发包人应在最长缺陷责任期（2年）期满后28日内将质量保证金返还给承包人。合同约定的缺陷责任期期满后，承包人仍应在保修期内对工程承担保修责任。"《山东高院民事审判纪要2011》明确："没有约定或约定不明的，缺陷责任期满后，发包人应当将质量保修金返还给承包人，即发包人应当自接受建设工程之日起2年内将质量保修金返还给承包人。"

6.3.3　发包人拖延验收的返还期从提交竣工报告90日起算

根据《最高院施工合同解释二》第8条第3款规定，"因发包人原因建设工程未按约定期限进行竣工验收的，自承包人提交工程竣工验收报告90日后起当事人约定的工程质量保证金返还期限届满"。

该条实际来源于《最高院施工合同解释一》第14条第（二）项。该条解释了如何确定"实际竣工日期"。返还期，即缺陷责任期，按照《施工合同示范文本2017》第1.1.4.4款规定，"是指承包人按照合同约定承担缺陷修复义务，且发包人预留质量保证金（已缴纳履约保证金的除外）的期限，自工程实际竣工日期起计算"。实际竣工日期，按照第13.2.3款规定，"工程经竣工验收合格的，以承包人提交竣工验收申请报告之日为实际竣工日期，并在工程接收证书中载明；因发包人原因，未在监理人收到承包人提交的竣工验收申请报告42天内完成竣工验收，或完成竣工验收不予签发工程接收证书的，以提交竣工验收申请报告的日期为实际竣工日期；工程未经竣工验收，发包人擅自使用的，以转移占有工程之日为实际竣工日期"。

关于90日期限的问题。《最高院施工合同解释二适用》第188页认为："90日的期限是根据我国长期的建设工程市场实践而确定的，符合建设工程市场的客观情况……发包人应在收到监理人审核的竣工验收申请报告后28天审批完毕并组织完成竣工验收，也即自承包人提交竣工验收申请报告后42天内发包人应完成验收。考虑到不同工程的复杂程度、具体情况不同，《建设工程质量保证金管理办法》在发包人应在42天可以完成竣工验收的情况下规定了90天的期限，给予了发包人更长的宽限期。如果发包人在此期限内仍然不组织竣工验收，长期拖延对于承包人不利，故司法解释参照《建设工程质量保证金管理办法》第8条的规定给予90日的期限，因发包人原因建设工程未按约定期限进行竣工验收的。"

6.3.4 合同解除且没有特别约定的结算不能扣除质保金

对于工程尚未完工，施工合同予以解除或被确认无效终止，并且施工合同对质保金返没有特别约定的情况下，合同约定的质保金在缺陷责任期届满后返还条款是否适用，质保金何时返还，一直是理论及实务中争议较大的问题：

第一种观点认为，质保金仍然应按合同中约定的期限返还。因为：质量保修义务是法定的义务，并不因为合同解除或无效终止而终止，只要这种法定义务存在，那么作为这一法定义务的担保也不能减弱；

第二种观点认为，合同约定的质保金在缺陷责任期届满后返还条款不能适用，发包人据此在支付工程款时扣除质保金没有依据；

第三种观点认为，如果承包人施工的部、分项工程业已经过竣工验收合格，该部分竣工验收的工程应预留部分工程价款作为质保金，由承包人承担质量保修责任。

在第47例（解析案例）中，承发包双方在施工合同中约定：发包人公司作为发包人返还所扣留的质量保证金的时间是"工程竣工验收合格满二年后的28天内"；由于发包人公司资金出现困难，涉案工程停工；一审认为应暂扣质保金，二审认为不应该扣。

最高院民一庭解析该案认为："质量保证金来源于发包人和承包人的约定，只有在双方当事人有约定时，才适用质量保证金条款，在没有约定时，发包人无权扣留质量保证金。""施工合同解除后，尚未履行的条款应不再履行。……如果双方当事人没有对合同解除后支付工程款时是否扣留质量保证金进行特别约定，不宜直接扣除"。因此，"如果当事人对合同解除后支付工程价款时是否扣除质量保证金没有特别约定，人民法院在认定应扣除质量保证金时，应当持谨慎态度"。

笔者认为：最高院民一庭上述解析理由充分，应按第二种观点。

左栏批注： 实际竣工日期　法定义务　解析案例　约定义务

6.3.5　返还期内缺陷未修复的发包人可暂扣质保金

按规定返还期内缺陷未修复的，发包人可暂扣质保金。《质量保证金管理办法》第9条规定："缺陷责任期内，由承担人原因造成的缺陷，承包人应负责维修，并承担鉴定及维修费用。如承包人不维修也不承担费用，发包人可以按照合同约定从保证金中扣除。费用超出保证金额的，发包人可依据合同约定向承包人进行索赔。"

在第48（参考案例）中，就缺陷责任期内质量问题未修复情形下，发包人可以暂扣质保金存在争议。终审判决认定质保金予以扣留，待质量问题解决后再予以返还直到质量问题修复并经验收。

最高人民法院再审认为：建设工程经过竣工验收合格并交付使用后在没有出现质量缺陷，且超合同约定的缺陷责任期的，发包人应当将质保金退还给承包人；缺陷责任期内如出现质量缺陷，承包人应当履行保修义务对质量缺陷进行修复，发包人也可以委托其他施工企业修复质量缺陷，修复费用从质保金中予以扣除。本案中，工程存在一定质量问题，终审判决认定质保金予以扣留，待质量问题解决后再予以返还，符合质保金制度设立的基本原则，有利于加强工程质量管理，维护发包人的合法权益。承包人可在本案工程办理竣工验收后，符合返还质保金条件时，另行主张。

维修义务

修复费用

第 47 例　施工合同解除的质保金应否返还？

【争议焦点】

在施工合同解除且对质保金返没有特别约定的情况下，合同约定质保金在缺陷责任期届满后返还条款是否适用？发包人支付工程款时，能否扣除质保金？

【解析案例】

《民事审判指导74辑》第195页

2013年12月10日，承包人中国新兴建设开发总公司与发包人国泰纸业（唐山曹妃甸）有限公司签订《建设工程施工合同》，合同约定："质保金为总工程价款的5%，返还时间为工程竣工验收合格满二年后的28天内。"通用条款第71.2款规定，"合同解除后，发包人应向承包人支付合同解除之日前已完成的尚未支付的工程款"。

2014年3月15日，承包人进场施工。

2015年1月，由于发包人公司资金出现困难，导致涉案工程停工至今。

双方争议，诉至法院。

【各方观点】

（1）承包人认为：质保金127681应判令返还，理由包括：① 合同约定质保金应一并返还给承包人。② 暂扣质保金对承包人不公平，案涉工程停工及合同解除是因发包人公司资金不足所致，合同解除后，包括质保金条款在内的合同条款已经无须也无法继续履行。

（2）发包人认为：因工程未完工，不应支付承包人质保金。

（3）河北高院一审认为：考虑到该工程毕竟未经竣工验收，且双方在合同中约定了质保金为总工程价款的5%，返还时间为工程竣工验收合格满2年后的28天内，故质保金应予暂扣。

【裁判观点】

最高院二审认为："在认定发包人公司应向承包人支付的工程欠款数额时，应否扣除质保金的问题。根据双方于2013年12月10日签订的《建设工程施工合同》约定，发包人公司作为发包人返还所扣留的质量保证金的时间是'工程竣工验收合格满二年后的28天内'，但这是在工程能够竣工验收合格的情形下。本案中，因资金问题，案涉工程已于2015年1月停工至今，并且承包人在一审时的诉请之一就是解除《建设工程施工合同》，在此情形下，在承包人和发包人公司之间，案涉工程不可能再满足竣工这一条件，故有关质量保证金的返还问题不能直接适用上述规定。鉴于案涉工程已于2015年1月停工，至今已经超出两年，在此期间，发包人公司并未提出证据证明案涉工程存在质量问题以及需要进行质量返修，故其主张应继续扣留质量保证金没有依据，其应按照已经认定的数额向承包人支付工程欠款及损失费用。"

【最高院解析】

最高院民一庭于蒙法官解析认为：（1）质量保证金对应的是缺陷责任期，而非保修期。……保修义务和最低保修期限均为法定，不可通过当事人的约定予以排除。而与之不同，质量保证金来源于发包人和承包人的约定，只有在双方当事人有约定时，才适用质量保证金条款，在没有约定时，发包人无权扣留质量保证金。（2）施工合同解除后，尚未履行的条款应不再履行。……如果双方当事人没有对合同解除后支付工程款时是否扣留质量保证金进行特别约定，不宜直接扣除。（3）合同解除，不影响承包人对已完工部分承担保修责任。（4）有观点认为，从质量保证金的性质看，质量保证金是以预先扣留部分工程款的方式对工程质量的一种担保，对应的是已完工程部分……质量保证金仍有意义。这种观点有其合理性，但该种情形下，适用质量保证金……谈不上竣工验收，则缺陷责任期从何时起算？第一种观点认为，应从已完工程验收、确定质量合格或者交付使用后起算……但是没有合同约定基础。……第二种观点认为，需要等待真个工程竣工验收后再起算。……实践中也不乏因发包人资金不足、无法继续施工的烂尾楼工程，如果让承包人因此一直等待下去中，则对承包人不公。因此，如果当事人对合同解除后支付工程价款时是否扣除质量保证金没有特别约定，人民法院在认定应扣除质量保证金时，应当持谨慎态度。

【作者点评】

在施工合同解除的情形下，不可直接适用缺陷责任期届满返还质保金条款。因为在合同解除后，直接适用原合同条款无法律依据，且合同解除，不影响承包人对已完工部分承担保修义务。在此情况下，当事人对合同解除后支付工程价款时是否扣除质保金没有特别约定的，不应该扣除质保金。

【裁判规则】

在施工合同解除且对质保金返没有特别约定的情况下，合同约定的质保金在缺陷责任期届满后返还条款不能适用，发包人据此在支付工程款时扣除质保金没有依据。

《民事审判指导74辑》第195页

缺陷责任期

保修期

保修责任

担保

竣工验收

第 48 例　期满缺陷未修复的可暂扣质保金吗?

【争议焦点】

缺陷责任期内质量问题未修复的,发包人可以暂扣质保金,直到质量问题修复并经验收?

【参考案例】

2010年3月,发包人黑龙江省建三江农垦银斗房地产开发有限责任公司与承包人签订施工合同,约定:工程由承包人垫资建设,结算时,质保金按5%进行留取。一年后无质量问题,质保金全额退回。

2010年8月,承包人与发包人又签订一份《施工合同补充协议》,约定因发包人资金缺口较大,不能有效履行合同,造成工程建设受到影响和工人停工。对工程款的缺口问题采取两种方式进行解决,一是发包人积极负责组织房屋销售,销售的房款应全部的拨给施工单位。二是承包人积极负责自筹资金(贷款利息自负)马上建设。

合同签订后,双方开始履行。

2012年12月,工程建成,业主和回迁户实际入住。

2012年3月,双方对剩余工程量进行核算,发包人工程师对未完工程量制作施工工作计划。而后,双方因对未完工程收尾启动资金问题发生争议。该工程供暖设备与供电设备工程与外墙保温工程项目质量未达标准。

【各方观点】

(1)承包人认为:发包人实际入住,至法院于2014年5月13日判决之日已达2年之久,早已过了供暖设备与供电设备工程项目的法定质保期限。

(2)发包人认为:不应返还质保金。

(3)黑龙江高院二审认为:"关于留取质保金……双方当事人在合同中约定'质保金按5%进行留取',且发包人主张诉争工程存在多处修补、重建之处,承包人在本院同意诉争工程如果存在质量问题可以用质保金填补,以及诉争工程的部分项目仍在法定质保期间内,故本院对双方约定的质保金进行扣除,待质量问题解决后,双方据实对此进行结算,马春雷对剩余部分的质保金予以返还。"

【裁判观点】

最高人民法院再审认为:"关于质保金是否应当返还的问题。质量保修金是指发包人与承包人在建设工程承包合同中约定,从应付的工程价款中预留,用以保证承包人在建设工程竣工验收合格后的保修期内对建设工程出现的质量缺陷进行维修的资金。建设工程经过竣工验收合格并交付使用后在没

查案例扫微信

有出现质量缺陷，且超过法律规定或者合同约定的质量保修期的，发包人应当将保修金退还给承包人；保修期内如出现质量缺陷，承包人应当履行保修义务对质量缺陷进行修复，建设单位也可以委托其他施工企业修复质量缺陷，修复费用从质量保修金中予以扣除。本案中，工程存在一定质量问题，承包人在原审中亦同意诉争工程如果存在质量问题可以用质保金进行填补，终审判决认定质保金予以扣留，待质量问题解决后再予以返还，符合质保金制度设立的基本原则，有利于加强工程质量管理，维护发包人的合法权益。对于该项请求，承包人可在本案工程办理竣工验收后，符合返还质保金条件时，另行主张。"

【最高院解析】

无。

【作者点评】

以上争议的实际上是缺陷责任期届满后质保金应否返还的问题。以上工程虽未办理竣工验收手续，但是发包人已使用，按照《最高院施工合同解释一》第13条规定之精神，视为工程竣工验收合格。交付使用后一年，即为缺陷责任期。交付使用时的未完工程及有质量问题的工程，按照惯例即视为甩项。这些甩项应该在缺陷责任期内完成并经验收合格。

按照双方合同约定：一年后无质量问题，质保金全额退回。参照《质量保证金管理办法》第9条规定："缺陷责任期内，由承担人原因造成的缺陷，承包人应负责维修，并承担鉴定及维修费用。如承包人不维修也不承担费用，发包人可以按照合同约定从保证金中扣除。费用超出保证金额的，发包人可合同约定向承包人进行索赔。"可见，质保金返还的条件是：缺陷责任期无质量问题或者已有质量问题已经修复。

上述案例中，缺陷责任期内质量问题未修复，质保金返还条件不具备，发包人当然可以暂扣质保金。

【裁判规则】

缺陷责任期内缺陷未修复的，缺陷责任期届满，发包人可以暂扣质保金，直到缺陷修复并经验收合格。

6.4 以房抵债

"以物抵债"是指债权人与债务人约定以债务人或经第三人同意的第三人所有的财产折价归债权人所有，用以清偿债务的行为。[①]

实务中，在建设工程领域，建设单位因建设资金不足或者希望进行资本再投资等原因，无能力或不愿使用现金支付工程价款的，而是与承包人协商，通过"以物抵债"的方式清偿欠付工程价款，以期消灭建设工程价款支付债权债务法律关系。我国法律并未禁止该类模式，实体法上体现为允许当事人通过实现担保物权的方式消灭债务。以物抵债的背后，当事人的真实意图主要有两种，一种是为了债的担保，另一种是为了债的履行，因此将以物抵债分为债务期限届满前的以物抵债和债务期限届满后的以物抵债。当事人在操作过程中主要就"以物抵债"协议的性质、效力、如何处理等发生争议。

为了方便理解，本节将"以物抵债"中的物限定为房屋等不动产，并称之为"以房抵债"，现就其中重点问题分析如下：

6.4.1 工程款清偿期届满且履行完毕的以房抵债协议有效

清偿期满

《合同法》第99条规定："当事人互负到期债务，该债务的标的物种类、品质相同的，任何一方可以将自己的债务与对方的债务抵销，但依照法律规定或者按照合同性质不得抵销的除外。当事人主张抵销的，应当通知对方。通知自到达对方时生效。抵销不得附条件或者附期限。"第100条规定："当事人互负债务，标的物种类、品质不相同的，经双方协商一致，也可以抵销。"

《最高院八民会议纪要》17条规定："当事人在债务清偿期届满后达成以房抵债协议并已经办理了产权转移手续，一方要求确认以房抵债协议无效或者变更、撤销，经审查不属于合同法第五十二条、第五十四条规定情形的，对其主张不予支持。"

第三方利益

尽管如此，以房抵债协议不得损害第三方利益。《最高院八民会议纪要》第16条："当事人达成以房抵债协议，并要求制作调解书的，人民法院应当严格审查协议是否在平等自愿基础上达成；对存在重大误解或显失公平的，应当予以释明；对利用协议损害其他债权人利益或者规避公共管理政策的，不能制作调解书；对当事人行为构成虚假诉讼的，严格按照民事诉讼法第一百一十二条和《最高人民法院关于适用〈中华人民共和国民事诉讼法〉的解释》第一百九十条、第一百九十一条的规定处理；涉嫌犯罪的，移送刑事侦查机关处理。"

以房抵债协议由房屋所在地法院管辖。《民事诉讼法》第33条规定：

[①] 最高院民一庭，《民事审判指导与参考》（2014年卷）总第58辑，人民法院出版社2018年版，第234页。

"（一）因不动产纠纷提起的诉讼，由不动产所在地人民法院管辖；……"

专属管辖

《江苏高院民事例会纪要2015》（2014年3月31日）规定："对当事人在以物抵债协议中约定的管辖法院与所抵不动产的所在地非同一地的，应按民事诉讼法专属管辖的规定认定协议管辖的效力。"不动产纠纷由不动产所在地的法院管辖，实务中，当事人为了规避专属管辖，往往存在虚构债务，以抵债名义约定不动产所在地之外的其他法院管辖。为了规避虚假诉讼的风险，司法实践中通常认为"以物抵债虽为消灭债务，但目的在于物权的转移，当事人因抵债引起的争议，应按专属管辖的规定处理"。因此，在签订以房抵债类协议时，当事人需要对诉讼管辖风险加以评判，可根据需要选择以仲裁的方式解决纠纷。

6.4.2　工程款清偿期届满但未履行完毕的以房抵债协议也有效

工程款清偿期届满但未履行完毕的，以房抵债协议是否有效，目前有两种相反的观点：

第一种观点认为：工程款清偿期届满但未履行完毕的以房抵债办议有效。以物抵债是诺成性法律行为，只要工程款清偿期届满签订即生效，无须以转移房屋权属为生效要件。

诺成性行为

第二种观点认为：工程款清偿期届满但未履行完毕的以房抵债协议无效。因为以物抵债本质是实践性法律行为，以转移房屋权属为生效要件。以物抵债，目的在于用他物抵原债，抵债行为并未改变原债的同一性，所以，只有物权转移给债权人，债务方消灭。

实践性行为

第一种观点也是最高院民一庭认可的主流观点。就第49例（解析案例），最高院民一庭解析认为："代物清偿仅为以物抵债的一种情形或可选方式，并非全部。……不应因此认为所有的以物抵债协议都属于要物合同。""以物抵债，作为债务清偿的方式之一，是当事人之间对于如何清偿债务作出的安排，故以物抵债协议的成立要件，应当尊重当事人的意思自治为基本原则。"

解析案例

债务清偿

各地法院也认可第一种观点。《江苏高院施工合同解答2018》第12条规定："发包人与承包人在工程款已届清偿期，约定以房屋折抵工程价款的，一方要求确认以房抵债协议无效或者变更、撤销，经审查抵债协议系当事人真实意思表示，且不存在《合同法》第52条、第54条规定情形的，对其主张不予支持。"河北高院等也持有该类观点。《江苏高院潘军锋等观点》第131页认为："除当事人明确约定外，双方当事人于工程款清偿期届满后签订的以房抵款协议，并不以债权人现实地受领抵债物，或取得抵款物所有权、使用权等财产权利，为成立或生效要件。只要双方当事人的意思表示真实，合同内容不违反法律、行政法规的强制性规定，合同即有效。"

意思自治

此外，未取得商品房预售许可证通常认为不影响以房抵债协议的效力。《商品房纠纷解释》第2条规定："出卖人未取得商品房预售许可证明，与买受人订立的商品房预售合同，应当认定无效，但是在起诉前取得商品房预售许可证明的，可以认定有效。"当事人签订以房抵债协议目的是为了消灭债务，即对建设工程欠款支付达成补充协议，构成债的更改或新债清偿。[①]此时，除非协议明确约定承包人目的是购买房屋签订房屋买卖合同，否则通常情况下，以房抵债协议的签订应认定为承包人本意上并非为了取得房屋等不动产，只是为了拿回工程款。因此，以房抵债协议并不同于商品房预售合同，其效力不受发包人未取得商品房预售许可证的影响。

6.4.3 以房抵债协议未履行的工程款债权一般不消灭

解析案例 　　以房抵债协议为新债偿还，除非另有约定。就第49例（解析案例），最高院民一庭解析认为："当事人于债务清偿期后达成以物抵债合意，可能构

债的更改 　　成债的更改，即成立新债，同时消灭旧债；亦可能属于新债清偿，即成立新债，与旧债并存。"两者的区分，"首先，应尊重当事人的意思自治"，

新债清偿 　　其次，"约定不明时，应探求当事人的真实意思""再次，在证据不足以推定当事人是否新债务成立时消灭旧债务达成合意时，应作出有利于债权人的解释""保护债权是基本立足点""换言之，债务清偿期届满后，如未约定消灭原有金钱给付债务，一般应认定系双方另行增加一种清偿债务履行方式"。

　　只有以房抵债协议履行完毕工程款债权才消灭，除非另有约定。就第49

债务并存 　　例（解析案例），最高院民一庭解析认为："旧债务于新债务履行之前不消灭，旧债务和新债务处于衔接并存的状态；在新债务合法有效并得以履行完毕后，因完成了债务清偿义务，旧债务才归于消灭。"

　　以房抵债中，发包人可以选择直接归还工程款。就第49例（解析案例），最高院民一庭解析认为："为了实现债权人的债权，债务人即使在新债清偿协议成立并生效后，也可随时反悔而选择履行旧债务。"《江苏高

债务人反悔 　　院民事例会纪要2015》规定："债务清偿期届满后，当事人达成以物抵债协议，在尚未办理物权转移手续前，债务人反悔不履行抵债协议或履行过程中存在障碍的，债权人要求继续履行抵债协议或要求确认所抵之物的所有权归自己的，人民法院应当驳回其诉讼请求。但经释明，当事人要求继续履行原债权债务合同的，人民法院应当继续审理。"该规定存在两层意思，一是发包人和承包人均同意以房抵债但是该房屋并未过户到承包人或承包人指定第三人名下，承包人有权申请发包人继续履行工程款支付义务；二是发包人和承包人均同意以房抵债且该房屋已经过户到承包人或承包人指定第三人名下，原债务已抵付部分债务消灭。在法律效果上相当于发包人已支付相应部分工程欠款。

　　以房抵债中，承包人一般只能先要求履行以房抵债协议。就第49例（解析案例），最高院民一庭解析认为："确定债权人应通过主张新债务抑或旧债务履行以实现债权，仍应本着诚实信用和效益原则，认定新债务与旧债务

[①] 司伟，《债务清偿期届满后的以物抵债纠纷裁判若干疑难问题思考》，《法律适用》2017年第17期，第80页。

<table>
<tr><td>先新后旧</td><td>指之间存在先后顺序，债权人只能先行行使新债务的请求权；如新债务届期不履行，或者新债务虽未明确约定履行期，但债务人明确表示或者以自己的行为表明不履行债务的，此时，当事人签订以物抵债协议的目的无疑不能得到实现的，则债权人有权请求债务人履行旧债务；而且，该请求权的行使，不以以物抵债协议被解除为前提。"</td></tr>
</table>

6.4.4 工程款清偿期届满前的以房抵债协议无效

以房抵债协议在工程款清偿期届满前签订的无效，依据如下：

（1）《河北高院施工合同指南2018》第17条规定："工程价款确定前，发包人与承包人约定以土地或商品房抵顶工程款的，该协议属于流质契约，应认定为无效。当事人请求继续履行该抵债协议的，不予支持。人民法院应对涉案土地或房屋进行评估，折价后支付承包人的工程款。支付工程款后的剩余款项，应返还发包人；不足部分，承包人可向发包人另行主张。"

流质契约（2）《担保法》第40条规定："订立抵押合同时，抵押权人和抵押人在合同中不得约定在债务履行期届满抵押权人未受清偿时，抵押物的所有权转移为债权人所有。"

（3）《担保法》第54条规定："抵押物已登记的先于未登记的受偿。"

（4）最高院民一庭认为，工程款未届清偿期前所签订的以房抵债协议，具有担保债权实现的目的。[1]

担保可见，当事人在债务清偿期限届满前以取得所有权为目的所签订的以房抵债协议无效。实践中，当事人往往为了规避抵押登记、抵押期限、抵押实现的费用等种种限制，以抵债之名行抵押之实。上述规定可以否定这些做法的效力。与之相反，当事人以实现担保工程款支付为目的且约定经清算程序清偿债务的，该协议实质上是一份抵押协议，对缔约双方产生约束力，此时该以房抵债协议有效。

---

[1] 最高院民一庭，《民事审判指导与参考》（2014年卷）总第58辑，人民法院出版社2018年版，第235页。

第 49 例　以房抵债未履行的能否主张工程款？

【争议焦点】

在发包人与承包人已约定以房屋抵工程款，但未实际履行，承包人能否抛开以物抵债协议，直接主张工程价款？

【解析案例】

2005年7月28日，发包人内蒙古兴华房地产有限责任公司与承包人通州建总集团有限公司签订《建设工程施工合同》，由承包人承建"呼和浩特市供水大厦"工程。合同签订后，承包人进场施工完毕，涉案工程没有进行竣工验收，发包人于2010年底投入使用。

2012年1月13日，发包人与承包人签订《房屋抵顶工程款协议书》，约定就工程A座9层房屋抵工程款1095万元。其后，A座9层房屋所有权并未登记在承包人名下；发包人已经于2010年底将涉案房屋投入使用。

查案例扫微信

【各方观点】

（1）发包人认为：《房屋抵顶工程款协议书》约定以承包人承揽工程A座9层房屋抵顶承包人工程款1095万元，该房屋已经属于承包人，承包人不应就此范围内主张工程款。

（2）承包人认为：发包人提出《房屋抵顶工程款协议书》的目的是证明其有履行付款义务的意思，并未主张用以抵顶工程款，并且该协议并未履行，不可能抵顶已付工程款。

【裁判观点】

最高院二审认为：

"首先，……本案中，发包人与承包人2012年1月13日签订的《房屋抵顶工程款协议书》，是双方当事人的真实意思表示，不存在违反法律、行政法规规定的情形，故该协议书有效。

其次，……本案中，双方当事人签订了《房屋抵顶工程款协议书》，但并未约定因此而消灭相应金额的工程款债务，故该协议在性质上应属于新债清偿协议。

再次，……本案中，……大厦A座9层房屋既未交付承包人实际占有使用，亦未办理所有权转移登记于承包人名下，发包人并未履行《房屋抵顶工程款协议书》约定的义务，故承包人对于该协议书约定的拟以房抵顶的相应工程款债权并未消灭。

最后，……发包人并未履行《房屋抵顶工程款协议书》约定的义务，其行为有违诚实信用原则，承包人签订《房屋抵顶工程款协议书》的目的无法

实现。在这种情况下，承包人提起本案诉讼，请求发包人直接给付工程欠款，符合法律规定的精神以及本案实际，应予支持。"

【最高院解析】

《民事审判指导70辑》第118页

最高院民一庭司伟法官解析认为：

（1）"代物清偿仅为以物抵债的一种情形或可选方式，并非全部。……不应因此认为所有的以物抵债协议都属于要物合同。""以物抵债，作为债务清偿的方式之一，是当事人之间对于如何清偿债务作出的安排，故以物抵债协议的成立要件，应当尊重当事人的意思自治为基本原则。"

（2）"当事人于债务清偿期后达成以物抵债合意，可能构成债的更改，即成立新债，同时消灭旧债；亦可能属于新债清偿，即成立新债、与旧债并存。"两者的区分，"首先，应尊重当事人的意思自治""其次，约定不明时，应探求当事人的真实意思""再次，在证据不足以推定当事人是否新债务成立时消灭旧债务达成合意时，应作出有利于债权人的解释""保护债权是基本立足点""换言之，债务清偿期届满后，如未约定消灭原有金钱给付债务，一般应认定系双方另行增加一种清偿债务履行方式"。

（3）新债清偿，旧债务于新债务履行之前不消灭，旧债务和新债务处于衔接并存的状态；在新债务合法有效并得以履行完毕后，因完成了债务清偿义务，旧债务才归于消灭。

（4）在债权人与债务人达成以物抵债协议、新债务与旧债务并存时，"确定债权人应通过主张新债务抑或旧债务履行以实现债权，仍应本着诚实信用和效益原则，认定新债务与旧债务指之间存在先后顺序，债权人只能先行行使新债务的请求权；如新债务届期不履行，或者新债务虽未明确约定履行期，但债务人明确表示或者以自己的行为表明不履行债务的，此时，当事人签订以物抵债协议的目的无疑不能得到实现的，则债权人有权请求债务人履行旧债务；而且，该请求权的行使，不以以物抵债协议被解除为前提"。与之相反，为了实现债权人的债权，"债务人即使在新债清偿协议成立并生效后，也可随时反悔而选择履行旧债务"。

【作者点评】

以房抵工程欠款协议，完全不同于普通的房屋买卖法律关系，最高院对该案的解析确立了以房抵款系列规则。

【裁判规则】

除非另有约定，在拖欠工程款情形下，发包人与承包人签订的以房抵款协议成立并有效；发包人不履行该协议的，承包人仍可以直接依法追讨工程款；发包人直接归还工程款的，承包人不得要求履行该协议。

6.5 向第三方支付

实务中，承包人在施工过程中往往会实施采购材料、设备、雇用工人等活动，进而与供应商、分包商或实际施工人等发生债权债务关系。在承包人欠付相应供应商等合同相对方费用时，供应商们为了尽快收回承包人所欠付款，多数情况下会直接向发包人投诉并要求代付欠款。

发包人为了确保工程的顺利实施，往往会直接向第三方付款，在与承包人核对已付工程款时，将向第三方支付款项计入已支付工程款。

6.5.1 发包人代付分包商款项以承包人的委托前提

付款前通知义务

根据合同相对性原则，在建设工程施工合同中，承包人负责向发包人交付合格建设工程，发包人负责向承包人支付相应工程价款。债的相对性指"债权人得向债务人请求给付，债务人给付义务及债权人之权利，乃同一法律上给付关系之两面。此种仅特定债权人得向特定义务人请求给付之法律关系"[1]。我国司法实践中，严格贯彻"合同相对性原则"。除非法律另有规定，供应方（包括分包单位、供货单位等）只能向合同相对方的承包人主张支付欠款，发包人也只能向合同相对方承包人支付工程款。

在合同相对性原则下，发包人代承包人向供货方支付款项存在三种情形：

一是发包人仅代承包方支付供货方款项，此时实际履约方依然是承包人和供货方。《民法总则》第171条规定"行为人没有代理权、超越代理权或者代理权终止后，仍然实施代理行为，未经被代理人追认的，对被代理人不发生效力"。

二是供货方仅代承包方收取发包人支付工程款，此时实际履约方是发包人和承包人，供货方不具有独立地位，不能直接向发包人主张付款。

三是承包人将对发包人的债权转让给供货方并通知发包人，此时供货方可以基于债权转让协议向发包人请求付款。《合同法》第80条规定："债权人转让权利的，应当通知债务人。未经通知，该转让对债务人不发生效力。"此条规定了承包人债权转让对发包人的通知义务，承包人未通知发包人向第三方付款，发包人有权拒绝支付。

以上三种情形共同点在于：均需以承包人的委托为前提，否则对承包人没有效力。没有承包人给发包人或承包人的书面委托（包括授权付款函、代为收款函、债权转让协议等），发包人无权直接向供货方支付价款。

6.5.2 未经委托付给供货方款项不能抵作已付工程款

《合同法》第107条规定："当事人一方不履行合同义务或者履行合同义务不符合约定的，应当承担继续履行、采取补救措施或者赔偿损失等违约

---

[1] 王泽鉴，《债之关系结构分析》，载《王泽鉴法学全集》（第四卷），中国政法大学出版社2003年版，第115-116页。

责任。"

通常情况下，发包人与承包人在施工合同中约定，由发包人向承包人支付工程价款。当第三方因承包人欠付其费用直接向发包人申请代付时，如果发包人在未经过承包人同意直接代付，此时发包人的付款行为并不符合合同约定，属于履行对象错误，除非承包人追认，否则，承包人有权要求发包人继续履行工程款支付义务。至于发包人向第三方已付的款项，则可以依据不当得利请求返还，避免发包人就重复支付，第三方基于同一法律关系重复获益。

解析案例

在第50例（解析案例）中，分包人分别与承包人和发包人签订《外墙保温工程分包合同》，发包人据此直接支付分包人价款。

优势证据

最高院民一庭解析认为：根据分包人与承包人就分包工程具体施工事宜的衔接配合情况，足以证明分包人实际上向承包人履行了合同义务，并未履行与发包人的合同。发包人自认向分包人付款的事实，但分包人和发包人并未提交充分证据证明实际履行了合同。根据优势证据原则，认定发包人就案涉工程应当向承包人支付工程款。

代位权

尽管如此，供货方可以向发包人行使代位权。供货方可以基于与承包人之间的基础关系，在承包人怠于向发包人主张工程款且不履行向供货人付款义务时，有权行使代位权要求发包人支付欠款，发包人在欠付承包人工程款范围内代付供货方欠款的义务。《合同法》第73条规定："因债务人怠于行使其到期债权，对债权人造成损害的，债权人可以向人民法院请求以自己的名义代位行使债务人的债权，但该债权专属于债务人自身的除外。代位权的行使范围以债权人的债权为限。债权人行使代位权的必要费用，由债务人负担。"具体见本书1.4.6。

第50例　支付第三方款项可否冲抵工程款?

【争议焦点】

发包人能否以与分包人另行签订分包合同并实际支付工程款为由,抗辩承包人给付分包部分工程款的请求?

【解析案例】

查案例扫微信

2008年6月26日,银峰公司(发包人)与咸阳公司(承包人)签订《建设工程施工合同》(同日备案)一份。

2009年10月15日,承包人(发包方、甲方)与深圳公司(承包方、乙方)签订《外墙保温工程分包合同》一份。

之后,发包人与分包人签订了《外墙保温工程分包合同》,并支付了183万元。

承包发包双方争议在于:分包人履行的是哪份《外墙保温工程分包合同》。183万元是否视为发包人已经支付的工程款?

【各方观点】

(1)承包人认为:承包人作为案涉工程的总承包人,与具备资质的分包人就外墙保温这一专业工程所签订的《外墙保温工程分包合同》属于合法分包合同。而发包人是案涉工程的发包人,其将案涉工程发包给承包人后,案涉工程施工事项就由承包人负责,这其中就包括将案涉工程的专业工程部分或者劳务部分进行分包的事项。相应的,发包人也就无权对案涉工程另行分包。

(2)发包人认为:发包人认为所提交的证明分包人向其履行分包合同义务的证据,为分包人事后自认以及向分包人付款的事实。

(3)陕西高院认为:虽然双方均提交了各自与分包人签订的《外墙保温工程分包合同》,但承包人同时还提交了《工程质量验收记录》《工作联系函》《报审依据》《工作联系单》及《催款信函》等证据材料,与《外墙保温工程分包合同》形成证据链,发包人提供的《外墙保温工程分包合同》不足以推翻承包人该组证据形成的链条。

【裁判观点】

最高院二审同意一审观点。

【最高院解析】

最高院民一庭肖峰法官解析认为:双方当事人均提交了各自与分包人签订的《外墙保温工程分包合同》就双方上诉主张和事实与理由而言,需要进

《民事审判指导16年卷》第148页（第65辑）

一步分析以下几个方面：……最后，合同的相对性决定了配合合同一方履行合同权利义务的主体往往是合同的相对方。本案中，分包人在对保温工程施工过程中，必然会产生大量的施工资料。这些施工资料记载了施工的详细过程，反映了施工方与承包人在施工中的对接情况，故可以作为施工方向谁履行合同义务的直接证据。本案中，承包人提交的证据材料，记载了分包人与承包人就分包工程具体施工事宜的衔接配合情况，足以与《外墙保温工程分包合同》形成证据链证明分包人是在向作为分包工程发包人的承包人履行合同义务。而发包人所提交的证明分包人向其履行分包合同义务的证据为分包人的事后自认以及向分包人付款的事实。与此同时，分包人也未提交其他证据足以证明其陈述的真实性。故根据《最高人民法院关于民事诉讼证据的若干规定》第73条之规定，承包人提交的证据证明力明显大于发包人提交的证据的证明力。因此，人民法院认定分包人履行的是其与承包人签订的《外墙保温工程分包合同》并无不当。

【作者点评】

根据《合同法》第8条规定："依法成立的合同，对当事人具有法律约束力。当事人应当按照约定履行自己的义务，不得擅自变更或者解除合同。"《建筑工程施工转包违法分包等违法行为认定查处管理办法（试行）》第5条第（6）项规定，存在下列情形之一的，属于违法发包："（六）建设单位将施工合同范围内的单位工程或分部分项工程又另行发包的。"

本案中，承包人作为案涉工程的总承包工程所订的《外墙保温工程分包合同》属于合法分包合同，而作为案涉工程的业主单位的发包人是案涉工程的发包人，其将案涉工程发包给承包人后，案涉工程的施工事项就由承包人负责，这其中就包括将案涉工程的专业工程部分或劳务部分进行分包的事项。相应地，发包人也就无权对案涉工程另行分包。发包人再次发包的行为违法。另外，根据实际履约情况看，分包人实际履行了与承包人的合同，根据合同相对性原则只能请求承包人支付相应工程款。发包人向分包人支付工程款的行为对承包人不产生约束力，

因此，发包人向分包人直接支付工程款属于履行对象错误，其应当继续承担向承包人支付工程款的义务。

【裁判规则】

未经承包人同意，发包人向第三方付款的，不得抵作已付工程款。

第7章 工期顺延

【内容概要】

工期顺延既是避免发包人追究逾期竣工违约责任的需要，也是向发包人索赔延期损失的前提。工期对承发包双方利益有重大影响，工期顺延常见问题如下：

（1）开工日期，是计算实际工期的起点。对开工日期，合同有明确约定的，按照约定确定。没有约定的，按照开工通知载明的开工日期确定；通知开工日不具备开工条件的，按照具备条件日确定。无论是否具备条件，经发包人同意提前施工的，按照实际进场施工日确定。

（2）竣工日期，是计算实际工期的终点。对竣工日期，合同有明确约定的，按照约定确定。没有约定的，按照验收合格日确定；发包人拖延验收的，按照承包人提交竣工验收报告日确定；发包人未经验收擅自使用的，按照转移占有日确定。

（3）工期顺延事由，是工期顺延实体的关键问题。发包人违约或者发包人承担风险，比如拖延支付进度款、拖延提供施工条件，导致工期延长的，工期可以顺延，损失可以索赔。反之，既不是发包人原因，又不是承包人原因，导致工期延长的，一般工期可顺延，损失不可索赔。增加工程量的，可按类似项目工期比例顺延工期。

（4）工程顺延程序。要顺延工期，从程序上讲，承包人要么取得工期顺延的签证，要么证明申请顺延事由符合合同约定的。合同约定承包人未在约定期限内提出工期顺延申请视为工期不顺延的，按照约定处理，但发包人在约定期限后同意工期顺延或者承包人提出合理抗辩的除外。

【关键词】

通知开工日	具备条件日
进场施工日	验收合格日
竣工验收报告	拖延验收
转移占有日	发包人违约
发包人风险	比例折算法
工期签证	顺延事由
索赔期限	权利失效
同意顺延	合理抗辩

【最高院施工合同解释二】

第5条　当事人对建设工程开工日期有争议的，人民法院应当分别按照以下情形予以认定：

（1）开工日期为发包人或者监理人发出的开工通知载明的开工日期；开工通知发出后，尚不具备开工条件的，以开工条件具备的时间为开工日期；因承包人原因导致开工时间推迟的，以开工通知载明的时间为开工日期。

（2）承包人经发包人同意已经实际进场施工的，以实际进场施工时间为开工日期。

（3）发包人或者监理人未发出开工通知，亦无相关证据证明实际开工日期的，应当综合考虑开工报告、合同、施工许可证、竣工验收报告或者竣工验收备案表等载明的时间，并结合是否具备开工条件的事实，认定开工日期。（详见本书7.1节）

第6条　当事人约定顺延工期应当经发包人或者监理人签证等方式确认，承包人虽未取得工期顺延的确认，但能够证明在合同约定的期限内向发包人或者监理人申请过工期顺延且顺延事由符合合同约定，承包人以比为由主张工期顺延的，人民法院应予支持。（详见本书7.3节）

当事人约定承包人未在约定期限内提出工期顺延申请视为工期不顺延的，按照约定处理，但发包人在约定期限后同意工期顺延或者承包人提出合理抗辩的除外。（详见本书7.4节）

【最高院施工合同解释一】

第14条　当事人对建设工程实际竣工日期有争议的，按照以下情形分别处理：

（1）建设工程经竣工验收合格的，以竣工验收合格之日为竣工日期；

（2）承包人已经提交竣工验收报告，发包人拖延验收的，以承包人提交验收报告之日为竣工日期；

（3）建设工程未经竣工验收，发包人擅自使用的，以转移占有建设工程之日为竣工日期。（详见本书7.2节）

第15条　建设工程竣工前，当事人对工程质量发生争议，工程质量经鉴定合格的，鉴定期间为顺延工期期间。（详见本书7.3节）

7.1　开工日期

　　《最高院施工合同解释二》第5条规定："当事人对建设工程开工日期有争议的，人民法院应当分别按照以下情形予以认定：

　　（一）开工日期为发包人或者监理人发出的开工通知载明的开工日期；开工通知发出后，尚不具备开工条件的，以开工条件具备的时间为开工日期；因承包人原因导致开工时间推迟的，以开工通知载明的时间为开工日期。

　　（二）承包人经发包人同意已经实际进场施工的，以实际进场施工时间为开工日期。

　　（三）发包人或者监理人未发出开工通知，亦无相关证据证明实际开工日期的，应当综合考虑开工报告、合同、施工许可证、竣工验收报告或者竣工验收备案表等载明的时间，并结合是否具备开工条件的事实，认定开工日期。"

开工日期

计划开工日期

实际开工日期

　　开工日期作为工期计算的起点，直接影响工期的确定，对发包人和承包人的权利、义务产生极为重要的影响。根据《施工合同示范文本2017》第1.1.4.1条规定，开工日期包括计划开工日期和实际开工日期。计划开工日期是指合同协议书约定的开工日期；实际开工日期是指监理人按照第7.3.2项〔开工通知〕约定发出的符合法律规定的开工通知中载明的开工日期。第7.5.1条第2款规定："因发包人原因未按计划开工日期开工的，发包人应按实际开工日期顺延竣工日期，确保实际工期不低于合同约定的工期总日历天数。"

　　《最高院施工合同解释二》第5条的开工日期涉及通知开工日、具备条件日、进场施工日等标准，究竟该如何理解呢？

7.1.1　通知开工日具备开工条件的以通知开工日为开工日期

　　《最高院施工合同解释二》第5条规定："当事人对建设工程开工日期有争议的……开工日期为发包人或者监理人发出的开工通知载明的开工日期；开工通知发出后，尚不具备开工条件的，以开工条件具备的时间为开工日期。"

　　该第5条来源于示范文本。《施工合同示范文本2017》第7.3.2条规定："发包人应按照法律规定获得工程施工所需的许可。经发包人同意后，监理人发出的开工通知应符合法律规定。监理人应在计划开工日期7天前向承包人发出开工通知，工期自开工通知中载明的开工日期起算。"开工通知载明的计划开工日期为通知开工日。

通知开工日

　　通知开工日具备开工条件的，通知开工日即为开工日期。通常情况下，承包人开始施工的前置程序依次为：发包人取得施工许可证、施工单位提交开工报告、批准开工报告或者发包人发出开工通知。此时，以开工通知载明的开工日期为实际开工日。主要理由在于：开工通知所载明开工日期是发包人和承包人根据现场施工条件实际情况，共同对合同约定开工日期的变更，双方均应遵守。

7.1.2　承包人原因拖延开工的以通知开工日为开工日期

　　《最高院施工合同解释二》第5条规定："当事人对建设工程开工日期有争议的，……因承包人原因导致开工时间推迟的，以开工通知载明的时间为开工日期。"

过错原则　　开工日期确定适用过错原则。上述第5条规定：因承包人原因导致开工时间推迟的，通知开工日为开工日期。

　　承包人原因一般通过承包人证明非承包人原因来体现。发包人无须证明承包人过错，就可以主张以通知开工日为开工日期。发包人或监理人一般在具备施工条件后发出开工通知。此时，如果承包人无证据证明存在不具备开工条件的情况，则视为已经具备开工条件，承包人应当按照开工通知开工日期进场组织施工。也就意味着，当承包人在开工通知开工日之后进场施工的，除非举证证明非自身原因所致，则应当以开工通知开工日期为开工日期。

　　实务中，因承包人原因延误开工主要是指承包人的施工人员、机械设备、材料等未按照合同约定及时到位，无能力按时开工。

7.1.3　通知开工日不具备开工条件的以具备条件日为开工日期

　　《最高院施工合同解释二》第5条："当事人对建设工程开工日期有争议的，……开工通知发出后，尚不具备开工条件的，以开工条件具备的时间为开工日期。"

施工条件　　该条规定的核心问题在于如何确定是否具备施工条件。《施工合同示范文本2017》第2.4条规定，开工条件主要由发包人负责完成，具体包括：（1）发包人应最迟于开工日期7日前向承包人移交施工现场；（2）将施工用水、电力、通信线路等施工所必需的条件接至施工现场内；（3）向承包人提供正常施工所需要的进入施工现场的交通条件；（4）协调施工现场周围地下管线和邻近建筑物、构筑物、古树名木的保护工作并承担费用；（5）在移交施工现场前向承包人提供施工现场及工程施工所必需的毗邻区域内供水、排水、供电、工期、供热、通信、广播电视等地下管线资料，气象和水温观测资料，地质勘查资料，相邻建筑物、构筑物和地下工程等有关基础资料。《合同法》第283条规定："发包人未按照约定的时间和要求提供原材料、设备、场地、资金、技术资料的，承包人可以顺延工程日期，并有权要求赔偿停工、窝工等损失。"

证明责任　　因此，如果承包人已举证证明施工现场不具备开工条件，发包人应当举证证明存在承包人原因导致施工条件无法具备的情形，方可以开工通知载明的时间为开工日期；否则，视为因发包人原因导致施工条件不具备，实际开工日期以施工条件具备日期为准。《最高院施工合同解释二适用》第130页认为："如果开工条件不具备是发包人原因，则开工日期应以开工条件具备时为准，从而导致工期顺延……案件审理过程中，应对造成顺延开工日期的相关事实予以查明。"

承包人原因导致不具备开工条件的，则以通知开工日为实际开工日期。满足施工条件本是发包人的义务，但是当发包人将其委托承包人完成的，承包人拖延完成或未及时向发包人反馈延误原因的，应由承包人承担工期延误责任。《最高院施工合同解释二适用》第131页认为："在发包人将提供施工条件中的部分工作委托承包人办理情况下，如果不具备办理条件，承包人应及时通知发包人，否则，将承担不利后果。"

有效委托　　发包人委托承包人提供施工条件的，应该支付对价并提供协助。《最高院施工合同解释二适用》第131页认为，有效委托的判断标准是发包人在委托承包人完成施工条件的同时，单独就该委托事项约定了付费标准、完成期限、责任承担等。实务中，发包人往往在委托承包人提供部分施工条件时，采用"费用已包含在单价或总价"类的约定，笔者认为该类约定不宜视为有效委托。理由：一是发包人在签订合同时处于强势地位，往往令承包人承担额外承担义务，且并不支付相应对价；二是承包人完成无法准确预估开工条件的完成成本，或者其无能力完成相应工作，造成拖延。比如，发包人将寻找弃土场的工作委托承包人完成，但在承包人寻找到弃土场后发包人又以价格不合适为由迟迟无法确认，造成工程无固定弃土场，增加施工成本，双方就该弃土场应由提供方产生争议。

7.1.4　经发包人同意提前施工的以进场施工日为开工日期

《最高院施工合同解释二》第5条："当事人对建设工程开工日期有争议的，……（二）承包人经发包人同意已经实际进场施工的，以实际进场施工时间为开工日期。"

据此，结合本书7.1.1～7.1.3所述可知：

（1）通知开工日具备施工条件的，在通知开工日之前经发包人同意实际施工的，以进场施工日为开工日期。

（2）通知开工日具备施工条件的，在通知开工日后实际施工的，以通知开工日为开工日期。

（3）通知开工日不具备施工条件的，在通知开工日之前经发包人同意实际施工的，以进场施工日为开工日期。

（4）通知开工日不具备施工条件的，在具备施工条件后实际施工的，以具备施工条件为开工日期。

（5）通知开工日不具备施工条件的，在具备施工条件前经发包人同意实际施工的，以进场施工日为开工日期。

提前进场施工　　可见，无论是否具备施工条件，承包人经发包人同意提前进场施工的，以进场施工时间为开工日期。《最高院施工合同解释二适用》第123页认为："原则上在承包人经发包人同意提前进场的情况下，以承包人实际进场施工的时间为开工日期。但是如果证据表明开工通知中记载的时间系当事人的真实意思表示，则以开工通知记载的时间为开工时间。"

真实意思　　尽管如此，当事人能够举证证明开工通知记载日期为双方真实意思的开工日期的，该通知开工日即为开工日。实务中，往往难以证明意思表示，则采以进场施工日为开工日期更为便利。

进场施工日

确定"进场施工日"的关键点在于明确"实际进场施工"的边界。《衢州中院王勇观点》认为："新建工程的开工，是指开始进行桩基施工或土方开挖；改扩建工程和旧有房屋装饰装修工程开工，是指开始进行拆改作业。实践中，如施工班组进场、工地围墙修建等均不能视为开工。"《淮安法院张广兄观点》便认为："工程地质勘查、场地平整、旧建筑物拆除、临时建筑、临时道路和水电施工不能算作正式开工日期。"

施工作业

施工准备

笔者同意上述观点，实际进场施工应指基础、土方开挖或拆改作业的开始，并不包括场地平整、临建设施施工。根据《施工合同示范文本2017》第7.3.1条规定："开工报审表应详细说明按施工进度计划正常施工所需的施工道路、临时设施、材料、工程设备、施工设备、施工人员等落实情况以及工程的进度安排。"可见，在发包人在收到开工审批表审查时，承包人已就其临建、材料进场等工作进行了落实，其向发包人、监理人发出开工审批表即证明其已经具备开工条件。发包人之后据此发出开工通知，确定开工日期。

需要注意的是，无开工通知则意味着开工条件不一定具备，发包人并未同意承包人实际开工。此时承包人进场施工，存在低效施工的风险，而该部分费用在无证据证明发包人同意情况下，由承包人自行承担。

7.1.5　不能查明通知开工日及进场施工日的综合确定开工日期

《最高院施工合同解释二》第5条："当事人对建设工程开工日期有争议的，人民法院应当分别按照以下情形予以认定：……（三）发包人或者监理人未发出开工通知，亦无相关证据证明实际开工日期的，应当综合考虑开工报告、合同、施工许可证、竣工验收报告或者竣工验收备案表等载明的时间，并结合是否具备开工条件的事实，认定开工日期。"

综合确定

实践中，发包人基于前期手续不完善或者开工条件不具备但又存在赶工需要，要求承包人在无开工通知情况下进场，且未向承包人签发任何同意进场的文件，存在无法证明进场施工日期的风险。此时需要综合施工各记录文件记载的各开工日期，确定最接近实际的开工日期。

施工过程中存在多种相关文件，比如承包人申请开工报告、合同约定开工日期、开工许可证载明开工日期、监理记录开工日期、竣工验收报告或备案表所载明的开工日期等。结合《最高院施工合同解释二适用》第127页等规定，各证明文件记载开工日期冲突时的优先顺位如下：

解释顺位

（1）开工报告记载的时间优先于合同约定开工日期；

（2）合同记载开工日期、施工许可证记载开工日期记载开工日期均由于制作缺陷，不可直接据以认定，只能综合考虑、查明事实以及相关时间记载，确定开工日期；

竣工验收报告

（3）竣工验收报告或备案表证明力较高，因为系有发包人、监理、勘察单位、设计单位、承包人五方确认且经政府部门备案，本条此处的开工报

开工报告

告应指承包人单方制作申请开工的报告（不同于建筑法中等同于施工许可证的经批准的开工报告性质）、开工许可证载明的开工日期均有单方制作的因素，属于间接证据，两者证明力均较弱，但相比而言，施工许可证基于政府部门核准的性质，效力较开工报告稍高；

（4）合同约定是补充。例如，《北京高院施工合同解答2012》第23条曾规定："既无开工通知也无其他相关证据能证明实际开工日期的，以施工合同约定的开工时间为开工日期。"在《最高院施工合同解释二》实施后，应当结合其他因素综合考虑，不能单纯地依据合同约定认定开工日期。

因此，在综合认定实际开工日期阶段，当事人举证核心在于：证明不同

优势证据

证据材料记载开工日期最为接近实际开工日期，形成优势证据即可。例如：多份证据指向一个日期或者日期更为接近，则更容易得到法院或仲裁庭的支持。该部分的认定亦可成为当事人根据不同法院据理力争之处。

在51例（公报案例）中，存在合同记载开工日期、开工报告记载开工日期、施工许可证记载开工日期三份证据，开工报告所记载开工日期由于有监理单位确认，且发包人与承包人在工程造价鉴定期间均予以认可，最高院认为：开工报告所载明开工日期具有明显的证明力和说服力。施工许可证只表明建设工程符合相应开工条件，并不是确定开工日期的唯一凭证。实践中存在大量实际开工日期与施工许可证记载开工日期不一致的情况。因此以经监理确认的开工报告所载明开工日期为实际开工日期。

7.1.6 因无施工许可证拒绝进场施工的以取得许可日为开工日期

没有施工许可证，依法不能施工。《建筑法》第7条第1款规定："建筑工程开工前，建设单位应当按照国家有关规定向工程所在地县级以上人民政府建设行政主管部门申请领取施工许可证；"第64条规定："违反本法规

擅自施工

定，未取得施工许可证或者开工报告未经批准擅自施工的，责令改正，对不符合开工条件的责令停止施工，可以处以罚款。"

未取得施工许可证即进场施工的，一般以进场施工日为开工日。司法实践中，通常认为，施工许可制度是对建设单位的一种行政管理行为，是否取得施工许可证与实际是否开工之间无直接关系；施工许可证可证明符合施工条件，但是无法证明承包人是否实际开工。个别项目在未取得施工许可证时已经完工交付，客观上肯定已经实际开工，如果仍以施工许可证载明日期直接确定开工日期，显然不合理。《重庆高院邬砚观点》便认为，施工许可证可作为间接证据，但不起决定作用。《最高院施工合同解释二适用》第129页认为："施工许可证并非确定开工日期的唯一凭证……如果承包人已经实际进场施工，又以没有施工许可证或施工许可证颁发延迟作为工期迟延的抗辩理由，需要进一步举证证明因缺乏施工许可证而未能开工，或者被建筑业主管部门通知暂停施工。"

拒绝施工

具备其他施工条件但拒绝进场施工的，以取得施工许可证日为开工日。只有在承包人以无施工许可证或施工许可证颁发延迟向发包人书面主张无法

开工或被主管部门停工的，方可以施工许可证记载日期为开工日期。否则，在无法确定实际开工日期时，只能将施工许可证记载开工日期作为考虑因素综合认定。

第51例　如何根据多份文件认定开工日期？

【争议焦点】

不能查明通知开工日及进场施工日，合同、开工报告、施工许可证规定的开工时间不一致，如何认定开工日？

查案例扫微信

【公报案例】

2011年9月1日，发包人青海隆豪置业有限公司与承包人青海方升建筑安装工程有限责任公司签订《建设工程施工合同》，由承包人承建"海南藏文化产业创意园商业广场项目"。合同约定开工日期为2011年5月8日，竣工日期为2012年6月30日。

2011年5月15日，即合同签订前，承包人已经开始施工。由承包人呈送并经监理单位确认的《开工报告》中载明的计划开工日期为2011年5月15日，竣工日期为2012年10月1日；承包人在出具的《工程开工报审表》载明，"管理人员及机械设备已到场，施工人员已到位……符合开工条件"，监理机构经审核作出了同意施工的意见。

由发包人申报办理的《建筑工程施工许可证》中载明的开工日期为2011年6月20日，竣工日期为2012年12月31日。承包人因工程款拖欠起诉发包人，发包人以承包人拖延工期为由提起反诉。双方对于开工时间应从何时起算存在分歧。

【各方观点】

（1）发包人认为：应以合同约定的2011年5月8日作为开工日，承包人未按约施工，造成工期严重延误。

（2）承包人认为：工期延误不是事实，实际开工时间和开工报告上载明的时间不一致，应当以施工许可证上2011年6月20日为准。

（3）青海省高院一审认为："……合同工期总日历天数419天。在合同生效之前，承包人已开始施工。承包人施工期间，双方当事人与有关单位于2011年6月29日完成图纸会审，此时施工的内容才得以明确具体，双方当事人对合同约定的施工内容在合同生效时进一步得到最终的确认。另外，在承包人施工期间也存在部分工程的设计变更，虽然承包人未提交证据证明发生以上事实后办理了工期顺延手续，但结合到本案的实际，承包人的施工期限不应严格依照合同约定的施工期间执行。……对发包人反诉请求，不予支持。"

【裁判观点】

最高院二审认为："三份文本中记载的开工与竣工日期均不相同的情形下，应当以监理单位确认的《开工报告》中载明的2011年5月15日作为本案

工程开工日期。尽管承包人与发包人签订《建设工程施工合同》约定的工期为2011年5月8日，但双方均认可在该时间节点上，承包人并未开始施工。合同约定的开工日期与实际开工日期不一致的，应当以改变了的日期作为开工日期。

其次，承包人在给案涉项目监理机构出具的《工程开工报审表》《开工报告》中明确载明，'管理人员及机械设备已到场，施工人员已到位……符合开工条件'；监理机构经审核作出了同意施工的意见。由此可见，无论是作为施工一方的承包人，还是作为监理单位，均认可开工日期为2011年5月15日。

再次，一审法院委托规划研究院咨询部对已完工程造价部分工程项目价款进行鉴定时，承包人与发包人共同确认案涉工程开工时间为2011年5月15日。就建设工程而言，建设单位、施工单位与监理机构共同确认的开工日期当然具有明显优势的证明力和说服力，应当成为认定案件事实的重要依据。

最后，虽然《建筑工程施工许可证》载明的开工日期为2011年6月20日，但是，施工许可证载明的日期并不具备绝对排他的、无可争辩的效力，建筑工程施工许可证是建设主管部门颁发给建设单位的准许其施工的凭证，只是表明了建设工程符合相应的开工条件，建设工程施工许可证并不是确定开工日期的唯一凭证。实践中，建设工程开工日期早于或者晚于施工许可证记载日期的情形大量存在。当施工单位实际开工日期与施工许可证上记载的日期不一致时，同样应当以实际开工日期而不是施工许可证上记载的日期作为确定开工日期的依据。"

【最高院解析】

无。

【作者点评】

《最高院施工合同解释二》第七条："当事人双方对建设工程实际开工日期有争议的，人民法院应当分别按照以下情形予以认定：开工日期为发包人或监理人发出的开工通知中载明的开工日期；开工通知发出后，尚不具备开工条件的，以开工条件具备的时间作为开工日期，但因承包人原因导致实际开工时间推迟的，以开工通知载明的时间为开工日期。"本案开工报告经过监理单位确认，且在造价鉴定程序中发包人亦予以认可，且不存在开工条件是否具备的争议，因此，应以开工通知时间即2011年5月15日作为开工日。

【裁判规则】

不能查明通知开工日，进场施工日，合同、开工报告、施工许可证规定的开工时间也不一致，应该综合认定开工日期。

7.2 竣工日期

《最高院施工合同解释一》第14条规定："当事人对建设工程实际竣工日期有争议的，按照以下情形分别处理：

（一）建设工程经竣工验收合格的，以竣工验收合格之日为竣工日期；

（二）承包人已经提交竣工验收报告，发包人拖延验收的，以承包人提交验收报告之日为竣工日期；

（三）建设工程未经竣工验收，发包人擅自使用的，以转移占有建设工程之日为竣工日期。"

实际工期　　　　确定竣工日期是确定实际工期的前提。实际竣工日期的确定直接涉及工程款的支付及利息的起算、逾期竣工违约金的数额、工程风险的转移等核心问题。该第14条该如何理解和应用呢？

7.2.1 约定以提交竣工验收报告日等为竣工日期的依约确定

完工　　　　竣工本意是完工。《合同法》第279条规定："建设工程竣工后，发包人应当根据施工图纸及说明书、国家颁发的施工验收规范和质量检验标准及时进行验收。"《工程建设项目实施阶段程序管理暂行规定》第4条规定："竣工阶段分为竣工验收及期内保修……竣工验收表示施工阶段结束，保修阶段开始。"从上述条文看出，竣工列于竣工验收程序之前，属于施工阶段的组成部分，即完成施工任务时的一种状态。

竣工日期首先应该按照约定确定。从约原则是工程争议处理的基本原则。《最高院施工合同解释一》第14条系合同没有约定或者约定不明情况下的补充约定。如果双方当事人约定工程竣工验收合格，以承包人提交竣工验收申请报告之日为实际竣工日期的，实际竣工日期为提交竣工收报告之日。

验收条件　　　　承包人提交竣工验收申请报告的前提是工程已经具备验收条件。根据《房屋建筑和市政基础设施工程竣工验收规定》第5条等规定，符合下列条件方可进行竣工验收：

（1）完成工程设计和合同约定的各项内容。

（2）有完整的技术档案和施工管理资料。

（3）有工程使用的主要建筑材料、建筑构配件和设备的进场试验报告，以及工程质量检测和功能性试验资料。

（4）有勘察、设计、施工、工程监理等单位分别前述的质量合格文件。

（5）有施工单位签署的工程质量保修书。

竣工验收申请　　　　按照交易习惯，承包人提交竣工验收申请报告即代表竣工。《施工合同示范文本2017》第13.2.3条规定："工程经竣工验收合格，以承包人提交竣工验收申请报告之日为实际竣工日期，并在工程接收证书中载明。"该规定的合理性在于：合同双方约定工期时均无法预见竣工验收期限的长短，承包人事实上并无法控制由发包人负责的竣工验收期限；在承包人无过错情况下，该部分风险由发包人承担较为合理。

7.2.2　约定不明且发包人拖延验收的以提交报告日为竣工日期

《最高院施工合同解释一》第14条规定："当事人对建设工程实际竣工日期有争议的……（二）承包人已经提交竣工验收报告，发包人拖延验收的，以承包人提交验收报告之日为竣工日期。"

该规则与示范文本规定一致。《施工合同示范文本2017》第13.2.3款规定："因发包人原因，未在监理人收到承包人提交的竣工验收申请报告42天内完成竣工验收，或完成竣工验收不予签发工程接收证书的，以提交竣工验收申请报告的日期为实际竣工日期。"

该规则适用存在三个并列前提：一是承包人已经提交竣工验收报告，但发包人拖延验收；二是该工程经竣工验收后质量是合格的；三是合同没有其他约定。在前述前提下，方可以承包人提交竣工验收报告之日为竣工日。

先完工后验收　　承包人完工后的验收是发包人的义务。《质量管理条例》第16条规定："建设单位收到建设工程竣工报告后，应当组织设计、施工、工程监理等有关单位进行竣工验收。"可见，建设单位（当建设单位与发包人主体不一致时为发包人）负有组织竣工验收的义务。实务中，发包人可能为了自身利益（例如：拖延支付工程款，缓解资金压力或进行资本投资），故意拖延验收，如果仍以竣工验收合格之日为竣工日期，显然不于保护承包人的合法利益。根据《民法总则》第159条规定："附条件的民事法律行为，当事人为自己的利益不正当地阻止条件成就的，视为条件已成就；……"发包人拖延验收时间，构成恶意阻止条件成就，应视为条件已经成就。

发包人拖延

竣工验收期限　　本规则适用的核心在于发包人是否构成拖延行为的认定。实务中，通常认为发包人原因拖延竣工验收超过42天的，视为竣工验收合格。参照《施工合同示范文本2017》第13.2.3条规定："……因发包人原因，未在监理人收到承包人提交的竣工验收申请报告42天内完成竣工验收，或完成竣二验收不予签发工程接收证书的，以提交竣工验收申请报告的日期为实际竣工日期；……"如果发包人可以举证证明其拖延存在合理理由，则相应期限予以扣除。例如：证明承包人所报竣工验收资料不符合要求、经多次验收均质量均不合格需要承包人修复等情形。

7.2.3　约定不明且发包人未拖延验收的以验收合格日为竣工日期

《最高院施工合同解释一》第14条规定："当事人对建设工程实际竣工日期有争议的……（一）建设工程经竣工验收合格的，以竣工验收合格之日为竣工日期。"

该规则适用存在三个并列前提：一是承包人已经提交竣工验收报告，且发包人没有拖延验收；二是该工程经竣工验收后质量是合格的；三是合同没有其他约定。在前述前提下，方可以竣工验收合格之日为竣工日期。

以竣工验收合格之日为竣工日期更方便认定。竣工验收合格之日是更容易识别的形态。《厦门市人民政府办公厅转发市国土房产局关于厦门市出让用地履约保证金实施办法的通知》第9条规定："竣工是指依据《土地出让合同》约定的规划设计指标，完成用地范围内所有项目施工，受让人组织设计、施工、监理等单位进行验收，形成《建筑工程竣工验收报告》。"

竣工验收合格

组织验收

竣工验收合格以发包人组织的五方确认的验收报告为标志，与主管部门竣工验收备案无关。组织竣工验收既是发包人的权利，也是发包人的义务。发包方已组织设计、施工、工程监理等有关单位进行竣工验收，并出具了由建设、勘察、设计、施工、监理单位均签字盖章并认可综合验收结论为合格的工程质量竣工验收记录。竣工验收备案也是发包人的义务，且竣工验收备案是建设行政主管部门对建设工程质量进行监督管理的制度安排之一，是否予以备案是质监部门依法在自身职权范围内行使的权力，具有行政法律行为的性质，与属于民事法律行为的竣工验收不同。"竣工验收合格"之日为竣工日期，而非以竣工验收备案之日为竣工之日。

竣工验收备案

在52例（参考案例）中，就实际竣工日确定问题，尽管发包人认为竣工验收证明是各方为了加快工程进度而预先前述的文件，涉案工程至今没有完工，没有进入政府正常竣工验收程序。但最高院认为：承包人已于2014年9月20日竣工验收合格，以竣工验收合格之日为实际竣工日，认定承包人履约符合合同约定的工期要求，不承担工期逾期违约责任。

验收不合格

当工程质量经竣工验收不合格的，以修复后再次验收合格之日为竣工日期。根据《施工合同示范文本2017》第13.2.1第（4）项规定："竣工验收不合格的，监理人应按照验收意见发出指示，要求承包人对不合格工程返工、修复或采取其他补救措施，由此增加的费用和（或）延误的工期由承包人承担。承包人在完成不合格工程的返工、修复或采取其他补救措施后，应重新提交竣工验收申请报告，并按本项约定的程序重新进行验收。"实务中，在首次竣工验收不合格时，发包人有权要求承包人对不合格部分进行修复，修复后经竣工验收合格的，以该竣工验收合格之日为竣工日期。除非承包人证明质量不合格并非自己过错所致，承包人就竣工验收不合格导致竣工验收合格之前延误的时间承担违约责任比较合理。

值得注意的是，通常存在当事人就单项工程分别约定竣工日期，同时就全部工程约定了总工期。此时，单项工程的实际竣工日期可分别认定，但应当以最后一个单项工程竣工时间为全部项目的整体竣工日期。但是单项工程独立交付使用的，应该分别确定竣工日期，分别确定工期拖延情形。

7.2.4 未经验收擅自使用的以转移占有日为竣工日期

《最高院施工合同解释一》第13条规定："建设工程未经竣工验收，发包人擅自使用后，又以使用部分质量不符合约定为由主张权利的，不予支持。"第14条规定："当事人对建设工程实际竣工日期有争议的……（三）建设工程未经竣工验收，发包人擅自使用的，以转移占有建设工程之日为竣工日期。"

擅自使用

　　该规则主要指建设工程未经验收，发包人仍然为了自己的利益需要，擅自使用建设工程的，以转移占有之日为竣工日期。发包人擅自使用未经验收的建设工程属于违法行为，应当承担不利后果。《质量管理条例》第58条规定："违反本条例规定，建设单位有下列行为之一的，责令改正，处工程合同价款百分之二以上百分之四以下的罚款；造成损失的，依法承担赔偿责任；（一）未组织竣工验收，擅自交付使用的；……"可见，发包人未经验收合格擅自使用将会受到行政处罚，并应就该行为承担赔偿责任。

　　工程未经验收合格的，依法不得交付使用。《合同法》第279条规定："……验收合格的，发包人应当按照约定支付价款，并接收该建设工程。建设工程竣工经验收合格后，方可交付使用，未经验收或验收不合格的，不得交付使用。"参考《合同法》142条规定："标的物毁损、灭失的风险，在标的物交付之前由出卖人承担，交付之后由买受人承担，但法律另有规定或者当事人另有约定的除外。"竣工验收合格是发包人支付工程价款和交付工程的前提；工程竣工验收合格后，方可交给发包人，否则应该标的物毁损灭失的风险。

转移占有

　　转移占有即视为完成交付。擅自使用指建设工程正式投入使用或者处于经营目的而使用，以转移占有为标志。《最高院施工合同解释—适用》第115页认为，发包人擅自使用建设工程的，为其已经认可建设工程的现状，承包人已经完成合同约定的交付工程的义务，发包人据此产生承担支付工程款的义务。建设工程相关风险在交付时已经转移由发包人承担。因此，以转移占用建设工程之日为竣工日期存在合法、合理性。就分包工程而言，如果发包人或承包人未经验收便同意下一阶段工序实施的，亦可认定为以转移占有之日为该分部分项工程的实际竣工日期。

第 52 例 未拖延验收的竣工日期如何确定?

【争议焦点】

合同约定不明,工程验收合格且发包人未拖延验收的,如何确定竣工日期?

【参考案例】

2013年5月20日,承包人(全椒县万昌建筑安装有限公司,后名称更换为安徽鼎先建设工程有限公司)与发包人(滁州市昌飞光明工贸有限公司)签订《建设工程施工合同》,约定开工时间为2013年5月25日,竣工时间为2014年3月23日,工期总日历天数302天,若延误工期,施工方应承担罚款每天2000元至10000元。

签订合同后,承包人进场施工,2014年8月30日签订《补充协议》约定,承包人需在2014年9月20日之前完成建筑合同及图纸承包范围内的所有工程。若承包人违约,每滞后一天罚款人民币1万元,最长滞后时间不得超过7天,否则将按原罚款基数5倍罚款,双方重新协商另议本协议条款。

涉案工程于2014年9月20日完成消防设施检测,确认合格。2014年9月23日,通过五方主体预验收工作,完成了整改,并由建设单位等在工程竣工验收报告及竣工验收备案表上盖章确认。2014年9月28日,涉案工程办理了工程竣工验收消防备案。

双方因是否完成合同内工程及是否通过验收存在争议,2014年12月8日,承包人诉请发包人支付工程款,发包人反诉工期逾期违约金275万元(自2014年3月26日计算至实际竣工之日)。

【各方观点】

承包人认为:双方于2014年8月30日签订补充协议,约定竣工时间为2014年9月20日,2014年9月23日发包人组织相关单位验收。发包人故意混淆工程竣工验收与工程竣工验收备案的法律行为,企图达到不支付工程款目的。双方签订补充协议对工程竣工时间进行修订确定竣工时间为2014年9月20日,发包人要求支付工期违约金无依据。

发包人认为:涉案工程没有组织过竣工验收。2014年9月23日的竣工验收证明是各方为了加快工程进度而预先前述的文件,不发生法律上的工程已竣工验收合格的效力。涉案工程至今没有完工,没有进入滁州市建委正常的竣工验收程序。

滁州中院一审认为:"双方签订施工合同及两份补充协议,上述协议均不违反法律规定,应为合法有效,工程已于2014年9月23日经发包人组织相关部门竣工验收合格,且经消防验收备案。"发包人未提供证据证明竣工验

收报告不符合真实意思表示。

安徽高院二审同意一审观点，认为："根据《中华人民共和国合同法》第二百七十九条以及《建设工程质量管理条例》第十六条、第十七条的规定，组织相关单位进行工程竣工验收和向建设行政主管部门备案，是建设单位的责任和义务。一、二审中，发包人对涉案《工程竣工验收报告》的真实性无异议，但认为该验收报告是各方为了加快工程进度而预先签署的文件，显然与事实不符。发包人上诉称，涉案工程至今没有完工，没有进入滁州市建委正常的竣工验收程序，也不可能验收合格，因其没有提供相应证据予以证明，本院不予采信。原审认定涉案工程于2014年9月23日竣工验收合格，有事实依据。"

【裁判观点】

验收合格

竣工备案

组织验收

再审时最高人民法院同意一审、二审意见，补充认为："组织竣工验收既是发包人的权利，也是发包人的义务。竣工验收合格的，发包人应当按照约定支付价款。……当事人对建设工程实际竣工日期有争议的，是以'竣工验收合格'之日为竣工日期，而非以竣工验收备案之日为竣工之日。竣工验收备案也是发包人的义务，且竣工验收备案是建设行政主管部门对建设工程质量进行监督管理的制度安排之一，是否予以备案是质监部门依法在自身职权范围内行使的权力，具有行政法律行为的性质，而竣工验收属于民事法律行为。竣工验收与竣工验收备案不同……发包方已组织设计、施工、工程监理等有关单位进行竣工验收，并出具了由建设、勘察、设计、施工、监理单位均签字盖章并认可综合验收结论为合格的工程质量竣工验收记录。发包人认为前述单位在该工程竣工验收报告盖章只是为加快工程进度而预先签署的理由，缺乏证据支持。"

【最高院解析】

无。

【作者点评】

《最高院施工合同解释一》第14条规定："当事人对建设工程实际竣工日期有争议的，按照以下情形分别处理：（一）建设工程经竣工验收合格的，以竣工验收合格之日为竣工日期。"

本案中，经发包人组织的竣工验收报告显示竣工日期为2014年9月20日，法院因此认定竣工日期在双方补充协议约定的竣工日期2014年9月20日时限内，判例承包人不承担逾期竣工的情况依据充分。

【裁判规则】

合同约定不明且发包人未拖延验收的，以竣工验收合格之日为竣工日期。

7.3 工期顺延事由

顺延事项是成功工期顺延的关键。《最高院施工合同解释二》第6条第1款规定:"能够证明在合同约定的期限内向发包人或者监理人申请过工期顺延且顺延事由符合合同约定,承包人以此为由主张工期顺延的,人民法院应予支持。"

工期顺延是指在建设工程施工合同履行过程中,发生合同约定的非承包人原因的工期延误,经承包人申请,发包人同意或者经约定争议解决委员会、仲裁院、人民法院等认定,使合同约定工期得以顺延的情形。

工期顺延包括程序和实体两个部分。程序部分见本书第7.4节。实体部分有系列构成要件,比如请求权依据、顺延事由、顺延天数、事由和天数的因果关系、附随义务等,笔者将在另行出版的同系列书籍《工程索赔100招》(第二版)详细论证。本节仅仅论述其中顺延事由问题。

工期顺延事由主要包括发包人迟延付款、迟延提供施工条件、不可抗力、第三方原因等。根据《合同法》第64条和《仲裁法》第43条规定的"谁主张,谁举证"举证责任分配原则,承包人需要举证证明工期顺延事由符合合同约定等。承包人据此享有相应的工期顺延权。工期顺延后,承包人不再就工期延误天数中可顺延的天数向发包人承担逾期竣工违约责任或损害赔偿责任;同时,承包人可就顺延工期导致的费用增加申请发包人承担并支付合理利润。

7.3.1 发包人拖欠进度款导致停窝工的可顺延工期并索赔损失

《合同法》第283条规定:"发包人未按照约定的时间和要求提供……资金……的,承包人可以顺延工程日期,并有权要求赔偿停工、窝工等损失。"

发包人未按合同约定日期支付进度款的,可申请顺延工期和赔偿所增加的费用,并支付合理利润。《最高院贾劲松等观点》第286页认为,人民法院通常亦认为发包人未按照合同约定日期支付进度款,承包人有权停工,要求顺延工期和索赔增加的费用。《施工合同示范文本2017》第7.5.1款第5项规定:"在合同履行过程中,因下列情况导致工期延误和(或)费用增加的,由发包人承担由此延误的工期和(或)增加的费用,且发包人应支付承包人合理的利润:(5)发包人未能按合同约定日期支付工程预付款、进度款或竣工结算款的;……"

发包人未按合同约定日期支付进度款的,承包人仍继续施工的,是否可以顺延工期呢?《施工合同示范文本2017》第16.1.1款规定:"因发包人原因未能按合同约定支付合同价款的""属于发包人违约""承包人可向发包人发出通知,要求发包人采取有效措施纠正违约行为。发包人收到承包人通知后28天内仍不纠正违约行为的,承包人有权暂停相应部位工程施工,并通知监理人"。也就是说，发包人未按合同约定日期支付进度款的，承包人可以在通知后合理时间内停止施工，在此停工情形下，工期当然可以顺延。但是，如果承包人未因此停止施工，是否就意味着工期不能因此顺延呢？笔者认为，这没有任何依据，只要发包人未按合同约定日期支付进度款影响了工程进度，即使没有停工，也可以顺延工期。

关于发包人未足额支付进度款的，承包人是否可以顺延工期呢？《衢州中院王勇观点》认为：发包人未足额支付进度款，拖欠进度款不大且承包人未提出异议的，主张顺延工期的不予支持。

7.3.2　发包人拖延提供施工条件的可顺延工期并索赔损失

施工条件

《合同法》第283条规定："发包人未按照约定的时间和要求提供原材料、设备、场地……技术资料的，承包人可以顺延工程日期，并有权要求赔偿停工、窝工等损失。"

《施工合同示范文本2017》第7.5.1款规定："在合同履行过程中，因下列情况导致工期延误和（或）费用增加的，由发包人承担由此延误的工期和（或）增加的费用，且发包人应支付承包人合理的利润：（1）发包人未能按合同约定提供图纸或所提供图纸不符合合同约定的；（2）发包人未能按合同约定提供施工现场、施工条件、基础资料、许可、批准等开工条件的；（3）发包人提供的测量基准点、基准线和水准点及其书面资料存在错误或疏漏的；（4）发包人未能在计划开工日期之日起7天内同意下达开工通知的。"

施工许可证

据此，开工日期后，发包人拖延提供场地等施工条件，导致停窝工的，承包人可申请顺延工期并要求赔偿损失。以发包人拖延提供施工许可证为例。根据《建筑法》第7条、第8条规定，发包人取得施工许可证后，通常认为开工条件已经具备，可进行工程建设。由于发包人处于强势地位，往往会要求承包人在施工场地未完全合格移交，或未及时提供经批准的施工图纸，或未办理施工许可证等情况下进行进场施工。根据《最高院施工合同解释二》第5条的原则，以实际进场施工时间为开工日期，承包人的工期随即开始起算。《广东高院工程合同解答2017》第19条规定："虽然发包人未取得施工许可证，但承包人已实际开工的，应以实际开工之日为开工日期，合同另有约定的除外。因未取得施工许可证而被行政主管部门责令停止施工的，停工日期可作为工期顺延的事由。"

工期顺延不仅仅顺延总工期，还要区分可以索赔损失的工期顺延天数以及不可以索赔损失的工期顺延天数。

解析案例

在第53例（解析案例）中，因发包人提供基础勘察设计数据错误导致停工，承包人长期等待2年，未采取撤离现场等措施。经过一审、二审、高院再审、最高院再审，在停工10多年后，最终认定可以索赔损失的停工天数为6个月。

最高院民一庭解析该案认为：因发包人原因致使建设工程停工，当事人对停工时间未作约定或未达成协议的，"承包人不应盲目等待而放任停工状

放任停工

态的持续及停工损失的扩大。对于计算由此导致停工损失所依据的停工时间的确定，也不能简单地以停工状态的自然持续时间为准，而是应根据案件事实综合确定一定的合理期间作为停工时间"。"根据上述原则，并参照类似情况下的有关合同示范文本的做法加以确定"。

值得注意的是，不具备施工条件导致停工窝工的，如认定开工日期从具备施工条件之日起算，则不涉及工期顺延问题，可能导致承包人难以索赔停工窝工损失。这将对承包人不利。为了避免此类风险，一方面承包人可在发包人未取得施工许可证前明确拒绝进场施工。另一方面，如果应发包人要求必须进场施工的，则承包人应当就施工现场不具备施工条件无法全面施工及时与发包人以函件形式沟通，并根据现有施工条件向发包人告知施工的进度情况，证明自身已尽到避免损失扩大化的义务。

7.3.3　结论为合格的质量鉴定期间的可顺延工期

质量合格

《最高院施工合同解释一》第15条规定："建设工程竣工前，当事人对工程质量发生争议，工程质量经鉴定合格的，鉴定期间为顺延工期期间。"

该规则适用应满足三点：一是工程竣工验收前就质量问题发生争议；二是通过鉴定程序确定工程质量情况；三是争议工程是质量合格的。

该规则核心在于争议工程质量是否合格。《最高院施工合同解释一适用》第118页认为："如果工程质量是合格的，对于承包人来说，把工程质量的鉴定期间作为顺延工期期间是比较合理和公平的。反之，如果工程质量经鉴定为不合格的，工期不应顺延，承包人应承担逾期交工的违约责任。"

7.3.4　工程变更导致工期延长的可顺延工期

工程变更

举证责任

根据《施工合同示范文本2017》第10.6条规定："因变更引起工期变化的，合同当事人均可要求调整合同工期，由合同当事人按照第4.4款〔商定或确定〕并参考工程所在地的工期定额标准确定增减工期天数。"

据此，工程变更导致工期延长的，承包人可以申请顺延工期。反之，工程变更未导致工期延长的，承包人就不能可以申请顺延。工程变更发生在相应工作开始采购前，且没有增加工程量的，显然就不能顺延工期。

实务中，因工程变更发包人主张缩减工期的较少，主要是争议在于发包人履行合同过程中变更设计，造成承包人停工、缓建、返工、改建的，承包人要求顺延工期。如果工程变更导致工期增加或施工难度增大等致使工期延误的，承包人可申请工期顺延，但应当承担举证责任。同理，如果该变更减少工程量或降低施工难度等致使工期可能缩短的，发包人希望缩短工期的，发包人承担举证责任，证明变更后的合理工期。

7.3.5　增加工程量的可按类似项目工期比例顺延工期

增加工程量

在承包范围之外增加工程量，实质上是在原合同之外创设了一个新的法律关系，双方应当在补充协议中就增加的工程量另行约定工期。

折算比例法　　　在双方没有另行约定的情况下，承包范围之外新增工程量，导致工期拖延的，可比照类似项目每天工程量，确定该新增工程量可顺延的天数。

解析案例　　　　在第54例（解析案例）中，新增工程量847157元，如何确定顺延天数，各方不一致，浙江高院及最高院君认为：可比照类似项目《安装合同》约定的每天完成工程量为4740元，计算出需要工期179天。

类似项目　　　　最高院民一庭解析该案例认为：新增加工程量为管线安装工程。《安装合同》工程从性质看基本属于管线安装范围。因此参照《安装合同》计算工期，不违反公平原则。

　　　　值得注意是，工程量增加可以参照类似项目计算其合理工期，并不意味着该合理工期是可以顺延的工期。承包人还应该证明因果关系，即该工程量在关键线路上，该工程量的合理工期就是合同工程应该顺延的工期。

第 53 例　未及时撤场的如何确定停工时间？

【争议焦点】

因发包人过错导致停工，承包人长期等待，未采取撤离现场等措施，如何确定可以经济索赔的停工时间？

【解析案例】

查案例扫微信

1998年6月18日，发包人洛阳理工学院与承包人河南六建建筑集团有限公司签订《施工合同》，将其"成教楼、住宅楼"发包。同月19日，承包人与分包人河南省偃师市鑫龙建安工程有限公司签订《分包合同》，约定分包人以承包人项目部的名义进行施工。

1999年4月16日，因成教楼楼板出现裂缝，监理单位向项目部下发停工整改通知书。停工后，各方一直未能就成教楼出现裂缝的原因达成一致意见，分包人拒不退场，直至一审起诉。诉讼中，法院委托鉴定，查明发包人向设计单位提供的《工程勘察报告》数值错误是造成教楼裂缝的主要原因。

2001年3月19日，分包人起诉承包人和发包人，请求：判令承包人与承包人向其支付停工损失。各方对如何确定停工天数存在分歧。该案经过一审、二审、高院再审、最高院再审，纳入2012年解析案例。

【各方观点】

（1）分包人认为：1999年4月，发包人和承包人因楼板裂缝问题下令停工，分包人一直等待结果，停工应算至起诉之日。

（2）承包人及发包人均认为：酌定计算停工6个月。

（3）一审洛阳中院认为：分包人从1999年4月16日停工起至起诉前2001年3月6日止，共计691天。

（4）河南省高院二审将一审确定的停工691天调整为6个月，理由为："计算停窝工损失的期限一审认定为691天过长，根据河南省建设厅豫建标定（1999）21号《关于记取暂停工程有关损失费用规定的通知》，暂停施工的期限一般为3个月，超过3个月的，双方应协商工程缓建停建。本案发包人成教楼出现裂缝导致工程施工不能继续进行的事由时，三方当事人均没有本着诚实信用、协力合作的合同法原则，以客观的态度查找原因，以积极的态度采取善后措施，而是不同程度地向别人推卸责任，回避自己应承担的责任。但由此导致停工持续一段时间后，分包人自身应当意识到在短期内已经不能复工，自己应立即采取措施避免损失的扩大，其无权就扩大的损失要求赔偿。据此，计算分包人停工窝工损失的期限，二审法院酌定为分包人从1999年4月16日停工起6个月，此后的停窝工状况，分包人应当采取措施加以改变，故不再计入赔偿损失的期限范围。"

（5）河南省高院再审同意二审意见。

【裁判观点】

分包人不服，向最高院申诉，最高院同意二审意见，认为："成教楼工程停工后，发包人作为工程的发包方没有就停工、撤场以及是否复工作出明确的指令，承包人对工程是否还由分包人继续施工等问题的解决组织协调不力，并且没有采取有效措施避免分包人的停工损失，发包人和承包人对此应承担一定责任。与此同时，分包人也未积极采取适当措施要求发包人和承包人明确停工时间以及是否需要撤出全部人员和机械，而是盲目等待近两年时间，从而放任了停工损失的扩大。因此，本院认为，虽然成教楼工程实际处于停工状态近两年，但对于计算停工损失的停工时间则应当综合案件事实加以合理确定，二审判决及再审判决综合本案各方当事人的责任大小，……将分包人的停工时间计算为从1999年4月20日起的6个月，较为合理。"

【最高院解析】

《民事审判指导12年卷》第326页（第50辑）

最高院民一庭司伟法官解析认为："因发包人提供错误的地质报告致使建设工程停工，当事人对停工时间未作约定或未达成协议的，承包人不应盲目等待而放任停工状态的持续及停工损失的扩大。对于计算由此导致停工损失所依据的停工时间的确定，也不能简单地以停工状态的自然持续时间为准，而是应根据案件事实综合确定一定的合理期间作为停工时间"。"根据上述原则，并参照类似情况下的有关合同示范文本的做法加以确定。"

【作者点评】

以上停工时间是指可顺延工期且可以补偿损失的时间。停工时间持续超过一定时间后，承包人应主动采取措施防止损失扩大的，否则不能计入可以经济索赔的停工天数。参照《施工合同示范文本2017》"暂停施工持续84天以上不复工的，……影响到整个工程以及合同目的实现的，承包人有权……解除合同"之规定，加上承包人如退场还涉及退场费用计取，上述案例认定6个月合理。

【裁判规则】

因发包人原因导致工程停工，承包人放任持续停工而没有及时采取措施防止损失扩大的，只能主张合理的停工时间。

第 54 例　工程量增加的如何顺延工期？

【争议焦点】

施工过程中，发包人在合同约定工程量范围外增加大量工作内容，如何确定顺延工期的天数？

【解析案例】

《民事审判指导6辑》第200页

1994年6月17日，发包人（海宁龙祥大酒店有限公司）与承包人（萧山区第二建筑工程有限公司）就龙祥大酒店签订了《土建合同）。约定承包方式采用总价一次包干方式，全部造价2000万元，任何文件均不作调整依据。工程总工期为550日历天。如总工期延期，每天按合同总造价2000万元的1.5‰即30000元罚款。

1994年7月9日开工。

1995年5月29日，发包人出具变更联系单，将商场1-3层管线及通风按照交由承包人完成，工程量据实结算。之后，双方确认新增工程量847157元。

1995年9月11日起工程陆续交付使用，直达1997年5月29日交付完毕。

此外，1995年11月28日，双方签订《安装合同》，约定：承包人负责土建合同之外电气照明等，工程造价为128万元；竣工日期为1996年8月25日。

之后，承包人诉至法院，发包人反诉承包人支付工期延期违约金，双方就新增工程量延误天数如何计算发生争议。

【各方观点】

（1）发包人认为：因该电气安装合同是独立于双方签订的土建合同。要根据土建合同的工期进度，才可确认新增工程量的施工时间。应按土建合同总造价除以总工期550天得出的每天363000多元计算，顺延23天。

（2）承包人认为：新增工程量延误的工期，应按土建合同相关部分日工程量2400元计算，顺延352天。

（3）浙江高院一审认为：《安装合同》工程完工是《土建合同》工程完工的前提，因此《土建合同》工程竣工日期因此先顺延至1996年8月25日。就847157元新增工程量，"比照《安装合同》约定的每天完成工程量为4740元，需要工期179天"。

【最高院二审观点】

《民事审判指导6辑》第200页

最高院二审补充认为：发包人与承包人观点相差甚远，采用其中任何一种计算方法，都与本案的实际情况不符，而且显失公平。一审法院认定可予维持。

【最高院解析】

类似项目

比例折算法

最高院程新文法官解析该案例认为：新增加工程量为847157元，"虽先于1995年11月28日签订的《安装合同》，但从性质看，基本属于通风和电气管线安装范围，双方当事人在合同中约定按实结算，并没有管线安装的工程进度约定比例"，"一审法院参照双方随后签订的《安装合同》中约定的每天完成工程量4740元计算工期，折算出相应工期应顺延179天，不违反公平原则"。

【作者点评】

该解析案例确定了新增工程量顺延工期天数按照比例折算法计算。《最高院施工合同解释一》第16条规定："因设计变更导致建设工程的工程量或者质量标准发生变化，当事人对该部分工程价款不能协商一致的，可以参照签订建设工程施工合同时当地建设行政主管部门发布的计价方法或者计价标准结算工程价款。"该规定仅涉及工程价款，未涉及工期顺延问题，该解析案例正好补充了这一点。

比照项目

新增工程量顺延工期采用比例折算法计算的核心要点是：确定合适的比照项目。比照项目必须和增加工程量非常相似，并可以确定单位时间可以完成的工程量。上述案例中，发包人将整个土建工程作为电气安装类新增工程量的参照项目，显属不当。承包人将《土建合同》中相关项目作为参照项目，但没有证明二者的相似性。上述案例中将《安装合同》工程作为比照项目，并无不当。

值得注意是，工程量大幅度增加可以参照类似项目计算其合理工期，并不意味着该合理工期是可以顺延的工期。承包人还应该证明因果关系，即该工程量在关键线路上，该工程量的合理工期就是合同工程应该顺延的工期。

【裁判规则】

承包范围之外新增工程量，导致工期拖延的，可比照类似项目每天工程量，确定该新增工程量可顺延的天数。

7.4　工期顺延程序

7.4.1　有签证的按照签证确认顺延的工期

《最高院施工合同解释二》第6条第1款规定："当事人约定顺延工期应当经发包人或者监理人签证等方式确认……"

工期签证　　工期顺延签证作为工程签证的一种，特指发包人与承包人就工期延误问题，依据合同约定共同对延误工期是否可顺延及顺延天数形成的书面确认文件。

补充协议　　工期顺延签证一般是双方就工期顺延事由及顺延天数签订的补充协议。当事人及时对延误工期是否可顺延进行签证确认，是证明发包人同意顺延工期的直接证据，意味着双方就该部分工期顺延不再具有争议。将极大地减少工期争议，提高施工效率。

双方顺延工期的依据不限于签证。《最高院施工合同解释二》第6条规定确认方式为"签证等"，可见除了约定的签证形式外，具有同签证效力一样的其他书面文件，在发包人和承包人表达了一致"同意工期顺延及顺延天数"的意思时，亦可作为工期顺延依据。例如：发包人通过会议纪要、补充协议、往来函件、联系单等确认承包人工期顺延申请的确认，均应被认定符合约定的签证等形式。

7.4.2　没有签证的按索赔程序确认顺延的工期

《最高院施工合同解释二》第6条第1款规定："……承包人虽未取得工期顺延的确认，但能够证明在合同约定的期限内向发包人或者监理人申请过工期顺延且顺延事由符合合同约定，承包人以此为由主张工期顺延的，人民法院应予支持。"

该规则明确了没有工期签证可以工期索赔。承包人已提交符合约定的工期顺延申请，发包人或监理人未对工期顺延进行签证情况下，承包人只要提供证据证明已在约定期限向发包人主张过工期顺延，且工期顺延事由符合合同约定时，法院就应予以支持。

在第55例（参考案例）中，因讼争工程屋面防水层设计问题，在施工完毕后，按照变更后的设计进行了二次施工，承包人申请延长工期38天，发包人未回复。尽管通用条款第13.1条规定发包人逾期回复视为认可工期顺延。但合同专用条款第13.1条的特别约定，即通用条款第13.1条规定的顺延理由必须实际造成停工、窝工，承包人方可提出顺延申请。该专用条款已经修改通用条款约定程序，承包人只有符合顺延事由并且能够证明顺延天数的，才有权提出工期索赔。既然承包人不能证明顺延天数的，就不存后面逾期审核视为认可的问题。最高院因此认为：由于承包人既未取得工期顺延的签证，又不能够证明申请顺延事由符合合同约定的，工期不予顺延。

申请方式 　　　　　　承包人可以通过各种方式申请工期顺延。《最高院施工合同解释二适用》第143页认为："承包人申请采取索赔意向书、索赔报告等固定形式，根据工程惯例，其他书面文件，如会议纪要、洽商记录……进度计划说明、现场施工日期等，只要其中包括对事件的描述且表明承包人主张权利（工期延长或者额外付款）的内容，亦可以证明承包人向发包人或者监理人提出过工期顺延申请。"

顺延意向 　　　　　　工期顺延申请只需提供顺延意向。结合该条规定并参考《施工合同示范文本2017》第19.1条，索赔意向通知与索赔报告之区分，除非双方合同已明确约定提出工期顺延申请应明确顺延天数并提供证明材料，承包人只要提交工期顺延申请作出申请顺延意思表示和对事件的描述，即可视为提交过工期顺延申请；至于是否顺延及顺延天数，可在争议解决阶段提出，据以作出认定。

7.4.3　除有合理理由外约定逾期索赔视为放弃的按约定处理

　　　　　　《最高院施工合同解释二》第6条第2款规定："当事人约定承包人未在约定期限内提出工期顺延申请视为工期不顺延的，按照约定处理，但发包人在约定期限后同意工期顺延或者承包人提出合理抗辩的除外。"

权利失效 　　　　　　索赔期限可以是依据合同约定创设的权利失效期间。施工合同纠纷应当遵守意思自治原则。只要约定不违反国家法律、行政法规的强制性规定，各方均应依约履行。在合同约定逾期申请工期顺延，视为工期不顺延时，发包人和承包人均应受该约定约束，此时承包人逾期申请的，其工期顺延权利自然不受保护。

　　　　　　即使合同约定了权利失效的索赔期限，承包人仍可以抗辩。该款第2项进行了"但书"规定，明确了逾期索赔视为放弃的例外情形：

追认顺延 　　　　　　（1）发包人在约定期限后同意工期顺延。即：承包人未按约定提出工期顺延申请，但是在工期顺延约定期限届满后，发包人与承包人签订补充协议或发包人单方批复工期顺延签证、会议纪要同意工期顺延，此时应认定发包人对工期索赔的放弃，双方就工期顺延重新达成一致，按照最新的真实意思表认定，准予工期顺延。

合理抗辩 　　　　　　（2）提出合理抗辩。《最高院施工合同解释二适用》第144页认为，包括"工程发生了变更，增加了工程量，或者有情势变更、不可抗力事件导致工程停工，并且承包人对其未按照合同约定申请工期顺延予以合理解释，此时也应酌情予以顺延"。

　　　　　　最高院虽然认可了"逾期申请则权利消失"的观点，但是其最终立足点依然是"尊重事实，以事实为依据"。当承包人提出合理抗辩且对未在约定期限申请工期顺延进行合理解释后，法院应当根据证据情况进行认定。

第55例　没有办理签证的工期可否顺延？

【争议焦点】

发包人与承包人已约定发生工期顺延事项时，应当办理工期顺延签证，承包人能否在未办理签证时顺延工期？

【参考案例】

查案例扫微信

2007年3月1日，承包人（福建章诚隆建设工程有限公司）和发包人（厦门经济特区房地产开发集团有限公司）签订《建设工程施工合同》，约定开工日期为2007年3月7日，竣工日期为2008年5月29日，合同总工期为450天，合同价款为39411875元。关于开工日期和工期顺延，合同约定承包人应及时向厦门市建设行政主管部门办理项目施工报备和开工手续以确保按期开工。因承包人不能按时开工，应当不迟于协议书约定的开工日期前7天，以书面形式向工程师提出延期开工的理由和要求。工程师不同意延期要求或承包人未在规定时间内提出延期开工要求，工期不予顺延。

合同通用条款第13.1条还规定工期可顺延的七种情况；第13.2条规定，承包人应在13.1条情况发生后14天内，就延误的工期以书面形式向工程师提出报告。工程师在收到报告后14天内予以确认，逾期不予确认也不提出修改意见，视为同意顺延工期。合同专用条款第13.1条约定，通用条款第13.1条规定的顺延理由必须实际造成停工、窝工，承包人方可提出顺延申请。承包人申请顺延工期的，应严格按照合同约定进行签证。未签证的，在工程结算时，不给予工期顺延，发包人无正当理由拒绝签证的除外。

2008年9月19日，就工程屋面防水层，设计单位发出《设计变更通知单》，承包人据此进行了二次施工，但未就此办理工期顺延签证。

2007年3月7日，工程开工。

2009年3月1日，工程竣工验收合格。

2010年1月5日，双方因监理是否有权确认工期顺延文件发生争议，发包人诉称工期延误223天，要求支付工程违约金4707598.68元。

【各方观点】

（1）承包人认为：因讼争工程屋面防水层设计问题，在承包人施工完毕后，又按照变更后的设计进行了二次施工，应延长工期38天。

（2）发包人认为：发包人认可讼争工程屋面因设计原因而进行二次施工的事实，但并未影响工期。承包人也没有按照合同约定的程序申请工期顺延，故其主张应因此顺延工期38天不成立。

（3）厦门中院一审认为：讼争工程的委托监理合同未明确授予监理工程师工期顺延的签证权。……无法认定监理单位有报送该资料给发包人的义

务，承包人无证据证明其向发包人提交报审表；承包人提供仅有监理签字的报审表不足以证明根据签证可顺延工期38天。

（4）福建高院二审认为：关于三份监理签证工期顺延认定。虽然施工合同未明确监理人的签证权限，但根据监理合同，承包人向监理人报送后，监理有义务报送发包人。至于监理未报送或发包人逾期未答复，根据《建设工程施工合同》规定，逾期未答复视为同意监理工程师意见。三份监理签证工期顺延38天予以支持。

【裁判观点】

工期签证

最高法院再审同意一审法院意见，补充认为："本案《建设工程施工合同》对于工期顺延的程序作出了明确约定。虽因讼争工程屋面防水层设计问题而导致承包人对屋面进行整改施工的事实的确存在，但其并未提交因此而实际延误总工期的证据，且承包人也未就该项整改施工办理相关的工期顺延签证，故原判对其就此要求延长工期38天的请求不予支持并无不当。"

【最高院解析】

无。

【作者点评】

《最高院施工合同解释二》第6条规定："当事人约定顺延工期应当经发包人或者监理人签证等方式确认，承包人虽未取得工期顺延的确认，但能够证明在合同约定的期限内向发包人或者监理人申请过工期顺延且顺延事由符合合同约定，承包人以此为由主张工期顺延的，人民法院应予支持。"

因果关系

该案中，最高院未同意合同通用条款13.1条规定的发包人逾期审核视为认可工期顺延的观点。其原因应该是：合同专用条款第13.1条的特别约定，即通用条款第13.1条规定的顺延理由必须实际造成停工、窝工，承包人方可提出顺延申请。该专用条款已经修改了通用条款的程序，承包人只有符合顺延事由并且能够证明顺延天数的，才有权提出工期索赔。既然承包人不能证明顺延天数的，就不存后面逾期审核视为认可的问题。最高院再审观点很好地阐释了上述第6条规则。

【裁判规则】

承包人既未取得工期顺延的签证，又不能够证明申请顺延事由符合合同约定的，工期不予顺延。

第 8 章 损失赔偿

【内容概要】

在施工合同履行过程中，或者解除后，或者合同无效时，都会出现一方违约或一方过错或者一方风险导致的损失赔偿问题：

（1）一般经济索赔，发生在施工合同正常履行过中。索赔事由是对方违约或者合同约定应由对方承担的风险，前者是违约赔偿，后者是风险分担。合同对索赔程序及索赔事由一般都有严格约定，应该按照约定处理。

（2）解约损失索赔，适用于合同解除情形，其赔偿的范围既包括直接及间接发生的信赖利益损失，又包括可得利益损失，即正常履行合同可获得的预期利益。

（3）无效合同损失索赔，是适用于合同无效情形。合同无效损失属于缔约过失责任，按照过错承担损失赔偿责任。其赔偿的范围应仅限于实际损失，不包括可得利益损失。依据诚信原则，可以参照合同相关条款确定过错及损失。

在以上损失发生时，守约方均有义务采取减损措施防止损失扩大，否则，不得就扩大部分的损失主张赔偿，采取减损措施所花费的合理费用，应由对方承担。

与损失赔偿相关联的问题是违约金支付，一方违约，对方依据合同约定主张违约金，其实质是弥补损失的一种方式。因此，违约金如果低于或过分高于所造成的损失，可申请调整，一般违约金超过造成损失的30%即为过分高于。

【关键词】

经济索赔	违约责任	缔约过失责任
信赖利益损失	可得利益损失	可得利益损失
合同解除损失	合同无效损失赔	过错责任
举证责任	工程款利息	合同无效损失范围
参照合同	赔偿第三方损失	因果关系
扩大损失	减损义务	主动减损
及时减损	合理停工期	减损费用承担
违约金过高		

【最高院施工合同解释二】

第3条　建设工程施工合同无效，一方当事人请求对方赔偿损失的，应当就对方过错、损失大小、过错与损失之间的因果关系承担举证责任。损失大小无法确定，一方当事人请求参照合同约定的质量标准、建设工期、工程价款支付时间等内容确定损失大小的，人民法院可以结合双方过错程度、过错与损失之间的因果关系等因素作出裁判。（详见本书8.1.3）

【最高院施工合同解释一】

第10条第2款：因一方违约导致合同解除的，违约方应当赔偿因此而给对方造成的损失。（详见本书8.1.2）

【指导性案例规则】

第56例　施工合同无效，一方在订约时有过错或者未参照合同履行，给对方造成的损失的，损失赔偿额应当相当于因该过错造成的损失，包括直接损失及不履行赔偿第三方的损失，但不得超过过错方在订约及履行时预见到的或者应当预见到的因过错可能造成的损失。

【合同法】

第58条　合同无效或者被撤销后有过错的一方应赔偿对方因此受到的损失，双方都有过错的，应当各自承担相应的责任。

第113条　当事人一方不履行合同义务或者履行合同义务不符合约定，给对方造成损失的，损失赔偿额应当相当于因违约所造成的损失，包括合同履行后可以获得的利益，但不得超过违反合同一方订立合同时预见到或者应当预见到的因违反合同可能造成的损失。

第183条　发包人未按照约定的时间和要求提供原材料、设备、场地、资金、技术资料的，承包人可以顺延工程日期，并有权要求赔偿停工、窝工等损失。

8.1　损失赔偿原则

请求依据不同，损失赔偿的归责方式和赔偿范围就不同。施工合同中损失赔偿依据请求权不同大致可分为如下四类：

（1）经济索赔。按照《清单计价规范2013》第2.0.23规定，经济索赔指"在工程合同履行过程中，合同当事人一方因非己方的原因而遭受损失，按照合同约定或法律法规规定应由对方承担责任，从而向对方提出补偿的要求"。比如，发包人拖欠进度款，出现不利物质条件。在经济索赔中，一小部分是因为一方违约导致的损失赔偿，其属于违约责任；其他部分都是由于风险分担引起的，本质是合同即法律规定的一种风险分担的结果。经济索赔只赔偿约定损失。

违约损失

风险分配损失

（2）解约损失索赔，赔偿信赖利益损失及预期可得利益损失。

（3）无效合同损失索赔，仅赔偿信赖利益损失。

（4）其他索赔。如加害给付、无权代理人的赔偿责任等。

8.1.1　履约中出现索赔事由的可以要求赔偿因此造成的损失

《合同法》第183条规定："发包人未按照约定的时间和要求提供原材料、设备、场地、资金、技术资料的，承包人可以顺延工程日期，并有权要求赔偿停工、窝工等损失。"

此外，施工合同及交易习惯还规定了大量可索赔情形。经济索赔至少应该具备如下条件：

（1）有符合合同约定或者法律规定的可以索赔事由。

（2）有根据同期纪录等可证明的实际损失。

（3）索赔事由与实际损失之间有因果关系。

（4）符合合同约定的程序。《施工合同示范文本2017》第19.1条规定：①承包人应在知道或应当知道索赔事件发生后28天内，向监理人递交索赔意向通知书，并说明发生索赔事件的事由；承包人未在前述28天内发出索赔意向通知书的，丧失要求追加付款和（或）延长工期的权利；②承包人应在发出索赔意向通知书后28天内，向监理人正式递交索赔报告；索赔报告应详细说明索赔理由以及要求追加的付款金额和（或）延长的工期，并附必要的记录和证明材料。

索赔程序

限于篇幅，经济索赔详细内容笔者将在同系列书籍《工程索赔100招（第二版）》阐述。

8.1.2　合同因对方违约解除的可以要求赔偿因此造成的损失

《最高院施工合同解释一》第10条第2款规定："因一方违约导致合同解除的，违约方应当赔偿因此而给对方造成的损失。"

《合同法》第97条规定："合同解除后，尚未履行的，终止履行；已经履行的，根据履行情况和合同性质，当事人可以要求恢复原状、采取其他补救措施，并有权要求赔偿损失。"

《民法通则》第115条规定："合同的变更或者解除，不影响当事人要求赔偿损失的权利。"

可见，一方违约导致合同解除的，违约方应赔偿守约方的损失范围，既包括信赖利益损失，也包括可得利益损失。

信赖利益损失

解约信赖利益损失包括直接损失和间接损失两种：直接损失如缔约费用、准备履约费用；间接损失为因信赖对方而丧失的与第三方缔约机会的损失。根据《施工合同示范文本2017》通用条款第16.1.4、第16.2.4、第17.4款等规定，施工合同解除的，承包人根据解约的原因不同，可主张的损失赔偿范围包括以下全部或部分：

直接损失

（1）扣减承包人应支付的违约金（及其他款项）；

（2）扣减因解除合同给发包人造成的损失；

间接损失

（3）发包人要求承包人退货或解除订货合同而产生的费用，或因不能退货或解除合同而产生的损失；

（4）承包人撤离施工现场以及遣散承包人人员的费用；

（5）因解除合同给承包人造成的损失。

可得利益损失

解约可得利益损失是指如正常履行合同可以获得的利益。《合同法》第113条规定："当事人一方不履行合同义务或者履行合同义务不符合约定，给对方造成损失的，损失赔偿额应当相当于因违约所造成的损失，包括合同履行后可以获得的利益，但不得超过违反合同一方订立合同时预见到或者应当预见到的因违反合同可能造成的损失。"在解除合同解除具有溯及力的情况下，对于溯及力应加以限制，仍应按可得利益进行赔偿；在合同解除不具有溯及力的情形下，合同效力仅向将来终止，赔偿的范围也应包括可得利益[1]。《最高院施工合同解释—适用》第91～92页明确，对于建设工程施工合同而言，"合同解除原则上向前没有溯及力。即合同解除后，已经履行的按照有效合同约的处理原则及方式进行处理，不发生回复原状的法律效果"。《广东高院工程合同规定2000》第22条规定："发包人与承包人签订建设工程合同后又毁约的，应赔偿承包人由此而造成的损失，该损失应当包括承包人履行合同后可以获得的利益。"可见，施工合同解除也应该赔偿预期可得利益损失。

解约可得利益损失计算宜仅赔偿解约后合理期限内的损失。《吉林高院合同解除解答2014》第33条也规定："合同解除后，当事人可以向合同的违约方主张赔偿可得利益损失，证据充分的，人民法院应予支持。"该解答同时认为，可得利益仅应计算至合同解除后的合理期间为止，不应计算至合同履行完毕。第34条规定："合同解除后，当事人主张按未履行完毕的合同期间计算可得利益损失的，人民法院不应支持。计算可得利益损失的期间应自对方违约致合同不能履行之日起至合同解除后的合理期间届满之日止。例如：营业性房屋租赁合同的出租人违约，承租人解除合同，要求赔偿可得利

---

[1] 王闯：《关于审理买卖合同纠纷案件的若干重要问题（下）——解读〈关于审理买卖合同纠纷案件适用法律问题的解释〉》，《民事审判指导与参考（2012年卷）》，人民法院出版社2018年版，第444-445页。

益损失，前述'合理期间'应认定为另行寻找替代房屋、装修、办理相关许可手续，直到重新开业的期间。"施工合同解约赔偿全部剩余工程的预期可得利益，还只是赔偿其中一部分呢？目前没有这方面的意见。笔者认为：可以根据合同解除后剩余工程对应的剩余合同工期来确定，如果剩余合同工期长于合理期限，超过部分就不计算预期可得利益了。在该合理期限内，承包人重新寻找、投标、中标、签约合适工程并做好施工准备。在该合理期限后，可以预计承包人在原工程投入的管理人员及资源可以投入到新的工程之中。合理期限可以确定为12个月。

解约可得利益损失计算可参照投标利润率。《江苏高院潘军峰观点》第247页认为，建设工程施工合同解除，如何确定可得利益损失数额，较为复杂，实践中，可结合具体案情参考如下方法计算：（1）按照发包人在招投标时确定的合理最低价参考值与合同约定价款的差额确定，高于最低成本价的部分可视为利润；（2）参考同行业可得利润来确定；（3）根据定额或者原约定的结算方式，通过鉴定确定具体的可得利益数额。

详细内容见笔者同系列书籍《工程索赔100招》（第二版）。

8.1.3　合同无效的参照合同约定确定过错及依过错可赔偿的损失

《最高院施工合同解释二》第3条规定："建设工程施工合同无效，一方当事人请求对方赔偿损失的，应当就对方过错、损失大小、过错与损失之间的因果关系承担举证责任。损失大小无法确定，一方当事人请求参照合同约定的质量标准、建设工期、工程价款支付时间等内容确定损失大小的，人民法院可以结合双方过错程度、过错与损失之间的因果关系等因素作出裁判。"

《合同法》第58条规定："合同无效或者被撤销后，因该合同取得的财产，应当予以返还；不能返还或者没有必要返还的，应当折价补偿。有过错的一方应当赔偿对方因此所受到的损失，双方都有过错的，应当各自承担相应的责任。"

合同无效产生的损失赔偿责任属于缔约过失责任，应按过错承担赔偿责任。《最高院施工合同解释二适用》第77页认为，合同无效承担赔偿责任应符合以下构成要件："（1）有损害事实存在或者损失发生。即对方当事人因信赖合同有效而遭受实际损失；（2）一方当事人具有过错。这是一方当事人因合同无效而承担赔偿责任的实质构成要件；（3）过错与损失之间具有因果关系。"

在56例（指导性案例）中，承包人劳动力投入不足、钢筋不合格被整改，且未依承诺完成工程并中途停工。后发包人与承包人签订的《建设工程施工合同》被生效裁判文书认定为无效。发包人因此无法履行《房屋买卖合同》，向购房人支付了违约金。二审法院判决承包人承担30%的违约金损失。

最高院民一庭结合该案的指导意见为：

（1）无效合同应赔偿损失的过错，既包括导致合同无效订立合同时的

计算期间

计算方法

缔约过失责任

指导性案例

过错，又包括参考合同中的有关条款认定的履行合同时的过错。"合同尽管被嗣后被确认为无效，在合同无效责任规定并不明确情况下，仍应适用于诚实信用运作确定当事人的过错。""区分无效合同过错中，合同中的有关条款仍可作为当事人是否违反诚实信用原则的参考。"

直接损失

（2）合同无效应赔偿损失，既包括直接损失（主要指缔约而支出的费用），又包括间接损失（"由于对方过错造成而造成的订约机会丧失而受到的损失"）。"缔约过失赔偿的范围，应以对方缔约造成的实际损失为准"。

间接损失

而且该损失应当是过错方订立合同时或履行合同过错中已经知道或应当预见的损失。

参考《最高院施工合同解释二适用》第85～95页等观点，在具体认定施工合同无效损失赔偿时，还应注意：

实际损失

（3）损失赔偿仅限于实际损失，不包括工程款欠款利息，也不包括可得利益损失。工程款利息属于法定孳息，附属于工程款存在，不是损失赔偿的范围，也不属于实际损失。而对于可得利益，"合同无效损失赔偿的性质属于缔约过失责任，缔约过失责任的最主要承担方式为损害赔偿，损害赔偿的对象为信赖利益。信赖利益的损失是指缔约人信赖合同有效成立，但因法定事由发生，致使合同不成立、无效或被撤销等而遭受的损失。合同无效后，若一方当事人对合同无效存在过错，且对方当事人因此遭受损失的，过错方应基于缔约过失责任向对方当事人进行损害赔偿，所赔偿的损失限于信赖利益（包括直接损失和间接损失），不包括在合同有效情形下通过履行可以获得的利益"[1]。

（4）合同无效的损失大小可参照合同约定的方式确定。考虑到发包人或者承包人主张的损失赔偿，不仅损失大小难以确定，而且工程质量是否存在问题、工期是否存在延误、是否存在停窝工也都难以证明。《最高院施工合同解释二》第3条允许当事人参照合同约定的质量标准、建设工期、工程价款支付时间等内容来证明工程质量存在瑕疵、工期存在延误、进度款支付迟延等事实，并以此为基础确定实际损失的大小。

参照合同

（5）无效合同的损失，应根据发包人和承包人双方过错进行分担。合同无效的损失作为一种缔约过失责任，采取过错责任原则，即有效合同下违约责任承担原则上不考虑当事人过错，无效合同损失承担应考虑当事人过错。假设合同有效时，承包人未按期完工，除法定或约定免责事由外，承包人一般应承担全部工期延误损失；但合同无效时，延期完工损失应根据双方过错大小进行分担。

过错责任

（6）无过错一方应承担举证责任。如发包人因工程质量不合格、建设工程逾期等造成实际损失向承包人主张赔偿时，发包人应负有举证责任；如承包人因停工、窝工等损失向发包人主张赔偿的，承包人负有举证责任。

---

[1] 最高法院民一庭　于蒙：《合同无效，赔偿损失的范围不应以预期可得利益为标准》，http://www.sohu.com/a/206992351_355187，2018年12月26日访问。

第 56 例　承包人应赔偿发包人逾期交房损失吗?

【争议焦点】

施工合同无效,因承包人工期延误致使发包人无法向第三方交房,发包人向第三方支付的逾期交房违约金是否应纳入无效合同过错赔偿范围?

【指导性案例】

《民事审判指导13年卷》第115页（第53辑）

2004年8月10日,发包人(美兰公司)与承包人(大华公司)签订《施工合同》(经其他案件认定合同无效),约定由承包人承建美兰商厦的土建等工程;工期为2004年9月1日至2005年10月30日;承包人必须按照协议书约定的竣工日期或工程师同意顺延的工期竣工。因承包人原因不能按约定竣工日期竣工的,承包人应承担违约责任。

2004年9月1日,发包人如期交付施工图纸,承包人进场施工。

在施工过程中,承包人存在劳力投入不足,窝工,有时因自身的原因出现返工、工程被整改,曾经因使用无合格证的钢筋被暂停施工。

2005年7月26日,承包人出具《承诺书》,承诺在发包人拨付80万元后,保证如期完工。7月27日,发包人给付承包人80万元。

2006年5月30日,承包人以发包人未足额支付工程进度款为由向发包人送达《终止合同通知书》。美兰商厦只完成主体框架。

此外,2005年5月,发包人在取得《预售许可证》后,于与购房者签订《房屋买卖合同》,约定2005年12月31日交付房屋,逾期须按日支付违约金。发包人已向购房者支付逾期交房违约金465万元。

2006年10月1日,发包人向人民法院提起诉讼,主张承包人因延误工期过错,赔偿其已向购房者支付的逾期交房违约金损失465万元。

【各方观点】

(1)发包人认为,其提出解除合同时尚未完工,单方停止施工后,为避免损失扩大,又委托其他施工队伍进行施工,直到2006年8月才竣工。另外,在施工过程中承包人从未递交工程延期报告,且存在现场作业面劳力投入不足,窝工,返工、工程被整改,承包人曾经因使用无合格证的钢筋被暂停施工等情况。承包人应对其过错行为承担相应的赔偿责任,故请求判令承包人赔偿实际损失465万元。

(2)一审法院认为:"发包人与第三方签订的《房屋买卖合同》违约损失,不属于无效合同赔偿范围,判决驳回发包人诉讼请求。"

【裁判观点】

二审法院认为:"双方签订的建设工程施工合同已被生效判决认定无效,合同法第58条规定,合同无效或者被撤销后有过错的一方应赔偿对方因

过错赔偿	此受到的损失，双方都有过错的，应当各自承担相应的责任。本案中，双方对于合同无效均有过错。承包人如依诚实信用原则施工，工程按期交付，发包人向实际购房户支付的465万元逾期交房违约金可以避免。承包人施工过程中存在现场作业面劳力投入不足，窝工、返工、工程被整改，曾经因使用无合格证的钢筋被暂停施工等情况；出具承诺书后，未按承诺完成约定工程量，承包人应承担过错责任。对于因无效合同发包人实际赔偿购房户违约金465万元应纳入无效合同过错赔偿范围，由于本案不易计算过错与损失之间数额，综合衡量，根据合同法第58条规定，酌情裁量承包人赔偿发包人实际损失465万元的30%。"

《民事审判指导13年卷》第115页（第53辑）	**【最高院指导】** 最高院民一庭结合该案指导认为："发包人与第三方签订的合同导致的违约责任损失能否作为建设工程施工合同无效过错责任赔偿范围，应区别情况看待，在符合一定条件下可以纳入。"具体条件如下：
诚信原则	（1）"衡量导致无效合同的原因和过错"，"合同尽管被嗣后被确认为无效，在合同无效责任规定并不明确情况下，仍应适用于诚实信用运作确定当事人的过错"。"区分无效合同过错中，合同中的有关条款仍可作为当事人是否违反诚实信用原则的参考"。"既包括无效合同的订立，也包括在履行合同过程中的当事人违反诚实信用原则"。
合同条款	
直接损失	（2）"合同无效的，有过错的一方要赔偿对方因此所受到的损失，这种损失赔偿应当包括订立合同过程的损失及履行合同过程中的损失""缔约过失赔偿的范围，应以对方缔约造成的实际损失为准""不仅限于直接损失（主要指缔约而支出的费用）"，而且还应包括间接损失（"由于对方过错造成而造成的订约机会丧失而受到的损失"）。
间接损失	
因果关系	（3）无过错方因此受到的实际损失，应当是过错方订立合同时或履行合同过错中已经知道或应当预见的损失。 （4）有过错方的过错与无过错方的损失之间有因果关系。

（执笔法官：李琪）

【作者点评】

最高院解析明确了无效合同争议的两大难点：一是过错的来源，既包括订立过程的过错，又包括参照合同确定履行过程的过错；二是损失的范围，既包括直接损失，又包括不履行应赔偿第三方的损失。

【裁判规则】

施工合同无效，一方在订约时有过错或者未参照合同履行，给对方造成的损失的，损失赔偿额应当相当于因过错造成的损失，包括直接损失及不履行赔偿第三方的损失，但不得超过过错方在订约及履行时预见到的或者应当预见到的因过错可能造成的损失。

8.2　扩大损失承担

减损义务　　　　　施工合同履行过程中，由于发包人原因导致工程停工窝工及其他承包人增加成本的情形，承包人可以要求发包人赔偿损失，但须承担减损义务，及时采取适当措施防止损失扩大，反之亦然。法律依据如下：

《民法通则》第114条规定："当事人一方因另一方违反合同受到损失的，应当及时采取措施防止损失的扩大；没有及时采取措施致使损失扩大的，无权就扩大的损失要求赔偿。"

《合同法》第119条规定："当事人一方违约后，对方应当采取适当措施防止损失的扩大；没有采取适当措施致使损失扩大的，不得就扩大的损失要求赔偿。当事人因防止损失扩大而支出的合理费用，由违约方承担。"

从上述规定看，认定非违约方的减损义务需注意三个关键点：

适当性　　　　　（1）减损措施应具有"适当性"。非违约方减损措施的选用和实施应当符合一般的行业认识，无论客观上是否达到了减损目的，但措施本身应当是必要的、可预期有效的。

及时性　　　　　（2）采取减损措施应具有"及时性"。"及时"要求非违约方不得怠于行使权利或采取措施。当然也应当给予其合适的措施准备及实施时间。

合理性　　　　　（3）减损费用的支出应具有"合理性"。非违约方采取适当措施产生的合理费用，应由违约方承担。所谓"合理"，即不应明显超过双方约定中可供参考的价格，或市场定价、正常交易价等。

8.2.1　承包人应主动采取适当减损措施

发包人原因停工，承包人采取的减损措施必须具有"适当性"。按照我国学者韩世远的分类，常见的"适当措施"有四种[1]：

适当措施　　　　　（1）停止履行。一方违约，另一方应停止履行避免进一步的花费。工程停工后，承包人不应继续聘用人员、租赁设备、购买材料。

（2）替代安排。非违约方可以通过适当的替代性安排避免损失。工程停工后，如果承包人通过适当的努力能够将人、材、机遣散，变卖，根据当时的市场状况和购买能力，通过替代性安排所挽回的利益有可能高于向发包人主张的损失赔偿。

（3）合同变更。只要不改变合同性质，不涉及实质性内容变更，双方可以通过合同变更达到有利于合同履行的目的。

（4）继续履行。特殊情况下，继续履行比停止履行更有利于减损。如：继续履行后，工作成果更具有折价变卖的价值；又比如，某些易损易耗品如不尽早使用，将失去使用功效。

对于如何判断是否适当，最高院民二庭庭长宋晓明认为："守约方不得

---

[1] 韩世远，《减损规则论》，《法学研究》1997年第1期。

就其本可以采取合理措施予以避免的损失获得赔偿。对于守约方采取的措施是否合理，首先应根据守约方采取减损行为时的情况加以判断；其次要看行为人的主观方面，而不应拘泥于客观结果。守约方为采取合理的减损措施所支出的费用应当由违约方来承担。"①

上述解读系从减损措施的实施环境和非违约方的主观心态上判断减损措施是否适当。

主观意愿

其一，"应根据守约方采取减损行为时的情况加以判断"。这需要结合发包人对停工持何种态度、采取何种措施判断，如发包人对于何时停工、是否撤场亦没有相关意见，将导致双方难以就停工损失达成合意，势必增加承包人采取适当措施的难度，法院不应过于苛求承包人单方面减损措施的有效性。此外，还应该结合施工现场采取措施的实际情况判断，如施工场地存在因发包人与第三人之间的纠纷导致人、材、机撤离较为困难，亦应当适当放宽承包人采取措施的时间要求。

其二，"要看行为人的主观方面，而不应拘泥于客观结果"。在建设工程施工合同纠纷中，部分承包人采取强硬态度拒不撤场，部分承包人采取不配合态度，放任停工持续。"放任"的含义为：明知其行为可能导致损失扩大，却怠于采取措施，任由损失扩大的结果发生，亦属于故意的一种。因此，法院会注重考查停工持续是出于客观原因，还是主观故意，因故意心态放任停工持续，可能难以就扩大损失主张赔偿。

放任停工

第7章第53例中，因发包人原因停工后，分包人即实际施工单位在意识到短期内无法复工的情况下，继续将人员、机械、材料留在施工场地等待结算。在停工过程中，分包人不执行承包人的撤场通知，也不执行双方已经达成的复工协议，放任停工损失扩大，法院判决就扩大损失由分包人自行承担。

8.2.2　承包人应及时采取减损措施

承包人采取减损措施不得超出合理时间。对于应当何时采取减损措施，从采取适当措施防止损失扩大的目的看，因发包人原因导致工程停工发生之日，承包人采取减损措施的义务即已产生。但实践中，由于矛盾的激化、自身的懈怠等原因，工程长期处于停工状态的情况屡见不鲜。不少承包人自停工之日起，其人、材、机一直留守或停放在施工现场，直至与发包人办理结算或向法院提起诉讼时仍未撤离，此时，停工损失已经扩大，再采取减损措施已经失去了"及时性"。尤其在依据停工期计算停工损失的情况下，超过一定期限后，承包人即应采取全面减损措施，否则难以就期限外的损失主张赔偿。所以，在停工损失的认定上，应能够明确：超过多长期限后，承包人未采取适当措施导致的损失应被认定为扩大损失？

---

① 李国慧，《聚焦合同法适用问题 推动民商事司法发展 就〈合同法〉司法实务相关问题访最高人民法院民二庭庭长宋晓明》，《法律适用》2009年第11期。

1. 交易习惯的合理停工期

通常视为交易习惯的《施工合同示范文本2017》认为：监理人发出暂停施工指示后56天内未向承包人发出复工通知的，承包人可书面要求发包人在收到书面通知后28天内准许已暂停施工的部分或全部工程继续施工。发包人逾期不予批准的，则视为取消了该部分工作；暂停施工持续84天以上不复工，并影响到整个工程以及合同目的实现的，承包人有权提出价格调整要求，或者解除合同。

如参照《施工合同示范文本2017》，承包人至迟应该自停工84天起全面撤离人、材、机，防止停工损失扩大。但由于《施工合同示范文本2017》仅起到指导和示范作用，因此发包人和承包人在签订施工合同时，宜对暂停施工期限作出合理约定，超过该约定期限，承包人有权解除合同，否则发包人不对期限外的损失承担责任。

2. 法院酌定的合理停工期

如无明确约定，法院可在判决时酌情确定合理停工期限，将超出该期限的停工损失，认定为扩大损失。

（1）酌定停工期依据：承包人行使解除权。

《合同法》第97条规定："合同解除后，尚未履行的，终止履行；已经履行的，根据履行情况和合同性质，当事人可以要求恢复原状、采取其他补救措施，并有权要求赔偿损失。"合同解除后，双方不再履行合同权利义务；合同解除前已经履行的，非违约方有权要求赔偿损失。可见，以是否行使解除权作为认定合理损失与扩大损失、判断非违约方是否有权主张损失的分界线，与《合同法》第97条的规定是契合的。从各地高院对适用《合同法》第119条的意见看，亦将承包人行使解除权与否作为认定损失扩大的标准之一。

《广东高院民商事审判意见2012》提出："一方当事人违约后，另一方当事人应及时行使解除权，以避免损失的扩大。同时，应根据合同的性质，给予享有解除权一方解除合同的合理期限，如享有解除权一方在合理的期限内未及时行使解除权，导致损失的扩大，根据《合同法》第119条的规定，应由己方承担扩大的损失；如享有解除权一方在合理的期限内及时行使了解除权，其对损失的扩大无过错，则应由合同相对方承担扩大的损失。"《吉林高院合同解除解答2014》也有类似规定。

（2）酌定停工期实践：常以6个月为限。

根据《合同法》第95条规定，合同解除权应在催告后合理期限内行使。但在没有合同约定时，承包人应在停工多久行使解除权，其实并无更为明确的标准，承包人是否涉及未及时行使解除权防止损失扩大也较难认定。但《广东高院工程合同解答2017》提到："如果施工项目停工且无法继续履行，发包人已书面通知承包人移交场地的，承包人应在合理期间内（根据具体案情在一至六个月内酌定）与发包人办理场地移交手续以避免损失扩大，合同另有约定的除外。发包人主张承包人承担未及时移交场地所产生损失的，应予支持"。参考已有生效裁判，也鲜有超过6个月的案例。

合理停工期

扩大损失

在第7章第53例中，因发包人原因导致工程停工，自停工之日起，至分包人撤场，共计691天。法院参照《关于记取暂停工程有关损失费用规定的通知》（豫建标定〔1999〕21号）关于"暂停施工的期限一般为3个月"的规定，将分包人的停工时间酌定计算为6个月。由于此后的停窝工状况，分包人未采取措施加以改变，故不再计入赔偿损失的期限范围。法院将691天内的所有损失总额A，折合计算出6个月的损失额计为停工损失，即（A÷691天）×6个月为停工损失，6个月外的损失额由分包人自行承担。

8.2.3　减损措施的合理费用由发包人承担

止损费用

守约方为防止损失扩大而支出的合理费用，由违约方承担。该合理费用的承担不宜以减损措施是否达到预期减损目的为前提，否则不利于激励守约方采取减损措施的积极性；但如果守约方采取减损措施达到了减损目的，但其费用高于未采取减损费用时的损失金额，则不应适用该规则。[①]笔者同意该观点，减损措施的效果可以不符合预期，但减损花费应当不超过"合理"范围。以该规则常用的保险领域为例，如房屋发生火灾，被保险人将房屋周围的附属建筑物拆除，避免了火势蔓延，所造成的损失就应由保险人赔偿。事实上，由于财产已经投保，通过必要牺牲能够实现减损也减少了保险人的赔偿支出。

在第57例（参考案例）中，由于发包人未及时拨付工程款，导致施工延误，承包人为了赶上约定工期，决定改用商品混凝土施工，完成了施工任务，但增加了施工费用。法院认为："由于在施工过程中，发包人未如约支付工程进度款，从而导致工期延误。承包人为赶工期而改用商品混凝土，防止了损失的进一步扩大，判决因改用商品混凝土而增加的费用由发包人承担。"本案中，因发包人未及时拨付工程款导致施工延误，如果承包人不采用商品混凝土，无法节省时间赶上工期，所造成的工期延误损失赔偿可能高于使用商品混凝土多支出的费用，另一方面，工程无法如期竣工，对发包人也会造成相应损失。因此为防止损失扩大，承包人改用商品混凝土做支出的费用应由发包人承担。

---

① 王文娟，《减损规则研究》，黑龙江大学2015年硕士论文，第31-32页。

第57例　防止损失扩大措施的费用由谁承担？

【争议焦点】

发包人违约，承包人为防止损失扩大而采取减损措施，所支出的费用由谁承担？

查案例扫微信

【参考案例】

2007年8月14日，发包人（济源市孔山道路工程建设指挥部）与承包人（中铁十五局集团第五工程有限公司）签订《建设工程施工合同》，由承包人承建孔山道路一期下穿侯月铁路立交桥工程。

在施工过程中，由于发包人拨付工程款不及时，导致工期延误，铁路部门不给施工时间点，分包人为了赶点，不影响工期，改用了商品混凝土，完成了相关施工任务，导致施工费用相应增加。

2009年12月31日，承包人向法院提起诉讼，请求：判令发包人承担因改用商品混凝土增加的施工费用。双方对于该费用应当由谁承担存在分歧。

【各方观点】

（1）发包人认为：在施工中"改用商品混凝土"，是承包人履行合同自行决定的行为，由此增加的费用应由其自行承担。

（2）承包人认为：其在施工过程中"改用商品混凝土"系由发包人的违约行为造成，由此增加的费用理应由发包人承担。

【裁判观点】

（1）洛阳铁路运输法院一审认为："关于承包人改用商品混凝土增加的费用是否应当由发包人承担问题。承包人认为其改用商品混凝土是由于孔山指挥部支付工程款不及时，导致工期延误，工人、机械设备窝工，同时面临春运，铁路部门无法给施工点，其不得已而为之，发包人应当向其支付该费用。发包人认为未经其同意改用商品混凝土，因此增加的费用应由承包人自行承担。本院认为，承包人改用商品混凝土是为了防止损失的进一步扩大，受益方是发包人，因此增加的费用应由发包人承担"。

（2）郑州铁路运输中院认为："由于在施工过程中，发包人未如约支付工程进度款，从而导致工期延误。承包人为赶工期而改用商品混凝土，防止了损失的进一步扩大，且上诉人由此受益。原审判决因改用商品混凝土而增加的费用由发包人承担并无不当，故发包人所称由此增加的费用应由承包人承担的上诉理由不能成立，不予支持。"

止损费用

【最高院解析】

无。

【作者点评】

《合同法》第119条规定："当事人一方违约后，对方应当采取适当措施防止损失的扩大；没有采取适当措施致使损失扩大的，不得就扩大的损失要求赔偿。当事人因防止损失扩大而支出的合理费用，由违约方承担。"

对于如何判断防止损失扩大而支出的费用是否适当，最高院民二庭庭长宋晓明认为："守约方不得就其本可以采取合理措施予以避免的损失获得赔偿。对于守约方采取的措施是否合理，首先应根据守约方采取减损行为时的情况加以判断；其次要看行为人的主观方面，而不应拘泥于客观结果。守约方为采取合理的减损措施所支出的费用应当由违约方来承担。"

发包人未及时拨付工程款时，承包人往往一边协商解决问题一边继续施工，原因之一是大部分建设工程尤其是政府投资的基础设施或其他公益项目，对交付时间要求较高。如本案下穿侯月铁路立交桥，在临近春运之际，需要及时向铁路部门交付，否则可能造成其他损失。但由于发包人拨付工程款不及时，导致了工期延误，承包人未经发包人同意改用"商品混凝土"如期完成了施工任务，属于采取适当措施避免损失扩大的行为，因此，其合理费用应由发包人承担。

【裁判规则】

守约方为避免损失扩大而发生的合理费用，由违约方承担。

8.3　违约金

违约责任是指当事人不履行合同义务或者履行合同义务不符合合同约定而依法应当承担的民事责任，而支付违约金是承担违约责任的一种方式。《合同法》第107条规定："当事人一方不履行合同义务或者履行合同义务不符合约定的，应当承担继续履行、采取补救措施或者赔偿损失等违约责任。"《合同法》第114条第1款规定："当事人可以约定一方违约时应当根据违约情况向对方支付一定数额的违约金，也可以约定因违约产生的损失赔偿额的计算方法。"

约定违约金

违约金的承担应以当事人在合同中明确约定为前提。《山东高院王永起等观点》第205页认为："守约方请求违约方承担违约金责任，必须以建设工程施工合同中明确约定违约金条款为前提。"

8.3.1　约定违约金过分高于违约造成损失的可要求调低

《合同法司法解释二》第29条规定："当事人主张约定的违约金过高请求予以适当减少的，人民法院应当以实际损失为基础，兼顾合同的履行情况、当事人的过错程度以及预期利益等综合因素，根据公平原则和诚实信用原则予以衡量，并作出裁决。当事人约定的违约金超过造成损失的百分之三十的，一般可以认定为合同法第一百一十四条第二款规定的'过分高于造成的损失'。"

《合同法》第114条第2款规定："约定的违约金低于造成的损失的，当事人可以请求人民法院或者仲裁机构予以增加；约定的违约金过分高于造成的损失的，当事人可以请求人民法院或者仲裁机构予以适当减少。"

损失的30%

约定的违约金如果过分低于或过分高于造成的损失，当事人可以主张做相应调整。但需注意，违约金超过损失的30%即被认定为过高，只是"一般可以认为"，并非固定标准。违约金是否过高还应当结合实际损失、公平原则和诚信原则、当时人的过错程度以及预期利益综合判断。

在第58例（参考案例）中，发包人与承包人约定了承包人逾期交房的违约金条款，一审判决按照合同约定计算违约金，但承包人认为合同约定违约金应当调低。最高院将合同约定违约金与承包人违约"造成的损失"进行比较后认为，合同约定违约金低于违约"造成的损失"，因此不应调低。

申请调整

此外，违约金过高的，应由当事人主动申请调整。《重庆高院邹砚观点》第188页认为，施工合同约定的违约金过高，法院不得依职权主动酌减，而应当由当事人申请。但在具体案件中，如果当事人主张其未违约进行抗辩，也应视为申请调整违约金。

在第59例（解析案例）中，合同约定的违约金过高，但当事人未主张调减，仅主张其未违约。再审法院予以调低。

最高院民一庭解析该案认为："对于违约金过高，当事人坚持自己未违约，其目的是抵消、动摇或者吞并对方的违约金请求权的，此种情况下，如果当事人固守其未违约的主张，从逻辑上看，其认为自己不应支付违约金……法院如果机械地认为当事人未主张违约金过高，就不能调整违约金的做法，则可能造成事实上的不公平。"

8.3.2　既约定违约金又约定损失的可合并适用但不得过高

《民法通则》第134条规定："承担民事责任的方式主要有：……（七）赔偿损失；（八）支付违约金；以上承担民事责任的方式，可以单独适用，也可以合并适用。"可见，原则上，违约金和赔偿损失作为违约责任的两种承担方式，可以单独适用，也可以合并适用。

（1）如果违约金可以弥补损失，则不可另行主张损失赔偿。

解析案例　　　　在第60例（解析案例）中，合同约定："工期每延误一天由发包人扣罚合同总造价的万分之一"，后因承包人延期交工，发包人主张违约金外，还请求承包人支付延期交工的租金损失。再审法院最终没有支持。

赔偿性违约金　　最高院民一庭解析该案认为："承包人按照合同约定承担延期交工的违约金的性质属于赔偿性违约金。因此，发包人在依照合同的约定去的违约金赔偿后，即可认定已获得赔偿。在此情况下，发包人再以当地租金标准主张赔偿金，不应予支持。""除非发包人提供证据证明，其违约金不足以弥补其实际损失，其尚可再主张损失赔偿。"

（2）违约金无法弥补损失的，可主张调高违约金，但增加违约金后不可再主张赔偿损失。即《合同法司法解释二》第28条规定："当事人依照合同法第一百一十四条第二款的规定，请求人民法院增加违约金的，增加后的违约金数额以不超过实际损失额为限。增加违约金以后，当事人又请求对方赔偿损失的，人民法院不予支持。"

（3）合同约定赔偿损失和支付违约金两种违约责任的，可以判决违约方同时支付实际损失和违约金，除非二者之和明显高于实际损失。

8.3.3　合同无效的奖金及违约金不能参照合同约定支付

指导性案例　　　在某住宅工程施工合同纠纷（指导性案例）中，实际施工人挂靠承包人与发包人签订施工合同，约定按期完工的发包人奖励100万元。一审判决支

《民事审判指导　付该奖金；二审改判驳回。
43辑》第147页　　最高院民一庭将该案作为指导性案例时认为，"建设工程施工合同无效，实际施工人请求发包人参照该施工合同约定支付工程进度奖励金的，人民法院不予支持"，理由为：

（1）奖金条款如有效，鼓励了无效合同，与立法精神相悖。

（2）《最高院施工合同解释一》第2条中含有无效质量合格参照约定工
农民工利益　程价款结算，是为保护农民工利益所设置的，奖励金不在保护之列。

按照类比原则，违约金与奖金一样，合同无效时不能参照合同约定支付。

第58例　如何认定违约金过高而要求调低？

【争议焦点】

承包人拖延工期，按约定应该支付发包人高额违约金，承包人是否可以违约金过高为由要求调低违约金？

【解析案例】

查案例扫微信

1998年6月16日，发包人（武汉天恒置业有限责任公司）与承包人（武汉建工第三建筑有限公司）签订《建筑安装工程施工合同》，将科技大楼（B）、综合楼（C1、C2）进行发包。合同约定工程开工日期为1998年6月18日，竣工日期为1999年5月31日。其中B栋1999年5月31日完工，C1、C2栋1999年2月15日完工。如不能按期完工，因乙方原因，按35万元处以罚款，延误工程1个月后，每天按合同价款千分之一罚款。

合同签订后，承包人进场施工，但B栋、C1、C2栋工程均延期交工。

2002年8月21日，发包人起诉承包人，请求：判令承包人向其支付延期交房违约金。双方对违约金约定是否过高产生分歧。

【各方观点】

（1）发包人认为：合同约定的违约金低于其受到的实际损失，违约金约定适当。由于承包人逾期交房，给发包人造成了三部分损失：①向某第三方公司双倍返还定金780万元，向其他多人多公司双倍返还定金380万元；②可得利益损失即房屋租金1228.8万元；③资金占用损失1667.95万元。

（2）承包人认为：应对合同约定违约金予以调低。

（3）湖北省高院一审认为：双方当事人在合同中明确约定了工程竣工日期延误的违约责任，……承包人应依合同约定承担违约责任。C1、C2栋……实际延误天数为263天。合同约定的标的金额为30089298.12元，其违约金计算为$30089298.12 \times 1‰ \times 263 = 7913485.41$元。B栋……实际延误天数为675天。合同约定的标的金额为32160519.72元，其违约金计算为$32160519.72 \times 1‰ \times 675 = 21708350.81$元。综上，C1、C2、B栋的违约金为$7913485.41 + 21708350.81 = 29621836.22$元，加上合同约定罚款金额70万元，共计30321836.22元。

【裁判观点】

和损失比较

最高院二审认为："赔偿额应当相当于因违约给对方造成的损失，包括合同履行后可以获得的利益。确定违约金是否过高，是否应该予以酌减，应该以违约方给对方造成的损失为标准。本案的关键是审查发包人的损失。"

（1）发包人对第三方违约的损失："发包人向某第三方公司甲最多赔偿损失780万元……；向其他多人多公司最多赔偿损失380万元；上述两笔赔偿款是发包人根据合同约定应该承担的违约责任，是其可能承担的损失。"

（2）预期利益损失："发包人的可得利益损失，根据民法原理和审判实践，一般通过租金的标准予以确定。……B栋在房屋完全出租的情况下，发包人可得租金为21340788元。C1、C2栋在房屋完全出租的情况下，发包人可得租金为9995570.67元。发包人可得租金共为21340788＋9995570.67＝31336358.67元。……考虑到发包人能够出租的房屋面积有公摊的部分，还有在正常情况下不能出租的部分，酌定发包人的房屋出租率为60%，发包人可得租金损失为31336358.67×60%＝18801815.20元。"

（3）资金占用利息："因为已经考虑了发包人的租金损失，如果再考虑这部分损失，属于重复计算，所以对发包人就这部分损失提出的赔偿请求，本院不予支持。"

"据此，发包人可能失去的损失和可以获得的利益为7800000＋3800000＋18801815.20＝30401815.20元。……由于一审判决的违约金30321836.22元比合同约定的违约金低，比发包人可能失去的损失和可以获得的利益30401815.20元低，因此本院对承包人要求调整违约金的请求依法不予支持。"

【最高院解析】

无。

【作者点评】

《合同法司法解释二》第29条规定："当事人主张约定的违约金过高请求予以适当减少的，人民法院应当以实际损失为基础，兼顾合同的履行情况、当事人的过错程度以及预期利益等综合因素，根据公平原则和诚实信用原则予以衡量，并作出裁决。"《合同法司法解释二》第29条规定："当事人约定的违约金超过造成损失的百分之三十的，一般可以认定为合同法第一百一十四条第二款规定的'过分高于造成的损失'。"

本案中，约定违约金是否过高，应与"造成的损失"进行比较，该损失包括实际损失和可得利益的损失。本案中，承包人逾期交房，发包人的实际损失是其与第三方房屋买卖中依据定金罚则支付给第三方的金额，其可得利益是因延期交房损失的租金收益。经计算，合同约定违约金低于违约"造成的损失"，因此不符合调低的条件。

【裁判规则】

承包人拖延工期，按约定应该支付发包人高额违约金，违约金并不过分高于违约所造成发包人损失的，不得要求调低。

第 59 例　主张未违约是否视为主张违约金过高？

【争议焦点】

当事人诉讼中并未主张违约金过高，仅主张不存在违约行为，不应支付违约金，法院能否将"主张未违约"视为"主张违约金过高"，从而酌减违约金？

【解析案例】

2003年7月18日，发包人（内蒙古铁骑纺织有限责任公司）与承包人（天津万利成实业发展有限公司）签订《建设工程施工合同》，约定：承包人承包发包人和林一期扩建工程……厂房24063.14m²、库房2774.34m²，吊顶16854.15m²，工程总造价7835369元，一次性包死，不做调整。工期55天，开工日期2003年8月10日。……分项工程完工日期：主钢结构工程应在2004年8月25日完工，屋面工程在砖墙完工后20天完工；吊顶工程在管道安装完毕20天完工。

合同约定违约责任：在承包合同所签订的竣工日期，非客观原因及不可抗力，承包方不得延误固定工期。承包人每延误一天，按工程总造价的2‰罚款，并承担由此造成的其他损失。

同日，双方签订了《补充协议》，该协议约定：甲方留质保金15%，时间为一年，其他按合同约定执行。

2003年8月10日，具备主钢结构施工条件；承包人应在2003年8月10日开工，8月25日完工，实际上9月1日开工，10月13日完工。

砖墙工程2003年10月4日完工，具备屋面施工条件，发包人2003年11月5日和12月17日支付预付款共计150万元。

2004年1月9日停工，2月20日复工（可顺延40天），屋面工程于2004年5月5日完工。

内隔墙在2005年9月8日前完工，剩余部分吊顶未完工。

发包人因承包人工期拖延起诉，要求解除合同，判令承包人承担工期逾期违约金6283477元。双方就是否存在工期延误的违约金行为发生争议。

【各方观点】

（1）发包人认为：承包人拖延工期，应当按照合同约定承担违约金。

（2）承包人认为：发包人存在逾期支付工程款的行为，不存在逾期工期违约行为。

（3）呼市中院一审认为：承包人存在工期延误的违约行为，按照合同约定违约金标准支持发包人诉请。

（4）内蒙古高院认为：屋面工程发包人存在逾期支付工程款的违约行

查案例扫微信

为，认定工期相应顺延，工期违约由155天调至77天。违约金标准同呼市中院意见。

【裁判观点】

主张未违约可视为主张违约金过高

最高院再审认为："对于违约金问题，虽然承包人并未提出违约金过高的主张，但其一直主张其未违约，应当视为其认为违约金过高。本案中合同标的额为7835369元，而承包人需支付的违约金却高达5766928元，应予调整。酌定承包人支付发包人违约金为2350611元。"

【最高院解析】

《民事审判指导41辑》第254页

最高院民一庭王毓莹法官解析认为：约定的违约金过高，当事人一方坚称自己是守约方，但未提出调减违约金，法院能否主动调整呢？"违约金是否过高不属于法官行使释明权的内容，法官不能代当事人作出判断，更不能作出假设违约的设定。但是，对于违约金过高，当事人坚持自己未违约，其目的是抵消、动摇或者吞并对方的违约金请求权的，此种情况下，如果当事人固守其未违约的主张，从逻辑上看，其认为自己不应支付违约金。无论法院判定其应付多少违约金，其均会认为违约金过高，法院如果机械地认为当事人未主张违约金过高，就不能调整违约金的做法，则可能造成事实上的不公平"。因此，主张未违约说明其认为应当支付的违约金为零，无论令其支付多少违约金，其都认为过高，因此，法院有权调低违约金。

【作者点评】

《合同法》第114条："约定的违约金低于造成的损失的，当事人可以请求人民法院或者仲裁机构予以增加；约定的违约金过分高于造成的损失的，当事人可以请求人民法院或者仲裁机构予以适当减少。"

《合同法司法解释二》第29条项规定："当事人主张约定的违约金过高请求予以适当减少的，人民法院应当以实际损失为基础，兼顾合同的履行情况、当事人的过错程度以及预期利益等综合因素，……当事人约定的违约金超过造成损失的百分之三十的，一般可以认定为合同法第一百一十四条第二款规定的'过分高于造成的损失'。"

本案中，如按照当事人合同约定赔偿违约金，将超出30%的比例，虽然未主动表明应当调整违约金，但其主张自己未违约，目的就在于抵消违约金的支付，法院可进行调减。

【裁判规则】

在确实存在违约行为且约定违约金高于损失30%以上的，"主张未违约"视为"主张违约金过高"。

第60例　违约金与损失赔偿能否同时主张？

【争议焦点】

发包人与承包人签订施工合同后，承包人逾期完工，除了按照合同约定承担违约金外，应否再向发包人承担赔偿责任？

【解析案例】

查案例扫微信

2000年3月28日，承包人（新疆建工集团第一建筑工程有限责任公司）与发包人（新疆宏运房地产开发有限公司）签订《建设工程施工合同》，约定：承包人完成宏运大厦续建工程，承包范围为：施工图纸的9~30层范围内的土建、水暖、卫通、电器等，框架结构22层，建筑面积22000平方米；按图施工、质量等级为优良；工程造价暂定2200万元，2000年3月28日开工至同年12月31日竣工；如因发包人原因造成工期延误，则工期顺延，并承担承包人因此造成的经济损失。如因承包人原因造成工期延误，每延误一天由发包人扣罚合同总造价的万分之一。

四方《竣工报告》记载：实际开工时间2000年5月1日，竣工时间2002年1月16日。2002年11月18日，该工程整体竣工，并经验收达到使用标准，交付给发包人使用。

由于工程实际工期比计划工期延误405天，发包人诉请赔偿工期延误损失8394540元，并支付违约金1555400元。

因承包人认为工程质量问题系设计原因造成，一审法院遂向设计单位乌鲁木齐市建筑设计院调查。该院答复认为：宏运大厦出现的部分质量问题不属设计所致。

诉讼中，双方就违约金赔偿后是否应当再承担赔偿责任发生争议。

【各方观点】

（1）发包人认为：合同约定违约金标准低于给其造成的损失，应当赔偿相应租金损失金额。

（2）承包人认为：承包人向发包人报送《结算书》后，发包人在约定期限内并未给予实质性答复。1998年4月29日会议纪要也明确规定，确不能达成一致意见的，谁有问题，谁向定额站打报告，最后以定额站批复意见为准。发包人在接到承包人结算书之后，未在30日内予以确认，也未在30日内提出修正意见，更未在30日内向定额站打报告，这只能依《协议条款》第28条规定认定为逾期不答复，视为认可。

（3）乌鲁木齐市中院一审认为："承包人应依约向发包人偿付延期交工违约金1621800元（工程总价款3400万元×0.1‰/477天），发包人主张低于该标准，从其主张；除了按照违约条款处理外，因逾期交工给发包人造成

损失的，还应当按照发包人的实际损失进行赔偿，如逾期交付商品房的，应当按照逾期交付期间的房租确定发包人的预期损失。因此判定承包人赔偿发包人逾期交房损失4352386.50元。"

（4）内蒙古高院二审认为："延期交工的责任不在承包人，一审法院判决承包人支付延期交工违约金并赔偿延期交工的经济损失，缺乏事实依据，应予纠正。"

【裁判观点】

最高院再审认为："在存在双方当事人约定因违约产生的损失赔偿额的计算方法的时候，即每延误一天，承担合同总价款万分之一的违约金，相当于支持每年3.65%的利息，发包人提出再依据租金标准计算损失，认为约定的损失低于承包人给其造成的损失，由于租金标准既与合同约定不符，又无法律依据，故该项请求不能成立。如果承包人既赔偿约定的违约金，又赔偿依据租金计算出来的损失，就会导致违约金重复计算，加重承包人的责任。因此，发包人该项请求，不予支持。"

【最高院解析】

《民事审判指导38辑》第231页

最高院民一庭孙延平法官认为："承包人按照合同约定承担延期交工的违约金的性质属于赔偿性违约金。因此，发包人在依照合同的约定去的违约金赔偿后，即可认定已获得赔偿。在此情况下，发包人再以当地租金标准主张赔偿金，不应予支持。""除非发包人提供证据证明，其违约金不足以弥补其实际损失，其尚可再主张损失赔偿，如发包人已经和他人签订房屋租赁合同，因房屋延期交付造成了实际损失等。在本案中发包人未提供因延期交工造成实际损失等的相关证据。在此情况下，发包人主张的租金，如得到支持，其就获得了双重赔偿。"

【作者点评】

《合同法》第114条规定："当事人可以约定一方违约时应当根据违约情况向对方支付一定数额的违约金，也可以约定因违约产生的损失赔偿额的计算方法。约定的违约金低于造成的损失的，当事人可以请求人民法院或者仲裁机构予以增加。"

当事人约定逾期交工违约金具有损失赔偿的性质；在合同并未另行约定损失赔偿计算方式或标准时，在承包人已经支付违约金后，视为已经进行了赔偿；为避免重复赔偿，发包人不得再申请赔偿损失。

不过，如果违约金无法弥补违约造成的损失，在违约金外尚可主张损失赔偿。一般情况下，应按照《合同法》第114条规定，主张调高违约金。

【裁判规则】

承包人按照约定支付逾期竣工违约金，发包人不应再主张赔偿逾期竣工造成的实际损失，除非能够证明该实际损失高于违约金。

第9章 质量反索赔

【内容概要】

　　承包人追讨工程款，发包人认为工程质量有缺陷或者不合格，不同意付款甚至要求扣款。相关争议处理规则如下：

　　（1）质量合格认定。工程质量合格是结算款支付的前提。发包人组织的竣工验收合格结论才是认定合格的依据。发包人未经验收擅自使用的视为自愿承担不合格风险，但是主体结构及地基基础工程质量责任仍由承包人承担。

　　（2）质量责任承担。承包人、发包人、设计人、监理人、勘察人、使用人等的原因均可能造成工程质量缺陷。承包人仅就自身原因造成的质量缺陷承担责任。对诸如设计文件缺陷、甲供料及甲定料不合格、指定分包等原因造成的质量缺陷，发包人都应承担过错责任，承包人尽到提醒及拒绝义务的不承担过错责任。

　　（3）质量缺陷扣款。发包人因质量缺陷要求减少工程款应该具备四个条件：一是工程存在质量缺陷；二是质量缺陷是承包人原因造成的；三是承包人拒绝修复；四是发包人请第三人修复的方案及费用合理。该量缺陷扣款规则同样可以适用于缺陷责任期质量问题。此外，承包人未及时保修的应该承担质量损害赔偿责任。

　　此外，承包人要求支付工程款，发包人可以以质量不合格为由抗辩。发包人因质量缺陷为由要求减少工程款或抵扣质保金的，应该反诉。

【关键词】

质量合格	组织验收主体
擅自使用	设计文件缺陷
甲供料	指定分包
质量缺陷	拒绝修复
缺陷责任期	保修期
过错责任	损害赔偿责任

【最高院施工合同解释二】

第7条　发包人在承包人提起的建设工程施工合同纠纷案件中，以建设工程质量不符合合同约定或者法律规定为由，就承包人支付违约金或者赔偿修理、返工、改建的合理费用等损失提出反诉的，人民法院可以合并审理。（详见本书9.3.6）

【最高院施工合同解释一】

第13条　建设工程未经竣工验收，发包人擅自使用后，又以使用部分质量不符合约定为由主张权利的，不予支持；但是承包人应当在建设工程的合理使用寿命内对地基基础工程和主体结构质量承担民事责任。（详见本书9.1.3）

第11条　因承包人的过错造成建设工程质量不符合约定，承包人拒绝修理、返工或者改建，发包人请求减少支付工程价款的，应予支持。（详见本书9.3节）

第12条　发包人具有下列情形之一，造成建设工程质量缺陷，应当承担过错责任：（1）提供的设计有缺陷；（2）提供或者指定购买的建筑材料、建筑构配件、设备不符合强制性标准；（3）直接指定分包人分包专业工程。

承包人有过错的，也应当承担相应的过错责任。（详见本书9.2节）

第27条　因保修人未及时履行保修义务，导致建筑物毁损或者造成人身、财产损害的，保修人应当承担赔偿责任。

保修人与建筑物所有人或者发包人对建筑物毁损均有过错的，各自承担相应的责任。（详见本书9.3.7）

9.1　质量合格认定

9.1.1　质量合格是结算款支付的前提

竺工验收合格是交付的前提。《合同法》第279条第1款规定："建设工程竣工后，发包人应当根据施工图纸及说明书、国家颁发的施工验收规范和质量检验标准及时进行验收。……未经验收或者验收不合格的，不得交付使用。"

结算款　　质量合格是结算款支付的前提。工程价款可分为预付款、进度款和结算款。结算款又可以分为竣工结算款、解约结算款和无效结算款。《最高院施工合同解释一》第2条、《最高院施工合同解释二》第11条约定的无效合同结算，《最高院施工合同解释一》第10条合同解除结算，《最高院施工合同解释二》第19条、20条约定的行使建设工程价款优先受偿权的条件。尽管如此，与预付款一样，进度款一般不以验收合格作为支付前提。按照《施工合同示范文本2017》第12.3款及第12.4款规定，进度款支付程序是：先计量确定已完成工程量，接着承包人申请付款，再接着发包人签发进度支付证书，最后发包人据此付款，没有把质量验收合格作为付款条款。

验收合格　　工程质量验收合格是指检验批、分部工程、分项工程、单位工程等均符合国家规定的强制性规范标准的合格要求（合同约定合格标准高于强制性标准的，应符合合同约定质量验收合格要求）。《建筑工程施工质量验收统一标准》GB 50300—2013亦规定："验收是指建设工程在施工单位自行质量检查评定的基础上，参与建设活动的有关单位共同对检验批、分项、分部、单位工程的质量进行抽样复验，根据相关标准以书面形式对工程质量达到合格与否作出确认。"

强制性标准　　工程质量验收合格应该符合强制标准及约定标准。《施工合同示范文本2017》第1.4.3条规定："发包人对工程的技术标准、功能要求高于或严于现行国家、行业或地方标准的，应当在专用合同条款中予以明确。"工程验收作为一种私法行为，国家允许发包人设置相比国家强制性标准更高标准的质量标准，在工程完工后，该等高标准亦作为验收合格的依据。否则，即使工程约定标准　　质量达到国家强制性标准要求，承包人依然会因为达到合同约定质量合格标准而面临修复或赔偿损失或承担违约责任等风险。此种情况下，只有在达到合同约定质量验收合格标准时，方可认定工程质量合格。

经承包人修复后质量验收合格仍应认定为质量验收合格。《最高院施工合同解释一》第3条第1款规定："建设工程施工合同无效，且建设工程经竣工验收不合格的，按照以下情形分别处理：（一）修复后的建设工程经竣工验收合格，发包人请求承包人承担修复费用的，应予支持……"。《施工合修复　　同示范文本2017》第13.2.1条规定："（4）竣工验收不合格的，监理人应按照验收意见发出指示，要求承包人对不合格工程返工、修复或采取其他补救措施，由此增加的费用和（或）延误的工期由承包人承担。"实务中，发包人为了严格质量责任，会在合同中加入"竣工验收需一次性验收合格，否则视为不合格，承包人承担违约责任"等约定。笔者认为，该类约定实质上是针对验收合格次数超过1次的行为追究违约责任，并不产生实质上否定建设工程质量验收合格的结论。

9.1.2　发包人组织的竣工验收合格结论才是认定合格的依据

《合同法》第279条规定："建设工程竣工后，发包人应当根据施二图纸及说明书、国家颁发的施工验收规范和质量检验标准及时进行验收。"《建设工程质量管理条例》第16条规定："建设单位收到建设工程竣工报告后，应当组织设计、施工、工程监理等有关单位进行竣工验收。"上述条文从法律上明确了发包人组织竣工验收的义务和权利。

验收备案　　在2000年之前，根据国家计委《建设项目（工程）竣工验收办法》（计建设〔1990〕1215号，已失效）规定，由项目（工程）主管部门或地方政府部门组织验收。2000年之后，随着《质量管理条例》的出台，确立了发包人负责竣工验收的制度，验收合格后报行政主管部门备案即可。

实务中，承包人存在为了自身利益，在未经发包人认可或授权下，自行组织设计、监理等单位进行竣工验收确认的情况。司法实践中，针对该种情况，基于承包人的该验收行为侵犯了发包人的组织验收的权利，违反建设工程验收法定程序，被法院认定无效。

解析案例　　在第61例（解析案例）中，涉案工程质量经承包人组织验收合格，并经质监站验收报告确认。一审法院认定质量已验收合格。二审及再审法院认为质量未验收合格。

验收主体　　最高院民一庭解析该案认为："竣工验收既是发包人的权利，也是发包人的义务。发包人对建设工程组织验收，是建设工程通过竣工验收的必经程序。"质监站的验收报告"应对属于对验收合格这一事实的确认。该确认由承包人组织验收主体不合格，违法法定竣工验收程序，而丧失了确认效力，不具有证据的证明力"。

值得注意的是，当发包人未及时组织验收时，承包人除了依照合同约定要求发包人支付违约金外，可选择申请通过资质单位质量鉴定的方式确认工程质量是否合格。

9.1.3　未经验收擅自使用的视为自愿承担部分不合格风险

《最高院施工合同解释一》第13条规定："建设工程未经竣工验收，发包人擅自使用后，又以使用部分质量不符合约定为由主张权利的，不予支持；但是承包人应当在建设工程的合理使用寿命内对地基基础工程和主体结构质量承担民事责任。"

该条明确采用"使用推定"方式认定质量问题。在《最高院施工合同解释一》实施后，明确了发包人擅自使用未经竣工验收工程的质量合格推定规则：

（1）通常情况下，发包人对未经竣工验收工程擅自使用的，该部分工程质量无法确定是否合格，因此由发包人承担质量风险；（2）发包人未经验收擅自使用部分包括地基基础和主体结构时，若地基基础和主体结构出现质量缺陷，仍应认定工程质量验收不合格，承包人应在合理使用寿命内承担质量责任。

其中合理使用寿命一般指设计年限。《最高院施工合同解释一适用》第110页认为合理使用寿命指："已有确定年限的，以该年限为准；无确定年限的由原设计单位或有权确认的部门确定，并按此确定的年限为准"。实务中，如无明确约定，通常以设计年限作为合理使用寿命认定标准。

该条改变了原按过错认定质量问题做法。在《最高院施工合同解释一》颁布前，关于未经验收擅自使用，我国司法实践中采用过错原则，即使发包人未经验收擅自使用，因承包人原因造成的，由承包人负责。例如：《最高院工程纠纷意见》（已失效）第29条规定："工程未经验收，发包人提前使用或擅自动用，因此而发生质量或其他问题，由发包人承担责任。但工程质量因承包人原因造成的，由承包人负责……"。

各省市法院进一步细化了上述认定规则，并形成了三类观点：

一是完全维持第13条意见。《江苏高院司法鉴定规程2015》第40条规定："建设工程未经竣工验收合格，发包人擅自使用后对使用部分质量提出异议并申请鉴定的，人民法院不予准许，但涉及地基基础工程和主体结构质量的除外。"《山东高院民事审判纪要2005》第2条认为："建设工程未经竣工验收，发包人擅自使用的，承包人只在合理期限内对工程结构、基础工程的质量承担责任，其他质量问题由发包人承担；……"

二是深化补充第13条意见。《杭州中院工程解答2010》第6条规定："如果建设工程进行了竣工验收，在竣工验收报告出具之前，发包方擅自占有建筑物并开始使用的……此行为与使用未竣工验收工程性质一致，均属于接收不安全、不合格的建筑物，应由发包人自担质量风险。"《深圳仲裁委施工合同意见2006》第4条第4款规定："建设工程未竣工验收，发包人已擅自使用的……但承包人在施工过程中确有不按图纸施工，擅自改变约定的建筑材料、构配件、设备的品种、规格等情形，发包人要求核减原材料差价的，应予支持。"

三是缩限修正第13条意见。《盐城中院施工合同意见2010》第9条规定："建设工程未经竣工验收或者验收未通过，发包人擅自使用的，承包人仍应当按合同约定或者法律规定承担质量保修责任。但发包人擅自使用所造成损坏的除外。"

结合第13条及上述各地意见，可以进一步明确：

（1）发包人未经验收并不当然意味着视为工程质量已经验收合格，此时，工程质量因未经过验收程序检验，处于无法确定是否合格的状态。承包人仍应该对地基基础和主体结构承担质量责任。

（2）发包人擅自使用意味着发包人自愿承担地基基础和主体结构之外工程质量不合格风险，包括使用所造成的质量问题。《最高院施工合同解释

擅自使用

合理使用寿命

过错责任

验收合格

自愿承担

具备结算条件

一适用》第108页便认为："在建设工程未经过竣工验收或者未通过的情况下，发包人违反法律规定，擅自或强行使用，即可视为发包人对建筑工程质量是认可的，或者虽然工程质量不合格其自愿承担质量责任。"

（3）发包人擅自使用可以推定工程已经具备结算条件，发包人不得以此为由拒绝结算。但是对结算中发现的工程未完成部分，可以进行竣工计量，并扣除未完工程价款。

第 61 例　承包人组织竣工验收结论是否有效？

威海市鲸园建筑有限公司与威海市福利企业服务公司、威海市盛发贸易有限公司拖欠建筑工程款纠纷案，（2010）民提字第210号

查案例扫微信

【争议焦点】

承包人组织竣工验收结论是否可以作为认定质量合格的依据？

【解析案例】

1998年10月15日，发包人中国康复研究中心威海国际旅游基地与承包人威海市鲸园建筑有限公司签订《建筑工程施工合同》，对"泉盛公寓楼工程"进行发包。合同约定：工程具备竣工验收条件，由承包人按照国家工程竣工有关规定，向发包人提供完整的竣工资料和竣工验收报告，发包人组织有关部门验收。

发包人因未取得房地产开发资质等级证书，在办工程手续时将"建设单位"办在承包人名下。

2000年3月15日，因发包人资金未及时到位，承包人向发包人发出要求其尽快筹集资金的书面通知。此后，发包人未再拨付工程款及材料。2000年4月30日，依据承包人的申请，威海市建设工程质量造价监督管理站（下称质监站）对该工程出具竣工验收报告。

2002年4月，承包人起诉发包人，双方对工程是否完成竣工验收等分歧，2010年才再审完毕。

【各方观点】

（1）发包人认为：本工程至今未达到竣工验收条件，承包人不能代表发包人对工程进行验收，承包人委托质监站对涉案工程进行验收是违法的。

（2）承包人认为：工程已经竣工，发包人应按约向其支付尚欠工程款。发包人在办理开工手续时将承包人填报为建设单位，所以工程竣工验收只能由承包人申请组织，质监站是工程质量评定行政机关，其作出的竣工验收证书及建筑工程质量等级评定证书非经法定程序不能否认其效力。

（3）威海中院一审认为："按合同约定，工程一切手续由发包人申办，由于其没有开发资质，故将手续中的建设方办在承包人名下，使该工程的质量评定及验收报告中，建设单位和施工单位均为承包人一方，对该事实予以认定，该结果系发包人行为所致，承包人不应承担责任……经具有鉴定资质的部门依法定程序进行了鉴定，出具了工程竣工验收报告及工程质量评定书，具有法律效力，应作为本案的定案依据……因此，承包人请求判令发包人支付工程款、利息理由正当，应予支持。"

【裁判观点】

（1）山东高院二审改判，理由为："依据合同约定及相关法律法规的规

定，涉案工程应由建设单位组织验收，施工方擅自委托质监站进行验收，违背合同约定和相关法律法规的规定，程序违法。因此，质监站出具验收报告及工程评定书，应认定无效。承包人主张的优良奖，无事实依据，不予支持。"

（2）最高院再审认为："双方签订的《建设工程施工合同》约定了承包人提供竣工资料和验收报告的时间，表明发包人并未将其对工程组织验收的权利委托承包人。承包人在未经发包人同意的情形下，单方向质监站办理竣工验收手续，申报质量评定等级，侵害了工程发包人的权利，导致质监站对该工程验收出具的工程竣工验收报告及工程优良评定证书，不符合法定程序，不能产生相应的法律效力。承包人依照质监站出具的工程竣二验收报告及工程优良评定证书主张工程已经竣工验收，理由不成立，本院不予支持。"

【最高院解析】

《民事审判指导13年卷》第298页（第54辑）

最高院民一庭关丽法官解析认为："竣工验收既是发包人的权利，也是发包人的义务。发包人对建设工程组织验收，是建设工程通过竣工验收的必经程序"。从2000年1月30日起，"建设行政主管部门不再参与工程竣工验收，而是完全由发包人组织竣工验收，验收合格后将验收相关文件交建设行政主管部门备案"，质监站的验收报告"应对属于对验收合格这一事实的确认。该确认由承包人组织验收主体不合格，违法法定竣工验收程序，而丧失了确认效力，不具有证据的证明力"。

【作者点评】

验收主体

建设工程施工合同本质上属于承揽合同，即承包人作为承揽人交付施工成果，发包人根据交付成果支付工程价款，"竣工验收"是发包人支付工程款的合法依据。因此，发包人作为组织竣工验收的主体，不应被其他利害关系人替代，本案承包人虽然被登记为建设单位，但并未改变发包人与承包人实质上的权利义务关系，承包人组织竣工验收的行为未经发包人同意，不能产生工程经竣工验收的法律效果。

【裁判规则】

非发包人组织竣工验收出具的合格结论，不能作为认定工程质量合格的依据。

9.2　质量责任承担

《最高院施工合同解释一》第12条规定："发包人具有下列情形之一，造成建设工程质量缺陷，应当承担过错责任：（一）提供的设计有缺陷；（二）提供或者指定购买的建筑材料、建筑构配件、设备不符合强制性标准；（三）直接指定分包人分包专业工程。承包人有过错的，也应当承担相应的过错责任。"

建设工程质量由建设单位、施工单位、勘察设计单位、监理单位、政府部门等共同把控，实务中建设单位作为建设工程的投资主体，建设工程质量的合格与否直接关系到其投资回报，因此，其对合格工程的需求最为强烈。但是，建设单位通常并不直接参与设计、施工，其往往聘用专业的勘察设计单位、施工单位具体负责实施，监理单位进行质量监督，以确保质量合格。在建设工程施工合同法律关系下，对承包人来说，勘察单位、设计单位、监理单位过错造成的质量责任，均可视为发包人责任，进而要求发包人承担相应责任。

9.2.1　提供设计有缺陷的发包人就质量缺陷承担过错责任

设计文件　　按约提供合格设计文件是发包人义务。《合同法》第283条规定："发包人未按照约定的时间和要求提供原材料、设备、场地、资金、技术资料的，承包人可以顺延工程日期，并有权要求赔偿停工、窝工等损失。"通常情况下，发包人的设计图纸由专业设计单位依据勘察数据作出，且经过规划部门审核，出现缺陷的风险较小，但是如果因勘察、设计单位原因造成设计缺陷，发包人将缺陷图纸交付给承包人的，亦视为发包人存在过错，应当承担相应的过错责任。

设计缺陷　　发包人不当行为往往是设计文件有缺陷的原因。《建筑法》第53条第1款规定："建设单位不得以任何理由，要求建筑设计单位或者建筑施工企业在工程设计或者施工作业中，违反法律、行政法规和建筑工程质量、安全标准，降低工程质量。"实务中，设计缺陷风险主要体现在发包人为了节约成本、缩短工期，指示设计单位作出降低质量标准、安全标准等存在缺陷的设计图纸，下发给承包人要求据此施工，从而造成工程质量问题，此时，发包人显然存在过错，应当承担相应的质量责任。

缺陷提醒　　在第62例（参考案例）中，发包人变更基坑支护止水帷幕设计，承包人向发包人明确表示设计不合理性，并拒绝施工且不做该部位总包；发包人因此将工程直接发包给第三方。后基坑出现涌水、涌砂，质量鉴定结论为主要是上述设计变更引起的。最高院二审认为：承包人与基坑支护止水帷幕的变更设计无关，工程质量责任应由发包人自行承担。

因此，发包人应该就其提供设计文件缺陷承担质量责任。《最高院施工合同解释一》第12条第1款规定："发包人具有下列情形之一，造成建设工程质量缺陷，应当承担过错责任：（一）提供的设计有缺陷；……"该设计有缺陷情形包括勘察单位、设计单位原因造成的设计缺陷和发包人自身原因造成的设计缺陷等。

9.2.2 甲供料不合格的发包人就质量缺陷承担过错责任

建筑材料、构配件等的合格与否直接决定工程质量，施工材料费一般在工程造价中占比为60%～70%。[①] 发包人往往基于节约成本、把控质量等考虑，在施工合同中约定主要建筑材料、建筑构配件等由其供应或者有其指定。如果发包人提供的材料、建筑构配件、设备不符合强制性标准造成工程质量缺陷的，发包人应承担相应的责任。

材料不合格

因此，甲供料及甲定料不合格的发包人承担质量责任。《最高院施工合同解释一》第12条第2款规定："发包人具有下列情形之一，造成建设工程质量缺陷，应当承担过错责任：（2）发包人提供或者指定购买的建筑材料、建筑构配件、设备不符合强制性标准。"该款规定的不合格指不符合强制性标准。如果不符合约定标准或者合同目的，造成工程质量缺陷的，发包人仍应承担质量责任。

9.2.3 指定分包的发包人就质量缺陷承担过错责任

《最高院施工合同解释一》第12条第3项规定："（三）直接指定分包人分包专业工程。"

发包人强行要求承包人将部分工程分包给指定分包人的，发包人应对工程质量缺陷承担过错责任。指定分包人，按照《FIDIC新红皮书》第5条规定，"指以下分包商：合同中提出的指定的分包商，或工程师根据第13条【变更和调整】的规定指示承包商雇用的分包商"。该规则适用应注意如下问题：

指定分包

1. 指定分包行为有效

该条并未否定发包人指定合法分包人的效力；国内大量工程采用《FIDIC新红皮书》条款约定，承认甲方指定分包商的有效性；只是在出现质量缺陷时，发包人应承担过错责任。

另行发包

2. 指定分包人仍是承包人的分包。

指定分包的专业工程仍应是总承包人承包范围内的工程。《上海高院周赞华等观点》第22页认为：若分包内容不属于总承包范围，总承包人只收取总包配合费，不收取管理费的，不属于指定分包，而属于另行发包。如果发包人违反了该等规定指定分包商，就应承担相应责任。

如果指定分包本身不合法，发包人当然应该承担质量责任。根据《最高院施工合同解释一适用》第104页观点，分包工程受以下条件限制：（1）只能将部分非主体结构工程分包给具有相应资质条件的单位；（2）除非发包

---

① 冯小光，《建设工程施工合同纠纷案件法律适用问题（完整版）》，微信公众号"四两法律"，2018年11月17日。

人与承包人合同已约定，否则选定的分包人应经发包人或建设单位认可；
（3）建设工程主体结构由承包人完成。

即使指定分包本身合法，发包人仍然应该就其指定行为承担质量责任。

3. 发包人在指定分包中有过错。

发包人如果指定分包人，那么该指定分包的行为应当是有利于工程质量的，如果工程发生质量缺陷，发包人应当对其指定行为负责。确定发包人的责任，不仅要考察其行为与质量缺陷结果之间的因果关系，还要考察其行为是否有过错，发包人无过错则不承担质量责任。[①]

9.2.4　违法发包的发包人就质量缺陷承担过错责任

肢解发包及发包给不具备资质单位都是违法行为。《合同法》第272条规定："……发包人不得将应当由一个承包人完成的建设工程肢解成若干部分发包给几个承包人。"《建筑法》第65条规定："发包单位将工程发包给不具有相应资质条件的承包单位的，或者违反本法规定将建筑工程肢解发包的，责令改正，处以罚款。"

违法发包

肢解发包

肢解发包及发包给不具备资质单位应承担过错质量责任。最高院民一庭认为"将建设工程肢解承包，因此而造成建设工程层出现质量瑕疵，发包人根据《最高院施工合同解释一》第12条即应承担过错质量瑕疵责任"。

发包人将工程肢解发包或违法发包给不同第三方的，通常造成现场管理混乱，影响工程质量，且无法分清原因。由于肢解发包主要由发包人原因所致，因此将产生的质量缺陷责任规定由发包人承担具有一定合理性。

9.2.5　承包人对质量缺陷有过错的承担相应责任

《最高院施工合同解释一》第12条第2款："承包人有过错的，也应当承担相应的过错责任。"

审查义务

尽管发包人在上述情形应承担过错质量责任，承包人依然具有法定的审查、拒绝领用、施工的义务。承包人不予拒绝，而进行施工的，在发包人承担责任的同时，承包人应当承担相应的质量缺陷过错责任，相关依据如下：

拒绝义务

（1）《建筑法》第54条第2款规定："建筑设计单位和建筑施工企业对建设单位违反前款规定提出的降低工程质量的要求，应当予以拒绝。"第59条规定："建筑施工企业必须按照工程设计要求、施工技术标准和合同的约定，对建筑材料、建筑构配件和设备进行检验，不合格的不得使用。"第60条第1款规定："建筑物在合理使用寿命内，必须确保地基基础工程和主体结构的质量。"

（2）《最高院施工合同解释一适用》第106页认为，下列情况下承包人应就其过错承担责任：明知存在设计问题而不提出；对甲供材料未进行检验或检验不合格仍继续使用；对建设单位违法违规降低质量要求而不予拒绝。

[①] 赵娜：《指定分包中各方民事责任承担问题研究——借鉴FIDIC施工合同条件》，东南大学2017年硕士论文，第7页。

（3）《FIDIC新红皮书》第5.2条规定："对于承包商尽快向工程师发出通知，提出有依据的、合理异议的指定的分包商，承包商不应有任何雇用的义务。（其中）任何以下事项引起的反对，应被认为是合理的，除非雇主同意保障承包商免受这些事项的影响：

（a）有理由相信，该分包商没有足够的能力、资源或财力；

（b）分包合同没有明确规定，指定的分包商应保障承包商不承担指定的分包商及其代理人和雇员疏忽或误用货物的责任；或者

（c）分包合同没有明确规定，对分包的工作（包括设计，如有），指定的分包商应为承包商承担此项义务和责任，能使承包商履行其合同规定的义务和责任，以及保障承包商免除对合同规定或与其有关的、并由分包商不能完成这些义务或履行这些责任的影响产生的所有义务和责任。"

反对指定　　因此，发包人指定合法的分包人及其他不当行为，只有在承包人因上述事项及时提出反对或者拒绝，承包人方能免责。

此外，对于主体结构或地基基础在合理使用寿命内发生的质量问题，承包人承担相应质量缺陷责任。《最高院施工合同解释—适用》第109页认为："无论建筑工程是否经过验收、发包人是否有过错，如果建筑工程在合理使用寿命内，地基基础工程和主体结构质量出现问题，承包人都要承担民事责任。"

第62例　设计不当致质量缺陷的责任如何承担?

【争议焦点】

因发包人设计变更原因,导致工程质量缺陷的,发包人和承包人承包人应该如何承担责任?

【参考案例】

查案例扫微信

2004年6月16日,经招标程序,发包人天成润华集团有限公司于与承包人中国核工业华兴建设有限公司就天成国贸中心(曼哈顿广场)签订《施工合同》及《补充协议》;质量标准达到江苏省"扬子杯"的标准。合同价款约人民币1.47亿元。

施工过程中,对于基坑支护止水帷幕的变更设计,承包人曾书面向发包人表示,不设置粉喷桩且部分是直立段,安全无法保证,将不参与此处的支护施工,也不做该部分总包。后,基坑工程出现了涌水、涌砂等重大质量问题。

2008年2月4日,发包人等签署了工程质量竣工验收记录,结论为合格。

后承包人起诉要求支付欠付工程款,发包人反诉支付因质量问题给其造成的损失。质量鉴定鉴定报告显示:"取消该基坑东北角处的粉喷桩,必然导致该基坑工程的止水体系不封闭,是导致基坑涌水、涌砂的主要原因。"

【各方观点】

(1)发包人认为:承包人工程质量不合格造成坡底排水沟裂缝、浇筑的垫层混凝土厚度不符合图纸设计要求,导致基坑严重涌水涌沙现象,亦是无法评定省优质工程奖"扬子杯"的重要原因,特别是大巷口2号楼已经出现不均匀沉降、开裂等严重后果,经徐州市房产管理局组织的专家鉴定结论为危房。主要原因在于"承包人设计的基坑工程技术方案存在严重缺陷且未作修改、完善",给其造成损失377万元。

(2)承包人认为:工质量不合格造成坡底排水沟裂缝、浇筑的垫层混凝土厚度不符合图纸设计要求,导致基坑严重涌水涌沙现象,特别是大巷口2号楼已经出现不均匀沉降、开裂等严重后果,经徐州市房产管理局组织的专家鉴定结论为危房。根据鉴定报告原因分析,基坑涌水等并非承包人原因造成;且发包人已经验收工程质量合格。

(3)江苏高院一审认为:根据鉴定机构质量鉴定结论,认为:关于裙房屋面及地下室漏水问题,检测无问题,系检测之后破坏所致;消防不能联动与承包人无关;基坑涌水、涌砂原因是"与基坑支护止水帷幕的变更设计及原设计方案存在缺陷有关,基坑支护止水帷幕的变更设计与华兴公司无关",案涉工程已通过四方验收,应当确认承包人承建的天成国贸中心工程不存在质量问题。判决:驳回发包人反诉请求。

【最高院二审观点】

设计变更

最高院二审同意一审意见，补充认为："鉴定机构所作质量鉴定报告明确说明，基坑工程涌水、涌砂的原因与该基坑支护止水帷幕的变更设计及原设计方案存在缺陷有关……可见，基坑支护止水帷幕的变更设计是基坑涌水、涌沙的主要原因，而原设计方案缺陷只是可能造成止水体系不封闭而导致基坑渗漏。对于基坑支护止水帷幕的变更设计，承包人曾书面向发包人表

提示风险

示，天成国贸中心东北角未拆除的小房子处的基坑支护，发包人决定此处不设置粉喷桩且部分是直立段，此处的安全无法保证，因此承包人将坚持多次阐述的原则，将不参与此处的支护施工，也不做任何一方施工单位的总包。发包人将变更后的基坑支护工程直接发包给第三方施工。在发生涌水、涌沙事故后，承包人主动参与了事故抢险，发包人还向承包人支付了抢险费用。基于上述事实，可以认定承包人与基坑支护止水帷幕的变更设计无关。"判决：驳回上诉。

【最高院解析】

无。

【作者点评】

《最高院施工合同解释一》第22条规定："发包人具有下列情形之一，造成建设工程质量缺陷，应当承担过错责任：（一）提供的设计有缺陷……承包人有过错的，也应当承担相应的过错责任。"本案中，经鉴定，发包人变更基坑支护止水帷幕设计是工程质量问题的主要原因，发包应当承担过错责任。承包人收到变更后，提醒发包人设计的不合理性，并拒绝施工，没有过错。因此，最高院判决承包人不承担质量责任依据充分。

【裁判规则】

发包人委托设计文件缺陷造成工程质量缺陷的，且承包人尽到提醒义务的，因此造成的损失由发包人承担。

9.3　质量缺陷扣款

　　《最高院施工合同解释一》第11条规定："因承包人的过错造成建设工程质量不符合约定，承包人拒绝修理、返工或者改建，发包人请求减少支付工程价款的，应予支持。"

　　该条补充了《合同法》第281条规定。281条规定："因施工人的原因致使建设工程质量不符合约定的，发包人有权要求施工人在合理期限内无偿修理或者返工、改建。经过修理或者返工、改建后，造成逾期交付的，施工人应当承担违约责任。"

　　该条赋予了发包人在工程存在质量缺陷且承包人拒绝修复时可减少支付工程价款权利。具体分析如下：

9.3.1　缺陷扣款条件一：工程存在质量缺陷

质量缺陷　　　　质量缺陷是指质量不符合工程强制性标准以及合同的约定。《最高院施工合同解释一适用》第95页认为："本条中的'建设工程质量不符合约定的'，此处应做广义理解，它不仅包括工程质量不符合当事人约定的标准，还应包括不符合国家对建筑工程质量强制性的规范标准等情形。"

约定质量标准　　　通常情况下，当事人约定的质量标准高于国家强制性标准，当质量不符合约定标准时，发包人有权要求承包人修复至约定标准或扣减相应工程款；

强制性标准　　　当事人约定标准低于国家强制性标准的，该约定无效，此时仍应当以国家强制性标准判断工程质量是否合格。如经检验不符合国家强制性标准，但符合合同约定标准，此时承包人仍应承担修复责任，但是基于质量标准变化造成施工成本增加部分可由发包人承担。

质量鉴定　　　　质量缺陷一般由有资质的专业机构检测评估。一旦诉讼至法院或仲裁庭，则一般由法院或仲裁庭委托专业机构进行工程质量是否存在缺陷进行鉴定。质量鉴定是工程争议司法鉴定主要内容之一。在确定工程存在质量问题后，如果该质量问题经质证认定由于承包人原因造成，则发包人可据此扣减相应工程款或要求承包人按照修复方案予以修复。

9.3.2　缺陷扣款条件二：质量缺陷是承包人原因造成的

　　工程质量问题可能由于发包人、监理、勘察、设计、施工等多方原因造成。根据《建筑法》第56条规定，"建筑工程的勘察、设计单位必须对其勘察、承包人原因　　　设计的质量负责。"第58条规定："建筑施工企业对工程的施工质量负责。"《最高院施工合同解释一》第12条亦规定了发包人原因造成质量缺陷的情形。

　　此种情况下，如果不区分勘察、设计等其他原因造成的工程质量缺陷责任，显然对承包人不公平。因此，承包人承担因其过错造成质量缺陷的责任。根据《质量管理条例》第25条至第31条规定，《建筑法》第58条、59条、第60条规定，承包人承担质量缺陷责任的主要体现在以下情形：

（1）承包人对其分包单位的质量缺陷承担连带责任；

（2）承包人未按照设计图纸和施工技术规范施工造成的质量缺陷；

（3）承包人未按照工程设计要求、施工技术规范和合同约定，对建筑材料、建筑构配件和设备进行检验（包括检验不合格的情况），使用不合格的建筑材料、建筑构配件和设备造成质量缺陷；

（4）隐蔽工程隐蔽前，未通知建设单位和建设工程质量监督机构进行质量检测。

（5）建筑物在合理使用寿命内，地基基础工程和主体结构的质量缺陷。

根据《合同法》第281条等规定，发包人有权要求承包人承担在合理期限内无偿修理、重做、减少报酬、赔偿损失的责任。

9.3.3 缺陷扣款条件三：承包人拒绝修复缺陷

发生因承包人原因导致的工程质量缺陷时，发包人应当履行通知承包人在合理期限内修复的义务。《施工合同示范文本2017》第15.4.4条规定："因承包人原因造成工程的缺陷或损坏，承包人拒绝维修或未能在合理期限内修复缺陷或损坏，且经发包人书面催告后仍未修复的，发包人有权自行修复或委托第三方修复，所需费用由承包人承担。"

如何认定承包人拒绝修复呢？《最高院杨心武等观点》第322页认为，承包人拒绝修复通常表现为两种形式，一是明示拒绝修复，即直接表示不愿意修复；二是默示拒绝修复，包括虽然同意修复但无实际修复行为或经多次（一般指3次）修复仍无法达到合同约定质量标准的情况。

在第63例（公报案例）中，经鉴定屋面渗漏主要是承包人未按原设计图纸施工导致的。几经局部维修仍不能彻底解决屋面渗漏。二审法院认定：工程质量瑕疵仅采用保修方式无法对发包人所遭受损害形成有效救济，双方当事人已经丧失合作基础，判决承包人向发包人赔偿委托第三方维修支付的付费。

9.3.4 缺陷扣款条件四：修复方案及修复费用合理

承包人拒绝修复质量缺陷时，发包人有权委托第三方进行修复，但修复费用是争议焦点。实务中，存在发包人以大幅高于市场价标准或采用施工成本极高的修复方案委托第三方或自行完成修复工作，并据此要求减少支付工程价款或提出损失赔偿问题。承包人认为发包人委托第三方修复的方案和费用过高，进而产生争议。根据谁主张、谁举证原则，发包人对施工方案及费用的合理性应当承担举证责任。

合理修复费用是缺陷扣款的对象。修复方案是确定修复费用的基础。《施工合同示范文本2017》第15.4.4条规定："因承包人原因造成工程的缺陷或损坏，承包人拒绝维修或未能在合理期限内修复缺陷或损坏，且经发包人书面催告后仍未修复的，发包人有权自行修复或委托第三方修复，所需费用由承包人承担。但修复范围超出缺陷或损坏范围的，超出范围部分的修复费用由发包人承担。"《北京高院施工合同解答2012》第30条规定："因承包人原因致使工程质量不符合合同约定，承包人拒绝修复、在合理期限内不能修复或者发包人有正当理由拒绝承包人修复，发包人另行委托他人修复后要求承包人承担合理修复费用的，应予支持。"

本规则的关键在于确定"合理的修复费用"。《最高院施工合同解释一适用》第97页认为："一般来说减少的工程价款数额及合理修复费用就是工程质量修复所实际发生的费用。其包括对原不合格工程进行拆除、重新返工、修复的建筑材料、机械设备及人工费用等。"

修复费用 当承包人拒绝确认修复方案及修复费用时，发包人可在需要委托第三方修复前，可将修复方案和修复费用书面告知承包人，并将修复费用支出票据留存，以便作为对修复费用进行鉴定的依据，增加法院、鉴定机构等对修复方案及修复费用合理性的认定。

修复方案 如果双方就扣减工程价款无法达成一致，可申请对修复方案的理性及修复费用进行司法鉴定，据此确定减少支付的工程价款。过程中发包人和承包人均可就修复方案的合理性及必要性进行举证，以供法院或仲裁院裁决。

9.3.5 缺陷扣款规则适用于工程交付前质量缺陷

工程交付前 缺陷扣款规则适用于工程交付前。依据《合同法》第281条，建设工程交付使用前，发包人可以基于施工合同关系要求减少支付工程价款。发包人与承包人签订施工合同后，承包人即负有向发包人交付合格工程的义务，发包人有基于合格工程向承包人支付工程价款的义务。当建设工程竣工验收合格后，承包人即完成合同约定义务，发包人亦应据此支付相应工程款。当工程交付使用前出现质量缺陷，承包人拒绝修复的，此时承包人并未完全履行向发包人交付合格工程的义务，发包人有权据此减少支付工程价款。

缺陷责任期 缺陷责任期内质量问题也可以参照适用缺陷扣款规则。在缺陷责任期内产生质量问题时，发包人扣除的质保金的行为，并非《最高院施工合同解释一》第11条所规定的扣减工程价款的范畴。在工程已经竣工验收合格交付使用后，出现质量问题，则参照合同约定的缺陷修复条款执行。笔者认为：实务中，尽管二者请求依据有所不同，但二者构成要件相同，适用结果类似，交付前扣的是进度款及结算款，缺陷责任期扣的是质保金。

9.3.6 质量缺陷扣款应该反诉

《最高院施工合同解释二》第7条规定："发包人在承包人提起的建设工程施工合同纠纷案件中，以建设工程质量不符合合同约定或者法律规定为由，就承包人支付违约金或者赔偿修理、返工、改建的合理费用等损失提出反诉的，人民法院可以合并审理。"

反诉 发包人以质量缺陷为由要求减少工程款或抵扣质保金的，因该反诉。发包人以工程质量问题可以提出反诉的情形包括：要求承包人支付违约金或赔偿修理费、返工或者改建的合理费用等损失等，该类请求是承包人工程质量缺陷对发包人造成的财产型损害，承包人并非基于施工合同法律关系，只能通过反诉或另行起诉的形式行使。

抗辩　　　　　　与之相反，承包人要求支付工程款，发包人可以以质量不合格为由抗辩，从而拒付工程款。

9.3.7 承包人未及时保修的应该承担质量损害赔偿责任

《最高院施工合同解释一》第27条规定："因保修人未及时履行保修义务，导致建筑物毁损或者造成人身、财产损害的，保修人应当承担赔偿责任。保修人与建筑物所有人或者发包人对建筑物毁损均有过错的，各自承担相应的责任。"

损害责任　　　　承包人未及时履行保修义务，工程处于不符合正常使用标准的不稳定状态，不但存在自身毁损的风险，还存在对使用者或第三方造成财产或非财产损失的风险。《最高院施工合同解释一适用》第190页认为："对在保修期限和保修范围内发生质量问题的，一般是先由建设单位组织勘察、设计、施工等单位分析质量问题的原因，确定保修方案，由施工单位负责保修。赔偿损失既包括因工程质量造成的直接损失，即用于返修的费用，也包括间接损失，如给使用人或第三人造成的财产或非财产损失等。"

违约责任　　　　承包人未及时保修将面临第三方修复费用索赔、工程自身损毁索赔、工程对第三方造成损害的索赔等风险。针对第三方修复费用，发包人可基于施工合同违约责任（如在缺陷责任期内）直接从乙方质保金中予以扣除或请求侵权责任　　承包人直接赔偿；针对因不及时维修工程自身损毁损失，可基于施工合同违约责任或侵权责任向承包人进行索赔；针对不及时维修对第三方或使用人造成的财产或非财产损失，应基于侵权责任承担赔偿责任。

所有权转移　　　　所有权转移不影响承包人对建设工程承担保修责任。《最高院施工合同解释一适用》第193页认为："建设工程在保修期内，发包人将该工程转让给第三人的，承包人仍应向受让第三人承担工程的保修责任，不能因建设工程合同主体变更而免除保修责任。"

第63例　反复维修质量问题如何处理？

【争议焦点】

已竣工验收合格的保修期内，工程出现了因承包人过错导致的质量问题，经反复维修仍未修复，承包人如何承担质量责任？

某建筑公司与吴江恒森房地产开发有限公司建设工程施工合同纠纷案

查案例扫微信

【公报案例】

2004年10月15日，发包人吴江恒森房地产开发有限公司与承包人签订《建设工程施工合同》，由承包人承建"某国际广场"工程。

2005年7月20日，工程竣工验收合格。

因工程款拖欠问题，承包人将发包人诉至法院。发包人因房屋渗漏问题对承包人提起反诉，请求：判令承包人按照该部分重做的工程报价赔偿损失。双方对承包人是否应向发包人承担全面重做赔偿存在分歧。

结合鉴定意见及现场情况，应确认屋面渗漏系承包人未按原设计图纸施工导致隐患及承租人擅自安装路灯破坏防水层两方面因素所致，其中未按设计图纸施工为主要原因，路灯破坏防水层为局部和次要原因。

【各方观点】

（1）发包人认为：屋面渗漏系承包人擅自减少工序而导致，不全面重作已不能有效解决渗漏，承包人理应承担全面赔偿责任。

（2）承包人认为：涉案工程全部竣工验收合格，并同时由发包人接收使用，对已竣工验收合格的工程，施工单位仅有保修义务。

【裁判观点】

（1）苏州中院一审认为："承包人主张自己仅应承担保修义务，而不应承担全面修复费用的问题。一审认为，因现有屋面板构造做法与原设计不符，存在质量隐患，局部修复方案不能保证屋面渗漏问题得到彻底解决，还会因维修施工带来其余部位的渗漏；况且，承包人因偷工减料造成质量不符合设计要求是全面性而非局部性的问题。鉴定机构建议将原防水层全面铲除，重做屋面防水层，并由此出具全面设计方案，该方案较原设计方案相比，仅增加了伸缩缝翻边设计。因此，可以认定全面设计方案宜作为彻底解决本案屋面渗漏的修复方案。鉴于诉讼双方目已失去良好的合作关系，由承包人进场施工重做防水层缺乏可行性，故发包人可委托第三方参照全面设计方案对屋面缺陷予以整改，并由承包人承担整改费用。……另，承租人在屋顶打洞装灯破坏防水层，亦是导致屋面渗漏的原因之一，故应当相应减轻承包人的责任。……酌情应予扣除相应修复工程款金额。"

（2）江苏省高院二审同意一审意见，补充认为："屋面广泛性渗漏属客观存在并已经法院确认的事实，竣工验收合格证明及其他任何书面证明均不能对该客观事实形成有效对抗，故承包人根据验收合格抗辩屋面广泛性渗漏，其理由不能成立。其依据《建设工程质量管理条例》，进而认为其只应承担保修责任而不应重作的问题，同样不能成立。因为该条例是管理性规范，而本案屋面渗漏主要系承包人施工过程中偷工减料而形成，其交付的屋面本身不符合合同约定，且已对发包人形成仅保修无法救济的损害，故本案裁判的基本依据为民法通则、合同法等基本法律而非该条例，根据法律位阶关系，该条例在本案中只作参考。本案中屋面渗漏质量问题的赔偿责任应按谁造成、谁承担的原则处理。本案中，双方当事人对涉案屋面所做的二序进行了明确约定，然承包人在施工过程中，擅自减少多道工序，其交付的屋面不符合约定要求，导致屋面渗漏，其理应对此承担违约责任。鉴于发包人几经局部维修仍不能彻底解决屋面渗漏，双方当事人亦失去信任的合作基础，为彻底解决双方矛盾，原审法院按照司法鉴定意见认定按全面设计方案修复，并判决由发包人自行委托第三方参照全面设计方案对屋面渗漏予以整改，承包人承担与改建相应责任有事实和法律依据，亦属必要。"

验收合格证明

管理性规范

全面修复

【最高院解析】

无。

【作者点评】

该案例是缺陷责任期常见的质量问题，对于房屋渗漏问题主要由于承包人未按照设计要求施工所致，存在过错。法院通过认定"经鉴定且几经维修，局部修复难以有效解决房屋渗漏问题"的事实，推定承包人无法完成修复工作，双方已经丧失合作基础，同意由承包人承担损失赔偿责任。实务中，一般需要通过质量缺陷及原因鉴定、修复方案及修复费用鉴定，然后通过判决方式一次性解除所有纷争。

【裁判规则】

出现承包人原因引起的质量问题，经反复修复仍未能修复的，可以由发包人委托第三方修复，并由承包人承担合理修复费用。

第10章 优先受偿权

【内容概要】

为切实保护建筑工人工资权益，《合同法》第286条设立了优受偿权制度，经过《最高院优先受偿权批复2002》、最高院民一庭大量指导性案例、解析案例及新近《最高院施工合同解释二》等补充完善，形成一套相对完整的可操作的制度：

（1）效力方面，优先受偿权优先于抵押权及一般债权，劣后于消费者购房权，具有物上追及力，发包人转让工程仍可享有。

（2）主体方面，只有和所有人签订合同的才可享优先受偿权。

（3）客体方面，对承包人实施的工程享有，但不宜折价拍卖除外。

（4）范围方面，只工程款享有，利息、违约金、损失赔偿金无。

（5）时间方面，在应付价款之日起6个月内可行使。

（6）条件方面，无论竣工还是未完，工程质量合格是行使前提。

（7）程序方面，既可催告后协议折价，又可以起诉确认或直接申请拍卖。

【关键词】

建筑工人工资	优先权
抵押权	消费者
物上追及力	物上代位权
亲自实施	不宜折价拍卖
工程价款	损害赔偿金
利息	违约金
实际支出	合同解除
质量合格	应付价款日
竣工工程	未完工程
催告	协议折价

【最高院施工合同解释二】

第17条 与发包人订立建设工程施工合同的承包人，根据合同法第二百八十六条规定请求其承建工程的价款就工程折价或者拍卖的价款优先受偿的，人民法院应予支持。（详见本书10.2节）

第18条 装饰装修工程的承包人，请求装饰装修工程价款就该装饰装修工程折价或者拍卖的价款优先受偿的，人民法院应予支持，但装饰装修工程的发包人不是该建筑物的所有权人的除外。（详见本书10.2.3）

第19条 建设工程质量合格，承包人请求其承建工程的价款就工程折价或者拍卖的价款优先受偿的，人民法院应予支持。（详见本书10.5节）

第20条 未竣工的建设工程质量合格，承包人请求其承建工程的价款就其承建工程部分折价或者拍卖的价款优先受偿的，人民法院应予支持。（详见本书10.5.2）

第21条 承包人建设工程价款优先受偿的范围依照国务院有关行政主管部门关于建设工程价款范围的规定确定。（详见本书10.4.1）

承包人就逾期支付建设工程价款的利息、违约金、损害赔偿金等主张优先受偿的，人民法院不予支持。（详见本书10.4.2）

第22条 承包人行使建设工程价款优先受偿权的期限为六个月，自发包人应当给付建设工程价款之日起算。（详见本书10.6节）

第23条 发包人与承包人约定放弃或者限制建设工程价款优先受偿权，损害建筑工人利益，发包人根据该约定主张承包人不享有建设工程价款优先受偿权的，人民法院不予支持。（详见本书10.1.4）

【指导性案例规则】

第64例 发包人将工程转让给消费者以外的第三人且第三人已取得工程所有权的，承包人工程价款仍然享有优先受偿权。

第67例 建设工程价款优先受偿权对象为承包人施工的建设工程部分，不包括建设工程所占用的建设用地使用权部分。

【相关法律规定】

第286条 发包人未按照约定支付价款的，承包人可以催告发包人在合理期限内支付价款。发包人逾期不支付的，除按照建设工程的性质不宜折价、拍卖的以外，承包人可以与发包人协议将该工程折价，也可以申请人民法院将该工程依法拍卖。建设工程的价款就该工程折价或者拍卖的价款优先受偿。（《合同法》）

第1条 人民法院在审理房地产纠纷案件和办理执行案件中，应当依照《中华人民共和国合同法》第286条的规定，认定建筑工程的承包人的优先受偿权优于抵押权和其他债权。（《最高院优先受偿权批复2002》）

第2条 消费者交付购买商品房的全部或者大部分款项后，承包人就该商品房享有的工程价款优先受偿权不得对抗买受人。（同上）

10.1 权利效力

10.1.1 优先受偿权优先于抵押权以保护建筑工人工资

优先受偿权，指《合同法》第286条规定的建设工程承包人就工程价款对建设工程折价或拍卖所得价款享有优先受偿的权利。

优先权

优先受偿权的性质是优先权，而不宜认为法定抵押权或留置权。按照《最高院施工合同解释二适用》第359页意见，优先权具有四方面的特点：（1）优先权是法律为维护弱者生存权利和社会秩序而赋予特种债权的债权人的一项民事权利；（2）优先权由法律直接规定，具有担保物权性质。（3）优先权是以债务人的特定财产或全部财产担保特定债权实现的物权性权利；（4）优先权不需要公示，除非另有规定。

建筑工人工资

优先受偿权的立法目的在于保护建筑工人工资。在发包人应支付的工程价款中，一部分是承包人应当支付的建筑工人工资。根据民诉法等规定，法律应当优先保护建筑工人劳动报酬。如果承包人的应得工程价款不能实现，则建筑工人劳动报酬难以保障。根据《最高院施工合同解释二答记者问》，建筑业吸纳的农民工占全部农民工的比例为18.9%，位居前列。但是建筑市场"两个不规范"和社会信用机制缺失，导致农民工权益保护问题较为突出，农民工"讨薪难"问题尚未得到根本解决。保护建筑工人（即农民工）工资权益是《合同法》第286条及《最高院施工合同解释二适用》主要立法宗旨之一。规定并完善优先受偿权就是具体措施之一。

抵押权

优先受偿权优先于抵押权和其他债权。《最高院优先受偿权批复2002》第2条规定："人民法院在审理房地产纠纷案件和办理执行案件中，应当依照《中华人民共和国合同法》第286条的规定，认定建筑工程的承包人的优先受偿权优于抵押权和其他债权。"也就是说，当承包人所承建的建设工程折价或拍卖后，所得价款优先归还承包人工程价款，即使该建设工程已经抵押给银行，即使发包人还拖欠其他款项。依据《合同法》第286条规定，建设工程价款优先受偿权无须登记即生法律效力，实际上也无法办理登记手续，并且该制度的价值又在于保护建筑工人的劳动报酬，该立法意图和制度设计也决定了建设工程价款优先权应当优先于不动产约定抵押权。如梁慧星教授即认为："在发生优先受偿权与约定抵押权并存的情形时，无论约定抵押权发生在前或在后，优先受偿权均应优先于约定抵押权行使。"[①]

10.1.2 优先受偿权劣后于消费者购房权

50%以上

《最高院优先受偿权批复2002》第2条规定："消费者交付购买商品房的全部或者大部分款项后，承包人就该商品房享有的工程价款优先受偿权不得对抗买受人。"

---

① 中国建设工程法律评论第四工作组：《建设工程优先受偿权》，法律出版社2017年版，第140页。

消费者

自住

　　该条在司法实践中被称为弱者保护原则，该条主要理由为：消费者购买房屋的目的是用于自身居住，特别是目前房价居高不下的情况下，许多消费者是穷其一生的收入和积蓄购买居住之所，其购房的利益属于生存利益，是最基本的人权，而承包人的利益属于经营利益，两相比较，消费者的生存利益、基本人权应当优先，承包人的经营利益应退居其次。更何况如果允许承包人行使优先受偿权，无异于用消费者的资金清偿发包人的债务，等于发包人将自己的债务转嫁给广大消费者，严重违背特殊保护消费者的法律政策。

后签订合同

唯一住房

50%以上

　　购买人为了投资目的而购买住房的，则可以将其理解为非消费者，从而使其权利劣后于优先受偿权。实践中，享有"第一"优先权的购买房屋的"消费者"的界定颇具争议。《执行异议和复议规定》第29条规定："金钱债权执行中，买受人对登记在被执行的房地产开发企业名下的商品房提出异议，符合下列情形且其权利能够排除执行的，人民法院应予支持：（一）在人民法院查封之前已签订合法有效的书面买卖合同；（二）所购商品房系用于居住且买受人名下无其他用于居住的房屋；（三）已支付的价款超过合同约定总价款的百分之五十。"该规定虽然是就执行异议过程中消费者购房优先权与普通金钱债权冲突时如何处理进行规范，但该规定是从前述《最高院优先受偿权批复2002》中推论而来，实践中可以参照使用以此确定消费者是否享有"第一"优先权。

10.1.3　发包人转让工程的承包人仍享有工程价款优先受偿权

物上追及力

　　优先受偿权具有物上追及效力。追及效力是物权的效力之一，即在物权成立后，其标的物不论辗转入何人之手，物权人均得追及物所在，而直接支配其物的效力。

指导性案例

　　在第64例（指导性案例）中，2009年9月15日，为偿还殷某借款，发包人将涉案工程共计建筑面积14300平方米的商铺过户给殷某，并为殷某办理了所有权证。10月9日，发包人与承包人签订《付款协议书》，双方确认发包人尚欠承包人工程款1700万元，发包人如不能以现金支付，则以涉案工程房屋清偿欠付工程款本息。其后，发包人未按约支付工程款。二审法院认为："虽然殷某已就相应商铺进行了产权变更登记，取得了产权证书，但亦不能对抗承包人的建设工程价款优先受偿权，承包的该优先权及于其承建的营业楼的全部……承包人有权在判决第一项确定的工程款及利息范围内，对其承建的营业楼工程行使工程价款优先受偿权。"

公示性

　　最高院民一庭相应的指导意见为："根据《最高院优先受偿权批复2002》第2条规定……优先受偿权只受这部分消费者限制……第三人即使通过以物抵债方式取得了建设工程所有权，也不影响承包人就其承建的建设工程行使优先受偿权"，理由是：首先，如果承包人的优先权在建设工程转让后即被阻断或不复存在，那么建设工程很容易在承包人不知道的情况下过户到一般债权人名下，承包人优先受偿权的目的将会落空。其次，优先受偿权具有一定程度的公示性，对建设工程发包人享有债权的第三人应有义务推断某一建设工程上是否负担着建设工程价款优先受偿权；第三，《最高院优先受偿权批复2002》第一条规定，应当认定建筑工程的承包人的优先受偿权优于抵押权和其他债权。举轻以明重，也应当及于第三人通过以物抵债方式取得的建设工程的情形。"

值得注意的是，承包人优先受偿权与第三人善意取得物权相冲突时，是否允许承包人优先受偿权具有无限追及力呢？如果建设工程经过了多次转手，最后一手也支付了合理对价，承包人是否还有优先受偿权呢？如果这样，房屋等二手交易存在极大风险，甚至没有人敢买房了。《物权法》第106条规定了善意取得制度，即"无处分权人将不动产或者动产转让给受让人的，所有权人有权追回；除法律另有规定外，符合下列情形的，受让人取得该不动产或者动产的所有权：（一）受让人受让该不动产或者动产时是善意的；（二）以合理的价格转让；（三）转让的不动产或者动产依照法律规定应当登记的已经登记，不需要登记的已经交付给受让人。受让人依照前款规定取得不动产或者动产的所有权的，原所有权人有权向无处分权人请求赔偿损失"。笔者认为：按照最高院上述指导意见，发包人和第三人的转让建设工程（第一手转让），承包人优先受偿权完全可以对抗第三人取得的物权，在合同法286条明确规定优先受偿权的情况下，第三人不存在取得物权的善意。但是，当建设工程在第三人与第三人之间转让时（第二手转让）时，应该根据优先受偿权制度及善意取得制度具体情况具体分析。

物上代位权 优先受偿权除了有物上追及力之外还具有物上代位权。优先受偿权是对于工程的物上担保的权利，该工程的价值形态的变化，不影响担保权利的存在。通常，物上代位存在于担保物毁损、灭失情形下的价值替代物，即发包人物权的"绝对消灭"才产生物上代位问题；物的转让、出售，则是发包人物权的"相对消灭"。无论前者情形下物的权利转化为损害赔偿请求权、保险金的请求权，还是后者物的权利转化为转让价金的请求权，二者并无实质上的差别，都是物的价值的转化形式。承认工程款优先权可对工程转让价款行使物上代位，符合工程款优先权作为优先权的权利特性，不仅有利于发包人尽快通过转让工程获得资金，也有利于承包人实现工程款受偿，有利于恰当平衡发包人、承包人、受让人三方的利益。

10.1.4 损害建筑工人利益情形下放弃优先受偿权无效

《最高院施工合同解释二》第23条规定："发包人与承包人约定放弃或者限制建设工程优先受偿权，损害建筑工人利益，发包人根据该约定主张承包人不享有建设工程价款优先受偿权的，人民法院不予支持。"

建筑工人利益 该条突出了优先受偿权保护建筑工人工资的原则，比此前各地规定更准确。《江苏高院施工合同解答2018》规定："法律并未禁止承包人放弃建设工程价款优先受偿权。承包人自愿放弃建设工程价款优先受偿权的，只涉及承包人自身利益的，该放弃行为有效。但该放弃行为损害实际施工人等第三人利益的，对该第三人不产生效力。"

该条限制了实务中常见的通过放弃约定规避法定优先受偿权的行为。比如，在发包人资金实力不足而需银行贷款情形下，其为获得相关银行的授信贷款，常应银行的请求，要求承包人签署放弃优先受偿权的书面文件。而承包人为企业的生存不得已屈从之。

判断放弃优先受偿权是否"损害建筑工人利益"，根据《最高院施工合同解释二适用》第475页意见，"要看承包人这一行为是否影响其整体的清偿能力，要将承包人整体的资产负债情况以及现金流情况是否因此恶化到影响建筑工人工资支付的程度作为主要的考虑因素"。

指导性案例　　在第65例（指导性案例）中，承包人曾向发包人发出《承诺书》，承诺在确认商厦外墙装饰、门窗、电梯安装工程款并收到100万元监管资金后，放弃此项工程款的优先受偿权。承包人将发包人诉至法院，请求其有权对该工程行使优先受偿权。二审法院认为："发包人在收到该承诺之后并未确认外墙、门窗、电梯安装工程款并支付承包人100万元，承包人关于放弃系争工程优先受偿权的前提条件并未成就。"

善意取得　　最高院民一庭相应指导意见为：项目受让人受让工程的行为不构成善意取得。项目受让人在明知发包人与承包人合同价款为1000万元，且未结清工程款的情况下，仅预留300万元用于外墙装饰费用支付。发包人在未支付工程款的情况下，以1.8亿元的价格得到了在建工程的绝大部分转让款。如果判决承包人不具有优先受偿权，将极大损害承包人利益。即使工程被转让，只要受让人在受让工程存在一定过错，承包人在其工程范围内就享有优先受偿权。

在保护建筑工人工资的前提下优先受偿权可以放弃。如果承包人在发包人已经提供了切实可靠的担保且可以保证承包人足额支付建筑工人工资的情况下，承包人可以放弃优先受偿权比如建设工程发包人向承包人提供有效的履约担保后，要求承包人放弃优先权，承包人可以放弃；银行、发包人、承包人三方达成发包人以在建工程抵押给银行，银行将贷款直接支付给承包人，承包方亦可放弃优先权。承包人放弃建设工程优先受偿权后，其享有的工程款债权变成普通金钱债权，相比于其他债权不具有优先性。

第 64 例　第三人所有权能否对抗优先受偿权？

【争议焦点】

第三人通过以物抵债方式取得工程所有权后，承包人能否对该部分工程行使优先受偿权？

【指导性案例】

《民事审判指导
12年卷》第507页
（第51辑）

2006年4月13日，发包人发包人与承包人承包人签订《建设工程施工合同》，对"丰兰悦华购物中心营业楼工程"进行发包。

2006至2007年间，发包人为筹集营业楼建设资金，向第三人殷某借款3000万元。

2009年6月25日，工程竣工验收合格。

2009年9月15日，为偿还殷某借款，发包人将涉案工程共计建筑面积14300平方米的商铺过户给殷某，并为殷某办理了所有权证。

2009年10月9日，发包人与承包人签订《付款协议书》，双方确认发包人尚欠承包人工程款1700万元，发包人如不能以现金支付，则以涉案工程房屋清偿欠付工程款本息。其后，发包人未按约支付工程款。

2009年12月5日，承包人起诉发包人，请求：判令发包人偿还拖欠工程款及利息，并主张对涉案房屋享有优先受偿权。

2015年，案外人殷某以其通过以物抵债方式去的涉案营业楼共计建筑面积14300平方米商铺所有权为由，在一审判决生效后申诉，一审法院审查后再审。

【各方观点】

（1）案外人认为：涉案营业楼共计建筑面积14300平方米商铺归其所有，承包人不能对此行使优先受偿权。

（2）一审法院认为："2009年10月9日发包人与承包人签订的《工程付款协议》明确约定发包人不能以现金支付给承包人，则以丰兰悦华购物中心营业楼的房屋清偿所欠工程价款本金及利息，该约定应视为承包人就该工程折价的方式向发包人主张了工程价款优先受偿权。鉴于该工程于2009年6月25日竣工……承包人主张优先受偿权未超过六个月出斥期间，故承包人在法定的期限内行使了优先权，承包人的该项诉讼主张应予支持。"

（3）一审法院再审时认为："承包人优先受偿权的范围应当根据相关司法解释的规定和本案的实际情况进行限制。……由于涉案营业楼建筑面积14300平方米的商铺已由殷某通过抵债途径取得，并办理了产权证书，故承包人不能对营业楼的上述房产主张优先权。对于除此之外营业楼建筑面积2000平方米的商铺，承包人可以行使优先权，对这些房屋是否存在《批复》第二条所规定的阻却优先权行使的情形，可在执行程序中由相关当事人通过执行异议程序逐户甄别解决。"

【裁判观点】

二审法院认为："殷某取得涉案营业楼的商铺不属于《最高院优先受偿权批复2002》第2条规定的情形，故虽然殷某已就相应商铺进行了产权变更登记，取得了产权证书，但亦不能对抗承包人的建设工程价款优先受偿权。承包的该优先权及于其承建的营业楼的全部……承包人有权在判决第一项确定的工程款及利息范围内，对其承建的营业楼工程行使工程价款优先受偿权。"

【最高院指导】

《民事审判指导12年卷》第507页（第51辑）

最高院民一庭结合该案的指导意见为："根据《最高院优先受偿权批复2002》第2条规定，已办理了过户登记或虽未办理过户登记但已交付全部或大部分购房款的消费者可以对抗承包人的建设工程价款优先受偿权，也就是说，该优先受偿权只受这部分消费者限制。而本案中，殷某是发包人的债权人，其所拥有的债权为一般债权，因此，承包人的建设工程价款优先受偿权不受殷某债权的限制。但由于上述房屋已经不在发包人名下。本案争议焦点在于承包人的建设工程价款优先受偿权是否可以及于通过以物抵债方式取得了部分营业楼工程所有权的第三人。""追及效力是物权的效力之一，即在物权成立后，其标的物不论辗转入何人之手，物权人均得追及物所在，而直接支配其物的效力。"

目的落空

公示性

最高院民一庭倾向性意见是"第三人即使通过以物抵债方式取得了建设工程所有权，也不影响承包人就其承建的建设工程行使优先受偿权"，理由是：首先，如果承包人的优先权在建设工程转让后即被阻断或不复存在，那么建设工程很容易在承包人不知道的情况下过户到一般债权人名下，承包人优先受偿权的目的将会落空。其次，优先受偿权具有一定程度的公示性，对建设工程发包人享有债权的第三人应有义务推断某一建设工程上是否负担着建设工程价款优先受偿权；第三，《最高院优先受偿权批复2002》第一条规定，应当认定建筑工程的承包人的优先受偿权优于抵押权和其他债权。举轻以明重，也应当及于第三人通过以物抵债方式取得的建设工程的情形。

（执笔法官：司伟）

【作者点评】

根据《最高院优先受偿权批复2002》第二条有关"消费者交付购买商品房的全部或者大部分款项后，承包人就该商品房享有的工程价款优先受偿权不得对抗买受人"之规定，本案中，殷某通过以物抵债的方式取得工程所有权，并非消费者，不适用上述规定。优先受偿权行使不受殷某对房屋所有权的限制。

【裁判规则】

发包人将工程转让给消费者以外的第三人且第三人已取得工程所有权的，承包人工程价款仍然享有优先受偿权。

第 65 例　放弃条件未成就可否行使优先受偿权？

【争议焦点】

　　发包人与承包人约定附条件放弃优先受偿权，条件未成就的，承包人是否仍可行使优先受偿权？

【指导性案例】

《民事审判指导
42辑》第154页

　　2006年3月，发包人与承包人签订《施工合同》，由承包人对"新新商厦"外墙装饰等工程进行施工。工程暂估价1000万元。

　　2006年9月12日，发包人与项目受让人《在建工程转让》协议，将该在建商厦工程转让给项目受让人。项目受让人承担不超过300万元土建款和300万元外墙装饰费用，该费用将先行存入监管账户，在工程竣工验收完毕后，从监管账户支付给施工单位。协议签订后，发包人将该工程过户至项目受让人名下。

　　2006年9月14日，承包人向发包人发出《承诺书》，承诺在确认商厦外墙装饰、门窗、电梯安装工程款并收到100万元监管资金后，放弃此项工程款的优先受偿权。

　　2006年10月，承包人要求发包人归还质量保证金以及应付工程款，发包人未支付。承包人将发包人诉至法院，请求支付工程款及利息，确认工程价款优先受偿权。诉讼中，各方对于承包人是否可以行使其已承诺放弃的优先受偿权产生争议。

【各方观点】

　　（1）承包人认为：发包人与项目受让人恶意串通，故意隐瞒转让事实，侵犯了承包人的优先受偿权。

　　（2）发包人同意：按合同约定履行。

　　（3）项目受让人认为：其支付了合理对价取得工程建筑物，系善意第三人，且承包人承诺放弃优先受偿权，因而承包人的主张不能成立。

【裁判观点】

　　（1）一审法院认为：关于承包人对项目受让人的诉讼主张，"项目受让人在受让系争工程时，对承包人施工的部分并未进行评估。换言之，项目受让人所支付的受让款并未包含承包人的施工部分。作为施工单位，承包人对其施工部分的折价或拍卖款有优先受偿权。虽然承包人应发包人的要求，曾出具过放弃外墙门窗、电梯安装工程款优先受偿权的《承诺书》，但发包人并未确认外墙、门窗、电梯安装工程款，承包人也未收到100万元监管资金。因此，承包人对系争工程的优先受偿权并未丧失。从物的担保角度出发，项目受让人在未支付相应对价而获取承包人施工利益的情况下，其应当对发包人不能支付工程款部分承担补充赔偿责任"。

（2）二审法院认为："项目受让人与发包人约定转让在建工程的价款包括未完工部分，经过委托评估，转让价不明显低于市场价，其中承包人主张项目受让人与发包人之间存在恶意串通的转让行为依据不足。故其与发包人签订的《在建工程转让协议》有效。""发包人在收到该承诺之后并未确认外墙、门窗、电梯安装工程款并支付承包人100万元，承包人的起诉理由包含了其对建设工程拥有优先受偿权的主张，且提出该主张是在法定的6个月之内。因此，一审法院认定承包人关于放弃系争工程优先受偿权的前提条件并未成就，承包人仍享有该工程的优先受偿权是正确的。"

【最高院指导】

《民事审判指导42辑》第154页　最高院民一庭结合该案的指导意见为："承包人承诺放弃工程款优先受偿权的条件未成就，即使工程的所有权发生转让，如果受让人对工程转让存在过错，发包人不支付工程款。承包人仍可依《合同法》第286条及相关司法解释的规定，在工程款范围内对所建工程行使优先受偿权。"理由有三：

（1）涉案《承诺书》设定的两个条件确认工程款和收到100万元监管资金，均未在合理时间内成就；

善意取得　（2）项目受让人受让工程的行为不构成善意取得。项目受让人在明知发包人与承包人合同价款为1000万元，且未结清工程款的情况下，仅预留300万元用于外墙装饰费用支付。发包人在未支付工程款的情况下，以1.8亿元的价格得到了在建工程的绝大部分转让款。如果判决承包人不具有优先受偿权，将极大损害承包人利益；

法定优先权　（3）优先受偿权属于法定优先权，优先于其他债权，且无须诉讼程序确认即可行使，即使工程被转让，只要受让人在受让工程存在一定过错，承包人在其工程范围内就享有优先受偿权。（执笔法官：张进先）

【作者点评】

从发包人与承包人的约定看，放弃优先受偿权所附生效要件未成就，按照《合同法》第54条的规定，《承诺书》承诺放弃优先受偿权因条件未成就而未生效。从优先受偿权的价值、功能看，优先受偿权在于保障承包人获得已经物化于建设工程中的投入和付出对价，本案中，工程已经转让，如判决承包人没有优先受偿权，承包人将失去其合法取得工程价款的重要保障。

【裁判规则】

放弃优先受偿权条件未成就的，即使工程所有权发生了转移，但受让人未构成善意取得，承包人享有建设工程价款优先受偿权。

10.2 权利主体

《合同法》第286条规定："发包人未按照约定支付价款的，承包人可以催告发包人在合理期限内支付价款。发包人逾期不支付的，除按照建设工程的性质不宜折价、拍卖的以外，承包人可以与发包人协议将该工程折价，也可以申请人民法院将该工程依法拍卖。建设工程的价款就该工程折价或者拍卖的价款优先受偿。"

《最高院施工合同解释二》第17条规定："与发包人订立建设工程施工合同的承包人，根据合同法第286条规定请求其承建工程的价款就工程折价或者拍卖的价款优先受偿的，人民法院应予支持。"

究竟什么样的"承包人"是有权行使建设工程价款优先受偿权的主体呢？下面对实践中争议较大且又关系重大的几类主体问题逐一分析。

10.2.1 勘察人与设计人不享有优先受偿权

勘察是指建设工程地理、地质等情况的调查研究工作。设计，一种是初步设计，是在立项阶段，为项目决策提供可行性资料；另一种是立项之后，与发包方就具体施工设计达成的施工设计。对于勘察人及设计人是否享有优先受偿权，实践中有两种不同的观点：

第一种观点认为勘察费、设计费属于工程款优先权的范围。理由为：①根据《合同法》第269条规定，建设工程合同包括工程勘察、设计、施工合同。②最终建筑物的施工完成无疑体现了勘察、设计者的劳动成果。③将勘察人、设计人排除出享有优先受偿权主体资格之外，甚至影响到了工程质量问题。

第二种观点认为，勘察费、设计费不属于工程款优先权的范围，主要理由：从《合同法》第286条确立承包人建设工程价款优先受偿权的立法初衷来看，该条规定旨在解决拖欠建筑工人工资问题，维护承包人的合法权益。因此该条款针对的标的是工程价款，发包人支付给勘察人、设计人的价款的表述为"勘察费、设计费"。

建筑工人工资

在司法实践中，不少地方法院明确第二种观点。《浙江高院优先受偿权解答2012》第6条规定："工程勘察人或设计人就工程勘察或设计费主张优先受偿权的，不予支持。"安徽、广东等高院都有类似规定。

最高院司法解释没有将勘察人和设计人列入权利主体。《最高院施工合同解释二》第17条规定："与发包人订立建设工程施工合同的承包人，根据合同法第286条规定请求其承建工程的价款就工程折价或者拍卖的价款优先受偿的，人民法院应予支持。"

综上，无论是过往司法实践的主流观点，还是《最高院施工合同解释二》的规定，只有施工合同的承包人才有权行使优先受偿权，勘察人及设计人不享有优先受偿权。

10.2.2　合法分包人及实际施工人不享有优先受偿权

根据《最高院施工合同解释二》第17条的规定，只有与发包人签订施工合同的承包人才能行使优先受偿权。该规定纠正此外地方法院的意见。有些地方法院支持实际施工人可以主张优先受偿权，比如杭州中院、重庆高院、四川高院都支持实际施工人主张建设工程价款优先受偿权。

分包人
分包人不享有优先受偿权。分包人依法与承包人签订的分包合同的专业工程分包人及劳务作业分包人。《最高院杨心武等观点》第261页认为："分包人不可以行使优先受偿权。基于合同相对性原理，分包人就工程价款只能向承包人主张，而不能直接向发包人主张，因此合法分包人亦不得就发包人所有的建设工程行使优先权，该权利由承包人统一享有与行使。那么，分包人在承包人不行使优先权时，是否可代位行使呢？依据《合同法司法解释一》，代位权仅适用于'以金钱给付为内容的到期债权'。承包人优先权系以工程价值为担保，就工程折价、拍卖款优先受偿的权利，本质上属于物权而不是债权，故不属于适用代位权的范畴。当然，分包人对于该权利所担保的工程价款本身，可行使代位权。对分包人的另一种保护方式是立法赋予分包人依法直接就承包人对发包人的工程款债权取得法定权利质权。"

实际施工人
实际施工人也不享有优先受偿权。实际施工人是指发生工程违法分包或转包等情形时，事实上负责工程施工的人。该两种情形下，发包人与承包人签订的施工合同有效，但承包人与实际施工人签订的分包合同无效，实际施工人与发包人没有事实上的施工关系。倘若允许其适用优先权增强其受偿效力，一方面等于变相鼓励了违法分包转包的行为，另一方面也对发包人的其他合法债权人颇有不公。因此，前述合法分包人尚且不享有优先权，依举轻以明重之法理，违法分包人、转包人及其他实际施工人，不应享有优先权。

10.2.3　非所有人发包的装修工程不享有优先受偿权

所有权人
《最高院施工合同解释二》第18条规定："装饰装修工程的承包人，请求装饰装修工程价款就该装饰装修工程折价或者拍卖的价款优先受偿的，人民法院应予支持，但装饰装修工程的发包人不是该建筑物的所有权人的除外。"

在装饰装修工程中，承包人装修装饰等工作行为使原先的建筑工程或不动产得以增值。在发包人拖欠的装修装饰工程价款中，除装修装饰所需要的材料费外，相当一部分是承包人应当支付的工人工资和其他劳务费用。因此，将装修装饰工程款纳入建设工程款的范围之内，有利于保护广大劳动者及时获得劳动报酬的权利。

增加价值
装修装饰工程款的优先受偿权仅限于因装修装饰而使该建筑物增加的价值的范围内。装修装饰工程是以已经建造的建筑物为基础而进行的一种二次加工和修缮，故其优先权的行使范围应当限定在装修装饰工程使建筑物增加价值的限度之内。在司法实务中，因装修装饰而使建筑物增值的范围一般应当根据当事人双方的合同约定来判断，如果合同中约定了洽商变更的条件及例外情形，则常常需要借助于司法鉴定来综合判定。根据《最高院286条函复2004》规定，优先受偿权只能在建筑物因装饰装修而增加价值的范围内优先受偿。

司法鉴定

装修装饰工程的发包人必须是该建筑物的所有权人，或者发包人虽然不是所有权人，但建筑物的所有权人与装修装饰工程的承包人之间已经形成合同关系。装修装饰工程总是依附于已经完成或基本完成的建筑物之上，因此装修装饰工程的发包人一般应当是该建筑物的所有权人，这是装修装饰工程的承包人行使优先受偿权的基础和前提。在司法实务中，常常有一些发包人并不是装修装饰工程所依附的建筑物的所有权人，而是以租赁、联营等方式实际占有和使用该建筑物的占有人，对这些装修装饰工程承包人的优先受偿权应当进行合理限制，即在该装修装饰工程未征得建筑物所有权人同意担保的前提下，该装修装饰工程的承包人不享有优先权。

10.2.4　无效合同的承包人可以享有优先受偿权

《最高院施工合同解释二》第17条规定行使优先受偿权的主体为"与发包人订立建设工程施工合同的承包人"，与该施工合同是否有效无关。

建筑工人工资

工程价款优先受偿权的立法目的是为解决发包人拖欠承包人建筑工人工资问题，出于立法政策的考虑，在建设工程施工合同无效的情形下，仍然要保护承包人工程价款优先受偿权。最高人民法院审判委员会讨论意见认为，在建设工程施工合同纠纷案件审理中，由于建筑市场违法违规行为的普遍，建设工程施工合同被认定无效占有很大比例。如果认定合同无效时，承包人均不享有工程款的优先受偿权，则很难平衡双方当事人的利益关系，承包人处于不利的地位，工程款债权很难实现，相对应地，建筑施工企业施工人员的工资亦难以保护。从《合同法》规定的工程价款优先受偿权的立法目的考虑，应尽可能保护承包人工程款的优先受偿权。[①]

10.2.5　工程价款债权受让人对工程享有优先受偿权

债权转让

工程价款债权转让合法是受让人享有优先受偿权的前提。建筑施工中形成的债权能否转让取决于债权的性质、转让是否合法，是否损害发包人利益。鉴于建筑工程施工合同的特殊性，履行中可以转让合同权利而不得转让合同义务。应依据《合同法》第80条、第81条的规定，认定债权转让是否合法有效。

工程价款债权合法转让后受让人享有优先受偿权。地方法院多数支持工程款债权受让人享有工程价款优先受偿权。如：《广东高院施工合同指导2011》第15条规定："承包人将建设工程施工合同约定的工程款债权依法转让，债权受让方主张其对建设工程享有优先受偿权的，可予支持。"工程款

---

① 关丽：《就同一建设工程分别签订的多份施工合同均被认定为无效后，应当参照双方当事人达成合意并实际履行的合同结算工程价款》，载《民事审判指导与参考》（总第55辑），人民法院出版社2014年版，第135页。

法定优先权

担保工程款支付

解析案例

优先受偿权属于法定优先权，是基于建造建筑物而产生的权利，系工程款本身具有的权利，是法律赋予权利人的一种对物权，其功能是担保工程款优先支付，该权利依附于所担保的工程而存在。同时，建筑施工中形成的债权转让并不违反法律、法规的强制性或者禁止性规定，合同依法可以转让，亦应认定工程款债权转让有效。既然建设工程承包人可以转让其在施工中形成的工程款债权，受让人基于债权的转让而取得工程款债权，根据上述工程款优先受偿的性质，债权受让人应当享有该工程款的优先受偿权。

在第66例（解析案例）中，争议焦点为受让人依法从承包人处受让了工程价款债权，是否能取得已完工程款的优先受偿权？发包人认为：受让人作为《施工合同》以外的第三人，既不是合同约定的施工方，也不是该建设项目的承包人，因此受让人对涉案工程行使优先受偿权于法无据。二审法院认为：受让人就该工程在发包人应付的工程款范围内享有优先受偿的权利。

最高院民一庭解析该案认为：承包人已依约行使了合同解除权，在解除后6个月内可以行使优先受偿权。受让人依据取得该工程价款债权，并在合同解除前起诉，其优先受偿权应当收到司法保护。

笔者认为：承包人将合同债权转让给受让人，并向发包人送达了债权转让通知书，符合相关法律规定。该转让行为系转让人与受让人真实意思表示，没有损害债务人的利益；也没有损害建筑工人工资，承包人取得转让工程价款债权的对价后，完全可以用于支付建筑工人工资；因此依法有效。受让人因此取得承包人应享有的工程价款债权，因而也取得了依附在该工程价款债权上的优先受偿权。

第66例　工程价款债权受让方可否行使优先权？

【争议焦点】

受让人依法从承包人处受让了工程价款债权，是否能取得已完工程款的优先受偿权？

【解析案例】

2001年11月30日，发包人陕西西岳山庄有限公司就其所属的华山假日酒店工程与承包人中建三局建发工程有限公司签订《建设工程施工合同》，约定工程开、竣工日期为2001年12月26日、2002年10月31日。

2004年4月14日，承包人向发包人发出债权转移通知书称，"贵方与公司于2002年签订了建设工程施工合同，现在我公司因改制重组的需要，欲将我公司对贵方所享有的上述债权转让给受让人武汉中建三局建发实业发展公司"。发包人予以签收。

2002年7月至2003年4月间，承包人数次向发包人催要工程进度款；2004年10月29日，承包人向发包人以特快专递方式送达《工作联系单》等，请求发包人确认工期顺延、窝工费及机械停滞费。发包人认为不成立。

2005年10月10日，承包人向发包人发出《关于解除合同的通知》。

受让人认为发包人违反合同约定，拖欠工程款并造成窝工损失，遂向一审法院提起诉讼。

【各方观点】

（1）受让人认为：①关于债权转让问题。承包人与受让人就本案债权转让达成了合意，并将这一合意通知了债务人，转让合法有效；②受让人对承包人所承接的工程依法享有优先受偿权。

（2）发包人认为：受让人作为《施工合同》以外的第三人，既不是合同约定的施工方，也不是该建设项目的承包人，因此受让人对涉案工程行使优先受偿权于法无据。

（3）陕西高院一审认为：依照《合同法》第286条的规定，受让人就该工程在发包人应付的工程款范围内享有优先受偿的权利。

【裁判观点】

最高院二审认为："1. 关于承包人向受让人转让债权是否合法有效的问题。本案中，承包人履行了部分合同义务，取得了向发包人请求支付相应工程款的权利。转让行为发生时，承包人的此项债权已经形成，债权数额后被本案鉴定结论所确认。发包人接到承包人的《债权转移通知书》后，并未对此提出异议，法律、法规亦不禁止建设工程施工合同项下的债权转让，债

权转让毋需征得债务人同意。根据《合同法》第八十条、八十一条的规定，本院确认涉案债权转让合法有效，受让人因此受让承包人对发包人的债权及从权利。发包人虽然主张涉案债权依法不得转让，但并未提供相关法律依据，故对发包人关于承包人转让债权的行为无效的主张，本院不予支持。受让人基于受让承包人的债权取得本案诉讼主体资格。

2. 关于受让人对涉案工程是否享有优先受偿权的问题。建设工程款具有优先受偿性质，受让人基于受让债权取得此项权利。鉴于该项建设二程目前尚未全部竣工，《施工合同》因发包人拖欠工程款等原因而迟延履行，受让人优先受偿权的行使期限应从2005年10月10日解除合同时起算。此前受让人已提起诉讼，故不应认定其优先受偿权的行使期限已超过6个月。对于发包人关于受让人已超过行使优先受偿权期限的主张，本院不予支持。"

【最高院解析】

《民事审判指导32辑》第170页

最高院民一庭张进先法官解析认为：承包人已依约行使了合同解除权，在解除后6个月内可以行使优先受偿权。受让人依据取得该工程价款债权，并在合同解除前起诉，其优先受偿权应当收到司法保护。

【作者点评】

《合同法》第286条规定："发包人未按照约定支付价款的，承包人可以催告发包人在合理期限内支付价款。发包人逾期不支付的，除按照建设工程的性质不宜折价、拍卖的以外，承包人可以与发包人协议将该工程折价，也可以申请人民法院将该工程依法拍卖。建设工程的价款就该工程折价或者拍卖的价款优先受偿。"第81条规定："债权人转让权利的，受让人取得与债权有关的从权利，但该从权利专属于债权人自身的除外。"

承包人将合同债权转让给受让人，并向发包人送达了债权转让通知书，符合相关法律规定。该转让行为系转让人与受让人真实意思表示，没有损害债务人的利益；也没有损害建筑工人工资，承包人取得转让工程价款债权的对价后，完全可以用于支付建筑工人工资；因此依法有效。受让人因此取得承包人应享有的工程价款债权，因而也取得了依附在该工程价款债权上的优先受偿权。

【裁判规则】

受让人依法受让承包人工程价款债权，受让人取得承包人享有的工程价款优先受偿权。

10.3 权利客体

10.3.1 不宜折价拍卖的建设工程不享有优先受偿权

不宜折价拍卖

《合同法》第286条规定，"按照建设工程的性质不宜折价、拍卖的"，不属于建设工程价款优先受偿权的范围。

违章建筑

不合格建筑

禁止流通建筑

不宜折价、拍卖的情形有很多种。既包括因建造手续违法所导致的不宜折价、拍卖，如未取得合法的建设工程规划手续、建设用地规划手续等；也包括因建筑物的使用功能不完备等原因，导致折价、拍卖价格低于建造成本，或无法独立使用；还包括因建筑物本身的性质导致无法折价、拍卖，如建筑物属于国家机关办公用房、军事用房等。对于此类情形，权利人主张建设工程价款优先受偿权时，要充分注意尽可能提供建设工程不属于不宜变卖、拍卖情形的相关证据。

不宜折价、拍卖的情形应该尽量限制。从适度优先保护不宜折价拍卖工程之承包人，尽量减小限制因素的影响着手：一方面应适度限定公共或公益目标的范畴；另一方面可将优先受偿权的客体范围作出符合制度目的的扩大解释，尽力避免承包人丧失被优先保护的机会。具体来说：

可转让

首先，建设工程在客观上可以转让的，则应直接认定承包人对转让价款享有优先受偿权，比如，政府机关的职工宿舍、食堂，学校、医院等的商业经营用房，虽与公共目标有牵连，但权属转移不影响公共目标实现的建设工程。

物上代位

其次，如不宜折价拍卖的建设工程能够产生其他收益，可以该收益作为工程折价拍卖款的替代物，进而承认承包人对工程收益的优先受偿权。典型情形如公路通行费用，学校、医院、博物馆等公共机构的运营利润等，可能成为承包人优先受偿的对象。

抵押

最后，对于观念上认为不宜折价拍卖的建设工程，如果已经设立抵押权等负担，则不应再认为该工程不宜折价拍卖。

10.3.2 只有承包人投入劳动的部分才享有优先受偿权

自己劳动价值

承包人只能就自己投入劳动的建设工程行使优先受偿权。从建设工程价款优先受偿权的物权属性来看，建设工程价款对建设工程的优先受偿权起源于承揽人对承揽的添附和劳动价值，主要目的在于保护因承包人垫资、工人工资等而附加在建设工程的部分。也就是说，其他施工单位施工部分不在承包人不能行使优先受偿权。

各地高院也有类似规定，并建议房地分开评估。《安徽高院施工合同意见2013》第22条规定："承包人仅对建设工程占用的土地使用权主张优先受偿权的，不予支持。"《浙江高院优先受偿权解答2012》第4点规定："建设工程承包人只能在其承建工程拍卖价款的范围内行使优先受偿权，对该工程占用范围内的土地使用权的拍卖价款不能主张优先受偿。实际操作中可对建设工程和土地使用权分开进行价值评估，确定各自在总价值中的比例，然后一并拍卖，拍卖成交后再确定建设工程承包人可以优先受偿的金额。"

房随地走

将房地分开仅就工程部分行使优先受偿权具有操作性。房地产交易中的"地随房走，房随地走"原则是为了保证房屋及其土地使用权归属于同一权利人，避免出现权利冲突。但并不代表实践中不可以将房屋价值和土地使用权价值分开估价和处置。在处理建设工程价款优先受偿权的案件时，应争取列明，建设工程价款优先受偿权仅及于建设工程价款，不及于所建工程的土地使用权价款，在建设工程交易价款中应扣除所建工程的土地使用权价款。

指导性案例

在第67例（指导性案例）中，争议焦点是拍卖建设工程时连同所占用的土地时使用权一并拍卖，工程价款可否就拍卖所得行使优先受偿权。二审法院认定：承包人仅就工程部分拍卖所得价款享有优先受偿权，对于土地部分拍卖所得价款不享有。

承包人劳动

最高院民一庭相应指导意见为：建设工程价款优先受偿权不及于建筑物所占用的建设用地使用权部分。在将建筑物价值变现时，尽管根据"房地一体处分"原则要将建筑物和建设用地使用权一起进行处分，但是在一起处分时要区分开建筑物的价值和建设用地使用权的价值，建设工程价款优先仅仅对建筑物的价值部分有优先受偿的效力。主要理由是优先受偿权来源于承包人在工程中投入的劳动价值，主要目的在于保护因垫资、工人工资而附加在建设工程的部分，垫资、工人工资对于建设用地部分无增值贡献。因此，土地部分拍卖所得价款不享有优先受偿权。

第67例　就工程占用土地可行使优先受偿权吗?

【争议焦点】

拍卖建设工程时连同所占用的土地时使用权一并拍卖,工程价款可否就拍卖所得行使优先受偿权?

【指导性案例】

2007年5月1日,承包人甲建筑公司与发包人乙房地产开发公司签订《建设工程施工合同》(经法院认定合法有效),约定承包人垫资施工发包人开发的某小区房地产项目A区C座(以下简称涉案建筑物)。双方并约定,如果发包人迟延给付,按日3%支付欠款部分违约金。

承包人按合同约定进度施工并于2008年7月17日如期竣工。竣工验收后,截至2008年10月1日,发包人尚欠承包人工程款2800万元。涉案建筑物的一部分已经出售给众多购房人并交付,尚有48套房屋未出售。涉案建筑物所属的建设用地使用权已经抵押给丙银行。丙银行已经于该案审理过程中,申请对涉案建筑物进行了查封,但丙银行尚未起诉。

经多次催要,发包人始终未予以支付,2008年12月21日,承包人起诉至一审法院,要求发包人支付工程欠款及违约金,并要求对涉案建筑物行使优先受偿权。在本案审理过程中,承包人申请法院对涉案48套房屋采取了财产保全措施。

【各方观点】

承包人认为,依据法律规定,承包人有权就"工程"行使优先受偿权,而工程就是指建筑物,根据我国"房地一体"的原则,当然包括了土地使用权价值部分。

丙银行认为,其对涉案建筑物所属的建设用地使用权部分已经享有抵押权,而承包人的工程价款优先权的标的仅及于扣除建设用地使用权价值的工程部分,无权对涉案建筑的土地价值部分享有优先受偿权。

一审法院认为:"根据《合同法》第286条规定,承包人对发包人的工程欠款债权对于涉案建筑物有优先受偿权。鉴于涉案建筑物部分房屋已经出售给众多购房人,根据2002年6月11日颁布的《最高院优先受偿权批复2002》第2条规定……承包人对于已经出售给购房人的部分不能享有优先受偿权,但承包人对于涉案建筑物尚未出售的48套房屋(已经采取诉讼保全措施)根据上述《批复》第1条规定……有优先受偿权。一审法院判决:……三、承包人对某小区房地产项目A区C座建筑物的拍卖价款有优先受偿权。"

【裁判观点】

二审法院认为："《合同法》第286条规定的工程价款优先受偿权的客体'工程'并不包括土地价值部分。一审法院审理认定承包人对建筑物行使优先受偿权的建筑物也应该指扣除了土地价值部分的'工程'，只不过表述的用语并不明确而已，因此一审法院判决结果并无不当，只是表述需要进一步完善。据此，二审法院判决：……变更一审判决第三项为承包人对某小区房地产项目A区C座未出售部分的工程的拍卖价款有优先受偿权。"

【最高院指导】

《民事审判指导44辑》第203页

最高院民一庭结合该案的指导意见为：根据《合同法》第286条规定，"建设工程价款优先受偿权不及于建筑物所占用的建设用地使用权部分。在将建筑物价值变现时，尽管根据"房地一体处分"原则要将建筑物和建设用地使用权一起进行处分，但是在一起处分时要区分开建筑物的价值和建设用地使用权的价值，建设工程价款优先仅仅对建筑物的价值部分有优先受偿的效力"。理由为：一、《物权法》第182条规定，以建筑物抵押的，该建筑物占地范围的建设用地使用权一并抵押，目的在于房地分属不同主体，并非使抵押权人对非抵押部分取得担保物权。二、优先受偿权来源于承包人在工程中投入的劳动价值，主要目的在于保护因垫资、工人工资而附加在建设工程的部分，垫资、工人工资对于建设用地部分无增值贡献。三、拍卖对建筑物和土地使用权价值是可以区分的。（执笔法官：仲伟珩）

【作者点评】

建设用地使用权价值部分不能成为优先受偿权客体。实践中拍卖建筑物时，虽然建筑物与所占用的建设用地使用权要一体拍卖，但是建筑物的价值和建设用地使用权的价值是可以进行区分的，建设工程价款仅针对建筑物的价值进行清偿。

【裁判规则】

建设工程价款优先受偿权对象为承包人施工的建设工程部分，不包括建设工程所占用的建设用地使用权部分。

10.4 受偿范围

《最高院施工合同解释二》第21条规定："承包人建设工程优先受偿权的范围依照国务院有关行政主管部门关于建设工程价款范围的规定确定。承包人就逾期支付建设工程价款的利息、违约金、损害赔偿金等主张优先受偿的，人民法院不予支持。"如何理解该条，分述如下：

10.4.1 优先受偿范围为成本、利润及税费组成的工程价款

该解释二第21条规定承包人建设工程优先受偿权的范围为工程价款。这与《最高院优先受偿权批复2002》第3条规定的实际支出不一致。该条规定："建筑工程价款包括承包人为建设工程应当支付的工作人员报酬、材料款等实际支出的费用。"工程价款与工作人员报酬、材料款等实际支出的费用有何不同呢？

工程价款 工程价款由成本、利润和税费组成。住房城乡建设部与财政部《工程费用项目组成》第1条规定："建筑安装工程费用项目按费用构成要素组成划分为人工费、材料费、施工机具使用费、企业管理费、利润、规费和税金""为指导工程造价专业人员计算建筑安装工程造价，将建筑安装工程费用按工程造价形成顺序划分为分部分项工程费、措施项目费、其他项目费、规费和税金"。建设部颁布的《建设工程施工发包与承包价格管理暂行规定》（建标〔1999〕1号）第5条规定："工程价格由成本（直接成本、间接成本）、利润（酬金）和税金构成。"上述概念都是一致的。成本包括：人工费、材料费、施工机具使用费等直接成本，也包括企业管理费、措施项目费等间接成本。

直接成本

间接成本

工程价款也可以按分部分项工程费、措施项目费、其他项目费、规费和税金来划分。《工程费用项目组成》第1条还规定："为指导工程造价专业人员计算建筑安装工程造价，将建筑安装工程费用按工程造价形成顺序划分为分部分项工程费、措施项目费、其他项目费、规费和税金。"按照《清单计价规范2013》如下规定：

（1）第2.0.1款："工程量清单：载明建设工程分部分项工程项目、措施项目、其他项目的名称和相应数量以及规费、税金项目等内容明细清单。"

（2）第3.1.4款："工程量清单应采用综合单价计价。"

综合单价 （3）第2.0.8款："综合单价 完成一个规定清单项目所需的人工费、材料和工程设备费、施工机具使用费和企业管理费、利润以及一定范围内的风险费用。"

按照上述规定可知：分部分项工程费是指与实体工程相关的人工费、材料费、施工机具使用费、企业管理费、利润组成。措施项目费是指与措施项目相关的人工费、材料费、施工机具使用费、企业管理费、利润组成。其他项目费指其他项目的人工费、材料费、施工机具使用费、企业管理费、利润组成。

实际支出费用　　　　实际支出的费用指不包括利润的其他工程价款。实际支出即工程成本。按照《清单计价规范2013》第2.0.10款规定："工程成本指承包人为实施合同工程并达到质量标准，在确保安全施工的前提下，必须消耗或者使用月的人工、材料、工程设备、施工机械台班及其管理等方面发生的费用和按规定缴纳的规费和税金"。

　　　　可见，该解释二第21条将优先受偿权的范围从工程成本扩大到了工程价款，增加了利润。关于利润是否纳入优先受偿范围，《最高院施工合同解释二适用》第431页认为："经反复研究讨论，最终将承包人的利润作为建设工程价款的组成部分，可就建设工程折价或者拍卖的价款优先受偿。主要基于以下考虑：第一，从实践看，无论是建设工程造价鉴定还是当事人对建设工程价款的约定，都将利润作为建设工程价款的一部分。第二，要从建设工程价款中区分出利润未必可行，成本太高。第三，建筑行业属于薄利行业，如果对建设工程施工的利润不予较强的保护，会阻碍建筑行业发展。"

10.4.2　优先受偿范围不包括利息、违约金及损害赔偿金

　　　　该解释二第21条规定，逾期支付建设工程价款的利息、违约金、损害赔偿金等皆不在优先受偿权范围内。

　　　　工程价款利息不在优先受偿范围之内。利息，既包括施工期间垫资产生的利息，也包括拖延结算和支付工程价款而产生的利息。尤其是垫资施工产生的利息，某种程度上说，也是形成工程的必不可少的成本。以往司法实践中，支持利息列入优先受偿的范围的案例并不鲜见。但是，该司法解释二为了保护和平衡第三人利益，将其排除在优先受偿范围之外了。

损害赔偿金　　　　违约金及损害赔偿金不在优先受偿范围之内。违约金、损害赔偿金即指《最高院优先受偿权批复2002》第3条所称的"承包人因发包人违约所造成的损失"，《最高院施工合同解释二适用》第437页认为"违约金、损害赔偿金予普通债权没有实质区别，对于保护建筑工人的利益也没有特别意义。建设工程价款优先权不同于抵押权，不宜参照适用《担保法》第46条"（即抵押担保的范围包括主债权及利息、违约金、损害赔偿金和实现债权的费用），所以将其排除在优先受偿范围之外。

解析案例　　　　在第68例（解析案例）中，由于发包人资金不足等原因项目停工，承包人因此发生了停窝工损失、原材料及油料价格上涨损失。二审法院认为：承包人主张上述两损失对案涉工程项目享有优先受偿权，无事实及法律依据。

　　　　最高院民一庭解析认为：建设工程价款优先受偿权所保护的范围系投入或者物化到建设工程中、对建设工程所产生增值部分的工作人员报酬、材料款等**实际投入**　　实际支出的费用，在发包人欠付工程款的情况下，施工人由于无法取回其"实际投入"或者物化到建设工程中的该部分价值，从而设定了一种对拍卖价款的物上代位，即施工人可以从该工程拍卖或者折价款项中优先取得其实际投入或者物化到建设工程中的价值；而对于未"实际投入"到建筑物中的价值，无论其表现形式如何，均不能对建设工程取得优先受偿的地位。基于此，能够行使建设工程价款优先受偿权的权利范围不包括因发包人违约导致的损失。

10.4.3　发包人风险导致的停窝工损失等索赔属于优先受偿范围

停窝工损失及其他可索赔损失是否在优先受偿范围之内呢，有较大争议。停窝工损失是一种典型的索赔。不同法院和仲裁机构在审判实践中对此问题的裁判尺度也有很大差异。有观点认为，停窝工损失及其他可索赔损失属于因发包人违约给承包人造成的损失，不应纳入优先受偿权范围。但也有观点认为，停窝工损失及其他可索赔损失等是工程结算价款的重要组成部分，也属于《合同法》第286条款所称的工程价款的范围。

发包人风险索赔　发包人违约导致的索赔属于损害赔偿金，但发包人风险导致的索赔不属于损害赔偿金。索赔是《清单计价规范2013》第9.1.1 规定了15种按照合同约定调整价格情形中的一种，按该规范2.0.23款，**索赔**　指在工程合同履行过程中，合同当事人一方因非己方的原因而遭受损失，按合同约定或法律法规规定应由对方承担责任，从而向对方提出补偿的要求。索赔是否属于"损害赔偿金"呢？笔者认为：因为发包人违约引起的索赔性质与损失赔偿金相同，**损害赔偿金**　按照该司法解释二第21条规定，不应纳入可以行使优先受偿权的工程价款范围；但是因为非发包人违约引起的经济索赔，也就是按照《施工合同示范文本2017》及《FIDIC红皮书》等规定的由发包人承担风险的可补偿费用的情形，则不属于损害赔偿，与损失赔偿金无关，应纳入可以行使优先受偿权的工程价款范围。

工程价款　发包人风险导致的索赔属于工程价款，可以优先受偿。从工程价款组成角度看，发包人风险导致的索赔属于承包人为建设工程实际支出的费用。比如，开挖地下室时出现了不可预见的流沙，承包人为此支出清除流沙、人员及机械设备停工费用，就属于建设工程应支出且实际支出的费用，与发包人违约无关，按照《施工合同示范文本2017》等规定，承包人可以索赔相关费用。

10.4.4　已物化到工程中的垫资款本金属于优先受偿范围

承包人的垫资是否可以优先受偿。笔者认为，承包人为建设工程垫付的资金本金，不论是依约定垫付的，还是承包人被迫自行垫付的，只要实际投入或者物化到建设工程中的价值之中，均应属于建设工程优先权的范围。理由为：

物化到工程中　首先，从垫资的性质看，因已物化到建设工程中的价值之中，其应属于《最高院优先受偿权批复2002》中所称"实际支出费用"的范畴。值得注意的是，如果发包人将承包人的垫资未用于建设工程本身，则应当认定该种垫资关系是一种借贷关系、产生的只是普通债权，而不应属于建设工程优先权的涵盖范围。[①] 垫资已物化为建筑工程一部分的，承包人对此应当享有一种相当于"取回权"的物权性权利。

[①] 雷运龙，黄锋：《建设工程优先权若干问题辨析》，载《法律适用》2005年第10期。

再次，如果将垫资排除在建设工程优先权的范围之外，则与优先受偿权保护建筑工人工资的立法目的不符。

最后，依据《最高院施工合同解释一》第6条的规定，垫资按照有效处理，符合保护建筑工人工资的立法精神。

10.4.5　质量保证金宜纳入优先受偿范围

质量保证金，简称质保金，按照《质量保证金管理办法》第2条规定，指发包人与承包人在建设工程承包合同中约定，从应付的工程款中预留，用以保证承包人在缺陷责任期内对建设工程出现的缺陷进行维修的资金。

工程价款　　质量保证金属于工程价款的范畴，应纳入优先受偿的范围。从建设工程价款中预扣的工程质量保证金，本质上与进度款、结算款一样，仍属于建设工程价款的一种类型，只为了确保缺陷责任期建设工程质量而特别预留的工程价款。《最高院施工合同解释二适用》第441页认为："从某种意义上讲，**质量保证金**　　返还建设工程价款中预扣的工程质量保证金可视为附期限的工程价款支付义务。该期限即为合同约定或者法律规定的缺陷责任期。因此，发包人从建设工程价款中预扣的工程质量保证金，可就建设工程折价或者拍卖的价款优先受偿。"

至于实践中出现的承包人以现金、银行存款等方式向发包人缴纳一笔保证金，名义上可能称之为"质量保证金"，但与《质量管理条例》《质量保证金管理办法》中规定的，从应付工程款中预留的质量保证金存在本质上的差异。后者源于工程价款，是已完工程的对价及工程款的组成部分，而前者更加符合履约保证金的法律特征，实质上是一种债的担保，同时也不是为工程实际支出的费用，因此不宜纳入优先受偿的范围。[1]

---

[1] 中国建设工程法律评论第四工作组：《建设工程优先受偿权》，法律出版社2017年版，第33页。

第68例　优先受偿权受偿范围包括停工损失吗？

【争议焦点】

承包人工程价款优先受偿权的受偿范围是否包括停工损失及材料价格上涨损失？

【解析案例】

2003年12月31日，承包人中铁二十二局集团第四工程有限公司经过招投标，与获得特许经营权的发包人安徽瑞讯交通开发有限公司签订《合同协议书》，约定发包人将阜周高速公路13标段发包给承包人施工。

2004年3月至2005年3月，由于发包人资金不足、承包人施工组织不力等原因项目停工，承包人在停工期间发生的停窝工损失为6778661.54元，原材料及油料价格上涨损失为3119237.64元（鉴定结论），一审支持上述全额停窝工损失、50%材料价差。

2008年12月22日，安徽省人民政府决定由安徽省交通运输厅收回阜周高速公路建设经营权，交由安徽高速公司作为项目新业主负责建设和经营，项目原业主发包人承担原施工单位及处理此前项目债权债务的责任，双方合意解除合同。

承包人提起诉讼，请求：确认承包人就其所主张的各项损失款项对案涉工程享有优先受偿权。

【各方观点】

承包人认为，为保护广大建筑工人的利益，至少应该对于拖欠工程款、人员机械费用、材料上涨费用等，判令确认承包人享有建设工程价款优先受偿权。

发包人认为，承包人对案涉建设工程享有优先受偿权不具备法定的前提条件，一方面该建设工程属于公益性基础设施，不宜折价或者拍卖；另一方面瑞讯公司与中铁公司的施工合同已经解除，中铁公司一直没有主张优先受偿权，已经放弃了该权利。

安徽高院一审认为："承包人要求确认其就案涉工程享有优先受偿权的诉请不予支持。"

【裁判观点】

最高人民法院二审认为："根据《最高人民法院关于建设工程价款优先受偿权问题的批复》第三条规定……能够行使建设工程价款优先受偿权的权利范围不包括因发包人违约导致的损失。而从前述承包人在本案中被支持的诉请款项来看，包括因发包人违约给其造成的停窝工损失和材料价差损失

查案例扫微信

两项，均不属于建设工程价款优先受偿权的权利行使范围，故一审法院未予支持承包人主张对案涉工程项目享有优先受偿权的请求，并无不当。承包人主张对案涉工程项目享有优先受偿权的该项上诉请求，无事实及法律依据，应予驳回。"

【最高院解析】

《民事审判指导15年卷》第340页（第62辑）

实际投入

最高院民一庭仲伟珩法官解析认为：《最高院优先受偿权批复2002》第1条规定："人民法院在审理房地产纠纷案件和办理执行案件中，应当依照《中华人民共和国合同法》第286条的规定，认定建筑工程的承包人的优先受偿权优于抵押权和其他债权。"建设工程价款优先受偿权所保护的范围系投入或者物化到建设工程中、对建设工程所产生增值部分的工作人员报酬、材料款等实际支出的费用，在发包人欠付工程款的情况下，施工人由于无法取回其"实际投入"或者物化到建设工程中的该部分价值，从而设定了一种对拍卖价款的物上代位，即施工人可以从该工程拍卖或者折价款项中优先取得其实际投入或者物化到建设工程中的价值；而对于未"实际投入"到建筑物中的价值，无论其表现形式如何，均不能对建设工程取得优先受偿的地位。基于此，能够行使建设工程价款优先受偿权的权利范围不包括因发包人违约导致的损失。而从本案承包人在本案中被支持的诉请款项来看，包括因发包人违约给其造成的停窝工损失和材料价差损失两项，这二者均不属于建设工程价款优先受偿权的权利行使范围，故中铁公司主张对案涉工程项目享有优先受偿权的该项上诉请求，无事实及法律依据，应予驳回。

【作者点评】

《最高院优先受偿权批复2002》第3条规定："建筑工程价款包括承包人为建设工程应当支付的工作人员报酬、材料款等实际支出的费用，不包括承包人因发包人违约所造成的损失。"《最高院施工合同解释二》第21条规定将逾期支付建设工程价款的利息、违约金、损害赔偿金排除到优先受偿范围之外。

笔者认为停工损失是否必须就不属于优先受偿范围，应该分析停工的具体原因。因为发包人违约引起的停工损失应排除到优先受偿范围之外。但是因为按照合同约定可以补偿的其他原因，比如出现了化石、文物，由此引起的停工损失，按《施工合同示范文本2017》第1.9款规定，由此增加的停工损失，不属于发包人违约引起的损失，而是"为建设工程应当支付的工作人员报酬、材料款等实际支出的费用"，可以纳入优先受偿范围。

【裁判规则】

承包人工程价款优先受偿权的受偿范围包括为建设工程价款，不包括发包人违约所造成的损失，比如发包人拖欠进度款引起的停工损失及材料涨价损失。

10.5 成立期限

10.5.1 优先受偿权成立期限从应付价款之日起算6个月

《最高院施工合同解释二》第22条规定："承包人行使建设工程优先受偿权的期限为六个月，自发包人应当给付建设工程价款之日起算。"

优先受偿权成立期限起算日期现为发包人应付价款日，此前规定为竣工之日。《最高院优先受偿权批复2002》第4条规定："建设工程承包人行使优先权的期限为六个月，自建设工程竣工之日或者建设工程合同约定的竣工之日起计算。"最高院通过指导性案例等予以了补充完善。这具有重要意义，将对建筑工人利益的保护落到了实处。

在第69例（指导性案例）中，合同约定的工程款支付时间，晚于工程竣工之日6个月以上，按照《最高院优先受偿权批复2002》规定：自竣工之日起计算6个月，无法行使工程价款优先受偿权。

最高院民一庭相应指导意见为："无论怎样解释当事人之间的合同约定、法律和司法解释的规定，都不应得出优先权行使期限的起算，早于当事人之间约定的或者依照法律、司法解释规定确定的工程价款支付期限的结论，唯如此方能实施建设工程价款承包人优先受偿权的权能，确保立法目的不落空。""当事人明确约定工程款支付时间晚于工程竣工之日的，承包人行使优先权的期限不应再从工程竣工之日起计算。通常情况下，应当充分遵守当事人之间的约定，从承包人可以向发包人实施主张工程款的时间，开始计算建设工程价款优先权的行使期限。"

以上案例是约定应付价款日晚于竣工日超过6个月，以下案例是实际应付价款日晚于竣工日超过6个月。

在第70例（解析案例）中，竣工日为2012年10月18日，《结算审核定案表》约定付款日为2015年1月28日。承包人于7月28日起诉。最高院再审认为优先受偿权期限应从2015年1月28日开始起算。

最高院民一庭解析该案认为："在认定该优先受偿权的行使期限时，应当尊重当事人之间关于支付工程价款期限的约定，优先受偿权行使期限的起算点，不应早于当事人之间约定的工程价款支付期限，以保证实现该优先权权能。"

可见，最高院民一庭对该两个案件的意见具有很强的指导性和预见性，与其后出台《最高院施工合同解释二》第22条完全相同；其他所有的也几乎如此；在建设工程施工合同领域，最高院民一庭出台的指导性案例及解析案例在我国具有判例法的地位。

10.5.2 应付价款之日有约定的按照该约定确定

应付工程价款首先按照合同约定的应付工程价款之日。工程合同解除的，按照《施工合同示范文本2017》通用条款第16.1.4款规定，因发包人违约解除合同后的付款，"承包人按照本款约定解除合同的，发包人应在解除合同后28天内支付下列款项"。优先受偿权的起算日期通常应该是合同解除日后第28日应付工程价款之日。

　　合同无效的，参照合同约定确定"应付工程价款之日"。合同无效，发包人取得的财产形式上是承包人建设的工程，实际上是承包人对工程建设投入的劳务，故而无法适用无效恢复原状的返还原则，只能折价补偿。此时，《最高院施工合同解释二适用》第 457页认为："承包人可参照合同约定请求支付工程价款，亦可参照合同约定的支付工程价款的方式和日期请求发包人支付工程价款。在建设工程施工合同无效的情况下，如工程经竣工验收合格，可以参照合同约定支付工程价款的时间作为发包人应付工程款的时间。"

折价补偿

恢复原状

10.5.3　应付价款之日约定不明的从宽参照利息起算日

权利成立

　　优先受偿权成立于工程价款债权成立之日。《最高院施工合同解释二适用》第 450页认为："不能将优先受偿权的成立条件与行使条件混为一谈，应将权利成立与权利行使相区分。优先权基于法定而非意定成立。优先权是由法律直接规定的特种债权的债权人就债务人的一般或特定财产优先受偿的权利，其成立时间并不以登记日期而是以优先权行为成立或优先权产生的法律事实发生日期为准，这个时间点往往与债权发生的时间点相同。其成立时间应当早于公示（效力保全）时间或者行使时间。债权发生的时间应当限缩解释为债权实际发生的时间，即建设施工的主要义务已经实际履行。"

权利行使

　　优先受偿权成立日也就是工程价款利息计算日。《最高院施工合同解释一》第18条规定："利息从应付工程价款之日计付。当事人对付款时间没有约定或者约定不明的，下列时间视为应付款时间：（一）建设工程已实际交付的，为交付之日；（二）建设工程没有交付的，为提交竣工结算文件之日；（三）建设工程未交付，工程价款也未结算的，为当事人起诉之日。"

解析案例

　　在第71例（解析案例）中，合同解除，工程交付，应付工程价款之日约定不明确，二审法院按照《合同法》第286条的规定，赋予承包人优先受偿权，未提及起算时间及行使期限的问题。

　　最高院民一庭解析认为：优先受偿权目的在于保护承包人取得已经物化于建设工程中的劳动与付出，有利于解决拖欠工程款、拖欠建筑工人工资等问题。从这个角度出发，适用优先受偿权时，对于法律未明确规定的问题，应尽可能从宽解释，考虑承包人的利益。

从宽解释

第69例　付款日晚于竣工日时可否行使优先权?

【争议焦点】

合同约定的工程款支付时间，晚于工程竣工之日，承包人是有享有优先受偿权?

【指导性案例】

《民事审判指导73辑》第156页

承包人承建发包人商品房工程，合同约定工程应于2013年4月底前竣工。施工过程中，双方因工程款的计算方式等发生纠纷造成停工。

2014年1月20日，经县政府协调，双方签订会议纪要约定：承包人保证早3个月内完成剩余工程，达到竣工验收标准，有县住建局牵头，寻找至少3家有相应资质的单位，采取抽签方式确定1家作为审价单位，对项目工程造价进行审价，审价结果作为双方工程结算的依据，在县住建局收到结算报告后10日，发包人付清全部工程款。

2014年3月11日，该工程竣工。

2014年11月20日，按照上述会议纪要约定委托的第三方出具了结算报告，并于11月25日将结算报告送到了县住建局，但发包人未按约支付承包人工程款。

2014年12月30日，承包人交涉无果后，起诉到法院，要求支付工程款，确认该工程款享有优先受偿权。

【各方观点】

（1）承包人认为：该工程款享有优先受偿权。

（2）发包人认为：承包人起诉已经超过了优先权行使期限。

（3）一审法院认为："按照司法解释的规定，建设工程承包人行使优先受偿权的期限未6个月，自竣工之日或约定竣工之日起计算。双方合同约定的竣工日期为2013年4月底，实际竣工日期为3月11日，承包人于2014年30日起诉要求行使优先受偿权，超过了6个月的行使优先受偿权期限，遂对承包人该项诉讼请求未予支持。承包人不服上诉"。

【裁判观点】

二审法院认为，"双方约定以第三方审价结果未工程款结算依据，在该审价结果未作出之前，不具备支付工程款条件，也就相应不具备主张优先权的条件。结算报告形成于2014年11月20日，依约定发包人应当从2014年11月25日结算报告送至该县住建局时起10日向承包人支付尚欠工程款，承包人于2014年12月30日提起诉讼主张优先受偿权，没有超过优先权6个月的行使期限"，遂改判支持了承包人该项诉讼请求。

【最高院指导】

最高院民一庭结合该案的指导意见认为："发包人在工程建设完成后，对竣工验收合格的工程，应当及时进行工程结算并支付价款。但在实践中，拖欠工程款的现象普遍存在，其数量之大，拖欠时间之长，已经严重影响和制约了建设企业的发展，更对工程质量进度和劳动者权益造成威胁。为了保障承包人对工程款债权实现，《合同法》明确规定了建设工程承包人对工程价款的优先受偿权，而且并没有明确规定这个优先权的行使期限。为了督促承包人积极行使优先权，《最高院优先受偿权批复2002》第4条规定：'建设工程承包人行使优先受偿权的期限为6个月，自建设工程竣工之日或者建设工程合同约定的竣工之日起计算。'但对这一司法解释的理解和适用，应当以保障承包人工程价款优先受偿权的立法目的为出发点，坚持遵循案件客观事实、尊重当事人特别约定的基本原则，而不能机械理解和适用上述司法解释关于建设工程价款优先受偿权行使期限的起算点规定。"

"本案中，……由此不难看出，如果按照工程竣工验收之日2014年3月11日起算工程价款优先权期限，那么在2014年9月11日，优先权行使期限已经届满，而此时，发包人的付款期限尚未届至，结论明显荒谬。如此起算优先受偿权行使期限，将会使法律通过优先权规定保护承包人工程价款受偿的立法目的落空，这样的司法导向，还可能暗示当事人可以通过如此约定，规避法律对优先权的强制规定，造成优先权法律制度走向名存实亡。因此，我们认为，在确定建设工程承包人优先权行使期限起算点时，应当充分尊重当事人之间的特殊约定，而不能机械适用司法解释规定的起算点。而且，无论怎样解释当事人之间的合同约定、法律和司法解释的规定，都不应得出优先权行使行使期限的起算，早于当事人之间约定的或者依照法律、司法解释规定确定的工程价款支付期限的结论，唯如此方能实施建设工程价款承包人优先受偿权的权能，确保立法目的不落空"。

因此，"当事人明确约定工程款支付时间晚于工程竣工之日的，承包人行使优先权的期限不应再从工程竣工之日起计算。通常情况下，应当充分遵守当事人之间的约定，从承包人可以向发包人实施主张工程款的时间，开始计算建设工程价款优先权的行使期限"。（执笔法官：沈丹丹）

【作者点评】

充分的完美说理！即使没有《最高院施工合同解释二》第22条规定，我们仍然可以得出约定价款支付日晚于竣工日，优先权行使期限从约定价款支付日起算的结论。

【裁判规则】

合同约定建设工程价款支付日晚于工程竣工日的，该价款优先受偿权行使期限从该价款支付日起算。

（左侧边注）

《民事审判指导73辑》第156页

立法目的

规避法律

特殊约定

第 70 例　竣工工程优先受偿权期限从何时起算？

【争议焦点】

　　工程竣工后，承包人行使优先受偿权时，行使期间从发包人应付工程款期间届满之日起算，还是从竣工日期起算？

【解析案例】

查案例扫微信

　　2009年7月28日，发包人与承包人签署《施工合同》，2009年10月15日，承包人开工建设。

　　2012年6月，工程交付给发包人使用。竣工备案文件载明：竣工时间为2012年10月18日。

　　2014年10月10日及11日，发包人与承包人相继签订《协议书》和《承诺书》，均提及承包人对本项目工程款享有优先受偿权。

　　2014年10月23日，发包人、承包人与审核单位对《结算审核定案表》盖章，该表显示"协议余款支付确定日期为2015年1月27日"。同日，发包人向承包人出具了"欠条"："发包人实际拖欠承包人工程款为3316万元整，发包人于2015年1月27日之前将拖欠的上述工程款支付给承包人，并且承包人有优先受偿权。"

　　2015年5月15日，承包人将发包人诉至法院，请求：支付欠付工程款、确认承包人对涉案工程折价或拍卖价款享有优先受偿权。

【各方观点】

　　（1）承包人认为：其优先受偿权应当从双方签订的《结算审核定案表》约定的付款日期起算，即从2015年1月28日起算。

　　（2）发包人认为：承包人行使优先受偿权的期限应当从工程竣工之日即2012年10月18日起计算，而承包人于2015年7月28日才起诉，早已超过6个月。

　　（3）湖南省高院二审认为："工程竣工日期虽为2012年10月18日，但之后6个月期限内双方并未办理工程结算，双方结算价款不明，承包人此时主张建设工程优先受偿权的时机不成就。2014年10月24日工程虽办理竣工结算备案，但双方结算协议约定欠付款于2015年1月27日之前付清，在该约定付款期限到达前，双方纠纷尚未发生，承包人不行使建设工程优先受偿权合乎情理。"

【裁判观点】

　　最高院再审认为"本案优先受偿权的保护期限应从2015年1月28日开始起算。理由是：首先，建设工程优先受偿的对象是工程折价或者拍卖价款，而工程需折价或者拍卖的前提是发包人逾期不支付工程价款。当发包人支付

工程价款已届履行期时，承包人通过诉讼要求支付工程款才可能得到支持，并相应主张优先受偿权才有意义，故建设工程优先受偿权宜从发包人应付工程款期间届满之日起算。……优先受偿权行使期限的起算点，不应早于当事人之间约定的工程价款支付期限，以保证实现该优先权权能。《最高院优先受偿权批复2002》第4条……宜理解为前述起算点与应付工程款的期限一致的情形。本案中，发包人在2014年10月24日办理竣工结算备案之日，向承包人出具'欠条'，确认实际拖欠工程款3316万元，承诺于2015年1月27日之前完成支付，并在'欠条'中载明承包人就拖欠的工程款享有优先受偿权。由此可见，虽然案涉工程已于2012年10月18日竣工，但双方实际办理竣工结算备案的时间是2014年10月24日，约定的付款时间是2015年1月27日之前。因此，本案优先受偿权宜从2015年1月28日起算"。

【最高院解析】

《民事审判指导73辑》第193页

优先权行使期限
付款期限

最高院民一庭王毓莹法官等解析认为："《合同法》第286条规定承包人就未付工程款对所承建工程享有优先受偿权，系为保护承包人对工程价款的实际受偿，在认定该优先受偿权的行使期限时，应当尊重当事人之间关于支付工程价款期限的约定，优先受偿权行使期限的起算点，不应早于当事人之间约定的工程价款支付期限，以保证实现该优先权权能。《最高院优先受偿权批复2002》第四条规定建设工程承包人行使优先受偿权的期限自建设工程竣工之日或建设工程合同约定的竣工之日起计算，宜理解为前述起算点与应付工程款的期限一致的情形。建设工程优先受偿的对象是工程折价或者拍卖价款，而工程需折价或者拍卖的前提是发包人逾期不支付工程价款。当发包人支付工程价款已届履行期时，承包人要求支付工程款才可能得到支持，并相应主张优先受偿权才有意义，故建设工程优先受偿权宜从发包人应付工程款期间届满之日起算。"

【作者点评】

意思自治

《最高院优先受偿权批复2002》第4条："建设工程承包人行使优先权的期限为六个月，自建设工程竣工之日或者建设工程合同约定的竣工之日起计算"，该规定限制了承发包双方对工程款支付时间意思自治的权利。从其附从性而言，其成立虽可与债权同步，但其行使却应当是在债权未获满足之时，明显不合理。所以最高院予以纠正完全正确。

《最高院施工合同解释二》第22条规定："承包人行使建设工程价款优先受偿权的期限为六个月，自发包人应当给付建设工程价款之日起算"，其逻辑是作为主债权的工程价款与从债权的优先受偿权同步。

【裁判规则】

工程价款优先受偿权从发包人应当给付建设工程价款之日起算，而不宜从竣工之日起算。

第71例　应付价款日不明的优先受偿权何时起算？

【争议焦点】

合同解除，工程交付，应付工程价款之日约定不明确的，优先受偿权行使期限从何时开始起算？

【解析案例】

1998年4月24日、8月28日，发包人福州怡和房地产公司与承包人宁德市海军第六工程建筑处分别签订《施工合同》及《补充协议》，约定由承包人承包由 发包人工程，工期1020天。

承包人进场施工后，完成了大部分工程。

2005年4月14日，承包人以发包人拖欠巨额工程进度款致使工程无法继续施工为由，书面通知发包人即日起正式停工。

2005年4月14日，双方认可合同解除。后续工程已由发包人委托他人继续施工。

2006年4月29日，承包人起诉发包人，请求：判令发包人支付拖欠的工程款及利息，拍卖发包人并从拍卖所得的价款中优先受偿其工程款。双方对于承包人是否对涉案工程具有优先受偿权产生争议。

查案例扫微信

【各方观点】

（1）承包人认为：工程已基本完工，发包人欠付其工程款，承包人有权就涉案工程进行拍卖并从价款中优先受偿其工程款。

（2）发包人认为：工程款优先权的行使要以工程已竣工为前提，而且主张的期限为建设工程竣工之日起6个月或建设工程约定的竣工之日内。因此，承包人请求判令拍卖发包人并从拍卖所得的价款中优先受偿其工程款是不能成立的。

（3）福建省高院一审认为："双方已经认可在工程尚未竣工的情况下于2005年4月14日解除合同的事实，双方也未能就其约定竣工日期进行举证，因此，合同解除日可视同竣工日，承包人行使优先受偿权，应在此后的6个月即2005年10月14日前提出，但其在2006年5月11日才主张，已经超过该权利行使的期间。因此，承包人该项请求，一审法院不予支持。"

【裁判观点】

最高院二审认为："关于是否应从拍卖发包人所得的价款中优先受偿工程款的问题，双方在《协议条款》中约定工程总日历工期1020天，但合同中对竣工时间未约定，当事人双方也未就合同的竣工时间举证。一审判决将合同解除日认定为工程竣工日缺乏法律依据。依据《合同法》第286条之规

定，承包人有权请求从拍卖发包人所得的价款中优先受偿工程款。"

【最高院解析】

《民事审判指导 38 辑》第 262 页

　　最高院民一庭王毓莹法官解析认为：优先受偿权是一种法定权利，无须由承包方和发包方在合同中约定，而且优先于银行贷款抵押权等权利。法律之所以赋予承包人优先受偿权，目的在于保护承包人取得已经物化于建设工程中的劳动与付出，有利于解决拖欠工程款、拖欠建筑工人工资等问题。从这个角度出发，适用优先受偿权时，对于法律未明确规定的问题，应尽可能从宽解释，考虑承包人的利益。

　　本案一审法院认为合同解除日即可视同竣工日，承包人行使优先受偿权应该在此后 6 个月内提出，从而类推《最高院优先受偿权批复 2002》第 4 条，缺乏法律依据。如果从合同解除之日起超过 6 个月未行使优先受偿权就丧失胜诉权，从后果上看是不经济的。合同解除时，工程尚未竣工，从充分发挥物的效用考虑，还是应尽可能促使工程完工。合同解除后，未完工工程别人还可以继续建造，如果建成后再去拍卖价值会比现在更高，施工方的工程款会得到更多的清偿。这对于发包人与承包人都不是双赢的。本案中，双方既未约定竣工之日，也不清楚实际竣工的日期，从合同解除之日起算期限的话，对于整个项目不利。

【作者点评】

　　《最高院优先受偿权批复 2002》第 4 条是对《合同法》第 286 条的细化，增加了优先受偿权行使期限起算时间，"建设工程竣工之日或者建设工程合同约定的竣工之日"。《合同法》第 286 条规定："发包人未按照约定支付价款的，承包人可以催告发包人在合理期限内支付价款。发包人逾期不支付的，……可以申请人民法院将该工程依法拍卖。"《最高院优先受偿权批复 2002》第 4 条规定："建设工程承包人行使优先权的期限为 6 个月，自建设工程竣工之日或者建设工程合同约定的竣工之日起计算。"本案例合同解除不适用该期限限制。最高院二审判决仍按照《合同法》第 286 条的规定，赋予承包人优先受偿权，未提及起算时间。

　　目前《最高院施工合同解释二》第 22 条修改《最高院优先受偿权批复 2002》第 4 条规定，将优先受偿权行使期限起算日期从竣工日修改为"自发包人应当给付建设工程价款之日起算"。《最高院施工合同解释一》第 18 条规定应当给付建设工程价款之日起算时间。在合同解除、工程交付、应付工程价款之日约定不明确的情况下，不宜适用第 3 款，宜从宽解释，自起诉之日起算。

【裁判规则】

　　合同解除且工程交付，应付工程价款之日约定不明确的，优先受偿权行使期限宜从宽解释，自起诉之日起算。

10.6 行使条件

10.6.1 已完成工程质量合格的可行使优先受偿权

《最高院施工合同解释二》第19条规定："建设工程质量合格，承包人请求其承建工程的价款就工程折价或者拍卖的价款优先受偿的，人民法院应予支持。"

保障工程质量 该条是保障建设工程质量的需要。《最高院施工合同解释二答记者问》认为："保障建设工程质量、保护人民群众人身和财产安全始终位居第一。这是最高人民法院制定建设工程司法解释和司法政策、指导下级法院审理建设工程施工合同纠纷案件的首要价值选择。"

竣工结算 竣工结算款是经验收合格，已经具备了行使优先受偿权条件的款项。竣工结算款的支付程序是：先竣工验收后竣工结算，最后支付结算价款。按照《施工合同示范文本2017》第14.1条竣工结算申请中规定竣工结算申请单应包括竣工结算合同价格。

司法鉴定 质量验收有双方依法确认及司法鉴定两种方式。《民事诉讼法》第76条规定："当事人可以就查明事实的专门性问题向人民法院申请鉴定。当事人申请鉴定的，由双方当事人协商确定具备鉴定资格的鉴定人；协商不成的，由人民法院指定。当事人未申请鉴定，人民法院对专门性问题认为需要鉴定的，应当委托具备鉴定资格的鉴定人进行鉴定。"由此，对争议的建设工程质量问题，司法鉴定是较为重要的一种途径。

10.6.2 未完成工程质量合格的可行使优先受偿权

《最高院施工合同解释二》第20条规定："未竣工的建设工程质量合格，承包人请求其承建工程的价款就其承建工程部分折价或者拍卖的价款优先受偿的，人民法院应予支持。"

未竣工工程 该条规定了未竣工工程价款可行使优先受偿权。从《最高院施工合同解释二》规定的条文表述分析，没有要求承包人优先受偿工程款以工程完工并经竣工验收为先决条件。工程价款优先受偿权是以发包人欠付工程款为前提的，所以即使工程未竣工，只要发包人有欠付工程款的事实，承包人就可以依照法律规定的程序主张工程价款优先受偿权。这种做法有利于保护承包人尤其是建筑工人的利益，也符合立法原意。因此，承包人对未完工程享有优先受偿的权利。

解析案例 在案例71（解析案例）中，承包人起诉请求判令解除建设工程施工合同，发包人向其支付工程款，该工程款在工程范围内享有优先受偿权。双方对承包人是否享有优先受偿权产生分歧。二审法院认定承包人对于涉案工程中其施工的部分享有优先受偿权。

最高院民一庭解析该案认为：既然是法律特别赋予承包人的权利，就应尽可能保护这种权利。考虑到承包人的劳动已经物化在建筑物中，当发包人不能按照约定支付工程款时，即使合同解除，承包人就可以申请人民法院依法拍卖工程，而从中优先受偿。

承包人未竣工工程价款行使优先受偿权的前提条件是已完工程质量合格。尽管一般情况下承包人对未完工程享有优先受偿的权利，但是如具承包人因其自身原因导致施工质量不合格，就无权要求发包人支付工程款相应地其也不能行使工程价款的优先受偿权。

指导性案例　在第73例（指导性案例）中，在合同解除后，工程存在缺陷，但经适当整改后可以达到质量要求。二审法院确认承包人有优先受偿权。

最高院民一庭结合该案的指导意见为：且已完工程虽然存有质量问题，但经鉴定属于建设工程施工中的质量通病，并不影响整体的工程质量，经适当整改后可以继续施工建设。建设工程施工合同中，存在一般性的质量瑕疵，是该类合同履行经常遇到的情况，不会对工程的结构安全构成威胁。因此，不能以质量不合格为由，限制承包人工程款优先受偿的权利。

笔者认为：按照《最高院施工合同解释一》第10条、第3条、第2条、第20条规定，工程验收不合格，修复后经验收合格的，发包人仍应依承包人请求参照合同约定支付工程价款；承包人原因造成质量缺陷的，维修费由承包人承担。该案工程未完工，存在质量通病，并不影响整体的工程质量，经适当整改后可以继续施工。可以认为该未完工程质量合格。依据《最高院施工合同解释二》第20条，承包人具备行使优先受偿权的条件。

10.6.3　只要质量合格合同无效也可以行使优先受偿权

《最高院施工合同解释二》第19及第20条行使优先受偿权的条件是质量合格。第17条规定行使优先受偿权的主体为"与发包人订立建设工程施工合同的承包人"。可见，行使优先受偿权与施工合同是否有效无关。

无效合同仍可行使优先受偿权。最高人民法院审判委员会认为，在建设工程施工合同纠纷案件审理中，由于建筑市场违法违规行为的普遍，建设工程施工合同被认定无效占有很大比例。如果认定合同无效时，承包人均不享有工程款的优先受偿权，则很难平衡双方当事人的利益关系，承包人处于不利的地位，工程款债权很难实现，相对应地，建筑施工企业施工人员的工资亦难以保护。从《合同法》规定的工程价款优先受偿权的立法目的考虑，应尽可能保护承包人工程款的优先受偿权。[①]

总之，工程价款优先受偿权制度目的是保护建筑工人的利益，工程是否无效并不会影响该制度所保护的利益。

[①] 关丽：《就同一建设工程分别签订的多份施工合同均被认定为无效后，应当参照双方当事人达成合意并实际履行的合同结算工程价款》，载《民事审判指导与参考》（总第55辑），人民法院出版社2018年版，第484页。

第 72 例　合同解除后可否行使优先受偿权?

【争议焦点】

合同约定承包人对工程享有优先受偿权的，合同解除后承包人是否仍享有优先受偿权?

【解析案例】

陕西建工集团第五建筑工程有限公司与陕西铠达投资集团有限公司建设工程施工合同纠纷案

2006年8月20日，发包人陕西铠达投资集团有限公司与承包人陕西建工集团第五建筑工程有限公司签订《建设工程施工合同》，对"金花羊毛衫商贸大厦项目"进行发包。合同约定，若发包人不能按合同约定及时、足额向承包人支付工程款，经两次催付通知仍未足额支付的，承包人可将工程折价或拍卖，所得价款优先受偿。合同约定工期为2006年8月20日（暂定）至2007年12月31日，共487天。

2006年11月1日，本项目开工，施工期间因垫资、进度款拨付、质量等问题产生纠纷。

2007年9月10日、9月20日，承包人多次向发包人发函催讨垫资款和进度款。

2008年3月15日，发包人向承包人发函确认部分工程已经初步验收并投入使用。

承包人起诉发包人，请求：判令解除建设工程施工合同，发包人向其支付工程款，该工程款在工程范围内享有优先受偿权。双方对承包人是否享有优先受偿权产生分歧。

【各方观点】

（1）承包人认为：发包人应支付其拖欠的工程款，承包人在工程范围内享有优先受偿权。

（2）发包人认为：合同不具备解除条件，承包人起诉发包人拖欠工程款没有依据，即使拖欠工程款，优先受偿权也应当是承包方在执行程序中享有的权利，其在诉讼中无权提出确认优先受偿权的请求。

【裁判观点】

（1）陕西省高院一审认为："由于承包人已经撤离施工现场，继续履行合同已失去基础，解除合同符合目前双方的实际利益，结合发包人拖欠工程款的实际情况，承包人请求解除合同依法予以支持……关于优先受偿权的问题，根据双方合同约定及合同法的相关规定，承包人的此项主张合法有据，依法予以支持。"

（2）最高人民法院二审法院认为："根据承包人与发包人双方所签订的建设工程合同的约定，承包人享有优先受偿权。虽然涉案设工程合同已经解除，但承包人的劳动与建筑材料已物化于涉案工程中。因此，一审认定承包人对于涉案工程中其施工的部分享有优先受偿权，并无不当。"

【最高院解析】

《民事审判指导15年卷》第340页（第62辑）

最高院民一庭王毓莹法官解析认为：关于涉案建设工程解除后，承包人就建设工程款是否还享有优先受偿权的问题。考虑到承包人的劳动已经物化在建筑物当中，当发包人不能按照约定支付工程款时，承包人就可以申请人民法院依法拍卖工程，而从中优先受偿。既然是法律特别赋予承包人的权利，就应尽可能保护这种权利。因此，合同解除后，承包人仍然享有优先受偿权。

合同解除后，优先受偿权行使的期限是否应自合同解除之日起6个月内行使？从法律适用的角度看，应尽量从保护施工人的利益出发，维护承包方的合法权利，除非合同约定了明确的竣工日期，否则应自支付工程款的条件成就之时起算。本案中，双方的建设工程合同中对于工期的约定为2006年8月20日（暂定）至2007年12月31日，共487天，并没有最终的明确的关于竣工日期的规定，因此，应当从工程款支付条件成就之时起算。

【作者点评】

《最高院施工合同解释二》第22条规定："承包人行使建设工程价款优先受偿权的期限为六个月，自发包人应当给付建设工程价款之日起算。"

不具有溯及

从建设工程价款优先受偿权的设立意义来说，是为了等价补偿承包人对建筑物的施工投入。即使施工合同解除，也不应对承包人已经投入部分产生影响。同时，因为建设工程的特殊性，承包人所完成的建筑物已无法随着合同的解除而回复到原来状态，因此，此时合同解除产生的效力并不具有溯及力，只是对当事人之间将来发生的权利义务产生影响，在发包人无力支付工程款项的时候，承包人仍可以主张对所建工程进行折价或拍卖，并对所得价款优先受偿。因此，合同解除与否以及解除的时点也不影响优先受偿权的有无或起算时间。

此外，本案工程虽未按合同全部竣工，但发包人确认了部分工程经验收并投入使用。可见，工程未竣工验收，承包人仍可享有优先受偿权。此时如果按照合同约定竣工日期作为优先权起算点，则承包人可能无法及时行使优先受偿权，不利于平衡建筑企业与建设单位之间失衡的地位。

【裁判规则】

合同解除的，只要质量合格，承包人可以行使建设工程价款优先受偿权。

第 73 例　未完工程质量缺陷的可否行使优先受偿权?

【争议焦点】

在合同解除后,工程存在通常缺陷,但不影响结构安全,承包人是否对已完工程行使优先受偿权?

【指导性案例】

《民事审判指导
35辑》第122页

2006年5月28日,长城公司与宏伟公司签订《建设工程施工合同》约定,承包人承建发包人开发的宏伟大厦综合楼项目,发包人支付承包人相应的工程款。合同总价概算为3000万元,承包人先行垫资1000万元进行施工,此后发包人按照工程进度支付工程款。合同结算按照工程量据实结算。

合同签订后,承包人开始进场施工,并按照约定进行了垫资。但从承包人垫资施工起直至工程主体结构完工,发包人未向承包人支付工程款。

2007年5月4日,由于承包人无力继续垫资施工,在催要工程款未果的情况下,工程停工。

随后,承包人提起诉讼,请求:解除双方当事人签订的《建设工程施工合同》,发包人支付工程款,确认优先受偿权。发包人反诉,提出已完工程存在质量问题,要求承包人承担质量不合格的违约责任,且工程属于未完工程,承包人不应享有工程款优先受偿权。

一审法院委托质量鉴定部门对已完工程的质量进行鉴定,该鉴定结论为已完工程存有质量通病,但经适当整改后可以达到质量要求,并可继续进行后期施工建设。双方当事人就已完工程造价在一审庭审时达成了一致意见。

【各方观点】

(1)承包人认为:承包人应该支付已完工程款且享有优先受偿权。

(2)发包人认为:该工程是未完工程且存在质量问题,发包人请求确认承包人不享有工程款优先受偿权。

(3)一审法院认为:双方当事人签订的《建设工程施工合同》依法有效,基于双方当事人解除合同的意愿,结合案件具体情况,同意解除双方签订的合同。由于发包人未按照合同约定支付工程款,导致工程停工,发包人应当承担相应的违约责任。发包人应按照双方当事人庭审时认可的已完工程价款,向承包人支付工程款。但由于该工程系未完工程,且存在质量问题,故承包人主张工程款的优先受偿权不予支持。

【裁判观点】

最高院二审认为:"《物权法》颁布实施后,主流观点认为,《合同法》第286条规定的建设工程款优先受偿权的性质为法定抵押权,属于担保物权，他物权性质。按照法律规定，不动产的抵押权以办理登记为生效要件，且在司法实践中，往往发包人为了融资，已经将在建工程进行了抵押，两个抵押权相比较而言，建设工程款的优先性更优先。至于权利性质是债权，还是物权，准许继续研究和探讨，但承包人对讼争工程享有优先权是确定的，应当按照法律规定严格执行。经研究，确认承包人享有优先受偿权。"

【最高院指导】

《民事审判指导35辑》第122页

竣工验收

　　最高院民一庭结合该案的指导意见为："《合同法》第286条的规定是法律赋予承包人工程价款优先受偿的权利。从合同规定的条文表述分析，没有要求承包人优先受偿工程以工程完工并经竣工验收为先决条件，在合同解除的情形下，承包人也对未完工程享有优先受偿的权利"。本案中承包人应当优先受偿工程款。因为讼争工程虽系未完工程，但导致工程停工的责任在于发包人，即发包人未按照合同约定支付工程款，致使承包人无力继续垫资施工而使工程被迫停工，进而导致解除合同。且已完工程虽然存有质量问题，但经鉴定属于建设工程施工中的质量通病，并不影响整体的工程质量，

质量不合格

经适当整改后可以继续施工建设。建设工程施工合同中，存在一般性的质量瑕疵，是该类合同履行经常遇到的情况，不会对工程的结构安全构成威胁。因此，不能以质量不合格为由，限制承包人工程款优先受偿的权利。承包人多次催告发包人履行合同，发包人仍未支付工程款，故承包人依据合同法的相关规定，应当优先受偿工程款。（执笔法官：贾劲松）

【作者点评】

维修费

　　《最高院施工合同解释二》第20条规定，未竣工的建设工程质量合格，是承包人行使优先受偿权的条件。按照《最高院施工合同解释一》第10条、第3条、第2条、第20条规定，工程验收不合格，修复后经验收合格的，发包人仍应依承包人请求参照合同约定支付工程价款；承包人原因造成质量缺陷的，维修费由承包人承担。该案工程未完工，存在质量通病，并不影响整体的工程质量，经适当整改后可以继续施工。可以认为该未完工程质量合格。依据《最高院施工合同解释二》第20条，承包人具备行使优先受偿权的条件。至于质量通病的修复费用，承包人有过错的，应由承包人承担。

【裁判规则】

　　合同解除后已完工程存在质量缺陷但可修复的，承包人可以行使优先受偿权，但应依过错承担修复费用。

10.7　行使程序

《合同法》第286条规定："发包人未按照约定支付价款的，承包人可以催告发包人在合理期限内支付价款。发包人逾期不支付的，除按照建设工程的性质不宜折价、拍卖的以外，承包人可以与发包人协议将该工程折价，也可以申请人民法院将该工程依法拍卖。"据此，建设工程价款优先受偿权该如何行使呢？

10.7.1　催告发包人合理期限付款是行使优先受偿权的第一步

（1）催告以发包人未按约定付款为前提。

毕竟债权不存，何来催告。如果发包人未欠付工程款或者支付工程款的期限尚未届满，则承包人无权要求支付工程款，其发出的催告通知也当然不具有法律效力，这应是催告程序的题中之意。

至于发包人是否欠付工程款，应当根据个案予以具体判断就"催告义务履行时间"。《关于审理建设工程施工合同纠纷案件适用法律问题的解（二）（征求意见稿）》第33条【催告义务履行时间】：具有下列情形之一，承包人可以催告发包人给付工程价款。①当事人约定的给付工程价款期间届满；②当事人没有约定工程价款给付时间或者约定不明，但建设工程已经实际交付的；③建设工程没有交付，但承包人已经提交竣工结算文件的；④建设工程施工合同终止履行，发包人应当给付工程价款的。该征求意见稿未写入解释二，因为在《最高院施工合同解释一》第18条已经规定。详见本书10.5阐述。

（2）催告一般应该采用书面形式。

关于催告是否必须为书面形式，《合同法》没有明确规定。依据民法理论，催告是指债权人向债务人请求履行债务的通知，其作为一种准法律行为，类推适用关于法律行为的规定。《民法总则》第135条规定："民事法律行为可以采用书面形式、口头形式或者其他形式；法律、行政法规规定或者当事人约定采用特定形式的，应当采用特定形式。"书面形式的主要价值在于当事人易于举证，而与口头等其他形式相比并不具有优先性和唯一性。因此，催告行为并不要求必须为书面形式。承包人应当举证证明其已向发包人发出催告通知，或以其他方式通知发包人履行支付工程款的义务。

（3）催告应该给发包人合理付款时间。

该建设工程司法解释二征求意见稿第3条将催告合理期限规定为最低一个月可供参照，即：建设工程施工合同没有约定催告履行合理期限的，催告履行的合理期限应不少于一个月，自发包人收到催告通知之次日起计算。《合同法》并未规定，依现有规定，《民法总则》无权代理制度规定相对方催告期限为一个月；《物权法》规定留置权实现的债务履行期间为"两个月"；《施工合同示范文本2017》第19.1规定索赔期限为28天，综合上述规定我倾向认为，将催告的合理期界定为28日较为妥当。但需说明的是，催告合理期间的制度目的，一方面为保障其他债权人权益，另一方面系督促发包人支付工程款。若发包人在合理期间届满前，明确表示拒绝支付工程款，则该期间应视为届满，承包人可以行使建设工程价款优先权。

（4）催告是行使优先受偿权的必经程序。

有观点认为，合同法只规定承包人"可以"催告，而非"应当"催告，不将催告行为作为前置程序也更有利于保护承包人权益。《合同法》在建设工程价款优先权的规定中专门设置了催告程序，与其他债权行使程序不同，其原因在于建设工程价款优先权并非普通债权，其性质上属于优先权，优先于抵押权和其他普通债权，并且其不需要登记，没有公示程序，如果允许承包人于发包人债务履行期间届满之时便得径直就工程进行折价或申请拍卖，无疑将对其他权利人利益造成极大影响。规定催告程序，有助于避免抵押权人或其他权利人于发包人工程款给付期间届满时立即面临利益受损的风险。

主流观点认为催告是行使优先受偿权的必经的程序。全国人大法工委在《合同法释义》中如此解释：发包人不支付价款的，承包人不能立即将该工程折价、拍卖，而是应当催告发包人在合理期限内支付价款。如果在该期限内，发包人已经支付了价款，承包人只能要求发包人承担支付约定的违约金或者支付逾期的利息、赔偿其他损失等违约责任。如果在催告后的合理期限内，发包人仍不能支付价款的，承包人才能将该工程折价或者拍卖以优先受偿。梁慧星教授也做同样的解释，承包人向发包人发出催告通知后经过一个合理期间，而发包人仍未支付是优先受偿权的行使条件。因此，催告程序为承包人主张的建设工程价款优先权的前置程序，也是承包人应履行的法定义务，承包人作为履行义务的一方对此负有举证责任。①

10.7.2　与发包人协议折价是行使优先受偿权或选步骤

协议折价是行使优先受偿权的方式之一。因工程不能变现，导致发包人无法依约向承包人支付工程价款，可以以工程抵偿。在此情形之下，承包人即使取得工程所有权，其也可能难以将其变现，以致不能及时支付或清偿人工费及其他实际费用。但在理论层面，以物抵债于法律上未被禁止，当事人自行约定并无不妥。况且，承包人取得工程所有权之后，完全可将其进行处分以变现，或者再以该工程抵偿其所负债务。故而，发包人与承包人约定以工程抵偿工程价款，应认定为"协议将工程折价"。②

在74例（参考案例）中，竣工日期为2014年11月30日。2015年1月7日，恒增公司与环宇公司通过工程结算确定了工程价款，1月12日，恒增公司与环宇公司签订《备忘》，再次确认工程价款、确定付款期限的同时，明确约定环宇公司就工程价款享有优先受偿权。2015年4月1日环宇公司向恒增公司出具《催告函》，明确主张工程价款优先受偿权。上述事实说明环宇公司就

---

①梁慧星：《〈合同法〉第二百八十六条的权利性质及其适用》，载《山西大学学报》2001年第24卷第3期。
②中国建设工程法律评论第四工作组：《建设工程优先受偿权》，法律出版社2017年版，第17页。

工程结算、付款期限及竣工验收等事宜陆续与恒增公司进行协商，并多次向恒增公司主张优先受偿权。最高人民法院因此认为："因此，环宇公司于2015年6月提起诉讼并要求就工程价款享有优先受偿权，并未超出司法解释规定的主张优先受偿权的六个月期限。"

尽管如此，通过催告加协议折价可以行使优先受偿权，但在实务中仍有较大不确定性，笔者建议尽量采用起诉确认方式行使优先受偿权。

10.7.3 价款未确认的可先起诉确认优先受偿权

催告及协议折价可以通过诉讼方式进行。通常情况下，承包人行使优先受偿权应事先对发包人进行催告。《最高院施工合同解释二适用》第374页认为："实务中，如果承包人通过提起诉讼或者申请仲裁的形式主张工程价款优先受偿权，不宜受上述规定的影响。毕竟承包人与发包人本属合作关系，因发包人不及时支付工程价款而诉至法院实属为不得已，诉前通常应存在催要的过程。"《江苏高院潘军峰观点》292页认为："《合同法》第286条并未明确建设工程价款优先受偿权的行使方式，对于建设工程价款优先受偿权的行使一般通过提起优先受偿权确认之诉，包括承包人单独提起建设工程价款优先受偿权确认之诉，也包括在工程款诉讼中一并提出确认其享有工程价款优先受偿权。"

因此，行使优先受偿权，在价款未确定情形下，可以首先通过诉讼来确认优先受偿权，同时查封工程以保证后续权利的实现。

10.7.4 价款已确认的可直接申请法院拍卖工程

参照抵押权行使程序，在价款已确认的前提下，行使优先受偿权可以直接申请拍卖。虽然依照审执分离原则，执行机构一般不得对实体问题进行裁判，但法律另有特别规定则不在此限。毕竟2007年施行的《物权法》第195条，第220条和第237条分别就抵押权、质权和留置权的实现确立了"权利人可直接向法院请求拍卖、变卖担保物"规则，以便于担保物权人行使权利。在实现担保物权的对物诉讼案件中，法院需审查申请人递交的必要文件和材料，对于符合法律规定的，方裁定拍卖、变卖担保财产。换言之，"对物诉讼"亦需对案件实体予以必要审查。若发包人提出异议且有证据证明承包人的申请不符合拍卖条件，则执行程序中止。可见，发包人的权益并不会因此受损或难获救济。

直接申请拍卖工程具有可能性，实务很少。承包人能否不经诉讼或仲裁确定优先受偿权而直接请求法院拍卖工程，其仅是针对权利实现方式的"可行性"而言，而"法院因担心出现错误而不予允许"则为实践操作问题，二者并无直接关联。[1]

执行异议中可行使优先受偿权，但需要谨慎。已查封的工程如何行使优先受偿权，《江苏高院潘军峰观点》第300页认为，《民事诉讼法解释2015》

---

① 中国建设工程法律评论第四工作组：《建设工程优先受偿权》，法律出版社2017年版，第110页。

第508条第2款规定："对人民法院查封、扣押、冻结的财产有优先权、担保物权的债权人，可以直接申请参与分配，主张优先受偿权。"因此，异议人在执行分配方案之诉中主张其享有建设工程价款优先受偿权的法院应当审查优先受偿权是否产生、范围是否适当、期限是否经过等事项。经审查，异议人享有优先受偿权的，且具有优先于其他债权效力的，应当支持其异议。异议人不享有优先受偿权，或者优先受偿权劣后于其他债权效力的，应当驳回其异议。

司法实践中，承包人在执行程序对法院查封的工程以享有优先受偿权为由提出执行异议，但是法院一般认为异议被驳回后承包人不能提起异议之诉，只能另行起诉确认。但是这也带来另外一个问题：由于异议之诉会导致执行暂停，而另行起诉不影响执行，一旦另行起诉被确认承包人有优先受偿权，很可能出现工程已经被法院拍卖，优先受偿权无法实现，承包人的权利受到损害的情形。对于执行程序中优先受偿权的处理，应当引起重视，并作出统一的、明确的规定。

第74例 可以通过起诉方式行使优先受偿权吗？

【争议焦点】

承包人如享有优先受偿权，是否可以通过起诉请求确认方式行使优先受偿权？

【参考案例】

查案例扫微信

2012年发包人与承包人签订《备案合同》，约定由承包人对碧水庄园三期工程进行施工，竣工日期为2013年10月30日。

2014年8月21日，发包人与承包人签订《补充协议》，约定：由于发包人在合同履行过程中再三违约，不按时支付工程款，导致原协议无法履行，经双方协商，对原协议部分条款作出调整，工程开工日期调整为2012年5月1日，竣工日期调整为2014年11月30日。

2014年12月22日，发包人委托的案外人建通公司出具了《结算审核报告》，载明承包人报送的工程结算书报送金额为272702227元。经审核，结果为234042972元。2015年1月7日，在确定上述审定金额的《碧水庄园三期工程结算审核定案表》中，发包人、承包人、建通公司均盖章确认。

2015年1月12日，发包人与承包人签订《备忘》，双方一致确认工程结算总价为234042972元。

2015年4月，承包人向发包人出具的《催告函》，主要内容为：根据双方2015年1月备忘录的精神，发包人应在2015年春节前支付工程款7000万元。

2015年6月，承包人向天津高院提起诉讼。请求法院判令被告支付工程款以及原告对此享有优先受偿权。

【各方观点】

承包人认为：承包人就发包人未支付的工程价款享有优先受偿权。

发包人认为：承包人要求优先受偿权时已超出法定期限。

【裁判观点】

（1）天津高院一审认为：《合同法》第286条规定，"发包人未按照约定支付价款的，承包人可以催告发包人在合理期限内支付价款。发包人逾期不支付的，除按照建设工程的性质不宜折价、拍卖的以外，承包人可以与发包人协议将该工程折价，也可以申请人民法院将该工程依法拍卖。建设工程的价款就该工程折价或者拍卖的价款优先受偿"。发包人未按约定支付价款，经承包人催告后仍未支付，承包人有权要求就工程价款优先受偿。《最高院优先受偿权批复》第4条规定，"建设工程承包人行使优先权的期限为六个月，自建设工程竣工之日或者建设工程合同约定的竣工之日起计算"。发

包人与承包人签订的《备案合同》，对竣工日期约定为2013年10月30日。合同履行过程中，因出现发包人未按约定支付工程款等违约情形，发包人与承包人签订《补充协议》，对竣工日期作出调整，改为2014年11月30日。上述《补充协议》作为对《备案合同》有关内容的变更和补充，体现了合同双方当事人的真实意思表示，并不违反《合同法》的强制性规定，应认定为有效。张宝升关于《补充协议》因未备案而无效的主张，缺乏法律依据。2015年1月7日，发包人与承包人通过工程结算确定了工程价款，1月12日，发包人与承包人签订《备忘》，明确约定承包人就工程价款享有优先受偿权。2015年4月1日承包人向发包人出具《催告函》。上述事实说明承包人就工程结算、付款期限及竣工验收等事宜陆续与发包人进行协商，并多次向发包人主张优先受偿权。2015年1月底，涉诉工程基本完工，2015年7月15日，发包人、承包人及监理单位签署《现场检查验收备忘录》，确认涉诉工程基本达到验收标准。至此，涉诉工程尚未实际竣工验收。涉诉工程非因承包人承包

起诉确认

人原因未能在合同约定期间内竣工，承包人依据《合同法》第286条规定享有的优先受偿权不受影响。……因此，承包人于2015年6月提起诉讼并要求就工程价款享有优先受偿权，并未超出司法解释规定的主张优先受偿权的六个月期限。涉案判决认定承包人就工程价款享有优先受偿权，证据充分，适用法律正确，不存在错误。

（2）最高院二审认为：认同一审法院意见。

【最高院解析】

无。

【作者点评】

本案中，2015年4月1日，承包人向发包人发出《催告函》，在催要工程欠款的同时，明确主张建设工程价款优先受偿权。2015年6月，承包人起诉至天津高院，诉讼请求中亦明确主张建设工程价款优先受偿权。现双方当事人均认可涉诉工程符合竣工验收条件。最高院以承包人于2015年6月提起诉讼作为承包人行使优先受偿权的方式。可见，提起诉讼请求确认优先受偿权是实务中行使工程价款优先受偿权的方式。

【裁判规则】

在应付工程价款之日起后6个月内，承包人可以通过起诉或仲裁请求确认等方式行使优先受偿权。

第 11 章　争议处理

【内容概要】

工程争议处理涉及大量的法律问题，其中打官司前需要特别注意的主要问题如下：

第一是到哪里打官司。在实务中，受理争议的机构不同，无论裁判结论还是裁判过程，都会很大的不同。仲裁机构可协议选择，审理相对较短，结果通常难以推翻。受理法院只能依法确定，审理时间较长，裁判有多次审查的机会。施工合同约定了明确的仲裁条款的，工程争议由约定仲裁机构管辖。反之，由法院管辖。法院管辖的，按照诉讼标的的大小由工程所在地相应级别法院管辖。

第二是什么时候打官司。一般诉讼时效为3年，从知道或应当知道权利受到损害之日起算。其中，约定支付期明确的工程款诉讼时效从该期限届满之日起算；约定支付期届满未结算完的工程款诉讼时效在结算后6个月届满；支付期不明的工程款诉讼时效宜从结算完后起算。履行请求送达或对方同意履行的诉讼时效重新起算。超过了诉讼时效，一审时被告提出抗辩的，法院不保护原告的诉讼请求。

第三是打官司要什么。当事人应该依据自己认为的合同效力设立相应的诉讼请求，法院认定的合同效力与当事人认为合同效力不同的，当事人可以相应调整诉讼请求。其他案例已经裁判的不能再另行提出同样的诉讼请求。诉讼请求应该植根于当事人提供的证据可以证明的事实和理由。打工程官司的本质就是打证据。

打工程官司，大约1/3打的是法律，1/3打的是证据，1/3打的是商务。让天下没有难打的官司，本书争取解决其中90%以上的法律问题，至于证据及商务问题，笔者将争取在本书同系列的《工程索赔100招》中解决。

【关键词】

不动产所在地	专属管辖
仲裁范围	仲裁协议
级别管辖	地域管辖
两便原则	诉讼时效抗辩
主张权利宽限期届满之日	履行期限届满之日
附条件请求权	不诉不理
举证责任	一事不再理

【 最高院施工合同解释一 】

第24条　建设工程施工合同纠纷以施工行为地为合同履行地。

【 指导性案例规则 】

第76例　当事人在一审期间未提出诉讼时效抗辩，也没有提出新形成、新出现的以及非因当事人原因在一审期间未能提交的证据的，二审期间提出诉讼时效抗辩不成立。

第77例　约定附条件支付工程款但实际该条件因发包人原因无法成就的，承包人请求支付工程款的诉讼时效，从承包人知道或应当知道该条件因发包人原因无法成就时起算。

第79例　一审承包人按合同有效请求支付逾期付款违约金，二审认定合同无效，可以直接要求发包人承担逾期付款的利息。

【 相关法律规定 】

第28条　建设工程施工合同纠纷……按照不动产纠纷确定管辖。（《民事诉讼法解释2015》）

第2条　平等主体的公民、法人和其他组织之间发生的合同纠纷和其他财产权益纠纷，可以仲裁。（《仲裁法》）

第16条　仲裁协议包括合同中订立的仲裁条款和以其他书面方式在纠纷发生前或者纠纷发生后达成的请求仲裁的协议。仲裁协议应当具有下列内容：（1）请求仲裁的意思表示；（2）仲裁事项；（3）选定的仲裁委员会。（同上）

第188条　向人民法院请求保护民事权利的诉讼时效期限为3年，法律另有规定的，依照其规定。

诉讼时效期间自权利人知道或者应当知道权利受到损害以及义务人之日起计算。（《民法总则》）

第189条　当事人约定同一债务分期履行的，诉讼时效期间自最后一期履行期限届满之日起计算。（同上）

第195条　有下列情形之一的，诉讼时效中断，从中断、有关程序终结时起，诉讼时效期间重新计算：（1）权利人向义务人提出履行请求；（2）义务人同意履行义务；（3）权利人提起诉讼或者申请仲裁；（4）与提起诉讼或者申请仲裁具有同等效力的其他情形。（同上）

第2条　当事人对自己提出的诉讼请求所依据的事实或者反驳对方诉讼请求所依据的事实有责任提供证据加以证明。没有证据或者证据不足以证明当事人的事实主张的，由负有举证责任的当事人承担不利后果。（《民诉证据规定2002》）

11.1 争议管辖

11.1.1 仲裁条款明确约定的工程争议由约定仲裁机构管辖

仲裁范围 　　《仲裁法》第2条规定："平等主体的公民、法人和其他组织之间发生的合同纠纷和其他财产权益纠纷，可以仲裁。"

仲裁协议 　　第16条规定："仲裁协议包括合同中订立的仲裁条款和以其他书面方式在纠纷发生前或者纠纷发生后达成的请求仲裁的协议。仲裁协议应当具有下列内容：（1）请求仲裁的意思表示；（2）仲裁事项；（3）选定的仲裁委员会。"

　　基于上述规定，建设工程施工合同纠纷，只要有具备三方面内容的仲裁协议，就应该由仲裁委管辖。

11.1.2 仲裁条款不明或没有约定的工程争议由法院管辖

　　《仲裁法》第18条规定："仲裁协议对仲裁事项或者仲裁委员会没有约定或者约定不明确的，当事人可以补充协议；达不成补充协议的，仲裁协议无效。"

解析案例 　　在第75例（解析案例）中，合同约定争议到当地仲裁委仲裁，未明确具体仲裁委，但未选择争议处理方式。表述二审认为：

　　最高院民一庭解析该案认为，该约定对于"调解不成后采取何种方式解决纠纷的条款中，是空白事项，故应认定双方未明确约定发生纠纷是提请仲裁机构仲裁，还是向人民法院提起诉讼。因此，不能认定双方当事人约定排

书面仲裁协议 除人民法院对纠纷的管辖"。因此，本案双方虽然有关于通过仲裁解决纠纷的约定，但并未选定明确的仲裁委员会，也未在事后达成新的仲裁协议，承包人有权通过诉讼的方式解决纠纷。

11.1.3 不涉及仲裁的工程相关争议由工程所在地法院管辖

　　依据《民事诉讼法》第2章，法院管辖主要分为级别管辖、地域管辖、移送管辖和指定管辖四大类。其中，地域管辖又可分为普通地域管辖和特殊

地域管辖 地域管辖，此外还包括专属管辖等。地域管辖，是指确定同级法院之间在各自辖区内受理第一审民事案件的分工和权限的管辖。专属管辖，是指法律特别规定某些特殊类型的案件由特定地域的人民法院管辖。移送管辖，是指人

专属管辖 民法院在受理案件后发现自己对案件并无管辖权而将案件移送到有管辖权的人民法院审理。指定管辖，就是由上级人民法院以裁定的方式指定下级法院对某一案件行使管辖权。移送管辖及指定管辖使用得很少。

工程所在地 　　2015年2月4日之后，不涉及仲裁的工程纠纷适用不动产专属管辖，由建设工程所在地法院管辖。该日起施行的《民事诉讼法解释2015》第28条规定"建设工程施工合同纠纷……按照不动产纠纷确定管辖"。

　　2015年2月4日之前，不涉及仲裁的工程纠纷，可选择法院管辖。承发包

双方可以自由在合同中约定"工程所在地""原告所在地""合同签订地",如果没有约定,则可向工程所在地人民法院或被告所在地人民法院起诉。依据是《最高院施工合同解释一》第24条,"建设工程施工合同纠纷以施工行为地为合同履行地"。该条规定了一般地域管辖。

工程纠纷即建设工程施工合同纠纷,工程纠纷的范围,"高民智"在《最高人民人民法院报》刊登的文章认为:应当按照不动产纠纷由不动产所在地法院专属管辖的建设工程施工合同纠纷,不限于《民事案件案由规定》的建设工程合同纠纷项下的第三个第四级案由"建设工程施工合同纠纷",应当包括该项下的建设工程施工相关的案件:"(3)建设工程施工合同纠纷;(4)建设工程价款优先受偿权纠纷;(5)建设工程分包合同纠纷;(6)建设工程监理合同纠纷;(7)装饰装修合同纠纷;(8)铁路修建合同纠纷;(9)农村建房施工合同纠纷。"《江苏高院施工合同解答2018》规定,"建设工程施工合同纠纷"还包括建设工程价款优先受偿权纠纷、建设工程分包合同纠纷、建设工程监理合同纠纷、装饰装修合同纠纷、建设工程勘察合同纠纷、建设工程设计合同纠纷。

11.1.4 按标的大小确定工程所在地管辖的法院级别

级别管辖

工程争议向工程所在地人民法院起诉,管辖法院的级别按照《最高人民法院关于调整高级人民法院和中级人民法院管辖第一审民商事案件标准的通知》(法发〔2015〕7号)规定执行:

当事人住所地

"一、当事人住所地均在受理法院所处省的第一审民商事案件

北京、上海、江苏、浙江、广东高级人民法院,管辖诉讼标的额5亿元以上一审民商事案件,所辖中级人民法院管辖诉讼标的额1亿元以上一审民商事案件。

天津、河北、山西、内蒙古、辽宁、安徽、福建、山东、河南、湖北、湖南、广西、海南、四川、重庆高级人民法院……3亿元以上……所辖中级人民法院……3000万元以上……

吉林、黑龙江、江西、云南、陕西、新疆高级人民法院和新疆生产建设兵团分院……2亿元以上,所辖中级人民法院……1000万元以上。

贵州、西藏、甘肃、青海、宁夏高级人民法院……1亿元以上……所辖中级人民法院……500万元以上……

二、当事人一方住所地不在受理法院所处省的第一审民商事案件

北京……3亿元以上……5000万元以上……

天津……1亿元以上……2000万元以上……

吉林……5000万元以上……1000万元以上……

贵州……2000万元以上……500万元以上……"

综上,确定工程争议管辖法院,首先应该确定的是工程争议案件双方的住所地是否在工程所在省级行政辖区。如果双方住所地都是工程所在地,则适用上述第一条,按照标的额确定法院等级。如有一方的住所地不在工程所在地,则根据第二条确定级别管辖。

第 75 例　约定当地仲裁委管辖的可否提起诉讼？

【争议焦点】

约定争议到当地仲裁委仲裁，但未明确仲裁机构的，是否可以据此认为争议应由双方通过仲裁方式解决？

【解析案例】

《民事审判指导09前卷》第34页

2000年6月30日，发包人（义乌市医疗投资有限公司）与承包人（浙江省二建建设集团有限公司）签订《建设工程施工合同》约定，由承包人承建浙江省义乌市中心医院医技病房楼土建工程。合同第三部分第10条第37.1款约定："双方约定，在履行合同过程中产生争议时：（1）请当地仲裁委员会调解；（2）采取第＿＿种方式解决，并约定向＿＿仲裁委员会提请仲裁或＿＿人民法院提起诉讼。"此前，在该工程的《施工招标文件》第三章第12条附则3述明："本合同发生争议，双方有权向有关部门申请调解。调解不成向商定的仲裁机构申请仲裁。"

2004年3月26日，承包人向一审法院提起诉讼，请求：判令发包人支付拖欠的工程款及利息、赔偿违约损失并返还工期保证金。

发包人在提交答辩状期间，向一审法院提出管辖权异议，认为本案应由金华仲裁委员会仲裁，而不应由法院受理。

另，2002年11月5日，金华仲裁委员会作出（2002）金裁经字第031号裁决书，对双方当事人关于该工程病房楼屋面（3）普通屋面工程的施工义务争议作出裁决。

【各方观点】

发包人认为：法院不应受理承包人的起诉。本案双方当事人之间约定的仲裁条款效力，已经由金华仲裁委员会于2002年11月5日作出（2002）金裁经字第031号《金华仲裁委员会裁决书》予以确认。金华仲裁委员会根据合同的仲裁条款取得对双方建设工程合同纠纷的管辖权。金华仲裁委员会作出的裁决与本案案由相同。

承包人认为：本案应由法院受理。首先，作为仲裁成立前提的仲裁协议必须是书面的、明示的，承包人未在金华仲裁案中提出管辖异议并不意味着以默示方式接受了仲裁管辖，更不意味着双方因此达成了补充仲裁条款。其次，在金华仲裁案中双方并未申请确认仲裁条款的效力，金华仲裁委员会的裁决也没有明确地确认合同中仲裁条款的效力。最后，（2002）金裁经字第031号仲裁案的请求是确认屋面（3）属于承包人的施工范围，本案的请求是支付工程款以及延期损失，两者完全不同，没有任何重叠或交叉。因此，承包人未在金华仲裁案中提出管辖异议不影响法院受理本案。

【裁判观点】

浙江高院一审和最高人民法院二审均认为："金华仲裁委员会于2002年11月5日作出的（2002）金裁经字第031号裁决书，是针对发包人与承包人施工范围纠纷作出的裁决，而本案双方当事人是就工程款的支付及违约赔偿而发生的纠纷。两者争议的事项是不同的，且纠纷的性质亦不相同，即前者为确认之诉，后者为给付之诉。发包人以金华仲裁委员会已就双方在履行合同中的部分争议作出裁决，据此认为本案纠纷亦应由双方通过仲裁方式解决，理据不足，不予支持。双方当事人之间发生纠纷后是否应通过仲裁方式解决，取决于当事人是否有明确的仲裁协议或仲裁条款。双方当事人认可的《施工招标文件》第三章第12条附则3约定：本合同发生争议，双方有权向有关部门申请调解，调解不成向商定的仲裁机构申请仲裁。但未约定具体明确的仲裁机构，因此属约定不明。此后双方于2000年6月30日签订《建筑工程施工合同》第三部分第10条第37.1款约定：在履行合同过程中产生争议时：（1）请当地仲裁委员会调解；（2）采取第____种方式解决，并约定向____仲裁委员会提请仲裁或向____人民法院提起诉讼。此处双方只约定了纠纷的调解问题，而调解不成后采取何种方式解决纠纷的条款中，是空白事项，故应认定双方未明确约定发生纠纷是提请仲裁机构仲裁，还是向人民法院提起诉讼。因此，不能认定双方当事人约定排除人民法院对纠纷的管辖。发生纠纷后，双方亦未达成新的仲裁协议，故承包人向一审法院提起诉讼，请求通过诉讼方式解决纠纷，一审法院对本案行使管辖权，并无不当。发包人对本案管辖权提出的异议不能成立。"

協議約定不明

【最高院解析】

《民事审判指导09前卷》第34页

最高院民一庭贾劲松法官解析认为："虽然招标文件中约定，由商定的仲裁机构进行仲裁，明确用仲裁的方式解决纠纷，但未约定明确的仲裁机构。双方对'商定的仲裁机构'没有进一步的约定，因此属于约定不明。"

【作者点评】

仲裁委约定不明

《仲裁法》第16条规定："仲裁协议包括合同中订立的仲裁条款和以其他书面方式在纠纷发生前或者纠纷发生后达成的请求仲裁的协议。仲裁协议应当具有下列内容：（1）请求仲裁的意思表示；（2）仲裁事项；（3）选定的仲裁委员会。"由此可以看出，我国只承认书面仲裁协议的法律效力。本案中，双方未选定明确的仲裁委员会，属于约定不明，因此法院有权受理本案。

【裁判规则】

约定争议到当地仲裁委仲裁，但未明确仲裁机构的，属于仲裁条款约定不明，不能排除法院的管辖。

11.2 诉讼时效

11.2.1 超过诉讼时效主张权利的法院不再保护

诉讼时效是指民事权利受到侵害的权利人在法定的时效期间内不行使权利，当时效期间届满时，债务人获得诉讼时效抗辩权。在法律规定的诉讼时效期间内，权利人提出请求的，人民法院就强制义务人履行所承担的义务。而在法定的诉讼时效期间届满之后，权利人行使请求权的，人民法院就不再予以保护。

胜诉权

时效抗辩

《民法总则》第188条规定："向人民法院请求保护民事权利的诉讼时效期限为3年，法律另有规定的，依照其规定。"2017年10月1日后的新案件或尚在一审或者二审阶段老案件，诉讼时效期间尚未满民法通则规定诉讼时效的，适用民法总则规定。

诉讼时效届满后，当事人超过诉讼时效后起诉的，人民法院应当受理。《诉讼时效规定2008》第 3 条规定："当事人未提出诉讼时效抗辩，人民法院不应对诉讼时效问题进行释明及主动适用诉讼时效的规定进行裁判。"《诉讼时效规定2008》第4条第1款："当事人在一审期间未提出诉讼时效抗辩，在二审期间提出的，人民法院不予支持，但其基于新的证据能够证明对方当事人的请求权已过诉讼时效期间的情形除外。"新证据指的是一审判决作出后新形成、新出现的证据，以及非因当事人原因在一审期间未能提交的证据等情形。

指导性案例

在第76例（指导性案例）中，2006年12月，发包人与承包人达成结算书，2009年11月，承包人才起诉发包人支付工程款及利息。二审时，发包人认为超过诉讼时效。最高院二审认为：发包人一审时没有提出诉讼时效抗辩，也没有有新的证据，抗辩不成立。

从宽原则

最高院民一庭结合该案的指导意见为：二审期间，同案的一审判决因上诉而未生效，不是也不能成为当事人在同一案件中用于证明自己主张的新证据，人民法院在审判实践中，对诉讼时效问题一直都是从宽而非从严掌握，应该尽量维护真实的权利义务关系，如果当事人在一审未提出诉讼时效主张的，二审提出将不予支持。

11.2.2 约定支付期明确工程款诉讼时效从该期限届满之日起算

工程价款诉讼时效从约定的支付期限届满之日起算。《诉讼时效规定2008》第6条规定："可以确定履行期限的，诉讼时效期间从履行期限届满之日起计算。"

进度款

进度款及结算款诉讼时效从结算款支付届满之日起算，质保金诉讼时效则从质保金支付届满之日起算。《民法总则》第189条规定："当事人约定同一债务分期履行的，诉讼时效期间自最后一期履行期限届满之日起计算。"而进度款是"按照当事人事先约定,分批分次完成"。《深圳中院工程合同意见2010》规定:"工程款诉讼时效以合同约定最后一期工程款的支付期限为起算时间,工程质量保修款(指质保金)的诉讼时效以保修款返还日起算。"考虑进度款临时支付性质,进度与结算款,可以视为分期付款,诉讼时效均从结算款支付期限届满之日起算。

分期付款

在第77例(指导性案例)中,合同约定待竣工验收后才支付剩余的5%尾款。工程因政策原因停工十余年,后转让给第三人拆除并新建,承包人对此知晓,于三年后起诉。二审因超过诉讼时效未支持其请求。

指导性案例

最高院民一庭指导认为:施工合同双方当事人约定,工程尾款待工程验收通过后支付,施工人对工程尾款享有的权利属于附条件请求权,如工程验收客观上已经无法进行,应认定合同所约定的条件无法成就,施工人请求建设方支付该工程尾款的诉讼时效期间,应自其知道或应当知道条件无法成就时起算。

附条件请求权

11.2.3 约定支付期满未结算工程款诉讼时效结算后 6 个月届满

约定支付期限届满尚未完成工程结算的,不宜认定为超过诉讼时效。建设工程合同由于工期较长,履行过程中经常发生设计变更、施工变动、延长工期以及双方对工程价款决算协商不一致等情况,导致工程竣工后工程款长期不能得到清偿。《山东高院民事审判纪要2005》规定:"要注意保护承包人的合法权益。对于双方未就工程款决算达成一致,或者工程款数额未确定的,或者承包人提出结算书后发包人不及时审核和签字的,发包人以此超过诉讼时效为由拒付工程款的,不予支持。"重庆高院等也有类似意见。可见,为保护建筑工人工资,只要没有完成工程结算,就不宜认定为超过诉讼时效。

建筑工人工资

约定支付期限届满尚未完成工程结算,是承包人不能请求支付工程款的障碍,诉讼时效在结算完成后6个月届满。《民法总则》第194条规定:"在诉讼时效期间的最后六个月内,因下列障碍,不能行使请求权的,诉讼时效中止:……(五)其他导致权利人不能行使请求权的障碍。自中止时效的原因消除之日起满六个月,诉讼时效期间届满。"

付款障碍

11.2.4 支付期不明的工程款诉讼时效宜从结算完后起算

支付期限不明或没有约定的,诉讼时效一般从承包人向发包人主张付款宽限期届满之日起算。《诉讼时效规定2008》第6条规定:"……不能确定履行期限的,诉讼时效期间从债权人要求债务人履行义务的宽限期届满之日起计算……"

宽限期

支付期限不明或没有约定的,工程款诉讼时效可以从结算完毕后起算。根据工程建设现状,承包人提交决算文件后发包人长期未予答复的情形较为普遍,《杭州中院工程解答2010》第7条2项规定,"在建设工程施工合同中未约定付款期限或约定期限不明的情况下,……如果一概在合同示

结算完毕日

范文本中规定的结算文件审核期限届满后，即开始计算欠付工程款的诉讼时效期间，不利于保护承包人的合法利益。鉴于此，应当综合考虑工程价款已具备给付的客观性，应当在决算报告或者审计报告出具后，确定相应的合理时间点，开始计算承包人追索工程欠款的诉讼时效期间。"

支付期限不明或没有约定的，工程款诉讼时效也有从工程交付或解约之日起算的。《福建高院施工合同解答2007》第17条规定："当事人对付款时间没有约定或约定不明，承包人请求发包人支付工程价款的，诉讼时效从建设工程交付之日起算。"

工程交付日

合同解除日

尽管如此，笔者认为：工程款诉讼时效起算日与工程款利息起算日应该分开理解，从结算完后起算比较妥当。理由有三：一是工程款是分期支付的，《最高院施工合同解释一》第18条规定的应付价款利息计算日是综合考虑的；二是工程款支付应该同样贯彻保护建筑工人工资的原则，不能轻易放弃对工程价款请求款的保护；三是未完成结算前，结算款是无法确定支付金额，无法请求支付工程款。

11.2.5 其他权利从知道或应当知道权利受到损害之日起算

《民法总则》第188条："诉讼时效期间自权利人知道或者应当知道权利受到损害以及义务人之日起计算。"具体来说：

（1）参照《深圳中院工程合同意见2010》第37条规定，"建设工程质量诉讼时效，以发包人知道或应当知道发生质量问题之日起起算"。

（2）参照《北京高院民商解答五2007》第6条规定，"请求确认合同无效的，不应适用诉讼时效期间的规定"。因合同无效而产生的返还财产或赔偿损失请求权，从发包人知道或应当知道应返还财产或赔偿损失之日起起算。

（3）按照《诉讼时效规定2008》第7条第3款规定，"合同被撤销，返还财产、赔偿损失请求权的诉讼时效期间从合同被撤销之日起计算。"

（4）考虑工期违约行为的持续性，参照《民法总则》第189条规定分期付款诉讼时效之规定，逾期竣工违约金诉讼时效，从实际竣工之日或实际合同解除之日起算。

11.2.6 履行请求送达或对方同意履行的诉讼时效从重新起算

诉讼时效中断是指在诉讼时效进行中，因为法定事由的发生致使已经进行的诉讼时效期间全部归于无效，诉讼时效期间重新计算。《民法总则》第195条规定："有下列情形之一的，诉讼时效中断，从中断、有关程序终结时起，诉讼时效期间重新计算：（1）权利人向义务人提出履行请求；（2）义务人同意履行义务；（3）权利人提起诉讼或者申请仲裁；（4）与提起诉讼或者申请仲裁具有同等效力的其他情形。"据此，诉讼时效重新起算的情形如下：

（1）提出履行请求。按照《诉讼时效规定2008》第10条规定，指：

①当事人一方直接向对方当事人送交主张权利文书，对方当事人在文书上签字、盖章或者虽未签字、盖章但能够以其他方式证明该文书到达对方当事人的；②当事人一方以发送信件或者数据电文方式主张权利，信件或者数据电文到达或者应当到达对方当事人的；③当事人一方为金融机构，依照法律规定或者当事人约定从对方当事人账户中扣收欠款本息的；④当事人一方下落不明，对方当事人在国家级或者下落不明的当事人一方住所地的省级有影响的媒体上刊登具有主张权利内容的公告的，但法律和司法解释另有特别规定的，适用其规定。前款第①项情形中，对方当事人为法人或者其他组织的，签收人可以是其法定代表人、主要负责人、负责收发信件的部门或者被授权主体；对方当事人为自然人的，签收人可以是自然人本人、同住的具有完全行为能力的亲属或者被授权主体。

此外，按照《诉讼时效规定2008》第11条规定，对同一债权中的部分债权主张权利，诉讼时效中断的效力及于剩余债权，但明确表示放弃剩余债权的情形除外。

（2）对方同意履行。按照《诉讼时效规定2008》第16条规定，包括对方作出分期履行、部分履行、提供担保、请求延期履行、制定清偿债务计划等承诺或者行为。

此外，按照《诉讼时效规定2008》第22条规定，"诉讼时效期间届满，当事人一方向对方当事人作出同意履行义务的意思表示或者自愿履行义务后，又以诉讼时效期间届满为由进行抗辩的，人民法院不予支持"。

（3）提起诉讼或者申请仲裁。

（4）与提起诉讼或者申请仲裁具有同等效力的其他情形。按照《诉讼时效规定2008》第13条规定，该其他情形包括：

①申请支付令；②申请破产、申报破产债权；③为主张权利而申请宣告义务人失踪或死亡；④申请诉前财产保全、诉前临时禁令等诉前措施；⑤申请强制执行；⑥申请追加当事人或者被通知参加诉讼；⑦在诉讼中主张抵销；⑧其他与提起诉讼具有同等诉讼时效中断效力的事项；

按照《诉讼时效规定2008》第14条规定，该其他情形还包括：向人民调解委员会以及其他依法有权解决相关民事纠纷的国家机关、事业单位、社会团体等社会组织提出保护相应民事权利的请求。

按照《诉讼时效规定2008》第15条规定，该其他情形还包括：向公安机关、人民检察院、人民法院报案或者控告，请求保护其民事权利的。

第 76 例　一审未提时效抗辩的二审能否再提？

【争议焦点】

一审时没有提出诉讼时效抗辩，能否将一审法院判决所确认的时间作为新证据，在二审时提出诉讼时效抗辩？

【指导性案例】

《民事审判指导14年卷》第270页（第58辑）

2002年9月18日，发包人（甲公司）与承包人（乙公司）签订《施工合同》，由承包人承建涉案项目，合同签订后，承包人垫资进行施工。

2004年6月，发包人与承包人子公司（丁公司）签订《安装施工合同》，承包人子公司按约完成了安装工程施工。

2006年12月1日，发包人与承包人子公司达成结算书，明确工程总造价为4000万元，甲公司已支付1000万元，余款未付。

2007年4月21日，承包人子公司将其对甲公司的剩余安装工程款债权转让给承包人。

2009年11月11日，承包人起诉发包人，主张其受让自其子公司的剩余安装工程款及利息。

各方对承包人主张安装工程款及利息是否超过诉讼时效产生争议。

【各方观点】

一审法院认为："承包人子公司将债权转让给承包人……转让行为合法有效……发包人与承包人子公司于2006年11月28日共同认可了安装工程款结算书……发包人于判决生效之日起十日内向承包人支付项目安装工程款3000万元及利息（利息自2006年11月29日起计算至付清之日止）。"

发包人在提起上诉时认为：承包人主张安装工程款已经超过诉讼时效。一审判决所确认的时间应视为新证据，即：发包人与承包人子公司达成结算书为2006年11月28日，承包人子公司将其债权转让给承包人是2007年4月21日，那么，承包人2009年11月11日提起起诉已经超过诉讼时效，依法丧失胜诉权。

承包人认为：承包人一直在主张自身权益，曾多次口头向发包人催要款项，均遭到发包人推诿。

【裁判观点】

二审法院认为："针对承包人主张安装工程款，一审时发包人……并未提出过本案已过诉讼时效的主张。发包人与承包人子公司就案涉安装工程款的结算问题已经达成共识，发包人签字认可安装工程款结算数额的时间和行为，是早在双方发生纠纷之前、一审判决未作出之前即已经存在的客观事实。

提出时效抗辩

一审期间，承包人为此已经提供了相关证据材料，发包人如认为该债权的主张已经超过诉讼时效，在对转让行为表示异议的同时理应一并提出并作为抗辩理由。而一审法院经审理后作出一审判决，是人民法院在为解决当事人之间纠纷而进行的司法裁判活动，一审判决本身并不是同一诉讼进入二审阶段的新的证据。因此，发包人一审未提、二审以新的证据为由提出本案超过诉讼时效的主张，不符合《诉讼时效规定2008》第4条之规定，依法不予支持。综上，二审判决驳回上诉，维持原判。"

新的证据

【最高院指导】

《民事审判指导14年卷》第270页（第58辑）

最高院民一庭结合本案的指导意见是：《诉讼时效规定2008》第4条规定中的新的证据，是指一审判决作出后新形成、新出现的证据，以及非因当事人原因在一审期间未能提交的证据等情形。"人民法院在审判实践中，对诉讼时效问题一直都是从宽而非从严掌握。除非当事人提出，人民法院不得主动援引诉讼时效制度认定当事人丧失胜诉权。为了尽量维护真实的权利义务关系，如果当事人在一审未提出诉讼时效主张的，二审提出将不予支持。""对于什么是新的证据，二审期间，同案的一审判决因上诉而未生效，不是也不能成为当事人在同一案件中用于证明自己主张的证明材料"，"结合本案而言，应尽量保护守约方的合同权利"。"承包人一直在垫资施工，已经依约完成了自己的合同义务，承包人是守约方，发包人是违约方。如果还以超过诉讼时效为由主张承包人丧失胜诉权，不利于保护守约方的合法权益。"（执笔法官：刘银春）

从宽原则

维护守约方利益

【作者点评】

《诉讼时效规定2008》第4条规定："当事人在一审期间未提出诉讼时效抗辩，在二审期间提出的，人民法院不予支持，但其基于新的证据能够证明对方当事人的请求权已过诉讼时效期间的情形除外。"发包人在一审没有提出诉讼时效抗辩，二审时也没有提供新证据，所以支持承包人支付工程价款请求。

【裁判规则】

当事人在一审期间未提出诉讼时效抗辩，也没有提出新形成、新出现的以及非因当事人原因在一审期间未能提交的证据的，二审期间提出诉讼时效抗辩不成立。

第 77 例　付款条件无法成就的诉讼时效何时起算？

【争议焦点】

发包人与承包人约定的付款条件无法成就，承包人请求支付工程款的诉讼时效，是否应等付款条件成就时开始起算？

【指导性案例】

《民事审判指导12年卷》第87页（第49辑）

1995年8月，承包人与发包人签订《施工合同》，由承包人承建"国际金融中心工程桩"工程。合同约定：发包人支付的进度款累计达合同总价款的95%时停止支付，余下的5%留待验收通过后支付。

1996年，工程因政策原因停工。

2004年5月，发包人将该项目及土地以现状转让给受让方。

2005年3月，项目土地登记至受让方名下，受让方对项目重新规划设计。

2006年2月，受让方对原工程桩破桩，承包人亦参与了部分施工。

2006年8月—2007年10月，受让方建设的新项目桩基竣工验收。

2009年，承包人将发包人和受让方诉至法院，请求：判令发包人和受让方对5%尾款承担连带清偿责任。各方对诉讼时效产生了分歧。

【各方观点】

（1）承包人认为：受让方的施工利用了承包人已经实施的老桩基工程，新桩基工程的验收应视为对老桩基工程的验收，剩余5%尾款支付条件才刚刚成就，自此时计算，承包人的请求未超过诉讼时效。

（2）发包人和受让方均辩称，案涉工程项目于1996年因国家政策停工，承包人对此是知情的，本案诉讼时效应从1996年起算，承包人于2009年提起诉讼已超过诉讼时效。

（3）一审法院认为："由于政策原因涉案工程被迫停工，尚未进行工程竣工验收，而剩余5%工程尾款的支付条件为工程验收通过，故剩余5%工程尾款的支付条件一直未成就，诉讼时效期间并未开始起算，而2007年新的桩基工程验收通过可视为是对原有承包人施工的老桩基工程的验收通过，此时，剩余5%工程尾款的支付条件才刚刚成就，故诉讼时效期间应从2007年新桩基工程验收通过时起算，承包人的起诉未超过诉讼时效期间。"

【裁判观点】

二审法院认为："首先，讼争工程因政策原因于1996年出现了停工的情形，承包人对此是明知的，虽然这种情况成为阻却支付工程尾款条件成就的障碍，但此情形并不妨碍承包人及时履行确认工程量提交竣工验收报告等义务，并以此催告发包人采取其他方式进行验收来促成条件成就。……但截至目前，双方既未共同确认工程量，也未办理工程交接手续，而是将该债权长时间搁置。其次，受让方组织的桩基工程验收是对原工程项目整体转让后经重新设计规划后一个新的商住项目的验收，即使其中包含了老桩，但还有部分老桩已经被破拆，因此，不能当然认为受让方组织的验收行为系代表或代替原工程发包方或总承办方对原桩基工程进行验收。……2005年3月30日，工程发包方发包人将案涉项目及土地转让给案外人受让方，并办理了土地转移登记手续。该行为产生如下法律后果：土地使用权转移登记产生的公示效力，应使得包括承包人在内的社会公众可以了解到该土地及其附着物权利变动的状况。……地上建筑物规划和设计的变更可能导致先前已施工完毕的桩基工程不能完全满足新设计建筑物的要求，承包人已经完成的成果极可能无法作为一个整体专门单独进行验收。……因此，从涉案土地使用权转移登记时始，承包人即应知道其权利受到了侵害……而承包人直到2009年3月才提起诉讼，显然已经超过了诉讼时效。"

【最高院指导】

《民事审判指导12年卷》第87页（第49辑）

最高院结合本案的指导意见为："施工合同双方当事人约定，工程尾款待工程验收通过后支付，施工人对工程尾款享有的权利属于附条件请求权，如工程验收客观上已经无法进行，应认定合同所约定的条件无法成就，施工人请求建设方支付该工程尾款的诉讼时效期间，应自其知道或应当知道条件无法成就时起算。"理由包括：①认定请求权超过诉讼时效符合制度目的，该制度主要目的为：督促权利人及时行使权利、避免义务人举证困难、减轻法院的审判负担、维持社会秩序的稳定。承包人并未提供任何证据证明在长达十多年的时间里曾向发包人主张过自己的权利，属于典型的权利人怠于行使权利的情形。②项目转让不应作为诉讼时效起算点，转让工程物权变动的

怠于行使权利

知道权利被侵害

对外公示效力对抗的是主张不动产权益的不特定第三人，并非特定债权债务关系的债权人。③权利人知道或应当知道附条件无法成就时，应视为其知道或应当知道权利被侵害，诉讼时效用从此计算。（执笔法官：王丹）

【作者点评】

法律不保护怠于行使权利，一旦承包人知道付款条件应成就而未成就之时，就是发包人应该支付工程价款之时，诉讼时效就开始起算。上述案件诉讼时效起算时间应该是承包人参与转让后新项目施工之时即2006年2月，此时，承包人应该知道其工程款权益受到侵害。

【裁判规则】

约定附条件支付工程款但实际该条件因发包人原因无法成就的，承包人请求支付工程款的诉讼时效，从承包人知道或应当知道该条件因发包人原因无法成就时起算。

11.3 诉讼请求

诉讼请求是当事人在诉讼中基本的主张，应遵循"不诉不理"的原则，"诉什么，审什么"。而鉴定人对鉴定范围和鉴定事项也只能是被动接受，而不得增加或缩小鉴定范围或改变鉴定事项，否则就意味着增加或减少一方的诉讼请求，是对当事人诉讼权利的侵犯。关于诉讼请求的争议主要有以下几个方面：

不诉不理

11.3.1 诉讼请求要以可以证明的事实与理由为依据

举证责任

《民诉证据规定2002》第2条规定："当事人对自己提出的诉讼请求所依据的事实或者反驳对方诉讼请求所依据的事实有责任提供证据加以证明。没有证据或者证据不足以证明当事人的事实主张的，由负有举证责任的当事人承担不利后果。"

解析案例

在第78例（解析案例）中，发包人与承包人约定：发包人提供的部分钢材、水泥、黄沙、石子，凭承包人收料单按当时发包人签证的材料价格扣除。诉讼中，发包人主张其已经将材料交于工地唯一承包人使用，但未能提供承包人收料单等文件加以证明。

最高院民一庭结合案情解析认为："虽然发包人主张只有承包人在本案所涉工程处施工，但是不能证明承包人收到了该批水泥。……由于没有承包人的收料单等证据，发包人不能证明自己向承包人提供了材料。"

可见，当事人在提供甲供料时，一定要与相对人形成书面的确认收料单据，否则，无法证明供料关系的存在。

11.3.2 诉讼请求可根据合同效力认定的变化而调整

实务中，常常出现法律没有规定的情形。比如一审原告基于合同有效提出诉讼请求，二审法院认为合同无效；或者，一审原告基于合同无效提出诉讼请求，二审法院认为合同有效。此时一审诉讼请求在二审中是否可以相应调整呢？

指导性案例

在79例（指导性案例）中，发包人逾期未支付承包人工程款，承包人在一审中基于合同有效这一前提，请求发包人支付逾期未付款的违约金。二审中，法院认定合同无效，可直接判决发包人向承包人支付利息损失。

最高院民一庭结合该案的指导意见为：对于当事人的诉讼请求的理解，不应过于机械和片面。虽然承包人未明确主张工程款利息损失，但其一审时"基于合同有效并根据合同约定主张了逾期违约金。从承包人诉请发包人支付的工程欠款数额看，其利息显然低于合同约定的逾期付款违约金数额……由此，在因合同无效并至其违约金主张失去法律依据的前提下，承包人当然不可能放弃欠款本金的利息"，"且利息具有本金法定孳息的性质，发包人理应承担其未付工程款部分相应利息的支付义务"。

11.3.3　同一诉讼请求经裁判后不能提起同样诉讼

《民事诉讼法》第124条规定："对判决、裁定、调解书已经发生法律效力的案件，当事人又起诉的，告知原告申请再审，但人民法院准许撤诉的裁定除外。"

一事不再理

一事不再理原则要求后诉与前诉有三处不同。《民事诉讼法解释2015》第247条规定："当事人就已经提起诉讼的事项在诉讼过程中或者裁判生效后再次起诉，同时符合下列条件的，构成重复起诉：（一）后诉与前诉的当事人相同；（二）后诉与前诉的诉讼标的相同；（三）后诉与前诉的诉讼请求相同，或者后诉的诉讼请求实质上否定前诉裁判结果。当事人重复起诉的，裁定不予受理；已经受理的，裁定驳回起诉，但法律、司法解释另有规定的

诉讼标的

除外。"司法实践中，对违反一事不再理原则的把握，一般应从诉讼主体、诉讼标的、诉讼请求三个方面予以判定。即前诉与后诉在诉讼主体、诉讼标的、诉讼请求三方面存在一致，则违反一事不再理原则。原告以某一法律关系起诉后诉讼请求被法院驳回，针对同一争议事实，以不同法律关系为由再次起诉的，前诉与后诉虽在诉讼主体和诉讼请求方面存在一致性，但所涉诉讼标的不同，后诉不违反一事不再理原则。

在第80例（公报案例）中，承包人在一审、二审中主张工程款利息，法院作出二审判决后，其针对二审法院未判决的部分工程款另行起诉，被法院裁定驳回起诉。最高院再审认为：二审判决后，承包人再次对涉案工程款另案提起诉讼，系对同一争议事实再次起诉，违反一事不再理原则。故裁定驳回承包人的起诉，有充分的事实依据。

一事不再理原则也有例外。比如当事人撤诉后又起诉的。又比如，出现了新的事实。《民事诉讼法解释2015》第248规定："裁判发生法律效力后，发生新的事实，当事人再次提起诉讼的，人民法院应当依法受理。"所谓"新的事实"，是指裁判文书生效后发生的事实，不是原生效裁判文书未查明或涉及的事实，也不是当事人在原审中未提出的事实。

第 78 例 无签收单能否认定已供应工程材料?

【争议焦点】

发包人往往因工程进度或者控制工程质量需要,将混凝土、钢材等主材自行采购,交给工地唯一承包人使用,当双方就甲供材无签收记录,是否可认定发包人已交付了相应材料?

【解析案例】

《民事审判指导 5辑》第291页

1994年10月18日,发包人(河北省石家庄市佛教协会)与承包人(南京大地建设(集团)股份有限公司石家庄分公司)签订了《建设工程施工合同协议条款》,约定由承包人承建石家庄市玉佛殿工程。

1997年1月16日,发包人与承包人签订《关于玉佛殿工程竣工及结算事宜的协议》,约定:双方经协商同意该工程竣工,将玉佛殿工程交付发包人,少量收尾工程由承包人委托发包人施工,从承包人的决算中将该收尾工程扣除。双方还约定近期作好材料、财务核账工作,整理好工程竣工资料。

1997年1月22日,双方对未完工程进行了统计。

1998年10月27日,承包人将发包人诉至法院,请求:判令发包人归还拖欠的工程款833万元并承担违约金和一审诉讼费。

1999年4月13日,承包人与发包人签订《甲乙双方材料账结算协议》,约定发包人提供的部分钢材、水泥、黄沙、石子,发包人凭承包人收料单按当时发包人签证的材料价格扣除。

一审法院在审理期间,经当事人双方同意,委托河北省科技咨询服务中心工程造价咨询部对本案工程造价进行了鉴定,结论为1370.025万元,另加材料款159844元。发包人已付承包人工程款6500000元,尚欠7360094元。

【各方观点】

(1)发包人认为:发包人施工期间陆续向玉佛殿工程运送水泥1127.5吨,在此期间,只有承包人在本案所涉工程处施工,应当对该部分材料款予以认定。

(2)承包人认为:发包人所称的供材,没有承包人的签收凭证,承包人不能认可。

(3)河北高院一审认为:"发包人提出供材料款299418元,但提供不出承包人收到材料的证明,不予认定。"

【裁判观点】

最高院二审同意河北省高院意见:"承包人与发包人签订《甲乙双方材料账结算协议》,对发包人提供的部分钢材、水泥、黄沙、石子,发包人凭承包人收料单按当时发包人签证的材料价格扣除。发包人没有承包人的收料单，也没有其他证据证明其向承包人提供了1127.5吨水泥。一审法院对发包人主张的299418元材料款不予认定是正确的。"

【最高院解析】

《民事审判指导
5辑》第291页

最高院民一庭王冬颖法官解析认为："虽然发包人主张只有承包人在本案所涉工程处施工，但是不能证明承包人收到了该批水泥。……由于没有承包人的收料单等证据，发包人不能证明自己向发包人提供了1127.5吨水泥。"

【作者点评】

举证责任

《民诉证据规定2002》第2条规定："当事人对自己提出的诉讼请求所依据的事实或者反驳对方诉讼请求所依据的事实有责任提供证据加以证明。没有证据或者证据不足以证明当事人的事实主张的，由负有举证责任的当事人承担不利后果。"

本案中，发包人与承包人所签协议已经明确约定供应材料以收料单为准，但是发包人主张已向承包人供应材料中却未提供相应收料单，依法承担败诉的不利后果。施工场地仅有承包人情况下，亦无法排除发包人将材料送工地但未交与承包人的可能，因此，仅凭施工场地仅有唯一的承包人，发包人将材料送往工地，无法认定承包人收到相应材料。

可见，当事人在提供甲供料时，一定要与相对人形成书面的确认收料单据，否则，无法证明供料关系的存在。

【裁判规则】

发包人不能提供承包人收到了甲供料的证据，主张甲供料关系成立的，不予支持。

第79例　请求逾期违约金可否视为工程款利息？

【争议焦点】

一审承包人基于合同有效的前提，请求支付尚欠工程款本金及逾期付款违约金，二审认定合同无效，发包人应否支付工程欠款利息？

【指导性案例】

《民事审判指导38辑》第215页

2003年5月6日，发包人（AA化工）与承包人（甲公司）签订《建设工程施工合同》，约定承包人承建AA化工团结湖示范工程，合同另对违约责任等问题进行了约定。

2003年5月20日，承包人开工。

2004年5月25日，工程竣工。同日，经施工单位、设计单位、监理单位、建设单位四方验收为合格工程。

2004年7月7日，发包人与承包人根据中国建设银行青海省分行工程造价咨询中心（以下简称咨询中心）编审盖章的"青海发包人有限责任公司团结湖示范工程造价汇总表"，签订了"发包人团结湖示范工程造价汇总表"，载明合计工程造价20108092.09元。双方认可发包人已付款12243000元。

后双方当事人因工程款支付问题产生争议，承包人起诉发包人，请求：判定发包人向其支付工程款及逾期付款违约金。

【各方观点】

（1）一审法院认为："承包人提交了由双方当事人一致同意作出的造价汇总表，双方当事人积极参与了承包人提交的造价汇总表的整个形成过程，发包人的工程负责人还在该造价汇总表上签字确认。故本案工程款应当以承包人提交的咨询中心作出的决算书来认定。因发包人拖延支付工程款构成违约，其理应按照合同约定支付逾期付款违约金。"

（2）发包人上诉认为：由于案涉合同应为无效合同，发包人不应支付逾期付款违约金。

【裁判观点】

二审法院认为："根据《招标投标法》第3条和《工程建设项目招标范围和规模标准规定》第7条规定，本案工程属于必须招标的范围。因本案工程没有进行招标，故案涉合同应为无效。据此，承包人依据合同约定请求发包人支付延期付款违约金没有法律依据，不予支持。……承包人虽在一审起诉时没有针对发包人工程欠款的利息提出明确主张，但其基于合同有效并根据合同约定主张了逾期违约金。这就表明承包人的本意并不是放弃欠款本金的利息。因利息具有本金法定孳息的性质，发包人理应承担其未付工程款部分相应利息的支付义务。"

法定孳息

【最高院指导】

《民事审判指导38辑》第215页

最高院民一庭结合案情指导认为：

（1）"对于当事人诉讼请求的理解不能失之机械，应当遵循客观全面的原则进行。承包人在一审起诉时没有针对发包人工程欠款的利息提出明确主张，但其基于合同有效并根据合同约定主张了逾期违约金。从承包人诉请发包人支付的工程欠款数额看，其利息显然低于合同约定的逾期付款违约金数额……其追究对方违约金责任所提请求确定地涵盖了对工程欠款利息的主张。由此，在因合同无效并至其违约金主张失去法律依据的前提下，承包人当然不可能放弃欠款本金的利息。"

逾期违约金

（2）"因发包人对涉案工程施工合同的无效应当承担主要责任，且利息具有本金法定孳息的性质，发包人理应承担其未付工程款部分相应利息的支付义务。否则本案的处理将会产生不公平的结果，即发包人对合同无效具有重大过错，却连欠款利息都不用支付。"

利息

（3）"如果一审原告诉讼请求是把对方应承担的违约金责任视作自己的损失，且对当事人就合同无效过错的认定和损失之确定比较清楚明了，二审法院可以直接改判"，但不得"损害当事人的诉讼权利和实体权利"且"有利于诉讼经济和提高诉讼效率"。"对于欠款利息作出一并处理并未超出本案诉讼标的。……认为二审法院直接处理利息部分逾越了当事人的诉讼请求，属于对其诉讼请求的机械和片面理解，也是对本案诉讼标的的不当拆分。"（执笔法官：辛正郁）

【作者点评】

本案发包人在二审中主张不应向承包人支付利息损失的原因是：承包人仅在一审中主张了逾期违约金，但违约金成立的前提必须是合同有效。二审认定合同无效，则违约金主张失去了合同基础，如果法院径行判决发包人向承包人支付利息损失，违反了"不告不理"的原则。

但是，发包人对承包人的逾期付款是客观事实，如果合同有效，那么承包人可主张违约金，如果合同无效，承包人可主张利息损失。承包人在一审中基于合同有效主张了违约金，虽然二审认定合同无效，但判决发包人支付利息损失实际并未超出承包人主张的违约金数额范围。何况利息本属于法定孳息，又为兼顾诉讼经济和诉讼效率的需要，二审法院直接改判发包人支付利息损失。

【裁判规则】

一审承包人按合同有效请求支付逾期付款违约金，二审认定合同无效，可以直接要求发包人承担逾期付款的利息。

第 80 例　争议标的超出诉请部分可否另行起诉？

【争议焦点】

承包人提出诉讼请求并经人民法院作出生效裁判后，能否以实际争议标的额超出原诉讼请求为由，就超出的数额另行提起诉讼？

【公报案例】

2004年2月18日，承包人以河源市公路局出具的《审核报告》为依据，向广东省河源市中级人民法院（以下简称河源中院）起诉，请求发包人、龙川县交通公路建设指挥部支付工程款15061995.39元。

诉讼中，承包人依据河源市振丰工程造价咨询有限公司作出的《鉴定报告》（该《鉴定报告》确认的工程造价高于《审核报告》），增加了工程款本金4506688元及利息的诉讼请求，后又以不能支付诉讼费为由撤回了增加的诉讼请求。

河源中院一审以《审核报告》为依据，判决发包人向承包人支付工程款15061995.39元及其利息。一审判决作出后，发包人提起上诉。广东高院在一审判决的基础上，扣除双方当事人在二审期间重新确认的已支付工程款等，判令发包人向承包人支付工程款14792283.71元及其利息，该判决已发生法律效力。

之后，承包人针对上述撤诉的4506688元工程款再次起诉，被广东高院以违反一事不再理原则为由，再审裁定不予受理。承包人不服该裁定，向最高院申请再审。

【各方观点】

承包人认为：

（1）有新的证据，足以推翻再审裁定。承包人提交的2005年12月15日的工程款结算表是新的证据，证明双方确认发包人所欠工程款4506688元及利息正在诉讼中，不在结算范围之内。

（2）广东高院再审裁定认定的基本事实缺乏证据证明。一审未对4506688元工程款进行判决，承包人对该部分工程款另行起诉，不违反一事不再理原则。

（3）再审裁定遗漏诉讼请求。再审裁定遗漏了双方签字认可二审判决未对4506688元工程款进行判决的事实。

【裁判观点】

最高院再审认为：二审判决后，承包人再次对涉案工程款另案提起诉讼，系对同一争议事实再次起诉，违反一事不再理原则。故广东高院再审裁

定驳回承包人的起诉，有充分的事实依据。

（1）承包人提交的2005年12月15日的工程款结算表在本案二审期间就已经存在，但承包人无正当理由未予提交，该证据不属于新的证据。

（2）广东高院二审判决系对涉案工程款全案作出的终审判决，在该判决作出后，承包人再次对涉案工程款另案提起诉讼，系对同一争议事实再次起诉，违反一事不再理原则。

（3）关于再审裁定是否遗漏诉讼请求的问题。双方当事人签字认可二审判决未对4506688元工程款进行判决，属于事实问题，而非诉讼请求，且再审裁定驳回承包人的起诉，并不涉及工程款的认定，故本案不存在遗漏诉讼请求的问题。

【最高院点评】

无。

【作者点评】

《民事诉讼法》第124条规定："对判决、裁定、调解书已经发生法律效力的案件，当事人又起诉的，告知原告申请再审，但人民法院准许撤诉的裁定除外。"

《民事诉讼法解释2015》第247条规定："当事人就已经提起诉讼的事项在诉讼过程中或者裁判生效后再次起诉，同时符合下列条件的，构成重复起诉：

（一）后诉与前诉的当事人相同；

（二）后诉与前诉的诉讼标的相同；

（三）后诉与前诉的诉讼请求相同，或者后诉的诉讼请求实质上否定前诉裁判结果。

当事人重复起诉的，裁定不予受理；已经受理的，裁定驳回起诉，但法律、司法解释另有规定的除外。"

司法实践中，对违反一事不再理原则的把握，一般应从诉讼主体、诉讼标的、诉讼请求三个方面予以判定。即前诉与后诉在诉讼主体、诉讼标的、诉讼请求三方面存在一致，则违反一事不再理原则。原告以某一法律关系起诉后诉讼请求被法院驳回，针对同一争议事实，以不同法律关系为由再次起诉的，前诉与后诉虽在诉讼主体和诉讼请求方面存在一致性，但所涉诉讼标的不同，后诉不违反一事不再理原则。

【裁判规则】

承包人提出诉讼请求并经生效裁判后，又以实际争议标的额超出原诉讼请求为由，就超出的数额另行起诉的，人民法院不予支持。

第 12 章 工程鉴定

【内容概要】

工程争议中的工程价款金额、工程质量合格等都涉及专门性问题，需要通过法院委托鉴定方式予以查明。工程鉴定主要涉及如下问题：

（1）鉴定申请。工程鉴定作为鉴定意见类证据形成方式，以当事人申请为主，法院依职权启动为辅。司法实践中，主要裁判规则为：对于已经达成有效工程价款结算协议的不得申请造价鉴定；诉前未共同认可的咨询意见，一方当事人诉中可申请司法鉴定；人民法院应当就鉴定事项及举证责任对当事人予以释明；一审未申请司法鉴定，二审可申请，但通常发回重审。

（2）鉴定确定。司法鉴定需要由人民法院确定事项、范围、期限后，委托鉴定机构完成。但应遵循以下规则：鉴定事项仅限于存在争议的专门性问题；固定总价合同竣工后仅可就合同范围外工程申请造价鉴定；未完工程亦可就比例等申请造价鉴定；保修期内司法鉴定主要针对缺陷原因、修复方案、修复费用等的鉴定。

（3）鉴定材料质证。鉴定材料作为作出鉴定意见依据，其真实、合法性影响鉴定意见的证明力。对鉴定材料质证应遵循以下规则：负有举证责任一方当事人应当积极提供鉴定材料；就存在争议的鉴定材料进行质证即可；未对鉴定材料质证的，应当补充质证；当无法确定鉴定依据时，可就不同鉴定依据分别出具鉴定意见，以供法院判断以哪一份鉴定意见作为定案依据。

（4）鉴定意见质证。在对鉴定材料质证后，亦应当对鉴定意见再次进行质证，未经质证不得作为定案依据。对鉴定意见质证应遵循以下规则：经过质证真实、合法的鉴定意见可作为定案依据；未经鉴定材料质证形成的鉴定意见由法院补充质证后判断是否可作为定案依据；鉴定人拒绝出庭，其所作出的鉴定意见不得作为定案依据；鉴定过程中，当事人可申请专家辅助人协助对鉴定材料、鉴定意见进行质证；鉴定意见存在重大缺陷时且无法补救的方可申请重新鉴定。

【关键词】

咨询意见	鉴定意见
专门性问题	举证责任
固定价合同	鉴定材料
释明义务	补充质证
鉴定事项	专家辅助人
鉴定范围	重新鉴定

【最高院施工合同解释二】

第12条 当事人在诉讼前已经对建设工程价款结算达成协议，诉讼中一方当事人申请对工程造价进行鉴定的，人民法院不予准许。（详见本书12.1.1）

第13条 当事人在诉讼前共同委托有关机构、人员对建设工程造价出具咨询意见，诉讼中一方当事人不认可该咨询意见申请鉴定的，人民法院应予准许，但双方当事人明确表示受该咨询意见约束的除外。（详见本书12.1.2）

第14条 当事人对工程造价、质量、修复费用等专门性问题有争议，人民法院认为需要鉴定的，应当向负有举证责任的当事人释明。当事人经释明未申请鉴定，虽申请鉴定但未支付鉴定费用或者拒不提供相关材料的，应当承担举证不能的法律后果。（详见本书12.1.3、12.1.4、12.2.1）

一审诉讼中负有举证责任的当事人未申请鉴定，虽申请鉴定但未支付鉴定费用或者拒不提供相关材料，二审诉讼中申请鉴定，人民法院认为确有必要的，应当依照民事诉讼法第一百七十条第一款第三项的规定处理。（详见本书12.1.5）

第15条 人民法院准许当事人的鉴定申请后，应当根据当事人申请及查明案件事实的需要，确定委托鉴定的事项、范围、鉴定期限等，并组织双方当事人对争议的鉴定材料进行质证。（详见本书12.2.6）

第16条 人民法院应当组织当事人对鉴定意见进行质证。鉴定人将当事人有争议且未经质证的材料作为鉴定依据的，人民法院应当组织当事人就该部分材料进行质证。经质证认为不能作为鉴定依据的，根据该材料作出的鉴定意见不得作为认定案件事实的依据。（详见本书12.3.3、12.4.1）

【最高院施工合同解释一】

第22条 当事人约定按照固定价结算工程价款，一方当事人请求对建设工程造价进行鉴定的，不予支持。（详见本书12.2.2）

第23条 当事人对部分案件事实有争议的，仅对有争议的事实进行鉴定，但争议事实范围不能确定，或者双方当事人请求对全部事实鉴定的除外。（详见本书12.2.1、12.2.7）

12.1　鉴定申请

12.1.1　为查明事实的专门性问题方能申请鉴定

《民事诉讼法》第63条规定："证据包括：……（七）鉴定意见……"第76条规定："当事人可以就查明事实的专门性问题向人民法院申请鉴定。当事人申请鉴定的，由双方当事人协商确定具备资格的鉴定人；协商不成的，由人民法院指定。当事人未申请鉴定，人民法院对专门性问题认为需要鉴定的，应当委托具备资格的鉴定人进行鉴定。"《司法鉴定规定2001》第1条规定："本规定所称司法鉴定，是指在诉讼过程中，为查明案件事实，人民法院依据职权，或者应当事人及其他诉讼参与人的申请，指派或委托具有专门知识人，对专门性问题进行检验、鉴别和评定的活动。"

　　据此，鉴定申请的启动条件有三：其一，须是案件事实认定问题。对于法律适用问题，则不属于鉴定范围。其二，须是专门性问题。对于一般性的事实认定问题则应当由法官根据举证责任的有关要求，通过法庭调查等程序来予以认定，不需鉴定。其三，须符合必要性的要求。鉴定所要解决的问题应当是通过其他方式不能解决，只有通过鉴定才能解决的，或者说应当排除以其他低诉讼成本方法查明案件事实的可能性。[①]

　　鉴定程序的启动方式，既包括由当事人自行申请，也可能由法院依职权启动。本节主要内容皆围绕鉴定申请展开。

　　鉴定申请原则上应当在举证期限内提出。《民诉证据规定2002》第25条第1款规定："当事人申请鉴定，应当在举证期限内提出。符合本规定第27条规定的情形，当事人申请重新鉴定的除外。"但《最高院施工合同解释二适用》第282页同时认为，对于超过举证期限才申请鉴定的情形，不宜过于严苛，"目前对当事人申请鉴定采取以在鉴定期限内提出申请为原则，以超过鉴定期限提出申请为例外"。

12.1.2　诉讼前已达成结算协议的一方当事人不得再申请鉴定

《最高院施工合同解释二》第12条规定："当事人在诉讼前已经对建设工程价款结算达成协议，诉讼中一方当事人申请对工程造价进行经鉴定的，人民法院不予准许。"

　　（1）此处"当事人"既包括发包人、承包人，也包括实际施工人、专业分包中的发包和承包人、转包人和承包人等情形。

　　（2）此处"对建设工程价款结算"达成协议，主要指针对解约结算款及竣工结算款达成结算协议的情形。《最高院施工合同解释二适用》第275页认为，本条涉及的主要情形既包括"发包人和承包人在建设工程竣工结算

左侧边注：
申请条件
申请时间
结算协议类型

---

① 陈龙业、宋韦韦：《民事诉讼鉴定程序启动若干问题的理解与适用》，载《人民司法》2013年第15期，第59-60页。

相关事项达成协议后，一方事后反悔"，也包括"发包人与承包人解除建设工程施工合同，承包人中途退场，在建设工程尚未竣工情形下，双方当事人进行建设工程价款结算的情形"。

（3）此处"达成协议"不单纯指依据施工合同进行工程款结算，也包括对违约责任、损失赔偿等达成的一揽子解决协议。《最高院施工合同解释二适用》第277页认为："当事人对工程质量、停窝工损失、工期损失等事项事后达成协议，……一般没有必要再允许当事人申请鉴定。"但是"基于欺诈、重大误解或恶意串通等原因，双方当事人签订涉及工程质量等协议……应允许当事人一方申请人民法院委托进行相关鉴定。"

诉讼中协议　（4）当事人在"诉讼中"而非"诉讼前"达成结算协议的，同样不准许当事人再申请鉴定。《最高院施工合同解释二适用》第278页认为："诉讼中当事人就建设工程价款达成结算协议……应予以尊重和保护，但不表示当出现当事人在诉讼中达成建设工程价款结算协议、当事人一方又申请工程造价鉴定的情形时，人民法院应对该鉴定申请予以准许。"

共同申请　（5）达成协议后，如非"一方当事人"而是"双方当事人"共同申请鉴定，应予准许。《最高院施工合同解释二适用》第285页认为："在双方当事人都不认可工程价款结算协议的前提下，应当认为工程价款通过结算协议尚不能确定是双方当事人最新合意。既然双方当事人最新合意是不确认工程价款结算协议……应允许当事人双方共同申请法院委托工程造价鉴定。"

结算协议独立性　（6）双方达成的结算协议独立于主施工合同，施工合同无效或工程未竣工验收，不影响本条款的适用。《江苏高院施工合同解答2018》第7条规定："合同履行完毕后当事人达成的结算协议具有独立性，施工合同是否有效不影响结算协议的效力。"《最高院施工合同解释二适用》第286～288页认为："建设工程施工合同即便被认为无效，当事人签订的建设工程价款结算协议也不随之当然无效"，"一旦发包人同意与承包人签订工程价款结算协议，就可以推定发包人已经认可建设工程现状并愿意支付相应工程价款……只要发包人签订了建设工程价款结算协议，对当事人申请建设工程造价鉴定不予准许"。

12.1.3　当事人不认可诉讼前共同委托咨询意见的可申请鉴定

《最高院施工合同解释二》第13条规定："当事人在诉讼前共同委托有关机构、人员对建设工程造价出具咨询意见，诉讼中一方当事人不认可该咨询意见申请鉴定的，人民法院应予准许，但双方当事人明确表示受该咨询意见约束的除外。"

咨询意见　（1）此处"咨询意见"是当事人在诉讼外委托有关机构或个人出具的，其本身并非人民法院委托出具的鉴定意见。该咨询意见可能是由具有相关资质的专业机构作出，也可能是由不具备相关资格的机构作出，还可能是双方当事人基于对某个专家学者的信赖，由个人作出。

鉴定意见　（2）该"咨询意见"是否作为定案依据取决于双方当事人是否自愿受其约束。如不认可该咨询意见，无须证明该咨询意见有瑕疵，即有权申请鉴定；如明确表示受其约束，则不得再申请鉴定。《最高院施工合同解释二适用》第291页认为："咨询机构……所形成的咨询意见属于民事委托合同中受托人完成的工作成果……不能仅以有咨询意见为由，剥夺当事人申请鉴定的程序权利。"第304页认为："有关机构、人员的专业资格、计算工程造价的程序和方法等没有接受人民法院的监督，使得其出具的咨询意见不具有权威性，当事人事后质疑也在所难免。除非双方已通过委托合同或者其他方式明确表示接受咨询意见约束，对当事人一方事后申请鉴定的行为，不予准许。"第306页认为，当事人不认可咨询意见，"只需当事人表示不接受该咨询意见即可，不需要当事人另行举证证明该咨询意见存在瑕疵"。

12.1.4 当事人可自行申请或经法院释明后申请鉴定

《最高院施工合同解释二》第14条第1款规定："当事人对工程造价、质量、修复费用等专门性问题有争议，人民法院认为需要鉴定的，应当向负有举证责任的当事人释明。"

各地高院对此均有相应意见。《北京高院施工合同解答2012》第32条规定："当事人对工程价款存在争议，既未达成结算协议，也无法采取其他方式确定工程款的，法院可以根据当事人的申请委托有司法鉴定资质的工程造价鉴定机构对工程造价进行鉴定；当事人双方均不申请鉴定的，法院应当予以释明，经释明后对鉴定事项负有举证责任的一方仍不申请鉴定的，应承担举证不能的不利后果。"江苏、浙江、上海、广东、四川等地均有类似规定。

专门性问题　　（1）"专门性问题"，根据《最高院施工合同解释二适用》第314页的列举，"主要是指工程造价、工程质量、工期、修复方案、修复费用等"。

（2）"人民法院认为需要鉴定"的原则是慎用鉴定，不鉴定也能查明事实的，就不应鉴定，部分鉴定即可查明事实的，不应全面鉴定。

释明　　（3）"向负有举证责任的当事人释明"是指法院主动询问当事人是否申请鉴定，以及告知其鉴定的必要性和不鉴定的后果，并非有法院依职权主动进行鉴定。

12.1.5 经法院释明后仍不申请鉴定的承担举证不能责任

《最高院施工合同解释二》第14条第1款规定："当事人经释明未申请鉴定，虽申请鉴定但未支付鉴定费用或者拒不提供相关材料的，应当承担举证不能的法律后果。"

《民诉证据规定2002》第25条第2款规定："对需要鉴定的事项负有举证责任的当事人，在人民法院指定的期限内无正当理由不提出鉴定申请或者不预交鉴定费用或者拒不提供相关材料，致使对案件争议的事实无法通过鉴定结论予以认定的，应当对该事实承担举证不能的法律后果。"

举证不能情形　　需要"承担举证不能的法律后果"的情形有三种，包括：经释明未申请鉴定、虽申请鉴定但未支付鉴定费用、拒不提供相关材料。其中，未支付鉴定费用也包括未足额支付的情形。《江苏高院司法鉴定规程2015》第24条即规定："当事人申请鉴定的，鉴定费由提出申请的一方当事人全额预交。当事人申请鉴定后未按期全额预交鉴定费，人民法院应当催交并释明不按期交纳将导致鉴定程序终结的不利后果，经催交后当事人仍未按期全额交纳的，人民法院可以终结委托鉴定程序。"

在第81例（参考案例）中，发包人与承包人共同委托咨询机构进行审计，咨询机构出具了《修正结算报告》，承包人因发包人未按照造价咨询意见支付工程款向法院起诉，要求按照《修正结算报告》支付欠付工程款。最高院认为：一审法院通知咨询机构到庭，并向发包人释明，可以将其针对《修正结算报告》的提出异议，一审、二审期间，发包人既未申请就双方争议工程造价进行鉴定，亦未就《修正结算报告》申请补充鉴定、重新质证或者补充质证等予以修正。因此，应由发包人自行承担举证不能后果。

12.1.6　一审未申请但二审申请鉴定的应发回重审或改判

《最高院施工合同解释二》第14条第2款规定："一审诉讼中负有举证责任的当事人未申请鉴定，虽申请鉴定但未支付鉴定费用或者拒不提供相关材料，二审诉讼中申请鉴定，人民法院认为确有必要的，应当依照民事诉讼法第一百七十条第一款第三项的规定处理。"

《民事诉讼法》第170条第1款第3项规定："第二审人民法院对上诉案件，经过审理，按照下列情形，分别处理：（三）原判决认定基本事实不清的，裁定撤销原判决，发回原审人民法院重审，或者查清事实后改判。"

一审未申请、未交费、不提供材料，二审申请且确有必要鉴定的，应予准许。《最高院施工合同解释二适用》第322～323页从三个方面认定确有必要："（1）鉴定对查清案件相关事实确有必要；（2）对于处理案件确有必要；（3）当事人申请且愿意缴纳鉴定费、提交鉴定材料。"但一审二审程序中没有申请鉴定，审判监督程序中又提出申请的，不予准许。《民事诉讼法解释2015》第399条规定："审查再审申请期间，再审申请人申请人民法院委托鉴定、勘验的，人民法院不予准许。"

此外，关于二审法院准予鉴定申请，是发回重审还是查清事实后改判问题。司法实践中，从江苏、四川等高院意见等看，普遍倾向于发回重审。

二审鉴定申请

第81例　经法院释明后不申请鉴定的如何结算？

【争议焦点】

发包人与承包人在诉讼前就工程造价共同委托咨询机构审价，经法院释明既不质证，也不申请申请鉴定的，该咨询意见能否作为双方结算的依据？

【参考案例】

2011年10月20日，发包人1（普定县鑫臻房地产开发有限责任公司）与承包人（黑龙江省建工集团有限责任公司）签订施工合同，约定由承包人承建发包人1开发的"鑫臻酒店·鑫臻苑"项目，项目总建筑面积为69748.84平方米，工程造价为1.1亿元。

2013年4月15日，发包人2（普定县鑫臻酒店有限公司）与承包人签订施工合同，约定工程量结算方式为按实结算。

随后承包人进场施工，至2013年9月1日止，发包人已支付工程进度款7735357元。

2013年12月24日，双方签订《纠纷处理协议》约定：按工程现状进行收方结算，收方结束后，同样由甲乙双方委托一家资质审计单位对工程款进行审计。从审计结算报告完成并提交普定县住建局之日起，甲方须确保20天内据实向乙方付清酒店工程款，甲乙双方关于鑫臻酒店的建设合同自然解除。

2014年1月23日，发包人与承包人作为甲方，共同委托咨询机构审计。2014年8月29日，咨询机构向发包人、承包人出具案涉工程结算评估报告的函，告知如无异议将出具结算评估报告。发包人认可收到该函件。2014年11月20日，咨询机构出具案涉项目《修正结算报告》，工程造价结算总金额为76723698.08元。

2015年1月28日，住房城乡建设局出具《关于普定县鑫臻房开项目结算情况说明》说明咨询机构初步结算结果出来后，发包人明确认可结算的初步结果。

之后，承包人因发包人未按照造价咨询意见支付工程款向法院起诉，要求按照《修正结算报告》支付欠付工程款。

【各方观点】

承包人认为：2014年6月27日的专题会议纪要也载明，同意咨询机构暂以承包人提交的资料为依据出具结算报告。评估过程中，各方均向咨询机构提出意见，经六次现场勘查和综合各方勘误意见后，最终形成《修正结算报告》。

发包人1和发包人2均认为：《修正结算报告》中评估依据部分第三项内容不是发包人提交，亦未经发包人确认。《纠纷处理协议》签订后，双方未进行收方结算。咨询机构简单套用2004版《贵州省建筑工程计价定额》和未

经发包人确认的主材价格及增减工程价款，计算得出的工程价款与双方约定不符。因此，《修正结算报告》不具有法律效力，不能作为认定本案事实的依据。

贵州高院一审认为："《修正结算报告》系在普定县住建局主持下由双方共同选择、共同委托的具有工程造价资质的机构作出的评估结论，双方选定评估机构的程序符合当事人的约定、符合法律的规定，评估机构进行评估的程序也未违反法律规定，因此《修正结算报告》应当作为双方结算的依据。"

【裁判观点】

最高人民法院同意一审结论，但理由变更为："发包人对抽签选定咨询机构对案涉工程进行结算编制的事项明知且通过其法定代表人签字予以认可，在咨询机构提交结算初步成果后，发包人提出的异议未经全部核对，但在本案一审过程中，一审法院通知咨询机构到庭，并向发包人释明，可以将其针对《修正结算报告》的异议提出，由咨询机构接受质询并进行补充修正，但发包人明确表示不认可该报告、不愿意逐项核对、拒绝对该结算报告进行补充修正。在此情况下，一审法院将《修正结算报告》认定为双方结算依据并无不当。本案一审、二审期间，发包人既未申请就双方争议工程造价进行鉴定，亦未就《修正结算报告》申请补充鉴定、重新质证或者补充质证等予以修正。发包人于二审中提出的专家证人意见及相关证据，不足以推翻《修正结算报告》。"

【最高院点评】

无。

【作者点评】

受咨询意见约束

《纠纷处理协议》约定共同委托咨询完成后据此付款，有双方有接受共同委托咨询意见的意思表示，符合《最高院施工合同解释二》第13条有关"双方当事人明确表示受该咨询意见约束的"不准许鉴定的规定。在承包人提供共同委托咨询意见，完成了初步举证责任后，经法院释明后，发包人即不愿意对此进行质证，也没有申请造价鉴定，应该承担举证不能的后果。符合《最高院施工合同解释二》第14条第1款规定，即"当事人对工程造价、质量、修复费用等专门性问题有争议，人民法院认为需要鉴定的，应当向负有举证责任的当事人释明。当事人经释明未申请鉴定，虽申请鉴定但未支付鉴定费用或者拒不提供相关材料的，应当承担举证不能的法律后果"。

释明

【裁判规则】

就共同委托咨询意见，经法院释明后，发包人即不愿意质证，也不申请重新鉴定的，承担举证不能的后果。

12.2 范围确定

12.2.1 鉴定事项限于存在事实争议的专门性问题

《最高院施工合同解释二》第14条第1款规定："当事人对工程造价、质量、修复费用等专门性问题有争议，人民法院认为需要鉴定的，应当向负有举证责任的当事人释明。"

《最高院施工合同解释一》第23条规定："当事人对部分案件事实有争议的，仅对争议的事实进行鉴定，但争议事实范围不能确定，或者双方当事人请求对全部事实鉴定的除外。"

一般而言，鉴定事项应是"专门性问题"且"有争议"，其中：

专门性问题

（1）专门性问题是指工程造价、工程质量、工期、修复方案、修复费用等问题。如《江苏高院司法鉴定规程2015》第47条规定："发包人向承包人主张迟延竣工违约责任，承包人以增加合同工作内容导致工期延长进行抗辩，但提交的证据不足以证明的，应由承包人对工期申请鉴定。"

（2）有争议是指原则上仅对争议部分进行鉴定，符合条件的才对全案实施进行鉴定。

部分鉴定

鉴定范围通常仅包括争议的事实部分。《最高院施工合同解释一适用》第171页认为："人民法院在审理建设工程施工合同纠纷案件中，对工程质量和应付工程价款有争议的，能不鉴定的尽量不鉴定，能少鉴定的尽量少鉴定。"该规则的设定主要是为了达到降低诉讼成本，提高争议解决效率的目的。

全部鉴定

如不全部鉴定则无法查清事实，或双方当事人均同意全部鉴定的，予以准许。《最高院施工合同解释一适用》第172页认为，关于如不全部鉴定则无法查清事实，"如合同解除后，已完工质量是否合格是发包人应否支付工程价款的前提条件，如没有其他证据证实已完工程质量合格，应对全部工程鉴定"。而关于双方当事人同意全部鉴定的，意味着当事人"愿意承担诉讼成本及诉讼风险，人民法院应当充分尊重当事人的意见"。

在第82例（参考案例）中，双方对于部分工程产值的具体数额产生争议，承包人提出对全部工程予以鉴定。但最高院认为，在双方对于大部分工程产值并无争议的情况下，就全部工程予以鉴定的请求明显有悖《最高院施工合同解释一》第23条避免增加诉累、提升诉讼效率之本意。法院最终未支持承包人提出的鉴定申请，并认为"如承包人有证据证明其……完成的产值明显高于发包人自认的数额且发包人已付款明显不足以补偿的情形下，其可另行提起诉讼"。

12.2.2 固定总价合同竣工的仅可鉴定合同范围外价格

《最高院施工合同解释一》第22条规定："当事人约定按照固定价结算工程价款，一方当事人请求对建设工程造价进行鉴定的，不予支持。"

固定价不鉴定

　　尽管如此，在固定总结合同解除的情形下，视为价格确定方式不同，需要对已完工程比例、已完工程价款，或者剩余工程价款等进行鉴定。

　　本目论证过程见本书9.3。

12.2.3　修复费用可申请鉴定

缺陷责任期

　　《最高院施工合同解释一》第3条规定："建设工程施工合同无效，且建设工程经竣工验收不合格的，按照以下情形分别处理：（一）修复后的建设工程经竣工验收合格，发包人请求承包人承担修复费用的，应予支持；……"《质保金管理办法2017》第9条规定："缺陷责任期内，由承包人原因造成的缺陷，承包人应负责维修，并承担鉴定及维修费用。"

　　本目论证过程见本书5.2。

12.2.4　未经验收提前使用仅主体结构和地基基础可申请鉴定

主体结构质量

　　《最高院施工合同解释一》第13条规定："建设工程未经竣工验收，发包人擅自使用后，又以使用部分质量不符合约定为由主张权利的，不予支持；但是承包人应当在建设工程的合理使用寿命内对地基基础工程和主体结构质量承担民事责任。"

　　本目论证过程见本书9.1。

12.2.5　鉴定事项及范围等经当事人申请后由法院确定

　　《最高院施工合同解释二》第15条规定："人民法院准许当事人的鉴定申请后，应当根据当事人申请及查明案件事实的需要，确定委托鉴定的事项、范围、鉴定期限……"

鉴定事项

鉴定范围

　　鉴定事项和范围由法院确定。确定鉴定事项是指确定鉴定工程造价、工程质量等问题，事项确定后，法院将确定该事项中的鉴定范围，是全部鉴定还是部分鉴定，部分鉴定的范围是多少。上述事项和范围由法院在鉴定委托书中列明。

鉴定期限

　　鉴定期限也由法院确定。司法部《建设工程司法鉴定程序规范》第5.17.1条规定："司法鉴定机构应在收到委托人出具的鉴定委托书或签订《建设工程司法鉴定协议书》之日起60个工作日内完成委托事项的鉴定。"《最高院施工合同解释二适用》第337页认为："对于具体案件而言，人民法院作为委托人，应当根据鉴定事项的复杂、疑难程度以及案件审理的需要，对每个鉴定提出具体的期限要求，可以少于60个工作日，也可以多于60个工作日。"

　　需要说明的是，鉴定时间不计入案件审理期限，当事人选定鉴定机构、提交/补充材料、鉴定机构勘察现场、调取鉴定资料的时间亦不计入鉴定时限，可能存在当事人恶意拖延，造成鉴定整个期限过长的情况。

第 82 例　部分有争议的可否申请全部鉴定？

【争议焦点】

在大部分造价无争议的情况下，一方是否可以申请对全面造价鉴定鉴定？

【参考案例】

查案例扫微信

2011年12月20日，发包人（锦州鸿亿房地产开发有限公司）与承包人（浙江八达建设集团有限公司）签订《施工总承包合同》，由承包人承建"君御华庭土建施工总承包工程"，其后，承包人进场施工。

2012年12月25日，发包人与承包人对案涉项目已完工程产值进行了确认。

其后，承包人撤场。双方对于自2012年12月25日至承包人撤场期间，承包人完成工程产值存在异议。诉讼中，承包人请求就全部工程进行工程造价鉴定，确定应付工程款。

【各方观点】

承包人认为，涉案工程应根据合同约定的结算方式结算工程价款。单价包干合同的单价虽固定，但实际完成工程量及变更部分工程价款等仍需进行竣工决算，双方因意见不一申请法院委托鉴定，理由正当。原审判决对承包人的工程造价鉴定申请不予准许，系适用法律错误。原审判决认为承包人对2012年12月25日后施工的工程量没有证据，对该部分工程造价也无法鉴定，待有充分证据时可另行提起诉讼的认定，属于拒绝裁判，增加当事人的诉累。

发包人认为，承包人申请对其完成的全部工程造价进行鉴定无事实和法律依据，且无必要。2012年12月25日发包人工程部与承包人项目经理对涉案工程的完成产值情况进行了确认，对于从2012年12月25日至撤场前完成的产值，因承包人不能提供此期间的工程量证据，故也无法鉴定。

辽宁高院一审认为："根据《最高院施工合同解释一》第22条、23条规定，承包人对其完成的全部工程造价进行鉴定的申请，不予准许；……发包人与承包人对从2012年12月25日至撤场前完成工程量有异议，承包人也没有证明该期间施工工程量的证据，对该部分工程造价无法鉴定，待承包人有充分证据，可另行提起诉讼。"

【裁判观点】

最高人民法院同意一审部分意见，二审补充认为："对于2012年12月25日至承包人撤场期间由承包人完成的产值数额双方未能达成一致，对此部分

争议的事实，根据《最高院施工合同解释一》第23条规定，可以通过鉴定解决。但作为对此期间产值提出主张的一方，承包人却未能提供任何证据证明，亦不能提供此期间可予鉴定的相关材料，其应当自行承担举证不能的法律后果。尽管承包人向原审法院提出对本案全部由其完成的工程予以鉴定的申请，但在双方对绝大部分工程产值并无争议的前提下，其就全部工程予以鉴定的请求明显有悖避免增加诉累、提升诉讼效率之本意。……如承包人有证据证明其在2012年12月25日之后完成的产值明显高于发包人自认的数额且发包人已付款明显不足以补偿的情形下，其可另行提起诉讼。"

【最高院点评】

无。

【作者点评】

《最高院施工合同解释一》第23条规定："当事人对部分案件事实有争议的，仅对有争议的事实进行鉴定，但争议事实范围不能确定，或者双方当事人请求对全部事实鉴定的除外。"

本案中，承包人与发包人就2012年12月25日前完成的产值进行了确认，对之后又完成的产值存在争议。承包人一方面请求对全部工程已完工程量申请鉴定，另一方面却未提供相应证据满足鉴定需要。在其无法证明争议产值明显高于发包人自认的数额时，申请对全部工程进行鉴定，明显增加了双方诉累，法院判决其可在证据充足后就未确认产值部分另行起诉。

【裁判规则】

在大部分造价无争议的情况下，只鉴定有争议部分，而不鉴定全部造价鉴定，当事人另有约定的除外。

12.3　鉴定材料质证

12.3.1　除证明对方持有外负有举证责任的一方应该提供鉴定材料

　　《民事诉讼法》第64条："当事人对自己提出的主张，有责任提供证据。"《民事诉讼法解释2015》第91条规定："人民法院应当依照下列原则确定举证证明责任的承担，但法律另有规定的除外：（一）主张法律关系存在的当事人，应当对产生该法律关系的基本事实承担举证证明责任；（二）主张法律关系变更、消灭或者权利受到妨害的当事人，应当对该法律关系变更、消灭或者权利受到妨害的基本事实承担举证证明责任。"可见，在建设工程施工合同纠纷中，通常情况下，当承包人主张工程价款时，由其提供相应证明材料；发包人主张质量问题、减少工程价款时，由其提供证明材料。

鉴定材料提供　　当持有鉴定材料一方拒不提供资料时，认定对方当事人主张的相关事实成立。《民事诉讼法解释2015》第112条规定："书证在对方当事人控制之下的，承担举证证明责任的当事人可以在举证期限届满前书面申请人民法院责令对方当事人提交……对方当事人无正当理由拒不提交的，人民法院可以认定申请人所主张的书证内容为真实。"

　　《江苏高院司法鉴定规程2015》第11规定："当事人应当在人民法院指定的时间内提交鉴定资料，控制鉴定资料的一方当事人逾期不提供导致相关争议项无法确定的，人民法院可以根据案件审理情况认定对方当事人主张的相关事实成立。"第12条规定："控制鉴定资料的一方当事人经释明后拒不提供资料，导致鉴定无法进行的，人民法院可以终结鉴定，由拒不提供资料的一方当事人承担相应不利后果；双方均有能力提供，经释明后均未提供的，由对相关争议事实承担举证责任的一方当事人承担相应不利后果。"

举证责任转移　　这些规定明确了负有举证责任一方当事人无法提供鉴定机构所需鉴定资料时，举证责任转移。举证责任转移的前提关键在于当事人一方在证明其主张时的证明程度达到相应证明标准，使裁判者内心暂时达到确信的状态。[①]因此，当负有举证责任一方当事人无法提供鉴定机构所需材料时，应当举证证明：①己方未持有该鉴定材料；②对方持有该鉴定材料；③对方拒不提供该鉴定材料。

12.3.2　鉴定前双方当事人应当对有争议的鉴定材料质证

　　《最高院施工合同解释二》第15条规定："人民法院准许当事人的鉴定申请后，应当根据当事人申请及查明案件事实的需要，确定委托鉴定的事鉴定材料质证　　项、范围、鉴定期限等，并组织双方当事人对争议的鉴定材料进行质证。"

---

① 常设中国建设工程法律论坛第五工作组，《建设工程施工合同纠纷证据指引理解与适用》，法律出版社2018年版，第144页。

《民事诉讼法》第77条规定："鉴定人有权了解进行鉴定所需要的案件材料，必要时可以询问当事人、证人。"

《民诉证据规定2002》第47条规定："证据应当在法庭上出示，由当事人质证。未经质证的证据，不能作为认定案件事实的依据。"

《江苏高院司法鉴定规程2015》第13条规定："人民法院应当在鉴定资料移交鉴定机构前组织当事人进行逐项质证，经质证认可或经人民法院予以认定的资料可以移交鉴定机构使用。……对于有争议的资料，人民法院应当组织当事人进行逐项质证。"

质证程序

《四川高院施工合同解答2015》第35条规定："对当事人提交的鉴定资料，人民法院应在移交鉴定机构进行司法鉴定之前，先行组织质证，对鉴定资料的真实性、合法性、关联性进行审核认定，并将经过认证的鉴定资料移送鉴定机构。……人民法院不得将鉴定资料的质证和审核认定工作交由鉴定机构完成。"

可见，人民法院在决定通过司法鉴定方式查明案件事实时，应当根据争议事项，要求当事人提交相应的证明材料，组织当事人对鉴定材料进行质证。实务中，存在人民法院将未经质证的鉴定材料交由鉴定机构进行鉴定的情况，从而扩大鉴定机构鉴定范围，容易造成以鉴代审的风险。[①]

《最高院施工合同解释二》第15条即明确了人民法院组织对鉴定材料进行质证的义务，避免将鉴定材料直接交由鉴定机构，这样一方面可以通过质证对无须鉴定的事项加以排除，缩小鉴定范围；另一方面避免鉴定机构因自身利益对鉴定材料进行主观认定（例如：将无争议的签证、工程量、材料价等交由鉴定机构，鉴定机构为了收取高额鉴定费，从而采用相对于当事人认可之外的较高标准计算价格），造成鉴定意见的不公。

12.3.3　对作为鉴定依据的未经质证的有争议材料应当补充质证

《最高院施工合同解释二》第16条规定："……鉴定人将当事人有争议且未经质证的材料作为鉴定依据的，人民法院应当组织当事人就该部分材料进行质证。"

补充质证

将有争议且未经质证的材料作为鉴定依据并作出鉴定意见的，经补充质证后，材料真实合法的，该鉴定意见可被采纳。《最高院施工合同解释二适用》第352页认为："鉴定人将当事人有争议且未经质证的材料作为鉴定依据并作出鉴定意见的……人民法院应当组织当事人就该部分材料进行质证，这属于程序上的补救。经质证后，如果人民法院认为该部分材料真实合法，能够作为鉴定资料的，则不影响对于鉴定意见的采纳；如果认为该部分材料真实性存疑，或者存在其他情形，不能作为鉴定依据的，则根据该材料做出的相应的鉴定意见不能采纳。"

---

① 田植钊：《建设工程司法鉴定的法律理论与实务研究》，载《中国建设工程法律评论》第5辑，法律出版社2006年版，第93页。

可见，鉴定材料未经质证并不影响鉴定机构据此作出鉴定意见，只要当事人在鉴定意见质证阶段予以质证即可。但是为了贯彻尽量缩小鉴定范围的原则，在实践中将可以将鉴定前及鉴定后有争议的鉴定材料质证加以区分对待。

12.3.4 鉴定材料主要从真实性及合法性等方面进行质证

《民事诉讼法解释2015》第104条规定："人民法院应当组织当事人围绕证据的真实性、合法性以及与待证事实的关联性进行质证，并针对证据有无证明力和证明力大小进行说明和辩论。"

《四川高院施工合同解答2015》第35条规定："对当事人提交的鉴定资料，人民法院应在移交鉴定机构进行司法鉴定之前，先行组织质证，对鉴定资料的真实性、合法性、关联性进行审核认定，并将经过认证的鉴定资料移送鉴定机构。"

《建设工程司法鉴定程序规范》第4.1.3条规定："委托人应向鉴定机构提供真实、充分的鉴定材料，并对鉴定资料的真实性、合法性负责。"

鉴定材料真实性　　鉴定材料的真实性要求鉴定材料必须是客观存在的。鉴定材料不以任何人的主观意志为转移，它以真实而非虚无的、客观而非想象的面目出现于客观世界，且能够为人所认识和理解。鉴定材料不得伪造、篡改。

鉴定资料合法性　　鉴定资料的合法性要求符合法定的存在形式，并且其获得、提供、审查、保全、认证、质证等证据的适用过程和程序也必须是合乎法律规定的。

鉴定资料关联性　　鉴定资料的关联性要求鉴定材料与案件的待证事实之间有内在的联系。只有对于认定要件事实有帮助的鉴定材料才有法律意义。这种鉴定材料所表现出来的关联性一般以两种形式表现出来：一是直接的联系，如鉴定材料所反映出来的事实本身就是待证事实的一部分；二是间接的联系，如鉴定材料所反映出来的事实能够间接证明某一待证事实成立。

其中，鉴定材料的关联性属于质证内容，但法院一般不应以没有关联性为由拒收鉴定材料。《最高院施工合同解释二适用》第338页认为："除非能够明显辨别出和鉴定无关，否则不应以和鉴定内容无关为由拒收鉴定材料。确认真实性、合法性后，要向鉴定机构全面提交鉴定材料，以便鉴定机构可以对材料与鉴定事项的相关性、材料的价值大小进一步鉴别和判断。"

在83例（参考案例）中，人民法院依职权调取了部分资料并作为鉴定材料提交鉴定机构作为鉴定依据。但发包人认为：法院调取的综合楼招投标文件资料与争议八角岩饭店工程无关联性，案涉工程与调取资料是两个不同的工程，调取资料不具有完整性，不同意该资料作为鉴定材料。但最高院认为，由于发包人将扩建工程配套建设中的综合楼项目直接交给承包人进行施工，用该项目的利润弥补承包人在八角岩饭店项目上的损失，其性质属于建设工程施工合同，与涉案事实具有关联性，从而认定综合楼的招投文件可作为鉴定材料。

12.3.5　应该申请根据各方理解就争议事项分别出具鉴定意见

事实认定

鉴定的内容是事实认定问题，而不是法律适用问题。当事人对法律适用有不同意见时，应该按照各自意见出具鉴定结论，而不能将法律适用提交鉴定单位，由鉴定单位出具意见。

《北京高院施工合同解答2012》第34条规定："法院在委托鉴定时可要求鉴定机构根据当事人所主张的不同结算依据分别作出鉴定结论，或者对存疑部分的工程量及价款鉴定后单独列项，供审判时审核认定使用，也可就争议问题先作出明确结论后再启动鉴定程序。"

《四川高院施工合同解答2015》第35条规定："……对当事人争议大、人民法院尚需结合其他证据和事实作出认证的鉴定资料，人民法院应向鉴定机构作出说明，并要求鉴定机构就该证据信与不信的情形分别作出鉴定意见，供人民法院审核认定。"

分别鉴定

《河北高院施工合同指南2018》第26条规定："人民法院在委托鉴定时可要求鉴定机构根据当事人所主张的不同结算依据分别作出鉴定结论，或者要求鉴定机构对存疑部分的工程量及价款鉴定后单独列项，供审判时审核认定使用，也可由人民法院就争议问题先作出明确结论后再启动鉴定程序。"

可见，当经质证后仍无法对争议的鉴定材料直接作出认定的，可要求鉴定机构作出鉴定意见后对争议材料情况进行说明或者针对不同情况分别作出鉴定意见，以供裁判选择。

在第84例（公报案例）中，人民法院基于发包人与承包人签订3份合同均无效，且无法证明实际履行的合同，委托鉴定机构分别按照市场价和定额价分别作出工程造价鉴定意见，最高院认为合同约定价格比较符合市场价情况，因此将市场价下所进行工程造价鉴定意见作为定案依据。

值得注意的是，根据主张和抗辩的需要，各方当事人应该申请就己方主张或抗辩理解出具鉴定意见，否则将承担举证不能的后果。

第83例　无关联性的鉴定材料可以作为鉴定依据?

【争议焦点】

就争议事项申请鉴定时，法院主动调取了鉴定材料，发包人认为无关联性，是否可以作为鉴定依据?

【参考案例】

查案例扫微信

2002年6月7日，承包人（中国建筑第四工程局有限公司）经招投标程序中标后与原发包人（八角饭店）签订《建设工程施工合同》，约定由承包人承建"贵州省人民政府八角岩饭店会议中心"，合同签订后，承包人进场施工。

2002年7月31日，原发包人向承包人下达《通知》，要求暂停施工。

2005年12月28日，承包人单方委托咨询机构出具停工损失咨询报告，结论为：由于该工程长期停工等待，造成工程停工损失费共计11692906元，其中已造成机械设备费、管理费、人工费等损失共计6575544元，临时设施、利润等损失共计5117362元。期间，根据政府要求，原发包人权利义务转给省开投公司；后由现发包人（贵州省国际会议中心有限公司）最终承继。

2006年3月31日，发包人与承包人签订《协议书》（被法院认定无效），约定承包人同意撤出施工场地，发包人同意将"贵州饭店扩建工程配套建设"中的"综合楼"项目建设交予承包人进行施工，以置换原由中建四局施工的"八角岩饭店会议中心"工程项目和弥补承包人因待工产生的费用和损失，并约定了工程规模、施工范围取费标准等。《协议书》签订后，发包人一直未通知中建四局进行后续工作。其后，该综合楼工程由其他第三方中标。

承包人起诉发包人，请求：判令发包人赔偿其待工损失及利息、《协议书》无效的缔约过失责任、履行《协议书》的可得利益损失等。

承包人申请对《协议书》工程的可得利益进行鉴定。一审法院依职权到贵州省贵阳市云岩区住房与城乡建设局调取了以下资料：《贵州省人民大会堂配套五星级酒店、综合楼工程施工招标文件》《贵州省人民大会堂配套五星级酒店、综合楼工程投标文件》《贵州省人民大会堂配套五星级酒店、综合楼工程招标投标情况资料汇编》。一审审理过程中，一审法院依法委托的造价咨询公司对本案相关款项进行鉴定，并向一审法院出具了《司法鉴定意见书》，载明鉴定意见为：履行建设合同可得利益1684450.38元；履行《协议书》可得利益损失11692906元。

【各方观点】

（1）承包人认为：司法鉴定程序完全符合法律规定，鉴定机构作出的司法鉴定意见书应当作为定案依据。

（2）发包人认为：①法院调取的资料与本案无关联性，案涉工程与调取资料是两个不同的工程，调取资料不具有完整性，不同意该资料作为鉴定材料。②《协议书》不能作为项目部损失鉴定的依据。该《协议书》已被一审法院依法认定无效，所以鉴定意见是错误的。③《鉴定意见书》不能作为裁判依据。履行可得利益损失及项目部损失不属于法院依职权调查范围，发包人并未同意鉴定，也未认可鉴定材料，该鉴定意见书结论不明确不能作为裁判依据。

（3）贵州高院一审认为："该组证据具备真实性、合法性，与本案待证事实有关，且符合《民事诉讼法》第64条的规定，……一审法院对其证明力予以认定。"

【裁判观点】

最高人民法院二审同意一审意见，补充认为："一审法院根据本案事实情况，对案涉《建设工程施工合同》《协议书》所涉工程项目的可得利益部分、项目部费用等认为需经鉴定机构鉴定，对承包人的鉴定申请，经一审法院许可并委托相关鉴定机构进行鉴定的程序合法。一审法院对《司法鉴定意见书》中与案涉事实具有关联性的鉴定结论，依法应该作为定案依据。"

【最高院点评】

无。

【作者点评】

《最高院施工合同解释二》第15条规定："人民法院准许当事人的鉴定申请后，应当根据当事人申请及查明案件事实的需要，确定委托鉴定的事项、范围、鉴定期限等，并组织双方当事人对争议的鉴定材料进行质证。"

《民事诉讼法解释2015》第104条规定："人民法院应当组织当事人围绕证据的真实性、合法性以及与待证事实的关联性进行质证，并针对证据有无证明力和证明力大小进行说明和辩论。"

本案中，人民法院为了查明事实，就委托鉴定所依据的综合楼招投标文件等进行质证，双方对该鉴定材料关联性进行了质证，人民法院根据综合楼与原工程存在利润弥补损失的关系，认定鉴定材料具有关联性，据此认定综合楼的招标文件、投标文件等可作为鉴定材料。

【裁判规则】

经质证，与待证事实具有关联性的真实合法的鉴定材料，可以作为鉴定依据。

第84例　多份合同价格不相同的如何申请造价鉴定？

【争议焦点】

当事人签订数份无效施工合同，每份合同价格约定各不相同，如何申请鉴定工程造价？

【公报案例】

查案例扫微信

2003年11月1日，实际施工人（齐河环盾钢结构有限公司）的法定代表人冒用第九冶金建筑公司第五分公司名义与发包人（济南永君物资有限责任公司）签订三份建设工程施工合同。其中一份合同约定：工程名称是翼缘板轧制厂，厂房面积11639平方米，合同价款452万元；另一份合同约定：工程名称是30万吨棒线材轧钢厂，建筑面积18601平方米，合同价款1186万元；再一份合同约定：工程名称是轧钢厂房，建筑面积28254平方米，合同价款988万元。

案涉工程已由发包人接收并投入适用，工程竣工验收质量合格。

一审法院将三份合同交由鉴定机构据以作出鉴定意见。

鉴定机构根据一审法院要求，就定额价和市场价分别出具鉴定意见。鉴定机构出具的《造价鉴定报告书》认定，案涉工程无异议部分15772204.01元，其中直接费用和措施费12097423.01元，有异议部分工程造价39922.82元；《造价鉴定补充说明》以发包人提供的总价款为988万元的合同约定的单价337.73元/平方米和施工图纸及施工记录记载的建筑面积29240平方米为依据，得出工程总造价市场价值为9875225.2元。

实际施工人对鉴定报告提出异议，鉴定机构又出具《造价鉴定补充说明（一）》，说明收到三份合同相互矛盾，均不采纳。结合市场价确定388.35元/平方米、建筑面积29240平方米；《造价鉴定补充说明（二）》更正总价款为11355354元。各方对依据哪份合同进行鉴定产生分歧。

【各方观点】

实际施工人认为：因为双方提供的三份合同约定的价款相互矛盾，所以申请以造价鉴定，不应以988万元合同为依据进行鉴定。

发包人认为：双方实际履行了988万元的合同，应当据此进行鉴定。

历城区人民法院一审认为：实际施工人冒用资质，使用虚假公章与发包人所签订三份钢结构工程施工合同均无效，但工程已验收合格。可按双方合同约定结算工程款。三份合同在同一天签订，且工程价款差额巨大，均由相同的委托代理人签订，依据合同不能确定合同当事人对合同价款约定的真实意思表示。因此委托鉴定机构按定额价和市场价结算方式分别出具了鉴定结论。因作出市场价鉴定报告的依据缺乏充分的同期人材机市场价为依据、委托主体不适格、合同无效等原因，认定应以定额价结算。

济南市中院二审认为：涉案工程有三份价款不一致的建设工程施工合同，不能确定双方当事人对涉案工程价款的约定，故一审法院依据鉴定报告确定双方之间的工程款，并无不当。

山东高院认为：因本案双方当事人分别举证的三份合同中约定的工程价款不同，双方均各自认为自己所举证的合同真实，因双方对三份合同本身及合同的工程价款存在分歧，法院无法予以参照。认定按照定额价予以结算。

【裁判观点】

最高院认为："由于本案双方当事人提供了由相同的委托代理人签订的、签署时间均为同一天、工程价款各不相同的三份合同，在三份合同价款分配没有规律且无法辨别真伪的情况下，不能确认当事人对合同价款约定的真实意思表示。因此，该三份合同均不能作为工程价款结算的依据。一审法院为解决双方当事人的讼争，通过委托鉴定的方式，依据鉴定机构出具的鉴定结论对双方当事人争议的工程价款作出司法认定，并无不当。"依造价公司出具的《造价鉴定补充说明（一）》，"综合单价388.35元，比较符合当时的市场情况。对于这一鉴定结论，双方当事人均未提供充分证据予以反驳"，遂判决以市场价判定应当以市场价予以结算。

【最高院点评】

无。

【作者点评】

《北京高院施工合同解答2012》第34条规定："当事人对施工合同效力、结算依据、签证文件的真实性及效力等问题存在争议的，应由法院进行审查并做出认定。法院在委托鉴定时可要求鉴定机构根据当事人所主张的不同结算依据分别作出鉴定结论，或者对存疑部分的工程量及价款鉴定后单独列项，供审判时审核认定使用，也可就争议问题先作出明确结论后再启动鉴定程序。"

本案中，人民法院基于发包人与承包人签订三份合同均无效，且无法证明实际履行的合同，委托鉴定机构分别按照市场价和定额价分别作出工程造价鉴定意见，最高院最终分析认为合同约定价格比较符合市场价情况，因此将市场价下所进行工程造价鉴定意见作为定案依据。

【裁判规则】

对于需要鉴定才能查明事实的争议事项，当事人应申请根据不同结算依据分别作出鉴定意见。

12.4　鉴定意见质证

12.4.1　鉴定意见只有经过质证才能作为定案依据

鉴定意见质证

《最高院施工合同解释二》第16条规定："人民法院应当组织当事人对鉴定意见进行质证。"

《民诉证据规定2002》第71条规定："人民法院委托鉴定部门作出的鉴定结论，当事人没有足以反驳的相反证据和理由的，可以认定其证明力。"

《广东高院施工合同指导2011》第7条规定："人民法院委托司法鉴定机构进行工程造价鉴定的，……鉴定机构出具鉴定报告初稿和定稿后，人民法院应当组织当事人进行质证。"

可见，在鉴定机构形成鉴定意见后，应当由人民法院组织当事人在庭审中进行质证，经质证后，人民法院根据其真实性、合法性、关联性判断是否可作为定案依据。值得注意的是，在一审程序中未对鉴定意见进行质证，

二审质证

解析案例

在二审中补充质证，当事人无充分理由反驳的，可以认定该鉴定意见的证明力。

在第85例（解析案例）中，法院委托鉴定机构出具的造价鉴定意见，承包人认为存在计算方法的错误，发包人认为鉴定结论正确。二审法院认为计算方法错误属实并予以了纠正。

最高院民一庭解析认为："二审中，承包人没有对一审法院委托的鉴定机构资质和程序提出异议，亦未请求对所涉工程造价进行重新鉴定，只是提出以其向发包人提交的土建部分结算书作为认定该部分工程造价依据的同时，对该鉴定结论中的部分内容提出异议并提交了相关证据。经二审法院合议庭组织双方当事人对有关证据进行质证，对相关事实进行核对，在对有证据证明的属于计算方法涉及的相关内容进行相应调整后，有关鉴定结论可以作为认定本案讼争工程造价的基本依据。"

在上述解析案例中，鉴定意见存在计算方法错误的可以经过调整后作为认定工程价款的依据。计算方法主要是由合同约定，由于各方及鉴定单位对合同约定理解不同，计算方法就不相同。显然，计算方法主要是法律适用问题，法院可以依法纠正，而无须借助鉴定单位。同样，合同如何理解是法律适用的问题，不在造价鉴定权限之内。在如下案例中，鉴定单位对合同理解给出意见后，一审法院照单全收，最高院予以了纠正。

解析案例

在第86例（解析案例）中，发包人和承包人约定"造价暂定4500万元，最后以双方审定的预决算为准，……并给予百分之三以内的优惠"。发包人认为：承包人应在3%以内对发包人进行优惠，故应扣减3%价款进行取费。承包人认为：双方合同约定的3%优惠违反建筑市场管理不得压级压价的规定，为无效条款。鉴定意见为：各自负担一般，按照1.5%进行优惠。一审法院采纳了鉴定意见。最高院二审改判为承包人给付发包人3%的优惠。

最高院民一庭解析认为：3%以内的优惠系双方合同约定，"不违反法律规定应认定有效，其计算数额567186.72元，未超过合同约定比例，应予认定，一审法院以双方有争议而判决双方各承担1.5%，无事实和法律依据"。

12.4.2　形成不合法的鉴定意见不得作为定案依据

《民事诉讼法解释2015》第105条规定："人民法院应当按照法定程序，全面、客观地审核证据，依照法律规定，运用逻辑推理和日常生活经验法则，对证据有无证明力和证明力大小进行判断，并公开判断的理由和结果。"

《民诉证据规定2002》第29条对鉴定文书进行审查以及需要审查的几个主要方面内容进行了规定，该条规定："审判人员对鉴定人出具的鉴定书，应当审查是否具有下列内容：（一）委托人姓名或者名称、委托鉴定的内容；（二）委托鉴定的材料；（三）鉴定的依据及使用的科学技术手段；（四）对鉴定过程的说明；（五）明确的鉴定结论；（六）对鉴定人鉴定资格的说明；（七）鉴定人员及鉴定机构签名盖章。"

鉴定程序合法　　鉴定意见不合法主要体现在作出的程序和鉴定意见的形式不合法。当鉴定意见作出的程序不合法时，不得作为定案依据。《最高院施工合同解释二适用》第350页认为："存在'鉴定机构或者鉴定人员不具备相关的鉴定资格、鉴定程序严重违法、鉴定结论明显依据不足'等情形的，鉴定意见不能作为认定事实的根据，当事人可申请重新鉴定。"

鉴定意见形式　　鉴定意见的形式主要指鉴定文书的形式是否符合《民诉证据规定2002》第29条规定。鉴定文书是鉴定人的能力、水平、工作态度反映，也是衡量鉴定工作质量的一个标志。鉴定人制作一份符合规范的鉴定书，是鉴定结论实现证据作用的重要保证，同时也是鉴定人顺利完成出庭作证任务的基础。需要注意的是，不管鉴定文书写的形式如何，关键是要反映出鉴定对象是法律规范允许的，鉴定要求是鉴定技术和鉴定水平所能解决的，鉴定结论不能超出鉴定人的职权范围，不得给案件定性，不能得出法律结论。

12.4.3　鉴定人拒绝出庭作证的鉴定意见不得作为定案依据

《民事诉讼法》第78条规定："当事人对鉴定意见有异议或者人民法院认为鉴定人有必要出庭的，鉴定人应当出庭作证。经人民法院通知，鉴定人拒不出庭作证的，鉴定意见不得作为认定事实的根据；支付鉴定费用的当事人可以要求返还鉴定费用。"《民诉证据规定2002》第59条规定："鉴定人应当出庭接受当事人质询。"

鉴定人出庭　　经法院通知，鉴定人拒不出庭的，鉴定意见不得作为认定事实的根据。鉴定人出庭作证程序的启动符合下列两个条件之一即可：一是当事人对鉴定意见有异议。二是人民法院认为鉴定人有必要出庭。如果鉴定人经人民法院通知后仍不出庭接受质询，则其作出的鉴定意见不得作为定案依据，且应当承担退还鉴定费责任。

鉴定人出庭制度是实现鉴定意见质证的保障，是确保鉴定意见实质化的前提，是贯彻证据裁判注意最直接的体现。[①]因此，鉴定人出庭作证，接受当事人的发问，回答有关鉴定争议的问题，并说明鉴定的过程、依据等，出庭接受质询是鉴定人的义务，也是保证鉴定意见真实性、合法性和证明力的重要形式。

值得注意的是，鉴定人出庭接受质询多以口头问答方式完成，内容以解释鉴定意见争议为主，是鉴定意见类证据形式的组成部分。不能据此认定鉴定人庭审中的接受询问属于证人证言。

12.4.4　当事人可申请专家辅助人出庭质疑鉴定意见

《民事诉讼法》第79条规定："当事人可以申请人民法院通知有专门知识的人出庭，就鉴定人作出的鉴定意见或者专业问题提出意见。"

专家辅助人

《民事诉讼法解释2015》第122条规定："当事人可以依照民事诉讼法第七十九条的规定，在举证期限届满前申请一至二名具有专门知识的人出庭，代表当事人对鉴定意见进行质证，或者对案件事实所涉及的专业问题提出意见。具有专门知识的人在法庭上就专业问题提出的意见，视为当事人的陈述。人民法院准许当事人申请的，相关费用由提出申请的当事人负担。"第123条规定："人民法院可以对出庭的具有专门知识的人进行询问。经法庭准许，当事人可以对出庭的具有专门知识的人进行询问，当事人各自申请的具有专门知识的人可以就案件中的有关问题进行对质。具有专门知识的人不得参与专业问题之外的法庭审理活动。"

根据上述规定，当事人有权申请专家辅助人出庭对鉴定意见提出意见。建设工程施工合同纠纷案件中，案情复杂、鉴定事项极为专业，不排除鉴定机构作出的鉴定意见未经过科学、严谨的论证、鉴定方法不得当的风险。因此，在当事人对鉴定意见有异议时，可以申请法院通知有关工程造价方面的专家出庭，就鉴定人作出的鉴定意见或者专业问题提出意见。允许专家辅助人出庭对鉴定意见进行专业性的询问，更有利于人民法院结合建设工程案件复杂特点对争议事实进行合法、合理的认定。

此外，根据《民事诉讼法》的规定原则，专家辅助人出庭，还应当注意以下几点：（1）当事人必须在举证责任期限届满前向法院提出申请。（2）专家辅助人出庭应围绕专门性问题提出意见，包括对鉴定意见的质证、对专门性问题发表意见等。（3）具有专门知识的人在法庭上就专业问题提出的意见，视为当事人的陈述，而不是证人证言。（4）具有专门知识的人不得参与专业问题之外的法庭审理活动。（5）人民法院准许当事人申请的，相关费用由提起申请的当事人负担。

12.4.5　鉴定意见有重大缺陷的可申请重新鉴定

《民诉证据规定2002》第27条规定："当事人对人民法院委托的鉴定部

---

① 叶俊尧，王均平，《鉴定意见质证实质化之建议》，载《湖北警官学院学报》2018年第4期，第58页。

重新鉴定情形　门作出的鉴定结论有异议申请重新鉴定，提出证据证明存在下列情形之一的，人民法院应予准许：（1）鉴定机构或者鉴定人员不具备相关的鉴定资格的；（2）鉴定程序严重违法的；（3）鉴定结论明显依据不足的；（4）经过质证认定不能作为证据使用的其他情形。对有缺陷的鉴定结论，可以通过补充鉴定、重新质证或者补充质证等方法解决的，不予重新鉴定。"

　　《司法鉴定规定2001》第14条规定："有下列情形之一需要重新鉴定的，人民法院应当委托上级法院的司法鉴定机构做重新鉴定：（1）鉴定人不具备相关鉴定资格的；（2）鉴定程序不符合法律规定的；（3）鉴定结论与其他证据有矛盾的；（4）鉴定材料有虚假，或者原鉴定方法有缺陷的；（5）鉴定人应当回避没有回避，而对其鉴定结论有持不同意见的；（6）同一案件具有多个不同鉴定结论的；（7）有证据证明存在影响鉴定人准确鉴定因素的。"

　　司法实践中，为了贯彻"在查清争议事实下尽量减少鉴定次数、鉴定成本"的精神，对于可通过补充鉴定、重新质证或者补充质证等方法解决的，则不再准予重新鉴定，例如：出现鉴定结论与其他证据有矛盾、鉴定人未回避、同一案件多个鉴定意见时，通常人民法院可以判断鉴定意见的真实性、合法性符合要求后，即可采用相应的鉴定意见作为定案依据，无须再次委托司法鉴定。

解析案例　　　在第87例（解析案例）中，发包人和承包人签订装饰工程设计和施工合同，双方对工程款结算产生争议。一审法院委托鉴定机构进行鉴定，但双方对鉴定意见都存有异议。二审申请法院重新鉴定，但并未提出申请重新鉴定的法定理由。二审未同意重新对工程造价进行鉴定。

　　最高院民一庭解析该案认为：对于鉴定意见的缺陷，"由当事人双方会同鉴定机构在二审审理期间，针对发包人对鉴定结论提出的异议部分再进行补充质证。……经双方反复质证，最终结果基本上是准确、科学、客观真实的"。

　　在上述案例中，鉴定意见存在双方都认为的缺陷，并不是重新申请鉴定的理由。

　　在第88例（公报案例）中，一审期间，法院委托有关鉴定机构对争议工程的工程造价进行鉴定。二审时，发包人提出该鉴定机构的资质不符合要求，因此其作出的鉴定结论不应采信，应重新鉴定。但最高院认为："发包人在一审期间未就鉴定机构资质问题提出异议，现二审期间提出，加之鉴定所需要部分材料的原件已无法提供，不具备重新鉴定条件，故对发包人的此项请求不予支持。"最终认定了鉴定结论的证明力。

第 85 例　计算方法错误的鉴定意见可否作为定价依据?

【争议焦点】

鉴定意见存在计算方法的错误，可否经过调整后作为认定工程价款的依据?

【解析案例】

《民事审判指导
11辑》第275页

1995年10月12日，发包人河南裕达置业有限公司与承包人中国建筑第二工程局签订《郑州裕达国际贸易中心大厦建设工程施工合同》。工期为1995年9月1日至1997年5月30日，总日历天数为638天；工程造价预算为39000万元，实际造价以竣工结算为准。

1995年7月28日，承包人开始施工，1998年4月17日承包人向发包人提交《结算书》，金额为24612万元。

1999年5月18日，承包人因发包人拖欠工程款诉请，支付工程款9550万元。

一审期间，一审法院依法委托河南省建筑工程标准定额站对承包人施工的裕达国贸主体工程及安装工程造价进行了鉴定。2000年12月15日，该定额站作出鉴定结论，工程造价219866659.32元。

【各方观点】

（1）发包人认为：一审法院依职权委托的鉴定事实清楚，依据准确，结论应予确认。

（2）承包人认为：本案工程价款的确定应以结算书为准，对工程造价及其具体构成无须鉴定。河南省建筑工程标准定额站所作《鉴定书》存在许多问题，严重影响鉴定结论的准确性和公正性，造成少算、漏计工程款达约4000万元，一审判决对鉴定结论存在的问题未作认真审查。

（3）河南高院一审认为："法院依法委托有关鉴定单位所作的鉴定结论已经双方多次质证，鉴定单位也就有关情况作出了说明，并根据质证情况对鉴定结论作出了相应的调整，有关鉴定结论可以作为定案的依据。"

【裁判观点】

最高院二审同意一审意见。

【最高院解析】

《民事审判指导
11辑》第275页

最高院民一庭程新文法官认为："一审期间，该院已组织双方当事人多次质证，由鉴定机构就有关情况作了说明，并根据质证情况对鉴定结论作了相应调整；二审中，承包人没有对一审法院委托的鉴定机构资质和程序提出异议，亦未请求对所涉工程造价进行重新鉴定，只是提出以其向发包人提交的土建部分结算书作为认定该部分工程造价依据的同时，对该鉴定结论中的部分内容提出异议并提交了相关证据。经二审法院合议庭组织双方当事人对有关证据进行质证，对相关事实进行核对，在对有证据证明的属于计算方法涉及的相关内容进行相应调整后，有关鉴定结论可以作为认定本案讼争工程造价的基本依据。"

【作者点评】

鉴定意见经过质证后可以作为认定工程价款的依据。《民诉证据规定2002》第47条规定："证据应当在法庭上出示，由当事人质证。未经质证的证据，不能作为认定案件事实的依据。"《民诉证据规定2002》第71条规定："人民法院委托鉴定部门作出的鉴定结论，当事人没有足以反驳的相反证据和理由的，可以认定其证明力。"该条规定实际对法院采信鉴定意见规定了一个原则，即对于鉴定意见，经当事人质证，当事人没有足够的证据和理由反驳的，应认定其证明力。

鉴定意见存在计算方法错误的可以经过调整后作为认定工程价款的依据。计算方法主要是由合同约定，由于各方及鉴定单位对合同约定理解不同，计算方法就不相同。显然，计算方法主要是法律适用问题，法院可以依法纠正，而无须借助鉴定单位。实务中大量存在的以鉴定代审判的问题，原因就在于当事人没有说清楚计算方法错误在哪里。

本案中，一审期间，一审法院已组织双方当事人多次质证，由鉴定机构就有关情况作了说明，并根据质证情况对鉴定结论作了相应调整；二审期间，承包人没有对一审法院委托的鉴定机构资质和程序提出异议，亦未请求对所涉工程造价进行重新鉴定，对该鉴定结论中的部分内容提出异议并提交了相关证据，二审法院合议庭再次组织双方当事人对有关证据进行质证，对相关事实进行核对，在对有证据证明的属于计算方法涉及的相关内容进行相应调整。因此，经过质证和调整后，本案的鉴定意见可以作为工程价款确定依据。

【裁判规则】

鉴定结论所依据的计算方式错误的，可以在质证时请法院直接调整，经调整后的鉴定结论可以作为确定工程价款的依据。

第 86 例　合同理解错误的鉴定意见如何认定?

【争议焦点】

鉴定单位根据自己对合同理解作出的鉴定结论,可否作为确定工程价款的依据?

【解析案例】

《民事审判指导 12辑》第316页

1994年12月7日至1997年1月8日,发包人(中国民用航空河南省管理局)与承包人(中国有色金属工业第六冶金建设公司)先后签订7份施工合同。其中,1994年12月7日签订的《郑州薛店机场供油工程承包合同》约定:造价暂定4500万元,最后以双方审定的预决算为准,取费标准安装工程按全民二级,并给予3%以内的优惠。

上述7份合同签订后,承包人分别进行了施工,发包人支付了部分工程款和材料。工程竣工后,经委托进行决算,双方对发包人已支付工程款的数额、调拨的建筑材料数额等有争议。

发包人以超付承包人913万元工程款为由,向法院提起诉讼;承包人以发包人欠付其工程款及利息为由,亦向法院提起诉讼。两案件由河南省高级人民法院合并审理。

1999年10月31日,法院委托河南省建行中介处就本案工程系超付还是少付工程款进行鉴定,鉴定报告书经双方质证,除对发包人已付68711656.49元工程款及39217273.82元材料款无争议外,对"3%以内优惠"等理解存在分歧,一审法院对此组织了三次质证。

【各方观点】

(1)发包人认为:关于3%优惠问题,双方在合同中明文约定该工程按二类取费及承包人在3%以内对发包人进行优惠,故应扣减3%价款56万余元并按原双方决算二类工程取费。

(2)承包人认为:关于3%优惠问题,承包人系一级资质,工程又系一类工程,应按一类工程取费,双方合同约定的3%优惠违反建筑市场管理不得压级压价的规定,为无效条款,原决算双方按二类取费少计86.9万元。

(3)第一次委托的鉴定单位认为:关于"3%以内优惠"问题,需要法庭确定该条款是否有效,如果不是无效条款,以一个什么样的比例来计算、计算基础是否应为合同总造价,之后才能准确计算得出结论。

(4)第二次委托的鉴定单位认为:鉴于合同约定的是3%以内,建议按1.5%计取。随后鉴定部门补充鉴定结论为:以决算价为基础,按供油工程中的安装工程总价扣除发包人供应的材料价款和设备款及税金,再乘以1.5%,得出发包人应优惠283593.36元。

（5）河南高院一审认为：关于3%优惠问题，合同约定是3%以内，既然双方各执己见，根据本案情况由双方各半负担，按1.5%计算为283593.36元。

【裁判观点】

最高院二审改判为承包人给付发包人3%的优惠567186.72元。

【最高院解析】

《民事审判指导12辑》第316页

最高院民一庭孙延平法官认为：3%以内的优惠系双方合同约定，"不违反法律规定应认定有效，其计算数额567186.72元，未超过合同约定比例，应予认定，一审法院以双方有争议而判决双方各承担1.5%，无事实和法律依据。发包人该项请求有理，应予支持。"

【作者点评】

合同约定的"给予3%以内的优惠"，鉴定单位将理解为"建议按1.5%计取"优惠。承包人认为不应该优惠。发包人认为应该按照3%优惠。一审法院采纳了鉴定意见，各自承担1.5%。二审法院认为按照3%优惠。

合同如何理解是法律适用的问题，本不在造价鉴定权限之内。鉴定单位对合同理解给出意见后，一审法院照单全收，体现了实务中以鉴定代审判的倾向。最高院回归合同约定，纠正了这种错误倾向。

【裁判规则】

鉴定单位根据其对合同理解作出鉴定结论，法院认定的合同真实意思与鉴定单位理解不一致的，不能作为确定工程价款的依据。

第 87 例　鉴定意见有缺陷的能否申请重新鉴定?

【争议焦点】

鉴定意见存在缺陷, 发包人与承包人都有异议, 在二审中一方申请重新鉴定, 是否准许?

【解析案例】

《民事审判指导 09 前卷》第 460 页

1995年, 发包人 (中国建设银行新疆石油专业分行) 与承包人 (深圳康源设计装饰工程有限公司) 签订室内设计合同。约定由承包人对建行大厦进行装饰工程设计。

1996年5月9日, 发包人与承包人签订《建设施工合同》。约定由承包人对建行大厦进行装饰工程施工, 合同还明确了施工范围和工期、合同价款等。

由于土建工程延误、进度款支付等原因, 双方产生纠纷。1998年6月2日, 发包人书面通知承包人撤离工地, 工程停工。

1998年7月2日, 发包人向新疆高院提起诉讼, 要求解除双方签订的合同, 承包人返还多付的工程款10505216.19元; 承包人提出反诉称, 合同约定的价款不是双方的真实意思表示, 应根据已完工程量进行造价结算。

一审法院委托新疆建设工程造价咨询事务所对该工程进行造价鉴定。结论为: 按照集体二级施工资质取费标准计算, 该工程总造价为24291568.05元; 按照全民三级施工资质取费标准计算, 该工程总造价为24963328.72元; 对康源公司的施工资质由法院确认后, 按确认的资质依据以上计算结论认定工程造价。此外, 在所计算的造价之外, 还有流动施工津贴及冬季施工费的取费问题双方有争议, 需经双方当事人举证后由法院确认。双方认可石油分行已实际支付工程款21765350元。

【各方观点】

(1) 承包人认为: 不应对承包人按照集体二级施工资质进行结算。

(2) 发包人认为: 鉴定结论缺乏事实依据, 程序不规范, 鉴定材料未经质证, 工程量计算错误多达480余处, 重复计算工程量, 虚列工程项目, 工程计价依据不真实, 套用定额错误, 缺乏工程材质认定依据, 随意计取费用, 使工程造价增大, 应当重新对工程造价进行鉴定。

(3) 新疆高院一审认为: "经双方长期协商订立的装饰工程施工合同, 是双方真实意思表示, 其内容不违背法律, 应属有效合同, 双方均应按合同约定全面履行各自的义务。由于诸多原因使合同不能正常履行, 双方均有过错。合同已终止履行, 双方应根据承包人实际完成的工程量和发包人已实际支付工程款的情况, 据实结算。……该院委托鉴定机构作出的鉴定结论, 经双方多次质证应予以确认。承包人经广东省深圳市建设局审核的装饰资质是二级，进疆施工经新疆维吾尔自治区建设厅审核降为三级。因新疆维吾尔自治区计委和建设厅在1993年和1997年均有文件规定，凡进疆施工的外省区施工单位，不论其原性质如何，一律按集体性质对待，故确定按承包人原资质等级以集体二级计算工程造价为24291568.05元。……发包人起诉请求承包人返还多支付的工程款10505216.19元，没有事实根据，予以驳回。发包人所欠承包人的工程款应予给付。"

【裁判观点】

最高院二审认为："发包人与承包人签订的装饰设计委托书、建设施工合同，是双方当事人真实意思表示，合同内容不违反法律规定，应认定为有效。由于双方在履行合同中均有违约行为，导致合同已终止履行。双方应依据实际完成的工作量及工程款支付情况，据实进行结算。一审法院委托鉴定机构对该工程进行造价鉴定，该鉴定机构资质合格，鉴定程序合法，发包人请求重新对工程造价进行鉴定，理据不足，本院不予支持。……承包人系国家二级装饰资质企业，一审法院结合国家及新疆维吾尔自治区当地的具体规定，确认按照集体二级标准计算工程费用，并无不当。"

【最高院解析】

《民事审判指导09前卷》第460页

最高院民一庭贾劲松法官解析认为："发包人提出对原审的鉴定结论共有6个大项的异议。合议庭经研究决定，由当事人双方会同鉴定机构在二审审理期间，针对发包人对鉴定结论提出的异议部分再进行补充质证。……经双方反复质证，最终结果基本上是准确、科学、客观真实的。"

【作者点评】

《民诉证据规定2002》第27条规定："当事人对人民法院委托的鉴定部门作出的鉴定结论有异议申请重新鉴定，提出证据证明存在下列情形之一的，人民法院应予准许：（1）鉴定机构或者鉴定人员不具备相关的鉴定资格的；（2）鉴定程序严重违法的；（3）鉴定结论明显依据不足的；（4）经过质证认定不能作为证据使用的其他情形。对有缺陷的鉴定结论，可以通过补充鉴定、重新质证或者补充质证等方法解决的，不予重新鉴定。"因此，当事人提出重新鉴定申请，应能够证明原鉴定意见存在法定的重大瑕疵，且无法通过补充鉴定、重新质证或者补充质证等方法解决。本案二审中，最高法院组织双方对鉴定结论进行了补充质证，认为结果是准确、科学、客观真实的，因此，不予重新鉴定。

【裁判规则】

对有缺陷的鉴定结论，可以通过补充鉴定、重新质证或者补充质证等方法解决的，不予重新鉴定。

第 88 例　鉴定机构资质存疑的能否申请重新鉴定？

【争议焦点】

一方当事人对鉴定机构资质有异议，一审未提，二审能否申请重新鉴定？

【公报案例】

1999年4月13日、6月8日，发包人（大庆市庆龙房地产开发有限公司）与承包人（金坛市建筑安装工程公司）分别签订《建设工程施工合同》《补充协议》。约定由承包人承建"大庆商城超市工程"，包括28层商住楼、20层商业银行楼、4层裙房超市，承包范围为土建、水电、采暖、通风及附属工程。

1999年11月15日，案涉工程完工。同年11月底，银行楼施工至15层顶板时双方发生纠纷，承包人撤出工地。争议全部建筑面积96000平方米，其中桩基础由发包人另行发包他人。此时，发包人已支付承包人13352000元。经对账，双方认可承包人施工的附属工程价款为495000元。

一审期间，法院分别委托有关鉴定机构对1999年争议工程的工程造价、未报验不合格的工程量、材料款退价进行鉴定及对证据进行保全。后查明，三次鉴定均由鉴定中心对外委托鉴定机构，而且所有鉴定结论最终都由鉴定中心与相关鉴定机构以双方名义共同联合出具。负责鉴定1999年工程造价的黑龙江省中龙会计师事务所有限责任公司（以下简称中龙公司），其经营范围内工程造价咨询业务为乙级资质。

【各方观点】

发包人认为：双方争议的工程为大型建设项目，理应由具有甲级工程造价咨询资质的鉴定机构进行造价鉴定，而一审法院委托的鉴定机构受理此项业务范围的资质仅为乙级，一审法院采用该鉴定机构出具的结论系程序违法，应重新鉴定。

承包人认为：不应重新鉴定。

【裁判观点】

最高人民法院二审认为："中龙公司虽然就工程造价咨询为乙级资质，但该鉴定机构经当地有关部门认定具有从事司法鉴定资格，且鉴定结论并非由中龙公司独立完成，是由鉴定中心和中龙公司联合作出，一审法院予以采信并无不当，亦不存在程序违法。发包人在一审期间未就鉴定机构资质问题提出异议，现二审期间提出，加之鉴定所需要部分材料的原件已无法提供，不具备重新鉴定条件，故对发包人的此项请求不予支持。"

【最高院点评】

无。

【作者点评】

《民诉证据规定2002》第71条规定："人民法院委托鉴定部门作出的鉴定结论，当事人没有足以反驳的相反证据和理由的，可以认定其证明力。"

《民诉证据规定2002》第27条规定："当事人对人民法院委托的鉴定部门作出的鉴定结论有异议申请重新鉴定，提出证据证明存在下列情形之一的，人民法院应予准许：（一）鉴定机构或者鉴定人员不具备相关的鉴定资格的……对有缺陷的鉴定结论，可以通过补充鉴定、重新质证或者补充质证等方法解决的，不予重新鉴定。"

本案中，一审法院基于当事人申请委托鉴定中心对工程造价、材料退价、不合格工程返修费用等进行鉴定，一审质证程序中双方并未就鉴定机构资质提出异议，二审中发包人补充质证程序中认为鉴定机构无资质，应当重新鉴定，但并未提出充分的相反证据或反驳理由，法院可以认定鉴定结论的证明力。

【裁判规则】

一审未提，二审时以鉴定机构资质不符为由提出重新鉴定，经补充质证，无充分反驳证据和理由的，可以认定鉴定意见的证明力，不予重新鉴定。

附录1 最高院施工合同解释二条款对照表

条款	最高院施工合同解释二条款内容	本书章节
	最高人民法院关于审理建设工程施工合同纠纷案件适用法律问题的解释（二） （2018年10月29日最高人民法院审判委员会第1751次会议通过，自2019年2月1日起施行） 法释〔2018〕20号 　　为正确审理建设工程施工合同纠纷案件，依法保护当事人合法权益，维护建筑市场秩序，促进建筑市场健康发展，根据《中华人民共和国民法总则》《中华人民共和国合同法》《中华人民共和国建筑法》《中华人民共和国招标投标法》《中华人民共和国民事诉讼法》等法律规定，结合审判实践，制定本解释。	
第1条	招标人和中标人另行签订的建设工程施工合同约定的工程范围、建设工期、工程质量、工程价款等实质性内容，与中标合同不一致，一方当事人请求按照中标合同确定权利义务的，人民法院应予支持。 　　招标人和中标人在中标合同之外就明显高于市场价格购买承建房产、无偿建设住房配套设施、让利、向建设单位捐赠财物等另行签订合同，变相降低工程价款，一方当事人以该合同背离中标合同实质性内容为由请求确认无效的，人民法院应予支持。	2.1.2 2.1.4 2.1.6
第2条	当事人以发包人未取得建设工程规划许可证等规划审批手续为由，请求确认建设工程施工合同无效的，人民法院应予支持，但发包人在起诉前取得建设工程规划许可证等规划审批手续的除外。 　　发包人能够办理审批手续而未办理，并以未办理审批手续为由请求确认建设工程施工合同无效的，人民法院不予支持。	3.1.8
第3条	建设工程施工合同无效，一方当事人请求对方赔偿损失的，应当就对方过错、损失大小、过错与损失之间的因果关系承担举证责任。 　　损失大小无法确定，一方当事人请求参照合同约定的质量标准、建设工期、工程价款支付时间等内容确定损失大小的，人民法院可以结合双方过错程度、过错与损失之间的因果关系等因素作出裁判。	8.1.3
第4条	缺乏资质的单位或者个人借用有资质的建筑施工企业名义签订建设工程施工合同，发包人请求出借方与借用方对建设工程质量不合格等因出借资质造成的损失承担连带赔偿责任的，人民法院应予支持。	1.3.5
第5条	当事人对建设工程开工日期有争议的，人民法院应当分别按照以下情形予以认定：	7.1

条款	最高院施工合同解释二条款内容	本书章节
第5条	（1）开工日期为发包人或者监理人发出的开工通知载明的开工日期；开工通知发出后，尚不具备开工条件的，以开工条件具备的时间为开工日期；因承包人原因导致开工时间推迟的，以开工通知载明的时间为开工日期。 （2）承包人经发包人同意已经实际进场施工的，以实际进场施工时间为开工日期。 （3）发包人或者监理人未发出开工通知，亦无相关证据证明实际开工日期的，应当综合考虑开工报告、合同、施工许可证、竣工验收报告或者竣工验收备案表等载明的时间，并结合是否具备开工条件的事实，认定开工日期。	7.1
第6条	当事人约定顺延工期应当经发包人或者监理人签证等方式确认，承包人虽未取得工期顺延的确认，但能够证明在合同约定的期限内向发包人或者监理人申请过工期顺延且顺延事由符合合同约定，承包人以此为由主张工期顺延的，人民法院应予支持。 当事人约定承包人未在约定期限内提出工期顺延申请视为工期不顺延的，按照约定处理，但发包人在约定期限后同意工期顺延或者承包人提出合理抗辩的除外。	7.3 7.4
第7条	发包人在承包人提起的建设工程施工合同纠纷案件中，以建设工程质量不符合合同约定或者法律规定为由，就承包人支付违约金或者赔偿修理、返工、改建的合理费用等损失提出反诉的，人民法院可以合并审理。	9.3.6
第8条	有下列情形之一，承包人请求发包人返还工程质量保证金的，人民法院应予支持： （1）当事人约定的工程质量保证金返还期限届满。 （2）当事人未约定工程质量保证金返还期限的，自建设工程通过竣工验收之日起满二年。 （3）因发包人原因建设工程未按约定期限进行竣工验收的，自承包人提交工程竣工验收报告九十日后起当事人约定的工程质量保证金返还期限届满；当事人未约定工程质量保证金返还期限的，自承包人提交工程竣工验收报告九十日后起满二年。 发包人返还工程质量保证金后，不影响承包人根据合同约定或者法律规定履行工程保修义务。	6.3
第9条	发包人将依法不属于必须招标的建设工程进行招标后，与承包人另行订立的建设工程施工合同背离中标合同的实质性内容，当事人请求以中标合同作为结算建设工程价款依据的，人民法院应予支持，但发包人与承包人因客观情况发生了在招标投标时难以预见的变化而另行订立建设工程施工合同的除外。	2.1.3 2.2.1

续表

条款	最高院施工合同解释二条款内容	本书章节
第10条	当事人签订的建设工程施工合同与招标文件、投标文件、中标通知书载明的工程范围、建设工期、工程质量、工程价款不一致，一方当事人请求将招标文件、投标文件、中标通知书作为结算工程价款的依据的，人民法院应予支持。	2.3.1
第11条	当事人就同一建设工程订立的数份建设工程施工合同均无效，但建设工程质量合格，一方当事人请求参照实际履行的合同结算建设工程价款的，人民法院应予支持。 实际履行的合同难以确定，当事人请求参照最后签订的合同结算建设工程价款的，人民法院应予支持。	2.4
第12条	当事人在诉讼前已经对建设工程价款结算达成协议，诉讼中一方当事人申请对工程造价进行鉴定的，人民法院不予准许。	5.8 12.1.1
第13条	当事人在诉讼前共同委托有关机构、人员对建设工程造价出具咨询意见，诉讼中一方当事人不认可该咨询意见申请鉴定的，人民法院应予准许，但双方当事人明确表示受该咨询意见约束的除外。	5.9 12.1.2
第14条	当事人对工程造价、质量、修复费用等专门性问题有争议，人民法院认为需要鉴定的，应当向负有举证责任的当事人释明。当事人经释明未申请鉴定，虽申请鉴定但未支付鉴定费用或者拒不提供相关材料的，应当承担举证不能的法律后果。 一审诉讼中负有举证责任的当事人未申请鉴定，虽申请鉴定但未支付鉴定费用或者拒不提供相关材料，二审诉讼中申请鉴定，人民法院认为确有必要的，应当依照民事诉讼法第一百七十条第一款第三项的规定处理。	12.1.3 12.1.4 12.1.5 12.2.1
第15条	人民法院准许当事人的鉴定申请后，应当根据当事人申请及查明案件事实的需要，确定委托鉴定的事项、范围、鉴定期限等，并组织双方当事人对争议的鉴定材料进行质证。	12.2.6
第16条	人民法院应当组织当事人对鉴定意见进行质证。鉴定人将当事人有争议且未经质证的材料作为鉴定依据的，人民法院应当组织当事人就该部分材料进行质证。经质证认为不能作为鉴定依据的，根据该材料作出的鉴定意见不得作为认定案件事实的依据。	12.3.3 12.4.1
第17条	与发包人订立建设工程施工合同的承包人，根据合同法第二百八十六条规定请求其承建工程的价款就工程折价或者拍卖的价款优先受偿的，人民法院应予支持。	10.2
第18条	装饰装修工程的承包人，请求装饰装修工程价款就该装饰装修工程折价或者拍卖的价款优先受偿的，人民法院应予支持，但装饰装修工程的发包人不是该建筑物的所有权人的除外。	10.2.3

条款	最高院施工合同解释二条款内容	本书章节
第19条	建设工程质量合格，承包人请求其承建工程的价款就工程折价或者拍卖的价款优先受偿的，人民法院应予支持。	10.5
第20条	未竣工的建设工程质量合格，承包人请求其承建工程的价款就其承建工程部分折价或者拍卖的价款优先受偿的，人民法院应予支持。	10.5.2
第21条	承包人建设工程价款优先受偿的范围依照国务院有关行政主管部门关于建设工程价款范围的规定确定。 　承包人就逾期支付建设工程价款的利息、违约金、损害赔偿金等主张优先受偿的，人民法院不予支持。	10.4
第22条	承包人行使建设工程价款优先受偿权的期限为六个月，自发包人应当给付建设工程价款之日起算。	10.6
第23条	发包人与承包人约定放弃或者限制建设工程价款优先受偿权，损害建筑工人利益，发包人根据该约定主张承包人不享有建设工程价款优先受偿权的，人民法院不予支持。	10.1.4
第24条	实际施工人以发包人为被告主张权利的，人民法院应当追加转包人或者违法分包人为本案第三人，在查明发包人欠付转包人或者违法分包人建设工程价款的数额后，判决发包人在欠付建设工程价款范围内对实际施工人承担责任。	1.4.4
第25条	实际施工人根据合同法第七十三条规定，以转包人或者违法分包人怠于向发包人行使到期债权，对其造成损害为由，提起代位权诉讼的，人民法院应予支持。	1.4.6
第26条	本解释自2019年2月1日起施行。 　本解释施行后尚未审结的一审、二审案件，适用本解释。 　本解释施行前已经终审、施行后当事人申请再审或者按照审判监督程序决定再审的案件，不适用本解释。 　最高人民法院以前发布的司法解释与本解释不一致的，不再适用。	

附录2 最高院施工合同解释一条款对照表

条款	最高院施工合同解释一条款内容	本书章节
	最高人民法院关于审理建设工程施工合同 **纠纷案件适用法律问题的解释** （2004年9月29日最高人民法院审判委员会第1327次会议通过） 法释〔2004〕14号 　　根据《中华人民共和国民法通则》、《中华人民共和国合同法》、《中华人民共和国招标投标法》、《中华人民共和国民事诉讼法》等法律规定，结合民事审判实际，就审理建设工程施工合同纠纷案件适用法律的问题，制定本解释。	
第1条	建设工程施工合同具有下列情形之一的，应当根据合同法第52条第（5）项的规定，认定无效： 　　（1）承包人未取得建筑施工企业资质或者超越资质等级的； 　　（2）没有资质的实际施工人借用有资质的建筑施工企业名义的； 　　（3）建设工程必须进行招标而未招标或者中标无效的。	3.1
第2条	建设工程施工合同无效，但建设工程经竣工验收合格，承包人请求参照合同约定支付工程价款的，应予支持。	3.2.1
第3条	建设工程施工合同无效，且建设工程经竣工验收不合格的，按照以下情形分别处理： 　　（1）修复后的建设工程经竣工验收合格，发包人请求承包人承担修复费用的，应予支持； 　　（2）修复后的建设工程经竣工验收不合格，承包人请求支付工程价款的，不予支持。 　　因建设工程不合格造成的损失，发包人有过错的，也应承担相应的民事责任。	3.2.4 4.2.3
第4条	承包人非法转包、违法分包建设工程或者没有资质的实际施工人借用有资质的建筑施工企业名义与他人签订建设工程施工合同的行为无效。人民法院可以根据民法通则第134条规定，收缴当事人已经取得的非法所得。	3.2.6
第5条	承包人超越资质等级许可的业务范围签订建设工程施工合同，在建设工程竣工前取得相应资质等级，当事人请求按照无效合同处理的，不予支持。	3.1.4
第6条	当事人对垫资和垫资利息有约定，承包人请求按照约定返还垫资及其利息的，应予支持，但是约定的利息计算标准高于中国人民银行发布的同期同类贷款利率的部分除外。 　　当事人对垫资没有约定的，按照工程欠款处理。 　　当事人对垫资利息没有约定，承包人请求支付利息的，不予支持。	6.1

续表

条款	最高院施工合同解释一条款内容	本书章节
第7条	具有劳务作业法定资质的承包人与总承包人、分包人签订的劳务分包合同，当事人以转包建设工程违反法律规定为由请求确认无效的，不予支持。	1.3.1
第8条	承包人具有下列情形之一，发包人请求解除建设工程施工合同的，应予支持： （1）明确表示或者以行为表明不履行合同主要义务的； （2）合同约定的期限内没有完工，且在发包人催告的合理期限内仍未完工的； （3）已经完成的建设工程质量不合格，并拒绝修复的； （4）将承包的建设工程非法转包、违法分包的。	4.1
第9条	发包人具有下列情形之一，致使承包人无法施工，且在催告的合理期限内仍未履行相应义务，承包人请求解除建设工程施工合同的，应予支持： （1）未按约定支付工程价款的； （2）提供的主要建筑材料、建筑构配件和设备不符合强制性标准的； （3）不履行合同约定的协助义务的。	4.2 9.1.3
第10条	建设工程施工合同解除后，已经完成的建设工程质量合格的，发包人应当按照约定支付相应的工程价款；已经完成的建设工程质量不合格的，参照本解释第三条规定处理。 因一方违约导致合同解除的，违约方应当赔偿因此而给对方造成的损失。	8.1.2
第11条	因承包人的过错造成建设工程质量不符合约定，承包人拒绝修理、返工或者改建，发包人请求减少支付工程价款的，应予支持。	9.3
第12条	发包人具有下列情形之一，造成建设工程质量缺陷，应当承担过错责任： （1）提供的设计有缺陷； （2）提供或者指定购买的建筑材料、建筑构配件、设备不符合强制性标准； （3）直接指定分包人分包专业工程。 承包人有过错的，也应当承担相应的过错责任。	9.2
第13条	建设工程未经竣工验收，发包人擅自使用后，又以使用部分质量不符合约定为由主张权利的，不予支持；但是承包人应当在建设工程的合理使用寿命内对地基基础工程和主体结构质量承担民事责任。	
第14条	当事人对建设工程实际竣工日期有争议的，按照以下情形分别处理： （1）建设工程经竣工验收合格的，以竣工验收合格之日为竣工日期； （2）承包人已经提交竣工验收报告，发包人拖延验收的，以承包人提交验收报告之日为竣工日期； （3）建设工程未经竣工验收，发包人擅自使用的，以转移占有建设工程之日为竣工日期。	7.2

续表

条款	最高院施工合同解释一条款内容	本书章节
第15条	建设工程竣工前，当事人对工程质量发生争议，工程质量经鉴定合格的，鉴定期间为顺延工期期间。	7.3
第16条	当事人对建设工程的计价标准或者计价方法有约定的，按照约定结算工程价款。 　　因设计变更导致建设工程的工程量或者质量标准发生变化，当事人对该部分工程价款不能协商一致的，可以参照签订建设工程施工合同时当地建设行政主管部门发布的计价方法或者计价标准结算工程价款。 　　建设工程施工合同有效，但建设工程经竣工验收不合格的，工程价款结算参照本解释第3条规定处理。	5.1
第17条	当事人对欠付工程价款利息计付标准有约定的，按照约定处理；没有约定的，按照中国人民银行发布的同期同类贷款利率计息。	6.1
第18条	利息从应付工程价款之日计付。当事人对付款时间没有约定或者约定不明的，下列时间视为应付款时间： 　　（1）建设工程已实际交付的，为交付之日； 　　（2）建设工程没有交付的，为提交竣工结算文件之日； 　　（3）建设工程未交付，工程价款也未结算的，为当事人起诉之日。	6.2
第19条	当事人对工程量有争议的，按照施工过程中形成的签证等书面文件确认。承包人能够证明发包人同意其施工，但未能提供签证文件证明工程量发生的，可以按照当事人提供的其他证据确认实际发生的工程量。	5.5 5.4
第20条	当事人约定，发包人收到竣工结算文件后，在约定期限内不予答复，视为认可竣工结算文件的，按照约定处理。承包人请求按照竣工结算文件结算工程价款的，应予支持。	5.7
第21条	当事人就同一建设工程另行订立的建设工程施工合同与经过备案的中标合同实质性内容不一致的，应当以备案的中标合同作为结算工程价款的根据。	2.1
第22条	当事人约定按照固定价结算工程价款，一方当事人请求对建设工程造价进行鉴定的，不予支持。	5.2 12.2.2
第23条	当事人对部分案件事实有争议的，仅对有争议的事实进行鉴定，但争议事实范围不能确定，或者双方当事人请求对全部事实鉴定的除外。	12.2.1 12.2.7
第24条	建设工程施工合同纠纷以施工行为地为合同履行地。	11.1.3
第25条	因建设工程质量发生争议的，发包人可以以总承包人、分包人和实际施工人为共同被告提起诉讼。	1.3.6
第26条	实际施工人以转包人、违法分包人为被告起诉的，人民法院应当依法受理。 　　实际施工人以发包人为被告主张权利的，人民法院可以追加转包人或者违法分包人为本案当事人。发包人只在欠付工程价款范围内对实际施工人承担责任。	1.4.2 1.4.1 1.4.3

条款	最高院施工合同解释一条款内容	本书章节
第27条	因保修人未及时履行保修义务，导致建筑物毁损或者造成人身、财产损害的，保修人应当承担赔偿责任。 　　保修人与建筑物所有人或者发包人对建筑物毁损均有过错的，各自承担相应的责任。	9.3.7
第28条	本解释自2005年1月1日起施行。	

附录3 最高院民一庭指导性案例及解析案例对照表

辑	案例来源	争议焦点	案例性质	解析法官	本书节例
第74辑	《民事审判指导74辑》第195页	施工合同解除的质保金应否返还?	解析案例	于蒙	第47例
第73辑	《民事审判指导73辑》第193页	竣工工程优先受偿权期限从何时起算?	解析案例	王毓莹	第70例
第73辑	《民事审判指导73辑》第156页	价款支付日晚于竣工日时可否行使优先权?	指导性案例	沈丹丹	第69例
第72辑	《民事审判指导72辑》第214页	无法确定实际履行的无效合同如何结算?	解析案例	李琪	第17例
第70辑	《民事审判指导70辑》第118页	以物抵债未履行的能否主张工程款	解析案例	司伟	第49例
第67辑	《民事审判指导16年卷》第542页	固定价合同提前终止的如何结算?	解析案例	于蒙	第33例
第65辑	《民事审判指导16年卷》第165页	实际施工人起诉发包人以保护农民工工资为必要条件	解析案例	王毓莹	1.4.3
第65辑	《民事审判指导16年卷》第148页	支付第三方款项可否冲抵工程款?	解析案例	肖峰	第50例
第65辑	《民事审判指导16年卷》第125页	为补偿损失变更价款的协议是否有效?	解析案例	于蒙	第13例
第63辑	《民事审判指导15年卷》第561页	约定不明但交付工程的从交付日计付利息	解析案例	王毓莹	6.2.2
第62辑	《民事审判指导15年卷》第405页	实际施工人可否直接起诉发包人?	解析案例	张志弘等	第9例
第62辑	《民事审判指导15年卷》第375页	签订结算书后是否还可以鉴定?	解析案例	王毓莹	第42例
第62辑	《民事审判指导15年卷》第340页	优先受偿权受偿范围包括停工损失吗?	解析案例	仲伟珩	第68例
第62辑	《民事审判指导15年卷》第340页	合同解除后可否行使优先受偿权?	解析案例	王毓莹	第72例
第61辑	《民事审判指导15年卷》第175页	先签订后招标的合同是否有效?	解析案例	王毓莹	第22例

续表

辑	案例来源	争议焦点	案例性质	解析法官	本书节例
第60辑	《民事审判指导14年卷》第694页	实际施工人直接起诉发包人受其与承包人间仲裁条款的约束	解析案例	汪治平	1.4.5
第59辑	《民事审判指导14年卷》第481页	结算协议总价是否包括独立工程价款？	解析案例	王毓莹	第43例
第59辑	《民事审判指导14年卷》第474页	合同无效且未验收的可否按定额结算？	指导性案例	司伟	第24例
第58辑	《民事审判指导14年卷》第276页	计价方式变化是实质性内容不一致吗？	指导性案例	司伟	第11例
第58辑	《民事审判指导14年卷》第270页	一审未提时效抗辩的二审能否再提？	指导性案例	刘银春	第76例
第57辑	《民事审判指导14年卷》第123页	只有导致权利义务较大变化的才构成背离实质性内容	解析案例	王毓莹	2.1.5
第55辑	《民事审判指导13年卷》第469页	多份合同无效能否按实际履行合同结算？	解析案例	关丽	第16例
第54辑	《民事审判指导13年卷》第298页	承包人组织竣工验收结论是否有效？	解析案例	关丽	第61例
第53辑	《民事审判指导13年卷》第115页	承包人应赔偿发包人逾期交房损失吗？	指导性案例	李琪	第56例
第52辑	《民事审判指导12年卷》第687页	按结算协议还是审计结论结算？	解析案例	王毓莹	第41例
第51辑	《民事审判指导12年卷》第507页	第三人所有权能否对抗优先受偿权？	指导性案例	司伟	第64例
第50辑	《民事审判指导12年卷》第326页	未及时撤场的如何确定停工时间？	解析案例	司伟	第53例
第50辑	《民事审判指导12年卷》第304页	无法确定实际履行及时间的如何结算？	解析案例	王某	第18例
第49辑	《民事审判指导12年卷》第117页	结算协议是当事人竣工后就价款结算等达成的清算协议	解析案例	仲伟珩	5.8.1
第49辑	《民事审判指导12年卷》第101页	支付期满但金额未定的可否主张违约金？	解析案例	肖峰	第46例
第49辑	《民事审判指导12年卷》第69页	可否向约定免责的委托人主张价款？	指导性案例	王友祥 仲伟珩	第1例

续表

辑	案例来源	争议焦点	案例性质	解析法官	本书节例
第48辑	《民事审判指导48辑》第99页	挂靠的实际施工人可否向发包人主张？	指导性案例	姜强	第7例
第47辑	《民事审判指导11年卷》第175页	事实行为变更了工程价款约定吗？	解析案例	王毓莹	第19例
第45辑	《民事审判指导45辑》第165页	合同理解有争议时按什么标准判断？	解析案例	张雅芬	第20例
第44辑	《民事审判指导44辑》第203页	就工程占用土地可行使优先受偿权吗？	指导性案例	仲伟珩	第67例
第43辑	《民事审判指导43辑》第167页	负责承包人工程管理的是实际施工人吗？	解析案例	张雅芬	第8例
第43辑	《民事审判指导43辑》第147页	合同无效的奖金及违约金不能参照合同约定支付	指导性案例	仲伟珩	8.3.2
第42辑	《民事审判指导42辑》第181页	变更中标合同但未背离实质性内容的补充协议可作结算依据	解析案例	张雅芬	2.2.2
第42辑	《民事审判指导42辑》第154页	放弃条件未成就可否行使优先受偿权？	指导性案例	张进先	第65例
第41辑	《民事审判指导41辑》第277页	施工合同文件内的歧义其次可参照交易习惯解释	解析案例	刘银春	2.6.5
第41辑	《民事审判指导第41辑》第267页	不宜向合作开发房地产的第三人主张工程款	解析案例	关丽	1.1.5
第41辑	《民事审判指导41辑》第254页	主张未违约是否视为主张违约金过高？	解析案例	王毓莹	第59例
第38辑	《民事审判指导38辑》第262页	应付价款日约定不明的优先受偿权何时起算？	解析案例	王毓莹	第71例
第38辑	《民事审判指导38辑》第247页	涉及企业商业秘密，是否可以不招标？	解析案例	辛正郁	第21例
第38辑	《民事审判指导38辑》第231页	违约金与损失赔偿能否同时主张？	解析案例	孙延平	第60例
第38辑	《民事审判指导38辑》第215页	请求逾期违约金可否视为工程款利息？	指导性案例	辛正郁	第79例
第38辑	《民事审判指导38辑》第171页	中标合同之外的让利承诺书是否有效？	指导性案例	姚宝华	第12例

续表

辑	案例来源	争议焦点	案例性质	解析法官	本书节例
第36辑	《民事审判指导36辑》第162页	材料价大涨是否可适用情势变更调价？	解析案例	辛正郁	第35例
第36辑	《民事审判指导36辑》第146页	标前协议与招投标文件不一致如何结算？	解析案例	冯小光	第15例
第35辑	《民事审判指导35辑》第122页	未完工程有质量缺陷可否行使优先受偿权？	指导性案例	贾劲松	第73例
第34辑	《民事审判指导34辑》第58页	财政评审结论可以作为结算依据吗？	指导性案例	姚宝华	第38例
第34辑	《民事审判指导34辑》第53页	超出风险范围的变更应该据实计算吗？	指导性案例	冯小光	第31例
第34辑	《民事审判指导34辑》第53页	发函称逾期答复视为认可能否成立？	指导性案例	冯小光	第39例
第32辑	《民事审判指导32辑》第246页	工程变更按照合同价还是按实结算？	解析案例	吴晓芳	第30例
第32辑	《民事审判指导32辑》第170页	工程价款债权受让方可否行使优先权？	解析案例	张进先	第66例
第29辑	《民事审判指导29辑》第215页	总价合同内部分按照总价结算不应造价鉴定	解析案例	吴晓芳	5.2.1
第15辑	《民事审判指导15辑》第252页	与受托人签合同的向谁主张价款？	解析案例	程新文	第2例
第12辑	《民事审判指导12辑》第316页	合同理解错误的鉴定意见如何认定？	解析案例	孙延平	第86例
第11辑	《民事审判指导11辑》第275页	发包人未在约定时间内答复是按送审价结算条件之四	解析案例	程新文	5.7.5
第11辑	《民事审判指导11辑》第275页	计算方法错误的鉴定意见可否作为定价依据？	解析案例	程新文	第85例
第6辑	《民事审判指导6辑》第200页	工程量增加的如何顺延工期？	解析案例	程新文	第54例
第5辑	《民事审判指导5辑》第291页	无签收单能否认定已供应工程材料？	解析案例	王冬颖	第78例
第X辑	《民事审判指导09前卷》第537页	被撤销的政策文件可否作为结算依据？	指导性案例	冯小光	第32例

辑	案例来源	争议焦点	案例性质	解析法官	本书节例
	《民事审判指导09前卷》第486页	未经发包人同意的工程量应否计价？	解析案例	贾劲松	第36例
第X辑	《民事审判指导09前卷》第460页	鉴定意见有缺陷的能否申请重新鉴定？	解析案例	贾劲松	第87例
第X辑	《民事审判指导09前卷》第284页	可否依承诺主张第三人支付工程款？	解析案例	贾劲松	第3例
第X辑	《民事审判指导09前卷》第269页	双方认可的审价结论可否作结算依据？	解析案例	关丽	第44例
第X辑	《民事审判指导09前卷》第139页	分支机构签约的承包人可否主张权利？	解析案例	王文芳	第5例
第X辑	《民事审判指导09前卷》第128页	承包人实施工程且发包人以付款等方式接受的事实合同成立	解析案例	俞文斌	2.5.2
第X辑	《民事审判指导09前卷》第122页	发包人分立后的各主体均应支付工程款	解析案例	韩延斌	1.1.2
第X辑	《民事审判指导09前卷》第34页	约定当地仲裁委管辖的可否提起诉讼？	解析案例	贾劲松	第75例
第X辑	《民事审判指导09前卷》第27页	约定计价方法变更或被撤销的仍应该按约定结算	解析案例	张雅芬	5.1.3
第X辑	《民事审判指导09前卷》第20页	除可补救外违反效力性强制性规定的合同无效	解析案例	程新文	3.1.1
第X辑	《民事审判指导09前卷》第3页	未取得工程规划许可证的合同是否有效？	解析案例	关丽	第23例
备注	1．辑为最高院民一庭编的《民事审判指导与参考》单行本的编号，从2000～2018年，从第1辑至第74辑。 2．案例来源中的书名为简称，具体对比表见附录4。 3．第X辑在第1辑至42辑之间，《民事审判指导09前卷》全部收录，未挑出部分。 4．指导性案例指在最高院民一庭编的《民事审判指导与参考》第1辑至第74辑（2000年至2018年）中以最高院民一庭名义撰写了详细指导意见的案例，由表中的解析法官执笔，体现了最高院民一庭集体的一致意见，20年来基本保持稳定，总体深度及广度远高于现行最高院施工合同司法解释一及二。 5．解析案例指在最高院民一庭编的《民事审判指导与参考》第1辑至第74辑（2000年至2018年）案例解析栏目中由表中的最高院民一庭法官撰写了详细解析意见的案例，体现了最高院民一庭及审委会的主流意见，20年来基本保持稳定，总体深度及广度远高于现行最高院施工合同司法解释一及二。				

辑	案例来源	争议焦点	案例性质	解析法官	本书节例
备注	6．在以上75个指导性案例及解析案例中，王毓莹法官解析了12个、程新文6个、司伟5个、贾劲松5个、冯小光4个、关丽4个、仲伟珩4个、张雅芬4个、辛正郁3个、肖峰2个、孙延平2个、吴晓芳2个、张进先2个、姚宝华2个、刘银春2个、姜强1个、李琪2个、韩延斌1个、俞文斌1个、王文芳1个、王冬颖1个、王友祥1个、王某某1个、汪冶平1个、张志弘1个、于蒙1个、沈丹丹1个。以上法官基本上构成了最高院民一庭的领导及骨干，比如程新文法官为最高院民一庭庭长、冯小光法挂为最高院施工合同解释一起草人、关丽法官是最高院施工合同解释二第一版征求意见稿起草人、肖峰法官等是最高院施工合同解释二定稿人。				

附录4 最高院民一庭及各地法官编著书籍简称对照表

简　称	最高院民一庭及各地法官编著书籍全称及出版信息
一、最高院民一庭编著书籍	
《最高院施工合同解释二适用》	《最高人民法院建设工程施工合同司法解释（二）的理解与适用》，最高院民一庭编著，人民法院出版社，2019年1月第1版
《最高院施工合同解释一适用》	《最高人民法院建设工程施工合同司法解释的理解与适用》，最高院民一庭编著，人民法院出版社，2015年9月第2版
《民事审判指导1辑》	《民事审判指导与参考》2000年第1卷（总第1卷），最高人民法院民事审判庭编，法律出版社，2000年3月第1版
《民事审判指导2辑》	《民事审判指导与参考》2000年第2卷（总第2卷），最高人民法院民事审判庭编，法律出版社，2000年6月第1版
……	……
《民事审判指导36辑》	《民事审判指导与参考》2008年第4集（总第36集），最高人民法院民事审　判第一庭编，法律出版社，2009年3月第1版
……	……
《民事审判指导74辑》	《民事审判指导与参考》2018年第2辑（总第74辑），最高人民法院民事审判第一庭编，法律出版社，2018年7月第1版
《民事审判指导12年卷》	《民事审判指导与参考》2012年卷，最高人民法院民事审判第一庭编，人民法出版社，2018年1月第1版
《民事审判指导13年卷》	《民事审判指导与参考》2013年卷，最高人民法院民事审判第一庭编，人民法出版社，2018年1月第1版
《民事审判指导14年卷》	《民事审判指导与参考》2014年卷，最高人民法院民事审判第一庭编，人民法出版社，2018年1月第1版
《民事审判指导15年卷》	《民事审判指导与参考》2015年卷，最高人民法院民事审判第一庭编，人民法出版社，2018年1月第1版
《民事审判指导16年卷》	《民事审判指导与参考》2016年卷，最高人民法院民事审判第一庭编，人民法出版社，2018年1月第1版

简　称	最高院民一庭及各地法官编著书籍全称及出版信息
《民事审判指导09前卷》	《最高人民法院民事案件解析3建设工程》，最高人民法院民事审判第一庭编，法律出版社，2010年11月第1版（包括2000～2009年《民事审判指导与参考》中全部建设工程类最高人民法院解析案例和指导性案例）
二、最高院法官编著书籍	
《最高院杨心忠等观点》	《建设工程合同纠纷裁判思路》，杨心忠、柳适思、赵蕾等著，法律出版社，2014年12月第1版
《最高院贾劲松等观点》	《建设工程施工合同案件裁判要点与观点》，贾劲松主编，法律出版社，2016年6月第1版
《最高院江必新等观点》	《最高人民法院指导性案例裁判规则理解与适用》，江必新、何东林等著，中国法制出版社，2012年7月第1版
《最高院吴庆宝等观点》	《最高人民法院司法政策与指导案例》，吴庆宝主编，法律出版社，2011年9月第1版
《最高院林文学观点》	《建设工程合同纠纷司法实务研究》，林文学著，法律出版社，2014年1月第1版
三、各地法院法官编著书籍	
《江苏高院潘军峰观点》	《建设工程施工合同案件审理指南》，李玉生主编、俞灌南副主编、潘军锋执行主编，人民法院出版社，2019年1月第1版
《上海高院周赞华等观点》	《建设工程合同纠纷》，周赞华等编，法律出版社，2015年2月第4版
《山东高院王永起等观点》	《建设工程施工合同纠纷法律适用指南》，王永起、李玉明著，法律出版社，2013年6月第1版
《湖南高院郭丁铭等观点》	《建设工程施工合同法律实务精解与百案评析》，郭丁铭、肖芳著，中国法制出版社，2012年8月第1版
《重庆高院邬砚观点》	《建设工程合同纠纷254个裁判规则深度解析》，邬砚著，法律出版社，2018年1月第1版
《衢州中院王勇观点》	《建设工程施工合同纠纷实物解释》，王勇著，法律出版社，2017年5月第1版
《工程法律论坛观点》	《建设工程施工合同纠纷证据指引理解与适用》，常设中国建设工程法律论坛第五工作组编，法律出版社
《淮安法院张广兄观点》	《建设工程合同纠纷诉讼指引与实务解答》，张广兄编著，法律出版社，2013年1月第1版

附录5 主要参考交易习惯及国家规范简称对照表

简　称	交易习惯及规范全称及出版发文信息
一、主要参考交易习惯	
《施工合同示范文本2017》	《建设工程施工合同（示范文本）》GF—2017—0201通用条款，建市〔2017〕214号，住房城乡建设部、工商总局，2017年10月1日执行
《标准施工招标文件2007》	《标准施工招标文件（2007年版）》通用合同条款，发展改革委、财政部、建设部等九部委，2008年5月1日起施行（2013年5月1日修订）
《FIDIC红皮书1999》	《施工合同条件》（1999年第一版），国际咨询工程师联合会编，中国工程咨询协会编译，机械工业出版社，2002年5月第1版
《FIDIC红皮书1988》	《土木工程施工合同条件（第四版1988年订正版）》，国际咨询工程师联合会编
《FIDIC银皮书1999》	《设计采购施工（EPC）/交钥匙工程合同条件》（1999年第一版），国际咨询工程师联合会编、中国工程咨询协会编译，机械工业出版社，2010年9月第1版
二、主要参考国家规范	
《清单计价规范2013》	《建设工程工程量清单计价规范》GB 50500—2013，住房城乡建设部、质监总局联合发布，2013年7月1日施行
《造价鉴定规范》	《建设工程造价鉴定规范》GB/T 51262—2017，住房城乡建设部、质监总局联合发布，2018年3月1日实施
《造价咨询规范》	《建设工程造价咨询规范》GB/T 51095—2015，住房城乡建设部、质监总局联合发布，2015年11月1日实施
《项目管理规范》	《建设工程项目管理规范》GB/T 50326—2017，住房城乡建设部发布，2018年1月1日起施行
《工程监理规范》	《建设工程监理规范》GB 50319—2013，住房城乡建设部发布，2014年3月1日起施行
《施工质量验收统一标准》	《建设工程施工质量验收统一标准》GB 50300—2013，住房城乡建设部发布，2014年6月1日起施行

附录6 主要参考法律与各地法院意见简称对照表

简 称	全 称	文件编号	发布/实施日期	制定/颁布机关
最高院工程综合合同法解释				
最高院施工合同解释二	最高人民法院关于审理建设工程施工合同纠纷案件适用法律问题的解释（二）	法释〔2018〕20号	2019年2月1日期施行	最高人民法院
最高院施工合同解释二答记者问	最高人民法院民一庭负责人就《最高人民法院关于审理建设工程施工合同纠纷案件适用法律问题的解释（二）》答记者问			最高人民法院
最高院施工合同解释二征求意见稿	《关于审理建设工程施工合同纠纷案件适用法律问题的解释（二）》（征求意见稿）			最高人民法院
最高院施工合同解释一	最高人民法院关于审理建设工程施工合同纠纷案件适用法律问题的解释	法释〔2014〕14号	2005年1月1日起施行	最高人民法院
最高院施工合同解释一答记者问	最高人民法院副院长黄松有就《关于审理建设工程施工合同纠纷案件适用法律问题的解释》答记者问		2004年10月27日	最高人民法院
最高院八民会纪要2016	第八次全国法院民事商事审判工作会议纪要		2019年1月3日	最高人民法院
最高院民事审判问题2015	最高人民法院关于当前民事审判工作中的若干具体问题		2015年12月24日	最高人民法院
最高院民事审判工作纪要2011	2011年全国民事审判工作会议纪要	法办〔2011〕442号	2011年10月9日	最高人民法院

简称	全称	文件编号	发布/实施日期	制定/颁布机关
最高院民事审判59条答复2014	对最高人民法院《全国民事审判工作会议纪要》第59条作出进一步释明的答复		2014年4月11日发布	最高人民法院
最高院民商意见2009	最高人民法院关于当前形势下审理民商事合同纠纷案件若干问题的指导意见	法发〔2009〕40号	2009年7月7日发布	最高人民法院
最高院第一审标准通知2015	最高人民法院关于调整高级人民法院和中级人民法院管辖第一审民商事案件标准的通知	法发〔2015〕7号	2015年5月1日起实施	最高人民法院
民事案件案由规定2011	民事案件案由规定	法〔2011〕42号	修订后2011年4月1日实施	最高人民法院
最高院合同法解释二适用通知2009	关于正确适用《中华人民共和国合同法》若干问题的解释(二)服务党和国家的工作大局的通知	法〔2009〕165号	2009年4月27日生效	最高人民法院

最高院工程专项司法解释

简称	全称	文件编号	发布/实施日期	制定/颁布机关
最高院财评答复2008	最高人民法院关于人民法院在审理建设工程合同纠纷案件中如何认定财政评审中心出具的审核结论问题的答复	(2008)民一他字第4号	2008年5月18日	最高人民法院
最高院房地产意见2009	最高人民法院关于当前形势下进一步做好房地产纠纷案件审判工作的指导意见	法发〔2009〕42号	2009年7月9日印发	最高人民法院
最高院第20条复函2005	最高院关于如何理解和适用《最高人民法院关于审理建设工程施工合同纠纷案件适用法律问题的解释》第二十条的复函	〔2005〕民一他字第23号	2006年4月25日	最高人民法院
最高院认可结算复函2005	最高人民法院民事审判庭关于发包人收到承包人竣工结算文件后,在约定期限内不予答复,是否视为认可竣工结算文件的复函	〔2005〕民一他字第23号	2006年4月25日	最高人民法院

续表

简　称	全　称	文件编号	发布/实施日期	制定/颁布机关
最高院286条函复2004	最高人民法院关于装修装饰工程款是否享有合同法第二百八十六条规定的优先受偿权的函复	〔2004〕民一他字第14号	2004年12月8日	最高人民法院
最高院工程纠纷意见2002	最高人民法院关于审理建设工程合同纠纷案件的暂行意见		2002年8月5日起施行	最高人民法院
最高院优先受偿权批复2002	最高人民法院关于建设工程价款优先受偿权问题的批复	法释〔2002〕16号	2002年6月27日起施行	最高人民法院
最高院工程决算答复2001	最高人民法院关于建设工程承包合同案件中双方当事人已确认的工程决算价款与审计部门审计的工程决算价款不一致时如何适用法律问题的电话答复意见	〔2001〕民一他字第2号	2001年4月2日	最高人民法院
最高院相关司法解释				
合同法司法解释一	最高人民法院关于适用《中华人民共和国合同法》若干问题的解释（一）	法释〔1999〕19号	1999年12月1日	最高人民法院
合同法司法解释二	最高人民法院关于适用《中华人民共和国合同法》若干问题的解释（二）	法释〔2009〕5号	2009年5月13日	最高人民法院
买卖合同司法解释	最高人民法院关于审理买卖合同纠纷案件适用法律问题的解释	法释〔2012〕7号	2012年7月1日	最高人民法院
民法通则意见1988	最高人民法院关于贯彻执行《中华人民共和国民法通则》若干问题的意见（试行）		1988年4月2号起实施	最高人民法院
民法总则时效解释2018	最高人民法院关于适用《中华人民共和国民法总则》诉讼时效制度若干问题的解释	法释〔2018〕12号	2018年7月23日	最高人民法院
民事诉讼法解释2015	最高人民法院关于适用《中华人民共和国民事诉讼法》的解释	法释〔2015〕5号	2015年2月4日起施行	最高人民法院

续表

简　称	全　称	文件编号	发布/实施日期	制定/颁布机关
诉讼时效规定2008	最高人民法院关于审理民事案件适用诉讼时效制度若干问题的规定	法释〔2008〕11号	2008年9月1日施行	最高人民法院
民诉证据规定2002	最高人民法院关于民事诉讼证据的若干规定	法释〔2001〕33号	2002年4月1日	最高人民法院
司法鉴定规定2001	最高人民法院关于印发《人民法院司法鉴定工作暂行规定》的通知	法发〔2001〕23号	2001年11月16日	最高人民法院
执行异议和复议规定	最高人民法院关于人民法院办理执行异议和复议案件若干问题的规定	法释〔2015〕10号	2015.05.05	最高人民法院
商品房纠纷解释	最高人民法院关于审理商品房买卖合同纠纷案件适用法律若干问题的解释	法释〔2003〕7号	2003年6月1日起实施	最高人民法院
国家法律				
立法法	中华人民共和国立法法	主席令第20号	2015年3月15日起施行	全国人大
民法总则	中华人民共和国民法总则	主席令第66号	2017年10月1日起施行	全国人大
民法通则	中华人民共和国民法通则	主席令第18号	2009年8月27日修正	全国人大
合同法	中华人民共和国合同法	主席令第15号	1999年10月1日起施行	全国人大
物权法	中华人民共和国物权法	主席令第62号	2007年10月1日起施行	全国人大
担保法	中华人民共和国担保法	主席令第50号	1995年10月2日起施行	全国人大

续表

简　称	全　称	文件编号	发布/实施日期	制定/颁布机关
公司法	中华人民共和国公司法	主席令第15号	2013年12月28日修正	全国人大
民事诉讼法	中华人民共和国民事诉讼法	主席令第71号	2017年6月27日修正	全国人大常委会
仲裁法	中华人民共和国仲裁法	主席令第76号	2017年9月1日修正	全国人大常委会
城乡规划法	中华人民共和国城乡规划法	主席令第23号	2015年4月24日修正	全国人大常委会
建筑法	中华人民共和国建筑法	主席令第46号	2011年4月22日修正	全国人大常委会
招标投标法	中华人民共和国招标投标法	主席令第86号	2017年12月27日修正	全国人大常委会
政府采购法	中华人民共和国政府采购法	主席令第14号	2014年8月31日修正	全国人大常委会
环境保护法	中华人民共和国环境保护法	主席令第9号	2014年4月24日修正	全国人大常委会
标准化法	中华人民共和国标准化法	主席令第78号	2017年11月4日修订	全国人大常委会
审计法	中华人民共和国审计法	主席令第48号	2006年2月28日修正	全国人大常委会
行政法规				
工程勘察设计条例	建设工程勘察设计管理条例	国务院令第662号	2015年6月12日施行	国务院

续表

简 称	全 称	文件编号	发布/实施日期	制定/颁布机关
招标投标法实施条例	中华人民共和国招标投标法实施条例	国务院令第613号	2017年3月1日实施	国务院
采购法政府实施条例	中华人民共和国政府采购法实施条例	国务院令第658号	2015年3月1日实施	国务院
工程安全生产管理条例	建设工程安全生产管理条例	国务院令第393号	2004年2月1日起施行	国务院
工程质量管理条例	建设工程质量管理条例	国务院令第687号	2017年10月7日修订	国务院
标准化法实施条例	中华人民共和国标准化法实施条例	国务院令第53号	1990年4月6日施行	国务院
企业法人登记管理条例	中华人民共和国企业法人登记管理条例	国务院令第648号	修订后2014年3月1日施行	国务院
城市房地产开发条例	城市房地产开发经营管理条例	国务院令第648号	2014年2月19日修订	国务院
审计法实施条例	中华人民共和国审计法实施条例	国务院令第571号	2010年5月1日修订	国务院
国务院规范性文件				
促进建筑业发展意见	国务院办公厅《关于促进建筑业持续健康发展的意见》	国办发〔2017〕19号	2017年2月21日实施	国务院
工程审批改革通知	国务院办公厅关于开展工程建设项目审批制度改革试点的通知	国办发〔2018〕33号	2018年5月18日发布	国务院

续表

简　称	全　称	文件编号	发布/实施日期	制定/颁布机关
法律授权部门规章				
必须招标工程规定	必须招标的工程项目规定	发改委令第16号	2018年6月1日实施	国家发改委
建筑企业资质规定	建筑业企业资质管理规定	住建部令第45号	2018年12月13日修正	住房城乡建设部、工商总局
建筑企业资质标准	建筑业企业资质等级标准	建建〔2001〕82号	2013年7月1日施行	住建部
企业法人登记管理条例实施细则	中华人民共和国企业法人登记管理条例施行细则	国家工商行政管理总局令第92号	2017年10月27日施行	工商总局
工程相关部门规章				
施工图设计审查办法	房屋建筑和市政基础设施工程施工图设计文件审查管理办法	住房城乡建设部令第46号	修订后2018年12月13日起施行	住房城乡建设部
施工招标投标管理办法	房屋建筑和市政基础设施工程施工招标投标管理办法	住房城乡建设部令第43号	修订后2018年9月28日施行	住房城乡建设部
施工许可证办法	建筑工程施工许可管理办法	住房城乡建设部令第42号	修订后2018年9月28日施行	住房城乡建设部
施工计价管理办法	建筑工程施工发包与承包计价管理办法	住房城乡建设部令第16号	2014年2月1日施行	住房城乡建设部
施工分包管理办法	房屋建筑和市政基础设施工程施工分包管理办法	住房城乡建设部令第19号	修订后2014年08月27日施行	住房城乡建设部
竣工验收备案暂行办法	房屋建筑工程和市政基础设施工程竣工验收备案管理暂行办法	住房城乡建设部令第2号	修订后2009年10月19日生效	住房城乡建设部

简 称	全 称	文件编号	发布/实施日期	制定/颁布机关
造价咨询企业管理办法	工程造价咨询企业管理办法	住房城乡建设部令第32号	修订后2016年10月20日起施行	住房城乡建设部
造价工程师管理办法	注册造价工程师管理办法	住房城乡建设部令第32号	修订后2016年10月20日起施行	住房城乡建设部
监理工程师管理规定	注册监理工程师管理规定	住房城乡建设部令第32号	修订后2016年10月20日起施行	住房城乡建设部
工程相关规范性文件				
发承包违法认定办法2019	建筑工程施工发包与承包违法行为认定查处管理办法	建市规〔2019〕1号	2019年1月1日起施行	住房城乡建设部
工程结算暂行办法2004	建设工程价款结算暂行办法	财建〔2004〕369号	2004年10月20起实施	财政部、住房城乡建设部
工程费用项目组成2013	关于印发《建筑安装工程费用项目组成》的通知	建标〔2013〕44号	2013年7月1日起施行	住房城乡建设部财政部
质保金管理办法2017	住房城乡建设部 财政部关于印发建设工程质量保证金管理办法的通知	建质〔2017〕138号	2017年7月1日	住房城乡建设部、财政部
房建工程竣工验收规定2013	房屋建筑和市政基础设施工程竣工验收规定	建质〔2013〕171号	2013年12月2日生效	住房城乡建设部
一线城市法院指导意见				
北京高院施工合同解答2012	北京市高级人民法院关于审理建设工程施工合同纠纷案件若干疑难问题的解答	京高法发〔2012〕245号	2012年8月6日	北京高院
北京高院民商解答五2007	北京市高级人民法院审理民商事案件若干问题的解答之五（试行）	京高法发〔2007〕168号	2007年5月18日	北京高院

续表

简 称	全 称	文件编号	发布/实施日期	制定/颁布机关
北京高院民商解答五说明2007	关于《北京市高级人民法院审理民商案件若干问题的解答之五（试行）》的说明	京高法发〔2007〕168号	2007年5月18日颁布	北京高院
上海高院查封解答2014	上海市高级人民法院关于在查封法院与优先受偿债权执行法院处分查封财产有关问题的解答	—	2014年8月29日	上海高院
上海高院鉴定通知2006	上海市高级人民法院执行《关于法院司法委托鉴定收费标准和工作时限的约定》的通知	沪高法〔2006〕26号	2006年1月23日	上海高院
江苏省法院指导意见				
江苏高院施工合同解答2018	江苏省高级人民法院关于审理建设工程施工合同纠纷案件若干问题的解答	苏高法审〔2018〕3号	2018年6月26日起施行	江苏高院
江苏高院民事例会纪要2015	江苏省高级人民法院全省民事审判工作例会会议纪要（2015年）	苏高法电〔2015〕295号	—	江苏高院
江苏高院司法鉴定规程2015	江苏省高级人民法院一庭建设工程施工合同纠纷案件司法鉴定操作规程	—	2015年12月21日	江苏高院
江苏化解工程纠纷联动意见2015	江苏省高级人民法院江苏省住房和城乡建设厅关于建立化解工程建设工程合同纠纷案件联动机制的意见	苏高法〔2015〕193号	—	江苏高院、江苏住建厅
江苏高院表见代理纪要2013	江苏省高级人民法院关于买卖合同纠纷案中当事人行为是否构成表见代理认定问题的纪要	—	2013年8月12日	江苏高院
江苏高院施工合同指南2010	江苏省高级人民法院建设工程施工合同案件审理指南	—	2010年1月31日	江苏高院
江苏高院商事问题研究2009	江苏省高级人民法院民二庭宏观经济形势变化下的商事司法问题研究	—	2009年4月23日	江苏高院
江苏高院施工合同意见2008	江苏省高级人民法院关于审理建设工程施工合同纠纷案件若干问题的意见	苏高法审委〔2008〕26号	2008年12月17日起施行	江苏高院

续表

简　称	全　称	文件编号	发布/实施日期	制定/颁布机关
江苏高院《合同法》纪要（一）	江苏省高级人民法院关于适用《中华人民共和国合同法》若干问题的讨论纪要（一）	（苏高法审委〔2005〕16号）	2005年9月26日通过	江苏高院
南通中院实际施工人意见2009	江苏省南通市中级人民法院关于建设工程实际施工人对外从事商事行为引发纠纷责任认定问题的指导意见（试行）	通中法〔2010〕130号	2009年7月7日	南通中院
连云港中院职务行为认定意见	连云港中级人民法院民二庭关于职务行为认定的讨论意见	—	—	连云港中院
盐城中院施工合同意见2010	盐城市中级人民法院关于审理建设工程施工合同纠纷案件若干问题的指导意见	审判委员会2010年7月15日第9次会议讨论通过	2010年7月15日	盐城中院
	浙江省法院指导意见			
浙江高院建筑领域犯罪解答2015	浙江省高级人民法院关于审理建筑领域职务犯罪和经济犯罪案件若干问题的解答	—	2015年12月29日	浙江高院
浙江高院施工合同解答2012	浙江省高级人民法院民事审判第一庭关于审理建设工程施工合同纠纷案件若干疑难问题的解答	浙法民一〔2012〕3号	2012年2月23日	浙江高院
浙江高院优先受偿权解答2012	浙江省高级人民法院执行局执行中处理建设工程价款优先受偿权有关问题的解答	浙高法执〔2012〕2号	2012年1月10日生效	浙江高院
杭州中院工程解答2010	杭州市中级人民法院民一庭关于审理建设工程及房屋相关纠纷案件若干实务问题的解答（2010年）		2010年11月1日	杭州中院民一庭

续表

简　称	全　　称	文件编号	发布/实施日期	制定/颁布机关
绍兴中院建筑纠纷纪要2013	绍兴市中级人民法院关于审理建筑领域民商事纠纷案件若干问题的纪要		2013月11月1日生效	绍兴中院
金华中院审价规定2011	金华市中级人民法院《关于建设工程审价委托管理的若干规定》	金中法〔2011〕150号	2011年10月14日生效	金华中院
广东省法院指导意见				
广东高院工程合同解答2017	广东省高级人民法院关于审理建设工程合同纠纷案件若干问题的解答	粤高法（2017)151号	2017年8月1日印发	广东高院
广东高院民商事审判意见2012	广东省高级人民法院民二庭关于民商事审判实践中有关疑难法律问题的解答意见	无	2012年3月7日	广东高院
广东高院民事审判纪要2012	广东省高级人民法院2012年全省民事审判工作会议纪要	粤高法〔2012〕240号	2012年6月26日	广东高院
广东高院施工合同指导2011	广东省高级人民法院关于审理建设工程施工合同纠纷案件若干问题的指导意见	粤高法发〔2011〕37号	2011年7月26日	广东高院
广东高院工程合同规定2000	广东省高级人民法院关于审理建设工程施工合同纠纷案件的暂行规定	粤高法发〔2000〕31号	2000年7月28日	广东高院
广东高院施工合同意见2006	广东省高级人民法院关于审理建设工程施工合同纠纷案件若干问题的意见	粤高法发〔2006〕37号	2006年11月1日起实施	广东高院
广东高院286条意见2004	广东省高级人民法院关于在审判工作中如何适用《合同法》第286条的指导意见	粤高法发〔2004〕2号	2004年1月17日	广东高院
深圳中院工程合同意见2010	深圳市中级人民法院关于建设工程合同若干问题的指导意见		2010年3月9日修订	深圳中院

续表

简　称	全　称	文件编号	发布/实施日期	制定/颁布机关
深圳仲裁委工合同意见2006	深圳仲裁委关于审理建设工程施工合同案件若干问题的意见		2006年1月17	深圳仲裁委
山东省法院指导意见				
山东高院民事审判纪要2011	山东省高级人民法院2011年全省民事审判工作会议纪要	鲁高法〔2011〕297号	2011年12月2日	山东高院
山东高院民事审判纪要2008	山东省高级人民法院2008年全省民事审判工作会议纪要	鲁高法〔2008〕243号	2008年12月11日	山东高院
山东高院民事审判纪要2005	山东省高级人民法院2005年全省民事审判工作座谈会纪要	鲁高法〔2005〕201号	2005年11月23日	山东高院
山东高院工程纠纷意见1998	山东省高级人民法院关于审理建筑工程承包合同纠纷案件若干问题的意见	无	1998年10月30日	山东高院
安徽省法院指导意见				
安徽高院施工合同意见2013	安徽省高级人民法院关于审理建设工程施工合同纠纷案件适用法律问题的指导意见（二）	无	2014年1月1日	安徽高院
安徽高院施工合同意见2009	安徽省高级人民法院关于审理建设工程施工合同纠纷案件适用法律问题的指导意见	无	2009年5月4日	安徽高院
宣城中院施工合同意见2013	宣城市中级人民法院关于审理建设工程施工合同纠纷案件若干问题的指导意见（试行）	宣中法〔2013〕19号	2013年2月6日	宣城中院
四川重庆法院指导意见				
四川高院施工合同解答2015	四川省高级人民法院关于审理建设工程施工合同纠纷案件若干疑难问题的解答	川高法民一〔2015〕3号	2015年3月16日	四川高院

续表

简　称	全　称	文件编号	发布/实施日期	制定/颁布机关
四川高院工程合同意见2010	四川省高级人民法院关于审理涉及招投标建设工程合同纠纷案件的有关问题的意见		2010年6月22日	四川高院
重庆高院造价鉴定解答2016	重庆市高级人民法院关于建设工程造价鉴定若干问题的解答	渝高法〔2016〕260号	2016年11月9日	重庆高院
重庆高院民事审判解答2014	重庆市高级人民法院民一庭关于当前民事审判疑难问题的解答		2014年4月3日	重庆高院
重庆高院优先受偿权意见2013	重庆市高级人民法院关于对最高人民法院《关于建设工程价款优先受偿权问题的批复》应如何理解的意见	渝高法〔2003〕48号	2003年3月24日	重庆高院
重庆高院民事审判意见2007	重庆市高级人民法院关于当前民事审判若干法律问题的指导意见		2007年11月22日	重庆高院
其他省市法院指导意见				
河北高院施工合同指南2018	河北省高级人民法院建设工程施工合同案件审理指南	冀高法〔2018〕44号	2018年6月13日	河北高院
湖北高院民事审判纪要2013	湖北省高级人民法院民事审判工作座谈会会议纪要	无	2013年9月	湖北高院
吉林高院商事审判解答2014	吉林高院民二庭关于商事审判若干疑难问题的解答（一）		2014年12月16日	吉林高院
吉林高院合同解除解答2014	吉林高院民二庭关于商事案件适用合同解除制度若干问题的解答		2014年12月17日	吉林高院
江西高院民事审判纪要2004	江西省高级人民法院《二〇〇四年全省法院民事审判工作座谈会纪要》	赣高法〔2005〕52号	2004年3月19日	江西高院

续表

简 称	全 称	文件编号	发布/实施日期	制定/颁布机关
福建高院施工合同解答2007	福建省高级人民法院关于审理建设工程施工合同纠纷案件疑难问题的解答		2007年11月22日	福建高院
天津施工合同仲裁指引	天津仲裁委员会建设工程施工合同纠纷案件仲裁指引			天津市仲裁委员会

注：上述法律与各地法院意见详见同本丛书《工程纠纷法律全书》分册。

后记：时代呼唤工程商务人才

在此国家防控金融风险、工程纠纷爆发之际，无论施工合同和分包合同，还是EPC合同和PPP合同，打赢工程官司需要熟练运用如下四大法宝：

第一大法宝是工程法律。这是解决工程争议的基础。《工程纠纷100讲》及同系列书籍《工程纠纷法律大全》力争讲透工程争议中的90%以上法律问题。此外，PPP争议，也是作为社会资本的施工单位必须面对的问题，同系列书籍《PPP争议100讲》力争讲透PPP策划、合同签订和履行中90%以上的争议。

第二大法宝是工程造价。工程价款争议是工程纠纷主要焦点。不熟悉清单计价、定额等，就无法准确申请造价鉴定、无法说服法官接受造价鉴定报告异议。按照司法裁判标准，理清工程价款应该如何调整是当务之急。同系列书籍《工程结算100讲》力争讲透工程争议中90%以上的工程价款调整问题。

第三大法宝是工程资料。打官司就是打证据。投标文件、设计图纸、施工方案、进度计划、往来文件、会议纪要、同期纪录等工程资料均可以成为工程证据。如何撰写、收发、整理、认定工程资料，是预控工程纠纷，打赢工程官司的关键。同系列书籍《工程证据100讲》力争讲透工程争议中90%以上的工程资料问题。

第四大法宝是工程惯例。合同歧义是工程争议的主要原因，工程惯例是解决合同歧义的主要依据。在施工合同司法解释一及二的理解与适用中，最高院民一庭大量引用示范文本、FIDIC合同条件。《合同法》第61条规定："合同生效后，当事人就质量、价款或者报酬、履行地点等内容没有约定或者约定不明确的，可以协议补充；不能达成补充协议的，按照合同有关条款或者交易习惯确定。"《江苏高院施工合同意见2008》第8条等明确施工合同示范文本为交易习惯。不熟悉交易习惯，就无法理解诸如总价合同、合理估价等问题。同系列书籍《施工合同100讲》《EPC合同100讲》力争讲透解决工程争议中的90%以上的交易习惯问题。

打赢官司的标准是工程商务工作的终极标准。以上四大法宝是承包人预控工程纠纷、全过程索赔、提高项目效益的需要。同系列书籍《工程索赔100招（第二版）》力争讲透施工合同签订、实施及结算过程中90%以上的约定价格、追加价款、补偿损失、顺延工期、确定价款、支付价款等问题。

融会贯通以上四大法宝的才是合格的工程商务人才。他们在承包人内部可以胜任全过程索赔的商务经理，在承包人外部可以胜任工程纠纷代理的工程商务律师。工程商务经理及工程商务律师比律师更懂工程法律和工程惯例，比造价工程师更懂工程造价和工程资料。合格的工程商务经理是承包人低价中标高价结算的保障，合格的工程商务律师是工程争议中争取较好权益的保障。在国际承包商，同时具备造价工程师机及律师资格并能融会贯通的工程商务经理比比皆是。在国内，工程商务经理却凤毛麟角。值得注意的是，有一些自称为专业律师的同行，将工程和商务完全割裂开来，面对法务时谈工程，面对客户时谈法律，却无法全面有效解决工程争议，接了不少业务，但裁判结果却大都很不理想。

做好一名工程商务律师，我努力了20年。

1998年，在成虎教授指导下，我在《东南大学学报》上发表了《我国工程延误费用索赔计算方式的研究》论文，获得了律师资格。之前若干年，在陆惠民教授指导下，翻阅了江苏省定额编制资料，编制了大量工程预算和标底。随后我获得了造价工程师资格。

1999年起15年，我在上海建纬律师事务所律师实习、律师执业、担任工程索赔中心主任。初期，在朱树英主任指导下，撰写了包括争议金额2800万美金的某商业广场工程停建纠纷国际仲裁在内的大量重大工程案件的全套法律文件。中期，为苏州工业园区基础设施、博览中心、科文中心等数百亿建设项目提供全过程法律服务；代理了大量工程案件，其中义乌市医疗投资有限公司与浙江省二建建设集团有限公司建设工程施工合同纠纷上诉案，代理意见被最高院采信，并被《民事审判与指导》（第20集）作为解析案例；其间，作为主要起草人，起草了《工程设计采购施工总承包合同示范文本建议稿》，并入选《中国建设报》评选的首届全国建设领域百名优秀专业律师。后期，与朱月英律师合著了《工程索赔100招》，该书连续五年都是当当网同类书籍好评第一及购买量第一；代理了被媒体称为"中国工程索赔第一案"的争议金额达5.88亿的唐曹高速公路系列工程索赔纠纷案、上海某厂房迁建EPC项目索赔与反索赔案等大量案件；其间，为《2013版建设工程施工合同示范文本征求意见稿》提出百条修改意见，并被大量采纳。

2015年起，我转任上海瀛东律师事务所权益高级合伙人及瀛和律师机构基建与PPP中心主任，带领该中心荣获法定媒体《中国招标与采购网》评选的首届"中国PPP项目十佳律师事务所"等五项PPP大奖且均名列前三；为2022年北京冬奥会延庆赛区PPP项目、苏州奥林匹克中心等大量项目提供过程服务；代理的上海浦东小陆家嘴某甲级写字楼工程总包合同纠纷仲裁案完胜；其间，为《PPP条例征求意见稿》提出80条修改建议，被表扬为"最精致""很有见地"。从索赔计算或投资测算，到资料梳理、惯例借鉴与法律分析，最后撰写文件及代理出庭，成了我处理工程争议的必经步骤。

编写教材，培训商务经理及商务律师是当务之急。近年以来，我几乎所有周末都在全国各地讲课，听众数以万计，讲课主题无外乎：工程结算、工程索赔、示范文本、清单计价、工程法律、PPP、EPC、商务管理、风险管理。其中，我的独家课程《工程停建筹划与结算清欠实务》开了50多期，甚至挤占了工作时间，不得已婉拒了大量的讲课邀请。这一过程中，中建二局、中铁二十局、山西建投、陕西建工等数百家施工单位，中建政研、度川网络等数十家培训机构给了我大量的支持。此外，在肖华文主编支持下，在《施工企业管理》杂志上，连续72个月，我撰写了72篇工程商务文章，读者数以万计。然而，我深深感到一二两天讲课内容、若干篇专业文章还是太少，系统性讲透以上四大法宝的书籍太必要了。然而，我遗憾地发现，没有书籍可以承担这一任务。于是，我决定少办点业务，少讲点课，争取用3年时间，在团队的帮助下，吸取百家之长，按照最终可以得到司法裁判支持的标准，撰写以上八本书籍。

于是，在20年积累、3个月准备、3个月撰写后，《工程纠纷100讲》完稿了，期待为我国工程商务经理及工程商务律师的培训奠定第一块基石。在该书撰写中，我团队的张展展、宋佳、杨阳和于欣悦做了全面的资料综述工作。在本书初步成稿后，瀛和律师机构基建与PPP中心（专业委员会）、瀛和律师机构建设房地产专业委员会平均执业约20年的资深律师进行了审阅校对，他们是：瀛和建房委主任林仁聪、上海瀛东高伙郝肖赞、辽宁瀛秀所主任郑长虹、江苏瀛山所主任潘如东、四川瀛领所主任陈萍、湖北瀛楚所高伙杨志、广西瀛聪所副主任关妙香。

感谢让我告别家务的爱人，感谢不抱怨我不教她功课的女儿。

感谢一如既往支持我的爱人陈教授和女儿汪同学。

感谢支持我的所有领导、老师、同事、同学、朋友、学员和读者。

写书、讲课、打官司。

雄关漫道真如铁，而今迈步从头越。

联系邮箱：wjm515@189.cn。

汪金敏

2019年2月1日